历史学的实践丛书

历史学的实践丛书

外国史学史

A History of Historiography Around the World

王晴佳 李隆国 著

图书在版编目 (CIP) 数据

外国史学史 / 王晴佳，李隆国著 .—北京：北京大学出版社 ,2017.7
（历史学的实践丛书）
ISBN 978-7-301-28302-8

Ⅰ.①外… Ⅱ.①王… ②李… Ⅲ.①史学史—世界 Ⅳ.① K091

中国版本图书馆 CIP 数据核字 (2017) 第 101041 号

书　　名	外国史学史 WAIGUO SHIXUESHI
著作责任者	王晴佳　李隆国　著
责任编辑	陈　甜　李学宜
标准书号	ISBN 978-7-301-28302-8
出版发行	北京大学出版社
地　　址	北京市海淀区成府路 205 号　100871
网　　址	http://www.pup.cn　新浪微博:@北京大学出版社
电子信箱	pkuwsz@126.com
电　　话	邮购部 010-62752015　发行部 010-62750672 编辑部 010-62752025
印刷者	大厂回族自治县彩虹印刷有限公司
经销者	新华书店
	650 毫米 ×980 毫米　16 开本　28.75 印张　412 千字 2017 年 7 月第 1 版　2023 年 1 月第 2 次印刷
定　　价	84.00 元

未经许可，不得以任何方式复制或抄袭本书之部分或全部内容。
版权所有，侵权必究
举报电话：010-62752024　电子信箱：fd@pup.pku.edu.cn
图书如有印装质量问题，请与出版部联系，电话：010-62756370

谨以此书献给北大张芝联先生(1918—2008),怀念他对外国史学史研究和教学的开创性贡献!

目录

序 言/1

第一章　西亚北非的历史写作/1
第一节　"地中海—阿拉伯海世界"的大史学传统/1
第二节　古代西亚史学撰述/4
第三节　古代埃及的史学/14
第四节　犹太史学/20

第二章　古典希腊史学/22
第一节　西方"史学之父"与史学的发生/23
第二节　历史考据的新机制/30
第三节　历史之用与色诺芬的教导/37
第四节　希腊化时期的史学/41

第三章　罗马史学/46
第一节　"修辞压力"与罗马早期史学的艰难成长/46
第二节　共和国的没落与罗马的衰亡/52
第三节　罗马的扩张与世界史的繁盛/57
第四节　罗马帝国与帝王史学/61
第五节　基督教史学的兴起/69

第四章　中古史学的形成/78
第一节　希腊语史学/79
第二节　拉丁欧洲的史学/89
第三节　阿拉伯文史学的兴盛/104

第五章　中古史学的流变/113
  第一节　拜占庭、东欧史学/114
  第二节　伊斯兰史学/121
  第三节　俗史与圣史竞逐下的中欧、西欧史学/128

第六章　史学近代化的初始/149
  第一节　"走下神坛"的史学/149
  第二节　历史与政治/156
  第三节　历史是什么？/161
  第四节　宗教改革与修史热潮/168
  第五节　民族史的雏形/172

第七章　近代史学的建立/181
  第一节　博古学与历史学/181
  第二节　传统史学的终结/186
  第三节　历史哲学的兴起/191
  第四节　吉本与启蒙史学/199

第八章　民族史学与科学史学/212
  第一节　民族国家与民族史学/212
  第二节　科学史学的兴起/219
  第三节　发现历史规律/228
  第四节　学派的传承与演变/236

第九章　历史主义的危机/246
  第一节　德国的"方法论"论争/246
  第二节　美国的"新史学"/252
  第三节　战争与革命/263

第四节　扬弃历史主义/270

第十章　近代史学走向全球/281
第一节　中东伊斯兰史学的传统与更新/282
第二节　塑造印度的民族史/289
第三节　东亚史学的革新/295
第四节　拉美和非洲史学/305

第十一章　年鉴学派及其影响/311
第一节　斯特拉斯堡大学与"年鉴精神"的孕育/314
第二节　布罗代尔与年鉴学派的划时代成就/318
第三节　从计量史学到（新）文化史/323

第十二章　战后史学的多样发展/331
第一节　从结构史到叙述史/331
第二节　马克思主义与新社会史/336
第三节　从社会科学史到日常生活史/343
第四节　心态史和微观史/349
第五节　妇女史和（社会）性别史/354

第十三章　后现代、后殖民主义与现代史学/361
第一节　海登·怀特的"革命"/361
第二节　后现代主义的批评浪潮/366
第三节　《东方学》与后殖民主义批评/374
第四节　下层研究、大写历史和小写历史/379

第十四章　当代史学的走向/386
第一节　后现代观念的深化和内化/387

第二节　从理性到感性:情感史的研究/392

第三节　"新史学"的扩展:新文化史和记忆研究的兴盛/399

第四节　走向"大历史":全球史和环境史/407

第五节　史学流派的消失和融合/418

推荐阅读书目/425

索　引/431

序　言

鉴往知来,是历史研究的一个主要目的;古今中外,少有例外。史学史的学习,则是为了考察和总结历史研究的经验教训,以求其在将来获得更好的发展。因此历史研究与史学史研究,目的颇为相似。可有趣的是,虽然历史学家为人类历史保存了许多记忆,但他们对自己从事的领域却较少注意。更确切地说,史家开始考察、总结历史学演变,往往在历史学诞生之后较长的一段时间之后。以中国史学为例,汉代司马迁、班固及汉之后的范晔和陈寿所著的历史,被后人称为"前四史",誉为中国传统史学的基础。但对他们史学经验的总结和反省,直到唐代的刘知几所著的《史通》方有比较系统的尝试。从司马迁到刘知几,相隔有八百年之久。在刘知几之后,清代章学诚的《文史通义》是另一部堪称"史学史"的作品。而从刘知几到章学诚,相隔又有一千余年了。这一现象,并非中国独有。西方史学也同样源远流长,如西方的"史学之父"希罗多德便与孔子生活于差不多同一个时代。希罗多德之后,西方史学传统中名家辈出,但比较系统的一部史学史著作,则要到 16 世纪才出现——法兰西人朗瑟罗·拉·波佩利尼艾尔(Lancelot Voisin de la Popelinière, 1541—1608)写出了第一本冠名《史学史》(*L'histoire des histoires*)的著作。他像刘知几一样,从著史体裁的变化来总结以往历史著述的演变。而从希罗多德到拉·波佩利尼艾尔,其间经过了二千年之久。

看来史学史的开展晚于历史学是一个较为普遍的现象。或许有人会说,这一现象说明史学史之于历史研究,似乎不甚重要。但事实则是,如果我们稍微细究一下这一现象背后的原因,则恰恰有助于展现史学史研究的重要和必要,因为史学史著作的出现,通常是在历史研究经历重大转向之后的产物。还以刘知几为例,他所处的唐代与前代相比,历史著述出现了重大的转变,从私家修史转向设官局修史。刘知几本人亦曾在唐朝的史馆任职,而史馆修史虽然在唐代以前便出现,但是到唐代才确立为一项制度,不但在中国为后来的历朝所遵照执行,而且也为邻国朝鲜、日本、越南等国的朝廷所接受,成为东亚史学的一个特色。同样,16世纪欧洲的拉·波佩利尼艾尔有意写作史学史,也正是因为在那个时代,欧洲史学正经历从中古到近代的转型。那时不但出现了史学史的论著,而且还有史学理论和方法的作品问世。如拉·波佩利尼艾尔同时代的法兰西同胞让·博丹(Jean Bodin, 1530—1596),便写出了《理解历史的方法》(*Methodus ad facilem historiarum cognitionem*)一书,为这一领域最早的论著之一。

　　在中西两大史学传统之外——更确切地说是在中西史学之间——中东的伊斯兰文明也创造了丰厚的史学传统。同样,史学史的研究也在中东史学转折的时刻出现,而且还与唐代刘知几写作《史通》的契机颇有一些可比之处。中东史学宗教色彩浓厚,早期史学著述主要记述被奉为先知的默罕默德的言行及其丰功伟绩。但在14世纪之后,突厥人崛起并渐渐捏聚成了奥斯曼帝国,而在伊朗则有远承萨珊王朝的萨菲王朝,与奥斯曼帝国抗衡。这些政权都相继皈依了伊斯兰教,扩充和扩展了穆斯林史学的传统。也许是为了汲取有益的历史教训,萨菲王朝时期的史学,相对比较发达,如冠之以"君主之鉴"作品的创作,数量众多,成为波斯史学的一个特色。由此开始,中东史学也逐渐建立了官方修史的传统,出现了一个类似于中国传统史学在唐代的转折。因此,被誉为穆斯林天才史家的伊本·赫勒敦(Ibn Khaldûn, 1332—1406)在14世纪写出《历史绪论》(*Muqaddimah*)这样一部兼及史学理论和史学史的著作,便非偶然。几乎同时,官方修史的传统也渐渐在奥斯曼帝国建立了。于是,15世纪有奥斯曼史家穆斯塔法·阿里(Gelibolulu Mustafa Ali, 1541—1600)写作的《历史要籍》(*Künhü'l-ahbar*)一书,系统总结穆斯林史学的传承与演变。

　　西方史学之走向近代化,是世界范围内历史研究变化的重要阶段,因为在此之后的二百年中,各地的史学都或多或少地受到了西方近代史学的影响。中国史学也不例外,相关论著已有多种。①值得重视的是,史学史的系统研究,抑或史学史作为一个研究领域的建立,也在史学近代化后的西方形成和确立了。许多人都认可西方的19世纪是"历史学的世纪"。在19世纪之初,德意志史家路德维希·瓦克勒(Ludwig Wachler,1767—1838)写有《欧洲文艺复兴之后的历史研究和艺术史》(*Geschichte der historischen Forschung und Kunst seit der Wiederherstellung der litterarischen Cultur in Europa*),似乎预示了历史学即将走向发达。而19世纪甫一结束,瓦克勒的同胞爱德华·富艾特(Eduard Fueter,1876—1928)便出版了《近代史学史》(*Geshichite der neuren Historiographie*),成为史学史这一学科的奠基之作。不过在英语世界更为著名的当属 G. P. 古奇(George Peabody Gooch,1873—1968)的《十九世纪的历史学和历史学家》(*History and Historians in the Nineteenth Century*)。该书与富艾特的著作几乎同时出版,从题目到内容都更为突出了19世纪为"历史学的世纪"这一西方学界共识。在此之后,史学史的著作层出不穷,不胜枚举,而一般言之,都以总结和概括西方近代史学模式之形成和影响为宗旨。

历史学的转向导致史学史研究的兴盛,那么反过来,研究史学史则有助我们了解历史学发展的现状、动向和前景。这是所有历史系学生必须掌握的一项基本功,也是我们写作本书的主要目的。但史学史著作的写法,颇为多样。上面所举的种种先例,个个不同,各有特色。而我们写作此书,也尝试展现我们自己的特点。大致而言,与目前流行和使用的同类作品相比,本书具有以下四个特点。首先,如同本书书名所示,我们的写作内容虽然还是以西方史学的演变为主,但涵括了西方以外的地区,因此《外国史学史》的书名更能反映本书的实质,也突出了本书与坊间已有教材的不同。我们有此选择,不仅因为作者之一曾参与写作《全球史学史》

---

① 如张广智曾写有相关的多篇论文,介绍西方史学如何传入近代中国,如《二十世纪前期西方史学输入中国的行程》,上、下,《史学理论研究》,1996,第1、2期。杜维运写有"西方史学输入中国考",收入氏著《与西方史家论中国史学》(台北:东大图书,1981),287—336页。近年李孝迁有题为《西方史学在中国的传播》的专著(上海:华东师范大学出版社,2007)。

(北京大学出版社2011年翻译出版),且全球史观已经成为当今史学界的主潮,更因为中国史学界也急需扩展学术视野,不只走出西方中心论的藩篱,也超越中西比较的二元对立思维,注意到其他非西方地区的文化及其与中国史学的相似、可比之处。以历史学的近代转型而言,由西方开始逐渐蔓延于全世界,但各个地区在引进和吸收西方近代史学模式的同时,又对之加以取舍和改造,其中有相当有益的信息,值得我们历史系师生参考借鉴。近年世界范围的史学潮流一变再变,而后殖民主义思潮的兴起,便由印度、印裔学者领头,对西方近代史学的模式发起有效的挑战,并在其他国家和地区(包括中国)的史学团体中产生了共鸣。简言之,全球化是世界历史在近年发展的一个重要趋向,而全球化形成的主要原因,正是因为世界各个文明之间产生了频繁互动和多重联系。历史学中全球观点愈益重要,亦是全球化扩展的一个写照。但如上所述,本书的内容仍然以西方史学的变迁为主,其中原因是考虑到中国各大学历史系课程设置仍然以"西方史学史"居多。不过,通过扩大本书的内容,我们希望能抛砖引玉,逐步扩展学生的视野,让他们采纳更新的视角来考察历史和历史学的变化。

其次,本书在内容上不但希求走出西方中心的窠臼,同时也注意反映学术界最新的成果,特别是引领全球范围史学变化的新潮。从架构上来看,本书厚今薄古,对近代以来的史学变迁着墨较多,更注意21世纪以来史学界出现的种种新动向。如本书的最后一章,题为"当代史学的走向",篇幅最大,目的是让读者领略当代史学界的最新趋势。如果说鉴往知来是中国人对历史学的期望,那么西方史家也有类似的说法,如著有《历史是什么?》(What Is History?)的英国史家爱德华·卡尔(Edward Hallett Carr, 1892—1982)就曾形容历史学是"过去和现在永无止境的对话",其表达的意思是希望历史研究和写作能与现实、现世充分沟通与交流,方能提供有益的资鉴。史学史的研究和写作也同样有此目的——我们希望本书能有效反映当今史学的走向,因为了解现状是预知未来的有效方法。一言以蔽之,本书与其他类似著作相比,其包含的内容在空间和时间上都要相对宏阔和时新一些。

复次，自19世纪以来，史学史研究已经成为历史学的一个重要分支，相关论著不时出版，更新了我们对历史学这一学科的总体知识。一般的史学史著作，常常采取"点将录"的形式，历数历史上的史学名家，交待他们的生平、学术和著作。这些内容自然而且已经是史学史研究的重点。但本书的写作，在上述内容之外，更希求呈现历史学演变的背景和原因。如果历史学是过去与现实不断的对话，那么史学形式的更新，新的史学思潮、观念和方法的出现，往往并非空穴来风，更非无源之水、无本之木，而是有其各种各样的背景。揭橥这些背景、解释变化的原因、探究历史变动与史学变迁的种种联系是本书着力较多的部分。我们也希望通过描述和分析这些背景和原因，能帮助读者深入理解历史学的性质和史学史的功用。

最后，本书的宗旨是为大学历史系的史学史课程讲授提供一部简明易读的教材。我们的写作风格，希望能达到这一目的。换句话说，虽然本书处理的内容对普通大学生来说，相对有些陌生，不但有众多外国人名，还牵涉各种文字的书名，但我们自忖没有故弄玄虚，更不想虚张声势，以旁征博引来显示学问。相反，我们的行文力求朴实简练，引证也尽量简化，不让读者负重太多。当然，本书是否落实了我们的初衷，还有待读者的检验和同行的认可。嘤其鸣矣，求其友声，我们衷心期待着！

王晴佳　李隆国　谨识
2016年1月23日

重印说明：承蒙读者厚爱，本书得以重印。借此机会，我们改正了几处错字，并在第十二章和第十五章中分别增加了一节，讲述妇女史、性别史的发展和当代史学的最新走向，期待读者的批评指正！

王晴佳　李隆国　谨记
2022年12月15日

第一章

西亚北非的历史写作

第一节 "地中海—阿拉伯海世界"的大史学传统

史学的起源与史学的发生是彼此关联但又不同的问题。起源研究是针对史学要素而言,追溯这些要素最初的痕迹。例如,书写的发生,求真意识的出现,等等。而史学的发生,则是在某个特定的时刻,这些要素综合在一起出现于某部历史著作中。此后经过时间的考验,该史书成为典范,使得历史写作从此有了传统可循。这部作品的作者往往被称为"史学之父"。中国古代学者并不习惯用"史学之父"这个称谓,但现代西方史学传入之后,学者们借鉴西方的学术习惯,也来"发现"中国的"史学之父"。有人说是孔子,有人则认为是左丘明,也有人主张司马迁才是实至名归的"史学之父"。在西方,公认的"史学之父"是希罗多德(Herodotus,约公元前485—前425)。

既然有了"史学之父",那么这位史家之前的历史写作,就往往只能是史学的"史前史"了。在流行的史学史论著中,希罗多德之前的史学,尤其是古代两河流域和尼罗河流域的史学,就被当作西方史学的起源部分来讲述。在某种程度上,这两地的史学不过是在为西方史学的"伟大发生"作准备活动。似乎古代西亚北非几千年的历史创作,只是在为西方史学的发生提供各种要素。而使这些要素综合起来,从而迈出决定性的一步,只有通过希腊人的史学创作才得以实现。

但是,"史学之父"的称号是后来人论述史学史的时候所使用的,没有人自称为"史学之父"。称希罗多德为"史学之父"的最早文献证据,来自于西塞罗的《论法律》(残篇),那时距离希罗多德有 400 年左右的时间了。所以,"史学之父"的称谓反映了 400 年之后,西塞罗对希罗多德的史学开创性的认同。西塞罗认为,当时流行的历史学之基本特征,在希罗多德的作品中已基本具备。换言之,希罗多德是"类己"的最早史家。通过使用"史学之父"这个称谓,西塞罗彰显了罗马学者的史学认同标准。实际上随着当下的改变,这个判断的标准——基本特征——也在改变,因此,对于谁应该获得"史学之父"的桂冠,不同的时代会有不同的看法,不同倾向的学者也会有各自的认识。中古时期的基督教学者并不认可希罗多德是"史学之父",而是认为以色列的摩西(Moses,约公元前 12 世纪)为第一位史家。即使在非基督徒中,希罗多德也不再被认为是"史学之父",这个桂冠被授予给弗里吉乌斯(Dares Phrygius,约公元前 7 世纪),因为他创作了反映特洛伊陷落之后欧洲诸族群迁徙活动的史诗。① 可见中古时期对于史学作品的认定标准,又与古代不尽相同。有些现代史学家认为希罗多德的作品不够科学,所以又授予修昔底德(Thucydides,约公元前 460—前 395)"科学史学之父"的称号。"史学之父"称号的运用最为集中地反映了使用者的史学评价标准。

中国人认为有四大文明古国,其中古巴比伦和古埃及的文明似乎要更早一些。其实,西方学者的世界历史,也往往从古代两河流域和尼罗河流域开始讲起。从史学史的角度来看,两河流域和尼罗河流域的历史书写出现甚早,往往位于史学史教材的开篇部分。但是,另一方面,史学史家又并不怎么重视这段历史。尤其是与后来的希腊史学相比,古代西亚北非的史学作品不仅神人不分,而且似乎没有什么完整的历史情节,对历史的认识也比较粗浅。因此被认为是"准史学"或者"原史学"。直到希腊

---

① W. M. Lindsay ed., *Isidori Hispalensis Episcopi Etymologiarum sive originum*, Oxford: Clarendon Press, 1911, Lib. I., p. xlii.

史家吸收了他们的史学文化成果之后,才开创性地发展出了历史学。本书不拟采用这种从原始到高级的进步史观,而是将东至印度河,西至直布罗陀海峡的地域当做一个整体,称为"亚非欧小世界""亚非欧交叉地带"或者"地中海—阿拉伯海世界"。

阿拉伯海、波斯湾、红海、地中海与黑海,将古代两河流域、北非和南部欧洲连贯起来,古代两河流域文化、尼罗河文化、希腊文化、犹太文化和罗马文化彼此互动,在互相模仿的同时,也在竞争中创新。它们之间的相互影响远远大于彼此的隔绝,从而构成了一个相对统一的文化世界。早在古代两河流域的文献中,就经常提到这个世界,"从前海到后海",前海即波斯湾或阿拉伯海,后海即地中海。这是当时人所知的世界,一个长期存在的文化生态区。

从时间上讲,尼罗河流域和两河流域的历史记述出现得相对较早,也彼此影响,它们又共同影响了古代希腊史学和犹太历史撰述。反之亦然。所以,希罗多德认为埃及是最早、最重视历史记忆的国度。而在中古时期,史学史家又认为犹太史学不仅早于希腊史学,而且犹太人的历史也要比古代埃及和巴比伦更为久远。个中是非暂且不论,这些竞争性的说法,本身就表明不同文化之间的密切关系,彼此不能分离。

事实上也确实如此。公元前6世纪,波斯称霸于这一地区,地跨欧亚非三大洲。公元前4世纪的希腊化时期,希腊诸王国也在这一地区肇建。及至公元前2世纪,埃及、叙利亚和希腊先后从属于罗马共和国的统治之下,此后罗马帝国与波斯帝国长期争夺"地中海—阿拉伯海世界"的霸权,互有胜负。彼此的史学也各为其主,互相角力。罗马帝国晚期,君士坦丁堡成为帝国首都,号称"新罗马"。帝国重心东移,更加彰显了这个世界的整体性和重心之所在。后来历史的发展证明罗马皇帝君士坦丁(Constantine I,272—337)的这一决定是顺应时代需求的。此后西部地区遭到忽略,蛮族王国纷纷在此建立,但这些王国都长期遥尊君士坦丁堡为最高政治和文化权威。而7世纪阿拉伯伊斯兰政权的兴起,则剥夺了罗马帝国对北非和大部分小亚细亚地区的统治,并对君士坦丁堡所代表的罗马帝国构成了真正的威胁。

9世纪以后,虽然有局部的战争,但是,大局相对稳定,基本上形成拉丁基督教文化、希腊东正教文化和阿拉伯伊斯兰文化三家鼎立的格局。三个亚文化区的历史叙事各自不同,彼此较劲。伊斯兰学者往往只是将耶稣当作众先知之一,而中古基督教史书往往说默罕默德是"思想骗子"。但三个地区的史家在叙述人类历史的时候有个基本的"共识",那就是在叙述古代历史部分的时候,都以《圣经·旧约》的犹太人历史为核心。他们自身的历史和现在,则是对犹太人所代表的人类历史过去的继承和发展。所谓渊源大体一致,而流别各自不同。

到11世纪末,这个世界的核心地区——小亚细亚再次成为三方角力的主战场,发生了所谓"十字军运动"。这场旷日持久,长达几百年的战争,以伊斯兰突厥人于1453年攻占君士坦丁堡告一段落。此后几百年间,虽然教皇不断地号召新的十字军运动,但基本上延续着奥斯曼土耳其帝国略占优势的国际均势状态。直到17、18世纪,长期处于相对弱势的欧洲西部发生科学革命和工业革命,才根本性地改变了实力对比,颠覆了这一延续千年的国际局势。"地中海—阿拉伯海世界"被决定性地纳入到以全球为范围的新世界中。与此同时,延续千年的、以地中海东部地区(犹太史)为重心的人类历史叙事最终被打破,欧洲西部在成为新"世界"中心的同时,也成为了人类历史发展的方向和公认的终点。伏尔泰的《风俗论》就是这一史学潮流的典型代表,并引领史学"现代化"。

第二节　古代西亚史学撰述

西亚古代文明有文字可考的历史是从古代两河流域开始的。两河流域又被音译为"美索不达米亚"(Mesopotamia),源自于希腊文,意为"两河之间",即幼发拉底河(Euphrates)和底格里斯河(Tigris)之间。幼发拉底河和底格里斯河发源于地中海东部滨海山区,向东流入波斯湾。古代两河流域北部为亚述(Assyria),南部为巴比伦地区(Babylonia),后者又分为北部的阿卡德(Akkad)地区和南部的苏美尔(Sumer)地区。从历史时期而言,古代西亚先有苏美尔文明,后有巴比伦文明,公元前6世纪波斯文明(Persia)取而代之,繁荣了约三百年,继之以马其顿(Macedonia)、塞琉古(Seleucid)等希腊化文明和萨珊波斯(Susania)文明,最后终结于公元7世纪兴起的阿拉伯文明。

约公元前3000年,苏美尔诸城邦蜂起,著名的城邦有埃利都(Eridu)、温马(Umma)、伊新(Isin)、基什(Kish)、舒鲁帕克(Shuruppak)、乌尔(Ur)、尼普尔(Nippur)和乌鲁克(Uruk)等。这些城市多位于今天的伊拉克境内。著名的乌鲁克王吉尔伽美什是《吉尔伽美什史诗》的主角。传说中发明楔形文字和泥版书写的则是乌鲁克王恩美卡。该王国境内的舒鲁帕克是古代广为流传的大洪水故事的最早流传地。乌尔则是以色列先知亚伯拉罕的家乡,也是著名的乌尔王朝的首府。尼普尔则以神庙著称于其时,现代的许多考古发现都来自于这里。还有传说中的伊甸园的所在地:拉伽什(Lagash)。而基什王萨尔贡(Sargon II,约公元前2340)则创建了阿卡德帝国;等等。先后称霸的有乌尔第一王朝(约公元前2600—前2400)、拉伽什王朝(约公元前2500—前2300)、乌鲁克王朝(约公元前2300)、阿卡德王朝(约公元前2300—前2100)、乌尔第三王朝(约公元前2100—前2000)、伊新王朝(约公元前2000—前1800)和拉尔萨王朝(约元前2000—前1800)。

古代西亚最早的历史记述主要包括王表(King List)和各种纪事铭文(Inscription)。王表中最有代表性的是《苏美尔王表》(*Sumerian King List*)。《苏美尔王表》从"王权自天而降"讲起,大体格式包括每位王的王都名、王名和统治年限。在该王朝结束时,有总计,共多少王多少年。① 第一个称王之所是埃利都城邦。历经五个城邦的兴衰,而后有大洪水,导致王权终结。大洪水之后,王权再次"从天而降",这次兴起于基什,并开

---

① T. 雅各布森编:《苏美尔王表》,郑殿华译,北京:三联书店,1989。参照格拉斯内英译本校正 Jean-Jacques Glassner, *Mesopotamian Chronicles*, Leiden: Brill, 1993。

始了父传子的王权传承方式。在作者眼中，王权是"天"赐予的，非为人力。但是王权只有一个，其所表达的是大一统的观念。① 王权的转移在大洪水前后有变化。大洪水之前，王权是由于"被放弃"而发生转移，大洪水之后，王权是由于"胜败"而发生转手。作者似乎总结出了一种王权转换的机制。在大洪水之前类似于"禅让"制，而大洪水之后则是争霸机制。

最初列王的统治年数都漫长得令人难以置信。随着叙述的展开，从几万年，到几千年，再到几百年。从乌鲁克王吉尔伽美什之子乌尔-侬贾尔开始，有了较为准确的统治年份："乌尔-侬贾尔王 30 年。"这种准确信息的提供，似乎说明最初版本的作者来自于乌鲁克或毗邻地区，或者活动于该王朝时期。如果结合传说，乌鲁克王恩美卡发明了楔形文字和泥版书写，似乎可以旁证这一推测。此后不同时期的作者，对王表进行了续编。

到阿卡德时期，作者较为详细地讲述了萨尔贡王。"阿卡德的缔造者萨尔贡称王，他是乌尔扎巴巴的侍酒官，他的父亲是花匠，王 56 年。"在该王朝中间，第六位王之后，作者又大发感叹："谁为王，谁不为王？"表明在他心目中，王权经历了一次重要的转折。阿卡德王的开国之君萨尔贡，父亲身份低微，自己也不过是前王的侍臣，显然这个王朝的列王使得作者对于谁有资格担任国王发生了疑惑。萨尔贡的阿卡德语含义是"真正的王"，这个称谓似乎暗示，他是否是"真正的王"还存在着争议。在有名的《萨尔贡自传》中，萨尔贡刻意隐瞒了父亲的身份，而只说明自己的母亲是"高级女祭司"。这似乎在暗示读者，萨尔贡是神人结合的产物。对比这两份带有历史意味的文本，似乎王权存在父系与母系之别。《王表》作者明显强调的是父系传承制，而《自传》则通过母系来获得"神"的眷顾。②

而且，对比《王表》和《自传》可以发现，《王表》作者似乎在故意强调萨

---

① "他们（诸神）在人间确立王权，选定一王照管人间，并将民众赐予他。让黑头民臣属于他，让他的权威遍布四方。"这是亚速尔本的末叶补记。Glassner, *Mesopotamian Chronicles*.

② Benjamin Studevent-Hickman & Christopher Morgan, "Sargon Birth Legend", in Mark W. Chavalas ed., *The Ancient Near East*, Malden, MA: Blackwell, 2006, pp. 24—25.

尔贡卑贱的出身,因此选择了其父为花匠的说法,并在随后发出"谁为王,谁不为王"的感叹,借以表达对王权沦丧的不满,颇有春秋笔法的味道。

阿卡德王朝之后是乌鲁克王朝。该王朝结束后,作者说"王权被带到古提的军中",然后非同寻常地以古提的军队开始叙述该王朝的王表,而不是按惯例以城邦名开始。古提人的统治结束之后,也加上"提里干王(Tirigan)40天,21位王共王91年又40天,古提的军队被击败,王权被带到乌鲁克"。重新回到了以城邦名开始叙述每个王朝的王表格式。出土铭文《乌图黑加尔的胜利》,正是讲述乌鲁克王乌图黑加尔(Utu-hegal)如何受神眷顾,受命击败古提人的故事。

铭文称古提人为"山中的毒蛇,亵渎诸神、邪恶蛮横的蛮族,窃取苏美尔的王权,抢劫已婚妇女,夺走孩童。古提王提里干派兵控制运河,到处驻军设卡,阻断水源,致使大路荒草丛生"。铭文最后说道,提里干兵败逃入达布伦城(Dabrum),结果被捕,交给乌图黑加尔派来的使臣。将《王表》和《乌图黑加尔》铭文互相印证,似乎说明王表采用新的格式叙述古提王朝的用意与上述铭文基本一致,即强化文明与野蛮之别,武力征服与合法王权有异。不过《王表》比较隐晦,而铭文则从民族矛盾的角度,通过人身攻击来丑化敌人,美化甚至神化自己,说乌图黑加尔"被恩利尔神赐予力量,为伊南娜神所宠爱"。这种神化的效果也反映在《王表》中,作者说乌图黑加尔"王420年又7天",统治年限可与大洪水时代的列王相媲美,迥异于前后诸王。

乌鲁克王朝之后是乌尔第三王朝,该王朝的列王被作者直接加上了"神圣的"称号,随后的王朝,是该续编者笔下的最后一个王朝:伊新王朝,其诸王也都享有"神圣的"称号。这说明续编者属于或自我认同于这最后一个王朝,并且在美化最后两个王朝。《王表》的这一写法,可能不仅反映了这两个王朝新的神化王权的努力,而且也表明包括历史记述在内的文化活动受到了鼓励,从而繁荣起来。

现存的《吐马尔编年史》(*Tummal Chronicle*)记述了尼普尔的恩利尔

神庙五次被毁,五次重建的历史。① 其中最后三次都是由乌尔的统治者进行的。神庙第四次重修时,距离上一次重修已经好几百年,而这次的重修者,就是乌尔第三王朝的乌尔纳木(Ur-Nammu)和舒尔吉(Sulgi)。由于现存苏美尔泥版文书中,出现最多的国王分别是乌尔第三王朝的舒尔吉和伊新王朝的伊斯麦达干(Isme-Dagan)。似乎可以推断,处在苏美尔文明末期的这两个王朝都在鼓励文学创作活动,进行文化宣传,其中包括续编《苏美尔王表》。②

最后《王表》的作者总计了有多少个称霸的王朝,多少位王,以及他们统治了多少年。如果联系到古代两河流域对计时的兴趣,他们率先发明了六十进制的计时方法,以及复杂的天文历法。我们可以理解《王表》所体现的这种对时间计算的偏好。在随后的巴比伦文明时期,这种追求精确计时的特色更加突出,出现了《名年编年史》,每一年都有一个单独的名称,成为纪年系统中独特的一年。而且这些用以名年的名字,并非仅仅是国王的名字,这反映其计时系统似乎独立于王室,从而与王朝纪年系统适当地分离。"在因奈亚(Inaia)年,国王萨姆什-阿杜(Samsi-Addu)出生,在……日有食之……在达尼亚(Daniya)年,亚述马力克王攻取胡普苏姆(Hupsum);在恩纳姆-辛(Ennam-Sin)年,远方发洪水。"③但是,在巴比伦时代,随着王权的强化,名年也逐渐为王所垄断,使得名年开始变为清一色的帝王年号纪年。一份记录公元前9世纪两位亚述王——撒缦以色三世(Shalmaneser III,公元前859—前824)及其子萨姆什阿达德五世(Shamshi-Adad V,公元前824—前811)统治的编年史中,从公元前858年起都使用萨鲁巴尔迪尼什名年,最后三栏,则开始使用国王撒缦以色名年;萨姆什阿达德即位后,则一直用他的名字名年。"在萨姆什阿达德年,叛乱;在萨姆什阿达德名年,总指挥亚哈鲁(Yahalu)叛乱;萨姆什阿达德

---

① Glassner, *Mesopotamian Chronicles*, pp. 156—159.
② 《王表》的创作日期,一般认为在乌图黑加尔时期或以后。M. B. Rowton, "The Date of the Summerian King List", *Journal of Near Eastern Studies*, 1960, p. 156.
③ Glassner, *Mesopotamian Chronicles*, pp. 160—164.

名年,宫廷传讯官贝尔丹(Bel-dan)叛乱……"偶尔,还会有非帝王名年官,如"(公元前745年,)在亚法拉(亚述首都)总督纳布贝拉俞瑟(Nabu-bela-usur)年……"①

《苏美尔王表》最初编订于公元前2000年左右,此后一直流传有绪。续编者甚众,在两河流域也广为人知。直到基督教兴起,其权威性开始受到前所未有的质疑和挑战。公元2世纪第一位基督教世界史作家阿非利加(Sextus Julius Africanus,约160—240)就开始猛烈批评迦勒底(Chaldean,犹太历史中的巴比伦统治王朝)王室谱系的作者们,说他们为了虚名,捏造了涵盖漫长历史的先公先王表。但是,苏美尔书吏也奉行"恪守师说""严谨工作"的工作原则。在随后的巴比伦时代,泥版文书更有一套严格的书写抄校程序。抄录者会署名,说明自己"对照原文抄录并校正",保证他们所抄录的历史记述的忠实性。②

大概是在《王表》的刺激下,各城邦开始编订自己的编年史。《拉伽什王室编年史》也以大洪水为开篇,但是增加了许多具体的内容,如"大洪水吞没并摧毁大地之后,人类顽强地存活下来,得以繁衍。当黑头民重新兴起,人群开始有姓氏,官府出现的时候,安神和恩利尔神尚未从天上赐下王权,没有锹,亦无锄头、背篓和划犁用以开垦土地,到处是无声的人群。那时的人类要在缺乏照料的情形下度过长达百年的童稚期,成年之后还要活百年。由于不能自我养活,人群数量衰减,羊群灭绝,不生产水果。还没有地区和人民用酒祭奠或用甜酒祭神"。

与《苏美尔王表》极简的叙述风格不同,《拉伽什王室编年史》不仅列举了王名和年代,还尽可能简要地交代每位国王的业绩和值得注意的事情,尤其重视敬神和建造神庙,修筑沟渠的活动。如"乌尔南瑟(Ur-Nanse)建造了他喜爱的神庙……恩达殷斯,开凿了'狂狮渠'……普祖尔马麻(Puzur-Mama)信奉女神扎扎鲁(Zazaru)",等等。但是,另一方面,

---

① Glassner, *Mesopotamian Chronicles*, pp.160-164.
② Ibid., p.145.

则是计时方面的疏忽。年表中统治不超过百年的王,竟然只有四位,包括最后三位王,末尾三位王加起来统治了110年。这部《编年史》的编者对近百年史较为熟悉,而对此前历史的了解较少。同时从侧面反映出该城邦的历史记叙活动较为晚起,甚至不到百年。但是,这部编年史的内容,也反映了地方特色,即修筑河渠、建造神庙和统治者之间的密切关系。城邦统治者和地方编年史作者对于民生更加重视。

《王表》计算漫长世系,主要采取罗列王名和年数的形式,与此相比,各种纪事铭文虽然也很简洁,但有一些情节和生动的描写。通过这些生动的描写,王的形象变得非常鲜活。首先,王与神的关系更加密切,神的身影频繁出现。包括神的嘱托、神的祝福,而且在行文中,王与神不分,或者说,王号中含有神名。国王每次出场,都必定与神同行。如《乌图黑加尔的胜利》中,几乎每次提到国王之名,都是"恩利尔神赐予力量的王、伊南娜神宠爱的王、乌图黑加尔王"。而在《王表》中,在"王权自天而降"之后,具体的神似乎就再无踪影。

其次,强调王的行动及时有力,迅速达成目的。"离开伊斯库尔(Iskur)之后第四天,在南苏(Nagsu)扎营;第五天在伊利-塔普(Ili-tappe)扎营;俘虏了提里干的使节乌尔-尼纳祖(Ur-Ninazu)和纳比-恩里尔(Nabi-Enlil);第六天,拔营之后在喀尔卡拉(Karkara)扎营,前往伊斯库尔(Iskur)祈祷……当天夜里赶到阿达布(Adab),向乌图(Utu)祈祷……并设伏。能干的乌图黑加尔击溃了敌人。"这段文字将一场在神的帮助下,成功进行的闪电战生动地展现在读者面前。

再次,王举行了战前动员演说。在乌图黑加尔出兵之前,"他对市民发表演说:'恩利尔神已经将古提人交给我了,伊南娜神将是我的后盾。杜木兹神(Dumuzid-ama-usumgal-anan)宣布了,我的事就是他的事,并且指派宁苏女神(Ninsumun)之子吉尔伽美什为我的指挥官。'乌鲁克和库拉巴(Kulaba)的民众群情振奋,一致拥护,于是他征召了自己的精锐部队"。虽然,这里并没有对敌我双方的战斗部署和战略战术的记载,但是,结合前文所引对敌人的诅咒,似乎表明,这是在为发动一场拯救苏美尔人民的战争所做的宣传鼓动。

《苏美尔王表》和《乌图黑加尔铭文》可以被视为两种不同的历史写作体裁。《王表》是编年史,以计算时间为主,纪事为辅,主要内容是统计王名和统治年限。统一王朝似乎有专门的计时官员,所以其所编制的编年史在时间计算方面较为精确。相对而言,城邦编年史出现较晚,甚至是对《苏美尔王表》的模仿,计时也不是太准确,但是,反映了当地诸多民生方面的内容。《铭文》则是纪事体,以记录某件史事为主,往往叙述国王的某次活动。这种铭文更直接地为政治宣传而作,多含感情色彩浓郁的语句,叙事生动,行文紧凑。《乌图里加尔铭文》也包含丰富的权谋、奇策,富有历史借鉴意义,某种程度上反映了当代史的书写魅力。

约公元前1800年,古巴比伦王国开始兴起,由于其主要使用阿卡德语,与之前流行的苏美尔语不同,因此,历史学家称此后千余年使用阿卡德语的两河流域历史为巴比伦—亚述文明。先后有古巴比伦王国(约公元前1800—前1600)、亚述王国(约公元前1900—前1300)、新巴比伦王国(约公元前1200—前600)和波斯帝国(约公元前539—前323)。波斯帝国兴起后,虽然还使用阿卡德语,但是波斯语越来越流行。此后兴起的塞琉古王国(约公元前312—前63)又使得希腊语成为官方语言之一。帕提亚王朝(约公元前170—公元224)和萨珊波斯王国(约224—前651)都可以被视为波斯帝国的复兴。此后阿拉伯帝国崛起,西亚北非步入中古时代。

苏美尔历史撰述与巴比伦—亚述历史写作之间的继承性,从续写《苏美尔王表》的活动中清晰可见。巴比伦王国的史家接续《苏美尔王表》,写作巴比伦王国编年史。但是,他们似乎没有采用原本通行的《苏美尔王表》版本,而是另有所本,因为其中王的统治年数和先后顺序不尽一致。例如被格拉斯内编号为3号的《巴比伦编年史》记载,大洪水之前有五城,九位王,而通行本《王表》为五城,八位王。西帕尔(Sippar)之后,王权被带到拉拉克(Larak),而不是苏鲁帕克。但是《巴比伦编年史》的格式一仍其旧。"在巴比伦……苏姆拉(Sumu-la-El)统治36年,萨比乌姆

(Sabium)统治 14 年……汉谟拉比统治 43 年……十一位王,统治 300 年,巴比伦王朝被放弃,王权去往西兰(Sealand)。"①

由于争霸战事颇为频繁,王朝更替并不是特别明晰,一个王朝可能在短期之内覆灭和重建,不断获得或失去王权,《王表》体裁不足以表述如此复杂的局面。后来,基督教史家批评《王表》将同时代的国王当做先后更替的国王,从而拉长了历史总年数。这个批评是有一定道理的。

新亚述王朝重新统一两河流域,尤其是阿述尔巴尼拔大兴文治,两河流域的历史撰述从内容到形式都更加丰富多彩。有趣的是,这位国王在希腊和拉丁史学作品中,被描述为一位"比女人更加女性化的"末代君王,"妻妾环绕,身着女装,纺织羊毛,指派女工,女里女气,比女人还妩媚"。②这位在西亚史书中到处扩张、残酷对待被征服者、文治武功赫赫的一代霸主,竟然在异文化中以"反面"的形象出现,象征了古代巴比伦文化在"地中海—阿拉伯海世界"西部地区被颠覆、曲解的历史命运。

古亚述和古巴比伦王国的扩张,适应了这一时期地中海—阿拉伯海地区日趋密切的国际交流需要。安纳托利亚地区的赫梯王国与埃及王国和古巴比伦王国保持着紧密的外交往来。在西亚各地,出现了王朝编年史。与《王表》写作体裁不同,王朝编年史是按年纪事,纪年与纪事并重,其发展趋势是纪事越来越重要。古亚述王国的王朝编年史,采用名年系统,简要记录每年发生的军国大事,因此,往往又被称为"名年编年史"(Eponym Chronicle)。一部反映亚述古王国历史的名年编年史,自纳拉姆辛(Naram-Sin,约公元前 1830—前 1815 年在位)开始按年叙事,集中讲述了沙希姆阿达德一世统一幼发拉底河流域的经过。

现存赫梯王朝的历史撰述,多以第一人称的方式展开叙述,这可能是受国王诏令格式的影响,也有可能是受埃及文化的影响。著名的哈吐什里一世(Hattusili I,约公元前 1586—前 1556 年在位)临终前改变王位继

---

① Glassner, *Mesopotamian Chronicles*, pp. 126—134.
② Fridericus Duebner ed., *Iustini Historiae Philippicae*, Lib. I. 3, Lipsiae: Teubner, 1831, pp. 8—9.

承人的长篇诏书,详细叙述了废黜前一位王储,而选立穆尔西里一世(Mursili I,约公元前 1556—前 1526 年在位)的原因。哈吐什里三世(Hattusili III,约公元前 1267—前 1237 年在位)讲述自己登基经历的长篇文书,也非常富有历史感。他从自己出生开始讲起,到自己如何被女神索斯佳(Sausga)选中为其祭司,如何结婚,在几位父兄国王的统治下经营自己的小王国,以及自己起初如何扶立年幼的外甥为王,并最终夺取王位的经过。文书证实他的宣言:"我从未犯下什么过失!"

穆尔西里二世(Mursili II,约公元前 1321—前 1295 年在位)讲述自己经历的作品则直接被赫梯学家称为编年史,因为他不仅按照时间的先后顺序讲述自己登基的经过,并且逐年叙述自己登上王位之后征战的历史。当他的辅国大臣去世后,他收到对手的来函:"你还是个小毛孩,无知之极,我根本就无法尊重你!现在,你的国土沦丧。你的步兵和战车兵太少。我的军队数量庞大,我的战车比你多得多!你的父亲曾经拥有庞大的步兵和战车兵,但是,你还是个小毛孩,能统治哪里呢?"生动地展现了那个时代,这一地区弱肉强食、酋邦林立的军事政治生态。作者接着引出编年史,"我登基之后,在十年之内征服了四周的敌对酋邦,击碎了他们的势力"。此后一年接一年,按照春和冬的次序,穆尔西里二世非常细致地叙述了自己攻击敌人的历史,春天出击,冬天宿营。十年之后,作者重新作序,开始续写。"我继承王位业已十年。我亲自征服了敌对的酋邦,他们不再存在了。太阳女神指示我去做的事情,我都做了并记录了下来。"接着从"春天来了",开始讲述,至"我在安库瓦(Ankuwa)冬营",结束一年的叙事,如此叙述一直到第 19 年。①

此类第一人称叙事的历史记叙,如果篇幅长,则是汇总编辑每年的纪功柱铭文而成。这一编写原则,从新亚述王国阿述尔巴尼拔二世(Assurnasirpal II,约公元前 883—前 859 年在位)的丰富文献活动可以

---

① Annals of Mursili II of Hatti, http://www.hittites.info/translations.aspx?text=translations/historical%2fAnnals+of+Mursili+II.html. 下载于 2013 年 8 月。

得到佐证。例如,他的编年史第五年的内容,与"库尔德石碑(Kurkh Monolith)"的征战描述相近。第 18 年的内容与"标准铭刻(Standard Inscription)"内容相近,讲述自己远征黎巴嫩,以及修复卡拉城(Calah,今尼姆鲁德)的经过。又如记载萨尔贡(Sargon)继位 15 年来赫赫战功的圆柱体铭刻残片,则较为明确地表达了供后人阅读、铭记的愿望。"让未来的王侯、我的孩子们修复残废的宫殿,请阅读我的纪功柱,并打油献祭,加以修复。"①

树立纪功碑,将自己的丰功伟绩铭刻于金石,或安置于神庙,或矗立于边界,或耸立于王宫,都可以算是历史记忆的一种。立在路人可见之处,是对人的昭示;而立在高处,肉眼难及,则是对神的诉说。从史学史的角度而言,古代埃及的碑铭,留存较多,为我们了解这种古代历史书写方式提供了方便。

第三节 古代埃及的史学

如同在两河流域,古代文明在北非尼罗河流域也兴起甚早,约当公元前 3000 年。文明兴起以后不久,就有了历史文献。现存最早的文献记载,出现于古王国(公元前 2600—前 2100)的官员陵墓中。这些文献属于墓志,刻于墓室之中,连接墓主人的此生与来世。著名的巴勒莫石碑(Palemo Stone)只记录了古王国时期的历代法老,传统上被认为属于古王国后期的作品,但是越来越多的学者认为目前所见的石碑更可能写定于新王国时期(公元前 1567—前 1085)。虽然时隔近 2000 年,新王国的抄录者似乎在借助这一历史写作活动,表明自己效忠的王朝,其渊源可以上溯到古王国时期,实乃时隔千余年之后的嫡传正宗,体现了当时强烈的复古气息和正统意识。

巴勒莫石碑按照法老的统治年号依次记载,主要内容包括庆贺宗教

---

① Glassner, *Mesopotamian Chronicles*, 297ff.

节日、建造神庙、记录尼罗河水水位以及少量重要的文治武功。这些文治武功在前王朝时期,即第一/第二王朝,主要涉及宗教事务,记录也较为简单。第三王朝的主要内容则以王的征伐和建筑工程为主。"王斯尼弗鲁第 X+2 年,建造一百肘的麦鲁木的'两地礼拜'船和六十艘十六肘的王家划船。击破尼西人的境土。获男女俘虏七千,大小牲畜二十万头。建筑南境和北境的城墙,号为'斯尼弗鲁堡'。得到满载杉木的船四十艘。"①而此后的两个王朝似乎又以宗教事务为主,详细罗列奉献给神的土地和贡品。由于石碑出土地点不详,所以无法确知其写作用途何在,但从内容来看,应该是服务于神庙祭司集团的。

在新王国时期,最有名的王室年鉴为都灵大纸草(Turin Kinglist)。都灵大纸草大概写作于第 19 王朝时期(约公元前 1300—前 1200),现存多为碎片,按照地域叙述列王,一共包括 16 个国王群。在若干群之后,总计年限,现存四次总计。大体说来,都灵纸草包括四类国王。一类是受到祝福的国王:"希望他永生,繁荣和健康";一类是普通国王,记录其王名和统治时间:"塞拜克奈夫鲁(Sobek-nefru-re,约公元前 1806—前 1802 年在位),3 年 10 个月零 24 天";第三类为非正式国王:"武家夫(Khutauire,第十三王朝),履行王的职责 2 年 3 个月零 24 天";最后一类为被抹去之王,如"(抹去,)1 年 3 个月零 4 天"。② 都灵纸草应该记录了所有作者知晓的国王,颇类似于古代两河流域的王表,体现了较为强烈的历史记载的意愿。同时,作者也对国王进行了分类处理,具有一定的正统意识。

对于记录王表的纸草,其功能如何,希罗多德提供了宝贵的见证。他在《历史》中写道:"在他的后面有三百三十个国王,祭司们从一卷纸草把他们的名字念给我听。在所有这许多代里,有十八位埃西欧匹亚的国王和一位土著的王后;其他的便都是埃及人了。王后的名字和巴比伦女王

---

① 日知选译:《古代埃及与古代两河流域》,北京:商务印书馆,1962,页 8—9。也可参考李晓东译注:《埃及历史铭文举要》,北京:商务印书馆,2007,页 20—21。

② Peter Lundström, *The Turin Pyparus King List*, https://pharaoh.se/turin-papyrus-king-list, 下载于 2015 年 12 月 12 日。

的名字一样,也叫做尼托克里司。他们说,她是继承了她的哥哥的王位的,她的哥哥曾是埃及的国王并且为他的臣民杀死,然后臣民使她登上了王位。为了给她的哥哥复仇,她想出了一个狡诈的计划,而她便用这个计划杀死了许多埃及人……他们说,其他的国王都是没有什么业绩可言的人物,他们都是没有留下什么可以纪念的东西的不值得一提的人物。"①在这段话中,希罗多德并没有明确交代具体的史源,因此,我们并不知道埃及这位土著王后的故事是王表纸草中有具文记载的,还是由祭司口头传诵的。对比 2 个世纪后曼涅托(Manetho,公元前 3 世纪)的《埃及史》(*Egyptica*)的记载,则似乎可以说,故事的细节应该是代代口传的,而故事的提示则来自于纸草,附在该王名之下。

希罗多德在《历史》中提供了非常庞杂的埃及列王史,这些故事来源不一,有些来自于祭司,有些则来自于民间传说,其中也有一些来自于定居埃及的希腊人。希罗多德在《历史》第二卷中说:"他(普撒美提科斯,约公元前 660 年即位)又把埃及的孩子们交给他们(希腊人群体),向他们学习希腊语,这些埃及人学会了希腊语之后,就成了今天埃及通译们的祖先……很久以后,国王阿玛西斯把他们(伊奥尼亚人和卡里亚人)从那里迁移开去并使他们定居在孟斐斯作他的侍卫以对抗埃及人。由于他们住在埃及,我们希腊人和这些人交往之后,对于从普撒美提科斯的统治时期以后的埃及历史便有了精确的知识。"

追求精确知识的希罗多德,在 2 个世纪后,遇到了赫利奥城祭司曼涅托强有力的挑战。据说他应托勒密二世之请,写作了著名的、但已失传的《埃及史》。希罗多德在写作中表达了对埃及悠久历史的崇敬之情,但是,被他提到名字的埃及法老只有 17 位。他说:"其他的国王都是没有什么业绩可言的人物,他们都是没有留下什么可以纪念的东西的不值得一提的人物。"曼涅托则认为埃及历史悠久,贤王辈出。他不仅提供了"古王国、第一中间期、中王国、第二中间期和新王国"的历史分期,至今为埃及

---

① 希罗多德:《历史》,王以铸译,北京:商务印书馆,1959,第 II 卷,页 100—101。

学家所遵奉;而且还按照地域将列王分组,依次详细排列了历代法老的统治年数,并列举了他们所做的值得纪念的事情。可惜的是,由于此后征引他的史学家们主要是基督教史家,他们仅对他提供的年表感兴趣,而对埃及的历史并不真正感兴趣,所以那些历史故事多随着曼涅托的书而失传。

另一种王表则是奉献王表,多刻在神庙之上,表明献祭者国王的谱系之渊源。这一类王表多被归为铭文类史料。如第19王朝塞提一世(Sety I,约公元前1290—前1280年在位)和拉美西斯二世(Ramesses II,约公元前1280—前1210年在位)铭刻在阿拜多斯(Abydos)神庙之上的王表。前者保存完整,后者则已成碎片。塞提一世的王表列举了自第6王朝以来的若干法老,但不包括第9、10和11王朝早期,第12王朝的塞拜克奈夫鲁,第二中间期,以及第18王朝的阿玛尔纳时期历代法老。这些法老显然是塞提一世和拉美西斯二世献祭的先公先王,被特别铭记,以提供先公先王谱系,保证其统治的合法性。

古代埃及的历史书写的另一个著名类型,就是传记。在古王国时期,流行的传记体裁就出现了。古代埃及最初的传记,来自墓室之内,在室壁之上,写下墓主一生的荣华富贵。如《梅腾自传》,里面极其详细地罗列了自己曾经担任过的官职,所获得的赏赐土地,所建造的各种房产等等。后来有专门的墓碑,置于墓中,详细记录一些墓主关心的个人事项。如第11王朝时期(约公元前2100—前1900)的杰提吉(Tjetji)石碑,高1.5米,包括墓主献祭的画像、墓主的传记和祈祷他平安抵达彼岸世界的祝词,构成了一个图文并茂、此生与来生紧密相连的和谐整体。作为宫廷侍卫长,杰提吉的自传强调墓主绝对服从法老的吩咐,绝不违命,是能揣摩法老内心的贵族。他总是伴随在法老身边,深受器重,也不断地被法老提拔,最终位高权重。作为宫廷官员,他值得信赖,趋善去恶,心地善良,心境平静;从不打击报复,审判公正,大方赏赐穷人;从不擅权娇宠,不贪污受贿;

行动迅捷,从不出错。传记旁是一段祈祷文,祝愿传主往登天堂。①

由于墓志铭置于墓道之内,应该说这些内容是供死者前往死后世界用的,而不一定是供世人阅读的,因为活人是被严禁进入墓室的。墓主之所以利用宝贵的墓壁空间,不厌其烦地罗列自己的各种荣誉,证明自己的幸福,尤其是深受法老的恩宠,是因为法老是神之子,与神最为接近,而法老的礼遇,可以最为轻易地使得墓主在彼岸世界蒙神接纳,乃至优待。大臣哈胡夫在简要记载自己为法老培比二世四次出使南方之后,发现缺乏足够的书写空间,就大胆地违背通行的陵寝制度,在应该留白的墓壁的最右边铭刻了法老给他的一封长信。在这封全文抄录的书信中,法老特别赞赏墓主,因为他要给法老带回一位善舞的侏儒。"如果你抵达王宫时,这名侏儒是安全、健康的,朕将重重地赏赐你。由于我期盼见到侏儒,我的赏赐会比杰德卡尔法老(Yssy,约公元前 2380 年)赐予博迪德(Burded,财务大臣)的更为优厚。"②

这些墓志铭,逐渐被移出墓室,立于守墓的享殿之中或者墓前。这一变化表明立碑人更为重视墓主名声在此世的流传,其写作预期的读者也更加明确地针对自己的后裔和过往的行人。因此,当时诅咒别人的套语之一就是"倘若有人搞破坏,他将不再存在,其子也不得继其位"。在墓志铭中,有时也会加入儿子所担任的官职,作为自己的恩宠和荣耀,从而强调自己在联络父祖与子孙之间的关键性纽带作用。"为自己建造守墓祠堂,如同他父亲那样,使自己的名字永远流传,供人传诵,因此镂刻墓碑,国王也认可其墓志铭和雕像中所使用的年轻形象。"墓主也在自己建造的建筑物上"铭刻自己的名字,传诵父亲的名声",使得自己"名声超过父祖,

---

① William Kelly Simpson ed., *The Literature of Ancient Egypt: An Anthology of Stories, Instructions, Stelae, Autobiographies, and Poetry*, New Haven: Yale University Press, 2003, pp. 415—417.

② 颜海英著:《守望和谐:古埃及文明探秘》,昆明:云南人民出版社,2004,页 116—117。James Henry Breasted ed., *Ancient Records of Egypt*, Urbana: University of Illinois Press, 1906, vol. 1, pp. 160—161.

建筑物也更加辉煌"。①

希望青史留名的愿望在新王国变得更加突出,以至书吏们认为"死者长已矣,亲戚或余悲",唯有文字能留其名。这篇赞美书吏的作品接着说:"他们以书为后,以写版为子女,以教诲为坟墓,把芦苇笔当爱子,把石头当爱侣。无论贵贱,皆以书吏为引路人,他们的宫殿已经坍塌,他们的守墓人业已远去;他们的墓园满是尘土,被人遗忘。但是,他们的名字刻之于竹帛,为人传诵,垂之久远。成为书吏吧,你们将如前贤那样著名。书简比墓碑更好,强过墓园;留下名声在人心。人生短暂,躯体有朽,灰飞烟灭;通过传诵,书简传其名。书简胜过黄金屋,书简胜过大墓碑。"在列举一系列作者的大名之后,书吏说:"他们的教导在传诵,虽有死亡人难免,唯赖书简把名传。"②

埃及人这种追求名声传世、不愿被后人遗忘的精神,给公元前5世纪前往那里打听历史见闻的希罗多德留下了深刻的印象。他在《历史》第二卷中说:"至于埃及人本身,应当说,居住在农业地区的那些人在全人类当中是最用心保存过去的记忆的人,而在我所请教的人们当中,也从来没有人有这样多的历史知识。"埃及人因为爱传名声,寻求不朽,以致留下了大量惊人的历史遗留物。希罗多德也不得不感叹:"没有任何一个国家有这样多的令人惊异的事物,没有任何一个国家有这样多的非笔墨所能形容的巨大业绩。"对于想保存"人类功业"而写作的希罗多德来说,古代埃及的"巨大业绩"以及通过写作追求不朽的历史文化,不是极具吸引力么?

当古代埃及人开始怀疑彼岸世界,重视此世的立言和传承之时,深受埃及文化影响的犹太人却在残酷的现实面前,更加信仰耶和华,留下了更为独特的宗教历史文献。

---

① Simpson, op. cit, pp. 420—424.
② Miram Lichtheim, *Ancient Egyptian Literature*, Vol.Ⅱ: *The New Kingdom*, University of Californid Press, 1976, pp. 176—177.

第四节 犹太史学

最早提及犹太的埃及文献,是公元前13世纪的法老麦伦普塔赫(Merneptah)为阿蒙赫特普(Amenhotep III,约公元前1380—前1340年在位)所奉献的享殿石碑,里面有一行诗句:"以色列遭到洗劫,民无孑遗。"一般认为,这就是传说中摩西时代犹太人被俘虏到埃及的历史。但史无具文,暂且置而不论。《圣经·旧约》反映了犹太人早期的经历。但是,这些作品集结成文较晚。大体说来,在"巴比伦之俘"时期,即公元前6世纪左右开始集结成书,各篇经文具体成书时间,或早或晚。《旧约》作者记录历史的篇卷主要包括《约书亚记》《士师记》《撒母耳记》和《列王纪》,它们被称为"前先知书",也还包括著作部分里的《历代志》。比较先知书与著作部分可知,前者更多地包含宗教说教,历史故事是为宗教说教服务的,而著作则更尊重历史写作的规律。

试以所罗门王的统治为例,比较二者的行文。在《列王纪》中,所罗门的故事结构如下:继位(2章)、得智慧的奇迹(1章)、所罗门之富强(1章)、建神殿(5章)、所罗门的财宝(1章)、所罗门干罪(1章)。《历代志》中所罗门的故事结构如下:献祭(1章)、建神殿(6章)、建邑(1章)、所罗门王卒(1章)。尽管两部分的论述大部分雷同,主要事迹也都是建造神殿和献祭,但《列王纪》中特别强调所罗门娶妻,导致他在老年崇拜偶像,故遭到神的惩罚,以致他的儿子失国。而《历代志》则将所罗门塑造成"神权王",即所作所为都是合乎神意的好国王。在《历代志》中,所罗门造宫殿,与耶和华的殿区别开来,正是为了让妻子(异教徒,法老之女)居住,以免亵渎神殿。而在《列王纪》中,二者不分,而且在所罗门晚年,"他的嫔妃诱惑他的心去随从别神……耶和华向所罗门发怒……'我必将你的国夺回,赐给你的臣子'"。

《列王纪》的叙事在前,《历代志》晚出,后者在抄录《列王纪》的基本故事的同时,特意去掉了以色列王所罗门因为娶妻的缘故而崇信异教的部分，并隐去了他因为信仰不纯而遭到神的惩罚的故事，肯定所罗门因为其父大卫和神的缘故而兴起，因为崇信神、恪守典章制度而富强。它所揭示的所罗门王，是一位因为合神意而兴旺的统治者，而不再是《列王纪》中因为敬神而兴起，因为亵渎神灵而使王朝终结的所罗门王。可以说，《列王纪》以"敬神"为线索叙述所罗门，将他作为宗教说教的例子，来彰显宗教教义的重要性；而《历代志》则以所罗门王的历史事迹为线索，尽管其宗教活动也属重要内容。

因此，尽管都是从宗教的角度来叙述列王的历史，但不同的作者有不同的叙事角度和叙述技巧。或偏重于宗教说教，将列王当作注脚；或以列王的统治为主，说明列王的治理情况。从这个角度而言，《旧约》在古代世界提供了多种结合宗教追求来讲述政治史的可能性。

《旧约》对犹太人先公先王的论述，通过后来的基督教，深深地影响了欧洲人的历史记忆。例如人类的被造，使得人类历史具有一个明确的起点；出伊甸园，则代表人类迁徙，并逐渐占据亚欧非三大陆的历程；等等。其实，《旧约》的这些内容，深受古代两河流域和尼罗河流域历史记忆方式的影响。人类的被造和被逐出伊甸园，与王权从天而降相当类似，而出伊甸园之后的谱系，其内容是关于犹太人被逐出两河流域之后的经历；而其述说的形式，则受到古代巴比伦和埃及王表的影响。而神与王的密切关系，则是古代中东地区共享的历史记忆之核心。

当犹太人期盼耶和华的"心和眼"留在神殿中、希望神对历史进程时刻关注的时候，希腊人却开始强调人与神的抗争，以及人的理性对历史进程的左右。

第二章

古典希腊史学

说到古代希腊历史学，史学史教材一般会从史诗开始，然后按照历史真实性追求的演化线索，进行讲述。大体到希腊化时期，告一段落。本章以小亚细亚希腊城邦的"故事收集家"开始，叙述到波利比乌斯。大体遵循公元前 1 世纪哈利卡尔那索斯的狄奥尼索斯（Dionysius of Halicarnassus）所做的总结："在伯罗奔尼撒战争之前，各地都有许多早期历史学家，包括萨摩斯的尤继翁等人。生于伯罗奔尼撒战争之前而活到战争时期的历史学家包括列斯波斯的赫拉尼库等，这些人选题基本雷同，才能差不太多。有些人写作希腊史，有些人写外国史，分族群来写，并根据当地的档案和文献记录地方传统。其中自然包含久远的故事和神奇的传说，现代人难以相信。他们的写作技巧不怎么高明。但是因为有些吸引力，故留存下来。希罗多德将撰述的主题和规模加以扩充。他不是写作地方历史，而是将 220 年间亚洲和欧洲发生的不同事件一起讲述。他还发明了崭新的文风。"[①]

[①] Dionysius of Halicarnassus, "On Thucydides", in Stephen Usher trans., *Critical Essays*, *Vol. I*: *Ancient Orators*, *Lysias*, *Isocrates*, *Jsaeus*, *Demosthenes*, *Thucydides*, Cambridge, MA: Harvard University Press, 1974, p. 462ff.

第二章　古典希腊史学

第一节　西方"史学之父"与史学的发生

公元 550 年左右,吕底亚王国的末代君主克洛伊索斯(Croesus,约公元前 560—前 546 年在位)征服了地中海东岸的小亚希腊人城邦,"这个克洛伊索斯在异邦人中是第一个制服了希腊人的人,他迫使某些希腊人向他纳贡并和另一些希腊人结成联盟"。① 紧接着,这些希腊城邦与吕底亚王国一道先后被波斯人所征服,纳入以巴比伦为政治中心的横跨欧亚非三大洲的波斯帝国之中,与历史悠久的古代两河流域和尼罗河流域的文化发生了亲密接触。波斯帝国治下多元的种族、地域和风习,帝国丰富的历史经历,广泛传诵的各种历史故事,不仅给小亚希腊人打开了一扇文化之窗,吸引他们前去探究,还给他们带来了先进文化的巨大压力,迫使他们加以应对和消化吸纳。在这种背景之下,小亚希腊人知识界兴起了所谓"调查"之风,在历史学领域中,涌现了一批"故事收集家"。

故事收集家(logographer),字面意思就是"记录说法的人"。为了了解各地的风土人情和历史故事,他们游走世界,行踪所至,犹如一盏探照灯,将当地的历史文化照亮。故事收集家的早期杰出代表——米利都城的贺卡泰乌(Hecataeus of Milites,活跃于公元前 500 年左右)创作了波斯帝国地图,或世界地图。为了对地图进行说明,他撰写了《大地环行记》(*Periegesis*),简要介绍了各地的地理、民族和风俗。早期的故事收集家的作品没有完整地留存下来,多为残篇断简。我们仅能从后人的简短引用中略微窥见其面貌。综合来看,作为希腊史学的拓荒者,他们具有如下一些特征:

首先,他们对波斯帝国的情况有充分的了解。据希罗多德记载(《历史》第 5 卷 36 节),当小亚希腊城邦集会商议是否抵抗波斯人的攻击的时候,贺卡泰乌曾经基于自己的调查献计献策,"他向他们历数臣服于大流

---

① 希罗多德:《历史》,王以铸译,第一卷,第 6 节。

士的一切民族以及大流士的全部力量,因而劝他们最好不要对波斯的国王动武"。不仅如此,贺卡泰乌甚至对当时的国际局势有非常良好的把握。他认为,当时的世界局势乃是波斯人陆军强大,控制亚非陆地,而希腊人水军娴熟,控制着海洋。他提议,如果不愿意投降,"一个最好的办法便是使自己取得海上的霸权"。后来,当他的母邦米利都遭到波斯人的攻击,米利都的君主阿里司塔哥拉斯向他咨询的时候,他的建议也是"如果君主从米利都被逐出的话,他应当在列罗司岛给自己建造一座要塞,在那里安定地住下来",等到时机成熟的时候再回来。

其次,这些故事收集家对波斯帝国境内各民族古老的历史文化表示尊敬和信奉,特别是对埃及祭司及其丰富的历史掌故毫不置疑。希罗多德大概是为了嘲讽贺卡泰乌不自量力,在《历史》第二卷中说,贺卡泰乌专门旅行到埃及的底比斯,去追溯自己的身世,"结果发现他在十六代之前和神有血统的关系"。希罗多德接着表态,自己是不会这么干的,因为有自知之明。"祭司对他所做的事和他们对我所做的事完全一样,但我并没有回溯我自己的身世。"因为埃及法老向前追溯三白多代才会与神有血统关系。

第三,故事收集者对于希腊传说基本上持批评态度。贺卡泰乌曾经说过,"希腊人的说法多而且荒唐不经",而他则"要记录那些看来属实的内容"。[①] 但是,从现存的残篇来看,他并没有真正实现自己的目标。他的处理方式主要还是根据自己的推测,将古代希腊的神话传说加以合理化而已。"说法多",反应了当时希腊城邦思想活跃、学者辈出的文化风貌,而荒唐不经,大概是比较古代巴比伦和埃及由祭司主导的"严肃"的历史记忆活动而言的。最为博学的贺卡泰乌也只清楚自己家族十六代人的谱系,希罗多德同样也只能至多将希腊诸城邦的历史向前追溯三百年。再早的历史,就只能是神话和史诗传说了。前文提及,希罗多德到底比斯拜访贺卡泰乌拜访过的那座神庙时发现,不仅纸草卷子记录了三百四十

---

① K. T. Muller ed., *Fragmenta Historicorum Graecorum*, Vol. I, 1841. *Genealogiae*, Lib. 1,332.

第二章 古典希腊史学

五位祭司的谱系,代表 345 代人,而且庭院中还有他们的塑像。

"故事收集家"为希腊史学创造了独特的话语。在他们之前,希腊世界的"言说"主要有两种,一种是"王言",一种是"神言"。对于前者,在称颂掌管言语的诸位缪斯女神时,赫西俄德说得非常清楚:"卡利俄佩是她们的首领,她总是陪伴着受人尊敬的巴西琉斯(国王)。伟大宙斯的女儿们尊重宙斯抚育下成长的任何一位巴西琉斯,看着他们出生,让他们吮吸甘露,赐予他们优美的言词。当他们公正地审理争端时,所有的人民都注视着他们,即使事情很大,他们也能用恰当的话语迅速作出机智的裁决。因此,巴西琉斯们是智慧的。当人民在群众大会上受到错误引导时,他们和和气气地劝说,能轻易地拨正讨论问题的方向。"①这是王的语言具有的权威性和政治性。

而神言则包括祭司之言,但更主要是诗人之言。如史诗《伊利亚特》开篇所吟诵的:"女神啊,请歌唱佩琉斯之子阿基琉斯的致命的愤怒。"赫西俄德也道破了诗人话语的玄机:"荒野里的牧人,只知吃喝不知羞耻的家伙!我们知道如何把许多虚构的故事说得像真的,但是如果我们愿意,我们也知道如何述说真事。"

"故事收集家"则在这两种叙事话语之外,创造了希腊世界的"历史叙事话语"。通过收集"故事",转述"见闻",从而讲述历史。早期的"故事收集家"知道历史话语必须以真实为根本原则,但是,他们并没有探索出保证所做"转述"为真实的工作方法。希罗多德长期被称为"故事收集家",同时也被称誉为西方"史学之父"。他的这两个名号,多少反映了他在西方史学史演化中的价值和地位。他秉承"故事收集家"的巨大文化积累,并在此基础之上改变了收集和讲述故事的方式,以"调查报告"为体裁,开创了真正的"历史叙事",从而被誉为西方"史学之父"。

希罗多德(Herodotus,约公元前 485—前 425),哈利卡尔纳索斯人,出生于当地望族,当时他的母邦已经处在波斯帝国的控制之下。希罗多

---

① 赫西俄德:《工作与时日、神谱》,张竹明、蒋平译,北京:商务印书馆,1991,页 28—29。

德的后半生没有待在故乡,而是到处旅行。他在雅典深受欢迎,并于公元前444年前往意大利的图里殖民,一说最终定居于那里。因此,亚里士多德径直称他为"图里人希罗多德"。从居留地可以看出,希罗多德对东方、希腊和西方都有广泛接触。尽管有学者考证其书中关于道里路程的描述之后质疑他是否真的去旅行过。

希罗多德自称其作品为"调查报告"(*Historiae*),在《历史》开篇,他就说明了自己的写作目的:"在这里发表出来的,乃是哈利卡尔纳索斯人希罗多德的研究成果,他所以要把这些研究成果发表出来,是为了保存人类的功业和令人惊异之物,使之不致由于年深日久而被人们遗忘,为了使希腊人和异邦人的那些值得赞叹的丰功伟绩不致失去它们的光采,特别是为了把他们发生纷争的原因记载下来。"

《历史》全书凡九卷,在古代分别用九位缪斯女神的名字来命名,以史学女神克里奥(Clio)为首,因此又被称为"九缪斯书"。在上述简短的序言之后,希罗多德开始讲述第一个征服小亚希腊城邦的吕底亚王国的历史,随后跟随波斯帝国征服的脚步,分地区叙述各地的风土人情和历史故事。自第5卷第28节开始,转入描写希波战争。从大流士派兵远征希腊一直讲到薛西斯的亲征,终篇于希腊联军收复希腊本土,恢复波斯人控制亚洲、希腊人控制爱琴海的战略格局。

希罗多德在被称为"史学之父"的同时,还被戴上了"谎言之父"的帽子。公元2世纪的大学问家普鲁塔克(Plutarch)鉴于希罗多德的作品流传太广,担心"谬种流传",于是专门写作了《论希罗多德用心不良》,从八个方面证明希罗多德不怀好意地写作他的《历史》,包括明褒实贬、偏爱蛮族等。稍晚,文论家琉善(Lucian of Samosata)甚至说看见希罗多德因为说假话,在地狱中受罚,"凡是在世上说假话,或书中不写真话的人——其中有希罗多德等许多人——受的刑罚最重"。[①] 19世纪的一首儿歌还嘲

---

① 琉善:《真实的故事》,水建馥译,载氏编译:《古希腊散文选》,北京:人民出版社,2000,页293。

弄希罗多德的轻信:"希罗多德,我为你脸红,埃及的祭司们想糊弄你,不算什么难事,但是,不要以为你也能糊弄我们!"①现存最早提及希罗多德为"史学之父"的作者西塞罗说:"在'史学之父'希罗多德的著作中,也有不少传说故事。"②因此对希罗多德的评价带有二重性。

现代史家对希罗多德的褒与贬主要基于《历史》的可靠性,为此需要考察希罗多德的史料考辨和选择的原则。希罗多德在第六卷中交待过,他是"有闻必录"的:"我的职责是把我所听到的一切记录下来,虽然我并没有任何义务来相信每一件事情;对于我的全部历史来说,这个说法我以为都是适用的。"希罗多德将自己的作品称作"调查报告",但是,他不懂外语,这大大限制了他广泛收集原文资料、进行比较鉴别的能力,往往只能有闻必录。例如,他说:"哪些伊奥尼亚人英勇战斗,哪些伊奥尼亚人临阵怯懦,我这部历史是说不确实的。""这便是双方所提出的证据,人们可以选择他们认为最可信的一方面。"③

为了区别对待希罗多德所提供的信息,现代史家往往将他的作品分成三个部分:所见、所闻与所传闻,并分别加以利用。"我们必须区分三种不同可信度的材料。首先,来自亲眼目睹或者亲身经历的事情,不必多疑。其次,转述目击者的证词,要加以考证。第三,对古史的转述,要特别小心。"④

但是,从文本分析的角度而言,希罗多德的作品是一个完整的统一体,我们还需要去关注他笔下所见、所闻与所传闻之间的密切联系。希罗多德的写作目的是"记载人类的功业和令人惊异之物",因此他到处旅行,见识这些"功业和可惊异之物"。往往由所见之"物象"或者"遗留物"进而

---

① G. L. Dickinson, *The Contribution of Ancient Greece to Modern Life*, London: George Allen & Unwin Ltd., 1932, p. 17.
② Cicero, *De Legibus*, Libri I. (5)。中译本参见西塞罗:《论法律》,王焕生译,上海:上海人民出版社,2006。
③ 希罗多德:《历史》,王以铸译,第 6 卷第 14 节、5 卷 45 节。
④ D. M. Lewis etc. eds., *The Cambridge Ancient History*, 2nd. ed. Vol. IV., Cambridge: Cambridge University Press, pp. 5—6.

考察凝结在该物象中的历史故事,从"所见"到"所闻"再到"所传闻"。在看见历史遗留物之后,希罗多德就通过调查、探访,来激活其中凝固的历史发生或故事。这些物象之所以留存下来,往往对应着某种历史发生;即使没有真正发生过,但是也必定被当地人认为发生过,否则遗留的物象从何而来?这些非同寻常的物象,其实就是"人类的功业"的见证和"令人惊异之物"。

希罗多德的所见"物象"相当广泛。从山水与自然地理条件,到当地的土特产、矿产;从人的服饰、运输工具,到生活习惯,包括独特的生活方式、独特疾病、各种信仰仪式等等;从各种历史纪念物到残存的语言文字等文化遗留现象。这些历史纪念物包括提供给神庙的供品(礼品、礼物、奉献物等等)、战争之后的纪念物品(最有代表性的战利品、战争纪念碑、墓葬等等),各种非同寻常的、耗费大量人力物力的大型建筑物(金字塔、庙宇、会堂、圣堂、陵墓、城墙、塔、桥等等),以及其他可见的印迹(如巨大的脚印等等);而神托的记录往往是希罗多德的主要史源之一。各种发明背后的故事,也是希罗多德所感兴趣的。

以《历史》第一卷为例,由"历史遗留物"所引发的调查共有126节,如果将克洛伊索斯的命运当做一个故事整体,那么,这个数字就增加到160节。其余40节讲述居鲁士的兴亡,无法确定其是否基于历史遗留物而来。统计可知,依托于"所见",以"历史遗留物"或者"纪念品"作为传闻基础的节数占58%,加上大体依托于所见的传闻故事,这个比例为74%。也就是说,《历史》中的故事大部分依托于"所见"。

如同其他的"故事收集家"一样,希罗多德到各地去收集各种传闻,但他通过"所见"(以"历史遗留物"为主),对传闻或者说故事进行选择和控制,来确保自己所记录的属于曾经发生过的"人类的所作所为",从而获得历史写作的合法性。用今天的话来说,就是依托于"史料"来讲述故事。这些史料主要是希罗多德所见到的"物象"。

亚里士多德曾经说过:"历史学家与诗人不是根据用韵文或非韵文进行讲述来相互区别……真正的区别在于,一个是讲述发生了的,一个是讲述可能发生的。"①亚里士多德并不是从文体的角度来区分二者的,而是以写作对象和内容为标准的。他的理论总结正是以希罗多德的《历史》作为例证。亚里士多德肯定,希罗多德的《历史》与史诗的根本区别在于前者记录"发生了的"故事,而后者讲述"可能发生的"故事。因此,正是因为希罗多德从史源收集的角度保证了作品所讲述的内容是实际发生过的"人类的功业",所以被称誉为西方的"史学之父"。

亚里士多德的论述反映了当时希腊文论家们对于历史叙述体裁与史诗之关系的认识。希罗多德熟谙《荷马史诗》等诗歌,而《历史》开篇的引子,也是史诗最为关注的话题——希腊人与蛮族之间的冲突,希罗多德也是从抢劫美人海伦说起。希罗多德对《荷马史诗》相当熟悉,也经常引用。他本人也像游吟诗人那样边走边朗诵自己的作品,据说还在奥林匹亚盛会上获奖,暴得大名,广为人知。希罗多德虽然没有用韵文写作,但是其写作目的被修昔底德不点名地批评为旨在"吸引听众",与史诗如出一辙。可见希罗多德确实从史诗中学到了很多东西。

但是,对于希罗多德是否有意模仿和学习史诗传统,我们不得而知。而且从他的行文可以看出,他更强调自己的叙述与史诗不同。他在《历史》开篇讨论抢劫海伦这一历史故事的时候说:"以上便是波斯人和腓尼基人的说法。这两种说法中哪一种说法合乎事实,我不想去论述,下面我却想指出据我本人所知最初开始向希腊人闹事的那个人,然后再把我所要叙述的事情继续下去。"以此,希罗多德决定性地告别史诗话题,转向历史话题——"第一个"征服希腊城邦的国王,而不是传说中的特洛伊战争。

希罗多德特地强调了自己与史诗诗人在尊重事实方面的根本性区别。在希罗多德看来,诗人们是根据自己的需要选择史料的,他在第二卷中接着讨论抢劫美人海伦的故事时说:"在我来想,荷马也是知道这件事情的。但是由于这件事情不是像他所用的另一个故事那样十分适于他的

---

① Aristotles, *De Poetica*, 1451a—1451b,中译本还可参见罗念生译:《诗学·9》,北京:人民文学出版社,1962;陈中梅译注:《诗学》,北京:商务印书馆,1996。

史诗,因此他便故意放弃了这种说法,但同时却又表明他是知道这个说法的。"不仅如此,希罗多德在同一卷的另一处明确指出,诗人是"制造者",符合该词的本义。他说:"我从来不知道有一条叫做欧凯阿诺斯的河流。我想是荷马或者是更古老的一位诗人发明了这个名字,而把它用到自己的诗作里面来的。"相比之下,他本人则是在做"调查报告"。

第二节 历史考据的新机制

希罗多德虽然主要收集古代波斯帝国的史事,向希腊人转述古代东方国家的悠久历史,但是因为受到雅典文化的影响,特别是雅典喜剧的影响,他将庞杂的地方传说整合进一部歌颂以雅典为首的希腊大陆城邦的喜剧。通过讲述希腊人和波斯人的冲突,他证明自由的希腊城邦成功抵抗了波斯帝国的侵略,从而迎合了当时正在兴起的雅典帝国和斯巴达霸权的需求。希罗多德以庞大的篇幅,浓墨重彩地描绘希腊和波斯两军实力的对比,故意夸大波斯的军队数量。但是他提供的舰队总数与喜剧家埃斯库罗斯(约公元前525—前455)所创作的《波斯人》中的数据一致,"希腊人约只有三百只军舰,此外还有十只精选的;至于国王呢,我清清楚楚知道他有一千只战舰和二百零七只快船"。[①]

希罗多德也为雅典知识界提供了大量的学习对象和知识,迎合了当时所需。希腊大陆知识分子渴望了解东方历史,积极学习东方文化。喜剧家阿里斯托芬(约公元前445—前385)专门写作《云》以讽刺雅典革新派哲学家苏格拉底,但是也间接说明了当时流行的学习热情。"可是人老了,记性太差,理解力也迟钝了,我怎么学得会逻辑的精微奥妙呢?但是无论如何,我一定得去!"[②]在歌颂苏格拉底的柏拉图笔下,苏格拉底更是

---

① 埃斯库罗斯:《希腊人》,载《古希腊悲剧经典》,罗念生译,北京:作家出版社,1998,页103。

② 阿里斯托芬:《阿里斯托芬:云、马蜂》,罗念生译,上海:上海人民出版社,2006,页13—15。

第二章 古典希腊史学

如饥似渴地学习东方文化,学习来自小亚希腊城邦的自然哲学,如希波克拉底的医学等。"年轻的时候,我对自然哲学有着极大的热情。……我听某人说,他读阿那克萨戈拉的一本书,书上断言产生秩序的是心灵,它是一切事物的原因。这种解释使我高兴,在某种意义上它似乎是正确的,心灵应当是一切事物的原因……我一刻也不耽误地搞来了那些书,开始尽快地阅读,以便尽可能知道什么是最好的和较好的。"①

在学习东方文化的同时,希腊大陆学者们结合实际,大胆创新。柏拉图接着说,在狂热地阅读阿那克萨戈拉的书之后,苏格拉底发现"这个希望是多么美妙啊,但它马上就破灭了"。鉴于小亚城邦的学者"不能区别事物的原因和条件",苏格拉底想出了"自己解决问题的权宜之计"。即抛弃各种具象,假定存在"绝对类型"这种终极原因。美人之所以美,是因为她分享了绝对的美。对于人来说,这种绝对类型就是"灵魂",为了免于对其"将来命运的担忧",必须"生前抛弃肉体的快乐和装饰","献身于获得知识的快乐,以此使他的灵魂不是拥有借来的美,而是拥有他自身的美,使他的灵魂拥有自制、良善、勇敢、自由、真理,使他自己适宜旅行去另外一个世界"。

对于史学来说,这种文化探索打开了一扇大门。古代两河流域和尼罗河流域的史学虽然繁复,但是总体来讲,视野局限于现实世界,以世俗成败论英雄,历史多半是"成功者"的赞歌。希罗多德试图超越这种局限性,《历史》开卷就说:"不管人间的城邦是大是小,我是要同样地加以叙述的。"其原因在于:"我相信,人间的幸福是绝不会长久停留在一个地方的。"但是,他主要以喜剧的程式描述人类的功业。他描写波斯的失败,也还是来彰显希腊人尤其是雅典人捍卫自由的丰功伟业。而真正超越"世俗成败论英雄"的教条,浓墨重彩地描述历史灾难的人,则是他的后辈修昔底德(Thucydies,约公元前465—前405)。

---

① 柏拉图:《申辩篇》96a—98b,载《柏拉图全集》,第一卷,王晓朝译,北京:人民出版社,2002,页104—107。

修昔底德身为帝王之苗裔,从小受过良好的教育,是智者的门徒,通过在法庭担任辩护而成名。他后来担任雅典将军,参加伯罗奔尼撒战争,因为贻误军机而被流放20年。不仅他个人的人生经历从此由盛转衰,而且似乎他的祖国雅典也与他一道在经历着这种变化。为了描写这一历史活剧,他创作了《伯罗奔尼撒战争史》,如其开篇第一句话所言:"在这次战争刚刚爆发的时候,我就开始写我的历史著作,相信这次战争是一次大战,比过去曾经发生的任何战争都更有叙述的价值。"

现存的《伯罗奔尼撒战争史》并没有写完,第一卷算是理论卷,讲述写作理由和方法,分析战争起因乃是"雅典势力的增长和因而引起斯巴达的恐惧"。第二卷至第五卷第七章,每卷讲述约三年的战事。第六、七卷讲述雅典的西西里远征。第八卷为草稿。

在希罗多德描写的波斯战争之后,雅典开始发展为帝国,不仅实力强大,而且还自诩为希腊各邦政治的学校和灯塔。雅典的强大导致了前后持续27年之久的伯罗奔尼撒战争,雅典帝国和斯巴达联盟为争夺希腊世界的霸主地位而战。这场战争不仅改变了修昔底德的命运,也改变了雅典的国运。"伯罗奔尼撒战争不仅持续了很长的时间,而且在这期间,给希腊带来了空前的灾难。从来没有这么多城市被攻陷,被蹂躏,有些是异族人所为,有些则是希腊人的党争所致;从来没有这么多流亡者,从来没有这么多人被虐杀,他们有些是在战争中,有些是在党争中被杀死的。流传下来的某些怪诞的古老的故事但并未得到经验证实的,突然间不能不使人相信了。地震发生的范围和强度都是空前的;日食发生的频繁程度超过历史记载;各地普遍发生过严重的旱灾,继而是饥馑;惨绝人寰的瘟疫发生了,它所伤害的生命最多。所有这一切灾难都和战争一起降临到希腊。"[①]

描写灾难在雅典文化生活中非常流行,悲剧就是最集中的表现体裁。

---

① 修昔底德:《伯罗奔尼撒战争史》,第一卷第22节,徐松岩、黄贤全译,桂林:广西师范大学出版社,2004,页14—15。

雅典悲剧家相互竞争，争夺桂冠、名次的故事，我们早已耳熟能详。喜剧家阿里斯托芬甚至在《蛙》剧中嘲讽三大悲剧家死后在地下世界的竞逐，称之为"艺术的伟大的竞赛开始了"。

修昔底德似乎从悲剧中吸取了不少写作元素。《伯罗奔尼撒战争史》的悲剧感，主要来自于两个方面：人们对战争结局的推测与战争实际结局之间截然相反；历史人物的品德与命运之间极不对称。在作品的开篇，修昔底德通过伯里克利的嘴，通过斯巴达人的顾虑，充分说明人们相信战争的胜利属于雅典帝国。随着叙事的展开，他逐渐引导读者认识到战争的实际结局却与之相反。在描述雅典远征西西里的大悲剧的第七卷中，他着重刻画了胜利预期逐渐向战争失利的征兆、远征初期的顺利向失败的转变。在其中，他更加浓墨重彩地刻画了雅典统帅尼基阿斯个人的悲剧命运，"在与我同时代的所有希腊人中，尼基阿斯这样的人是最不应当遭逢这种厄运的人，因为他一生都专注于道德修养，用它来规范自己的行为"。

在具体的行文中，修昔底德充分借鉴悲剧的写作手法，依靠突然的变化来推进叙事，恰如亚里士多德在《诗艺》中对悲剧手法的总结："只要有布局，即情节有安排，一定更能产生悲剧的效果。悲剧所以能使人惊心动魄，主要靠'意外的转变'。"作为雅典统领军队、坐镇一方的将领，修昔底德在叙事中充分展示了"兵者，诡道也"这条原则，他一般先铺叙失利一方的预期，然后突然引入最终胜利一方与对方预期相反的计划，引导读者认同于悲剧的发生。在描写雅典远征西西里的两卷中，这一手法运用得最为娴熟。让读者不能掩卷，掩卷之后也复长太息。

《伯罗奔尼撒战争史》中有大量的演说辞，反映了当时口述流行的文化局面。贴近现实、反映日常生活的喜剧家们为我们提供了不少这方面的材料。在阿里斯托芬的剧本中，雅典的文化中心正在由"乐府"转向市场和澡堂，从追求身体健美、节制欲望的阳光生活转向脸色苍白、口若悬河、放荡轻薄的夜生活。而"逗口舌之利"，讼师横行，似乎是导致人心不古的罪魁祸首。无论其效果是积极抑或消极，希腊公共文化与演说似乎互为表里。在希腊语中，政治家的本义就是"演说"，意指靠说服才能成为政治家。

据亚里士多德总结,古代希腊的演说包括议事演说、法庭演说和展示性演说。议事演说意在劝说或劝阻,其目的在于阐明议事提案的利或弊,包括赋税征收、战争与和平、疆土防卫、进口与出口,以及立法方面的事务。法庭演说意在控告或辩护,目的在于说明公正或不公正;展示性演说意在赞颂或谴责,目的在于指出高尚或丑恶。它们都得通过使用例证或推理论证来进行说服。演说成功的要素包括三个方面:演说者的品格,引导听众处于某种心境和借助于论证。演说旨在通过陈述和证明打动听众,使得他们赞同演说者的主张。①

希罗多德收集各地的故事,故事中的当事人也有讲话。这些讲话中也有对于公共事务的看法,如大流士上台之前波斯贵族关于未来波斯政体的讨论,但这些讲话并不具备希腊演说那样的程式和内涵。真正体现雅典演说文化对于历史学的深刻影响的例子,来自于《伯罗奔尼撒战争史》。这部历史作品包括叙事和演说两个部分。演说几乎全部用来表达行为者对于政治、军事、外交的谋划,如同实际政治生活中的演说一样。历史人物运用它们为自己的政治策略和谋划进行劝说,对读者具有积极的参考价值。在写作过程中,修昔底德大体先进行叙事,在需要演说的地方插入演说的大意以及演说效果。在叙事完结之后,作者再编撰演说,取代原来概括演说大意的叙述性文字。第八卷缺乏演说,正好反映了这一写作原则。

在撰写演说的时候,修昔底德恪守演说的规则。他在第一卷中说:"我援引了一些演说词,有些是在战争开始之前发表的,有些是在战争期间发表的。有些演说词是我亲耳听到的,有些是通过各种渠道得到的。无论如何,单凭一个人的记忆是很难逐字逐句记载下来的。我的习惯是这样的:一方面使演说者说出我认为各种场合所要求说的话,另一方面当

---

① 亚里士多德:《修辞术》,1355b—1360a,彦一译,载苗力田主编:《亚里士多德全集》,北京:中国人民大学出版社,1994,页338—349。

然要尽可能保持实际所讲的话的大意。"说出各种场合所要求说的话,就是按照演说规则来构思演说。而保持所讲的话的大意,则是历史写作中的求真。修昔底德将历史与修辞紧密结合,利用历史说服读者。他的许多演说辞广为传诵,他也被公认为大演说家,是西塞罗修辞学作品中经常会提到的人物。

"左史记言,右史记事",说明"言"与"事"共同组成了历史叙述这辆大车的两个车轮。事为经,言属纬,言依附于事,也深化史家对事的描述。"言"作为史家思想的直接产物,与事相比具有更大的自由度。历史大事作为实际发生,众所周知,历史学家不能胡编乱造;但是"言"则难于记忆,不易被听众记住,使得作者的处理可以更加自由。而且作为演说的言,其功能本身就是在日常政治生活中说服听众,史书中的"言"在历史记忆之外,还兼备两个功能:一方面使得作品与日常政治生活的关系更加密切,强化史学的实用性;另一方面,"言"也可以有相当的哲学思辨性,依据某些逻辑推理的原则,针对人性进行说服推理,进行带有普遍性的思考。"事"则主要是在特定时间、特定地点、在特定人物参与之下发生的特定史事,指向个别性。"言"与"事"的结合,最能体现史家"历记成败存亡祸福古今之道,然后知秉要执本",也就是通过具体史事的讲述,思考历史发展中带有普遍性的现象,乃至规律。如同修昔底德所言的:"得到关于过去的正确知识,借以预见未来。"

修昔底德能够如此借鉴演说入史作,体现了其背后由雅典哲学提供的新的真实观。这种真实观使得"如实",即"实际发生的真实"之外,还有一种"逻辑的真实",即"可能发生的真实"或者"真理"。

当希腊智者们追求知识、说服他人的时候,异说纷呈,莫衷一是,真实脱离了存在的束缚,进入到思想的殿堂。在演说中,"如实"的真实并不受到特别尊重,"逻辑的真实"即自圆其说更有吸引力。各种"智慧的赝品"在流行。苏格拉底的出现改变了这种状况,他提出智慧是为了探索"本性",为获得"至善"和真理,从而了解世界的奥秘。在他看来,真实源自于"神启",爱智者通过辩证法而近神,从而获得真理和永恒性。

苏格拉底一方面解放了现实幻象对真实的束缚,将真实从朴素的"如实"变成一个可以思辨,不断进行新认识的抽象范畴。在这种转化过程中,他为真实提供的判断标准却是"可能性",而非"实际上"。因此,在他看来,史诗似乎要比历史叙事更加真实一些。"诗人们吟诵的时候也要有神灵的激励才有灵感,凭着神灵的恩典和缪斯们的帮助,他们往往也会道出真实的历史事实。"①

修昔底德无疑受到了这种新思潮的影响,他对如何获得历史真实做了深入的探索。希罗多德相信所见,探寻历史纪念物背后的历史发生。修昔底德则更进一步,他的"所见"不再局限于历史遗留物,而是更多地指向"目击者"。他在第一卷开篇说道:"在叙事方面,我绝不是一拿到什么材料就写下来,我甚至不敢相信自己的观察就一定可靠。我所记载的,一部分是根据我亲身的经历,一部分是根据其他目击证人向我提供的材料。"

但是,"亲眼目睹"并非等同于真实,相反,修昔底德认为记忆本身并不可靠,目击者的叙事又包含主观的成分,因此,真实需要"费尽心力"去考核。他在上述著名的关于其撰史方法的段落中还说道:"这些材料的确凿性,我总是尽可能用最严格、最仔细的方法检验过的。然而,即使费尽了心力,真实情况也还是不容易获得的:不同的目击者,对于同一个事件会有许多不同的说法,因为他们或者偏袒这一边,或者偏袒那一边,而记忆也不一定完全可靠。"因此,修昔底德的真实,并不限于"如实",还包括经过主观评判、经过思想检验之后的"真实",即足以说服读者,引起读者共鸣的真实叙述,或者说真理性表述。其根本前提和最终目的是对"人性"的研究,是主观见之于客观的活动。他既不像哲学家们那样迷恋主观的"可能的真实性"或"绝对的真实性",即"逻辑真实性",也不像希罗多德那样"如实",而是折中于二者之间,调和了"历史发生"与"人性",通过记述具体的历史事件,引导读者思考抽象的道理。

---

① 柏拉图:《法篇》682,《柏拉图全集》,第三卷,王晓朝译,北京:人民出版社,2002,页434。

这种真实观的优势在于,它既通向过去的历史发生,又通过"人性"而服务于现实。历史与现实,因为人性而密切相关。因此,修昔底德在上述关于撰史方法的段落中自豪地宣布:"我这部没有奇闻逸事的史著,读起来恐难引人入胜。但是,如果研究者想得到关于过去的正确知识,借以预见未来(因为在人类历史的进程中,未来虽然不一定是过去的重演,但同过去总是很相似的),从而认为我的著作是有用的,那么,我就心满意足了。我所撰写的著作不是为了迎合人们一时的兴趣,而是要作为千秋万世的瑰宝。"

《伯罗奔尼撒战争史》尚未完成,第八卷还是草稿,只写到公元前411年,作者就离开了人世,他的作品据说是由色诺芬予以发表的。但是,这部作品却具有非凡的竞争力,成为后世史家模仿的对象和典范之作。其他写作类似题材的作品,逐渐为时间所淘汰。时至今日,《伯罗奔尼撒战争史》的权威性依然无与伦比。"不应该怀疑修昔底德对真实的追求及其高超的能力,与其他史料相比,我们可以更多地信任它,问题在于我们过分依赖于他。这些材料为数不少,但经过他的整理,很好地被掩饰了整理过程……修昔底德所没有报道的,不能被视为没有发生过,如果我们有兴趣,我们有义务去填补这些空白。但是一旦他报道了某事,试图进行重新解释则并非好的方式,这样做只可能适得其反。"①

第三节 历史之用与色诺芬的教导

古典希腊史学三大师中的最后一位是色诺芬。色诺芬(Xenophon,约公元前430—前354),雅典贵族,苏格拉底的学生,参加雇佣军去小亚服役,回来后被判处流放。他留下了大量的作品,包括《回忆苏格拉底》《居鲁士的教育》《阿格西劳斯传》《长征记》《希腊史》《论雅典的收入》等。

---

① D. M. Lewis, etc. ed., *The Cambridge Ancient History: Vol. V, The Fifth Century B.C.*, Cambridge: Cambridge University Press, 1992, pp. 5—6.

色诺芬是西塞罗笔下的典范作家,公元3世纪的古希腊学者拉尔修在编订《希腊名哲言行录》时,还称誉色诺芬:"他的教导闪耀着多么明亮的光芒!苏格拉底的智慧在他身上体现得多么清晰。"

但是,19世纪以后,史家对于色诺芬的评价偏低。著名的大学者伯里在其《希腊史学家》中说:"他是少数留下了大量作品的古典希腊史家,但他名不副实。无论在史学还是在哲学方面,他都只能算是个业余爱好者,他根本无法理解修昔底德的方法,一如他无法明白苏格拉底的说教。他有很好的文学天分,多种多样的作品,使他在希腊文学史上算个人物。但是他的理解力平平,不能透过现象看本质。如果他生活在今天,最多不过一名高级记者和宣传干事,可能会发表战地通讯,写作普通英雄人物的传记。作为历史学家,也就能写写回忆录。"

20世纪70年代之后,对于色诺芬的关注又重新多了起来,色诺芬甚至成为政治思想史上的热门人物之一。对色诺芬的接受史,为何如此起伏不定呢?人物的声誉是与当时流行的评价标准密切相关的,因此有必要先考察古代希腊史学评论的标准为何。

修昔底德之后,历史写作都得追求历史真实,以便传之久远。但是,这种历史真实并不仅仅要与事实相符,而且还要让读者相信,使之成为符合人性的"逻辑真实"。为此,历史学家需要具备多方面的素质。第一,为了与事实相符,历史学家必须要亲眼目睹。希罗多德为了收集史料,依靠所见,控制史源,由所见到所闻,收集历史故事。修昔底德则不仅全面依赖于亲眼目睹,而且还费心地对这些见证进行考证,提供真相。为了收集到史料,在缺乏图书馆的古代,他们都得到处行走,收集见闻。许多史家因为被流放也不得不"旅行"。因此,旅行成为古代希腊史家修史必备的准备工作。文论家琉善总结说:"收集资料不应粗心大意,而必须惨淡经营,反复调查:如果有可能,历史学家应该亲临其境,目睹其事。"为此,学习历史写作的人应该"在军营里呆过,观看过军士们,见识过他们被操练、被指导,了解武器和装备,知道集合,知道行进,知道阵势,知道骑兵,也要知道冲锋和包围的意思。总而言之,对我们来说,他不应该在家里蹲着,主要靠别人转述。"①为了获得第一手的史料,历史学家有意无意之间要走出去。如同发光体一样,行踪所至,照亮所经行的世界。

第二,为了能够理解所收集到的史料,透过纷繁错综的历史现象,发现其中的历史实质,历史学家还需要具备一定的理论素养,尤其是要对政治、道德有所研究。否则缺乏足够的折中、取舍史料的能力,难以在众多私家记载的竞争中胜出。琉善在上述《论撰史》中说得好:"必须有洞察力,有从政才能——也就是说,他有可能成为一个有才能的政治家——而且具有一些武人气质(当然这并不排斥文人气质)和一些军事经验。"如果能够进一步对于根本性问题有所了解,知道人生的目的、成功的素质、失败的原因等等,从特殊上升到普遍,究天人之际,成一家之言,使得自己的写作更加具有符合人性的逻辑真实,就能够传之久远。为此,也需要一定的哲学修养,至少具备透过现象看本质的洞察力,了解人性。

第三,为了表述自己收集到的材料和理解的历史现象,历史学家还必须具有一定的文学修养。这种修养主要体现在两个方面,首先是能够写作演说。演说不仅体现处理军国大事的奇策良谋,需要作者具备良好的政治和军事素质,而且其表现手法关乎文辞,需要长期的修辞练习。此外,"其文则史",史学撰述需要一定的文采,至少要用平白晓畅的文笔进行叙事。诚如琉善在《论撰史》中所言:"应该有沉着的态度,材料应该均匀而细密,词汇应该妇孺皆知,叙述应该尽可能地清楚。"

如果从这三个素质来看,苏格拉底的弟子色诺芬似乎是最佳人选。他早年追随苏格拉底,在苏格拉底死后,写作了一些对话体的苏格拉底派哲学作品,还参加过雇佣兵,在率领雇佣兵归来之后,又在斯巴达统帅阿格西劳斯麾下与波斯人和雅典人作战,具备丰富的政治军事经验和才能,写作了《论骑术》《论骑兵统领》等。归国之后即被流放,长期定居于城邦之外,到晚年才归国定居。行踪所至,见闻日多,见多识广,掌握了大量的

---

① 琉善:《论撰史·2》。更为文雅流畅的译法,参见缪灵珠译文,载章安琪编订:《缪灵珠美学译文集》,第一卷,北京:中国人民大学出版社,1998,页202。

一手材料。"从那时（被流放）起他四处结交并款待朋友,还不停地写作他的历史著作。"①

《长征记》取自作者的亲身经历,讲述自己当年如何参加波斯雇佣军,如何在王位争夺战失败后,率领约一万希腊将士归国的传奇经历。文笔平易晓畅,词汇妇孺皆知,因此,长期以来一直是学习古希腊语语法之后晋阶的必读作品,影响极其深远。他本人也被称誉为"阿提卡的缪斯"。他仿效史诗,从事情的中间开始叙述,"大流士和帕莉萨蒂斯生有二子,长名……"这一写法也在《希腊史》中得到了贯彻,"一些日子之后,希摩卡里率领一支小舰队从雅典赶来,随后……"这种写法,还得到了许多人的模仿,如琉善在《论撰史》中所说的那样:"他们自称效法色诺芬。"

如果结合《希腊史》的结尾,我们可以发现,色诺芬的这种处理方式,不仅成功地借鉴了史诗,而且还创造了一种私家修史的接力模式。在《希腊史》的结尾处,他这样写道:"战争的结局出人意料。双方都似乎胜利了,但谁都没有多得一寸土地,从而比战前更好。不确定性和混乱占了上风,且十倍于战前。我至此搁笔,有待贤哲续写。"色诺芬呼唤其他史家续写《希腊史》,如同他自己续写《伯罗奔尼撒战争史》一样。

在今人的眼中,色诺芬的《希腊史》不仅主要依靠个人见闻,内容散漫,而且还有严重的偏见,歪曲历史真相。但是,如果从当时人的标准来看,他提供了非常富有教导价值的真实的历史叙述,这一点贯穿于他的所有写作中。《希腊史》提供了对当时国际局势、民主政治和君主政治等多种政治体制的分析;《长征记》提供了将军的培养模式;而《居鲁士的教育》则提供了理想政治领袖的成长模式;等等。

为此,色诺芬的写作也需要充分利用"言说"。他不仅发展了修昔底德对"演说"的偏好和充分利用,而且迎合了当时希腊读者的预期。正是通过大量的言说,色诺芬得以塑造一个个理想人物的形象。与其说这些理想人物属于历史真实,还不如说他们属于读者预期的模仿对象,是他们

---

① 第欧根尼·拉尔修:《名哲言行录》,马永翔等译,长春:吉林人民出版社,2003,页115。

追求的"逻辑上的真实"。

古代史学并没有从哲学和文学分离,而是紧密相连。古代学术也没有专业的历史学家群体,评论者更多的是学者和文人,他们衡量历史作品的标准,除了"如实的真实"之外,还有更加多元化的标准。只要是讲述发生过的史事,其所言之"大义"和叙事之"文笔"都十分重要,不仅可以扩大读者群,而且还能传之久远。色诺芬的作品几乎都保留了下来,与希罗多德、修昔底德并称为三大师,绝非偶然。但是,世易时移,随着19世纪专业史学的发展,现代历史学家用专业化的眼光,从比较单一的标准——是否有丰富的原始史料,是否如实地反映了历史现象——去评判古人。在这种标准之下,色诺芬所擅长的"个人成长"型历史故事,不再能满足收集原始资料、探索时代特征的现代史家的需求。其名声随即陡降。

第四节 希腊化时期的史学

伯罗奔尼撒战争以斯巴达集团的胜利而告终。斯巴达人"感到高兴的是英雄和人的谱系,古代城邦建立的故事,简单说来也就是那些古代传说"。① 斯巴达人的霸权使得这种历史文化得到更为广泛的传播。但是,斯巴达的霸权并没有维系多久,就被底比斯所摧毁,而底比斯也是旋起旋灭。在城邦混战中,"蛮族"帝国成为最大的受益者。先是波斯帝国,然后是马其顿帝国。公元前396年的"大王条约",正式确立了波斯大王干预大陆希腊政局的时代格局。半个世纪之后,马其顿帝国崛起,菲利普二世(公元前359—前336年在位)雄霸希腊大陆。在他被刺身亡之后,其子亚历山大即位(Alexander the Great,公元前336—前323年在位),先镇压了希腊城邦的叛乱,然后率兵越过博斯普鲁斯海峡,开始其征服天下的行程。兵锋所至,无不称臣。但他本人很快病故,在他死后,部将拥兵自重,各自为王,建立起几个希腊王国。它们之间互相攻战,互有胜负。

---

① 柏拉图:《大希皮亚篇》,载王晓朝译:《柏拉图全集》,第四卷,页32。

在古典时代被视为蛮族的波斯和马其顿先后主宰大陆希腊世界,使得传统的野蛮与文明的区分开始发生变化。相当一部分希腊知识分子不愿意面对这种蛮族与希腊人文化混同的趋势。亚里士多德试图以理性程度为标准来强化野蛮与文明的区别,他的外甥卡利斯提尼作为御用史家反对亚历山大的"胡服骑射"政策,与亚历山大发生冲突,不惜叛乱,最终被杀。希腊化或者蛮族化成为相互竞逐的时代潮流。在争霸的政治局势中,希腊将军们和雇佣军们为了竞争,一方面发扬希腊文化,一方面也充分吸收当地文化,为"希腊化时期"的史学写作烙下了深深的印记。

希腊化时期为史家提供了前所未有的创作机遇,以致作者蜂起,出现了大量的史学家和史学作品。后人推崇的希腊史学十大名家中,除了古典时期三大师和海拉尼库(Hellanicus,莱斯博斯人,与希罗多德同时代)之外,其余全部属于希腊化时期。他们是:菲利斯图斯(Philistus,约公元前430—前356),西西里人,写作《西西里史》,备受西塞罗的称誉,认为他是最重要的作家,写作深刻,简要动人,几乎就是修息底德的翻版。瑟奥朋普(Theopompus,生于约公元前378年),写作《希腊史》,讲述斯巴达的霸权至公元前394年;写作《菲利普史》,叙述马其顿国王菲利普二世的历史,对其人有所讥评。艾夫鲁(Ephorus,约公元前405—前330),丘米人(Cyme),写作《库马史》和《世界史》,重视目击者的叙述。阿纳克西美尼(Anaximenes,约公元前380—前320),兰萨古斯人(Lampsacus),写作《希腊史》《菲利普史》。卡利斯提尼(Callisthenes,约与亚历山大同时),亚里士多德的外甥,亚历山大的官方史家,327年因为涉嫌谋反被杀。最后是波利比乌斯(Polybius,约公元前200—前118)。以上史家之中还未包括创造了奥林匹亚纪年法的西西里的提麦乌(Timaeus of Sicily,约公元前345—前250)。提麦乌虽然出身于西西里,但是客居雅典。由于其独特的出身,他试图介绍地中海西部的历史和文化,并借此挑战东部的文化霸权,对雅典诸位前辈作家多有批评。从现存残篇来看,其作品颇类似于希罗多德的《历史》,对西西里文化名人的言行进行了细致描述,尤其是毕达哥拉斯学派的人物。他虽然不被波里比乌看好,但是,西塞罗在前引

《论演说家》中对他褒奖有加:"他使用的材料和思想最丰富,他的文风已经有某种程度的修饰,他的文章已经具有雄辩的权威性。"结合后学广泛征引他的作品来看,在当时,他应该是位非常成功的史家。虽然这些作家的作品绝大部分都没有完整地保留下来,但是,通过罗马帝国时期的希腊作家们的引用或者说抄录,我们对于这些作品的内容和写作风格多少可以有些了解。

希腊化时期的史学以"人种志"或"民族志"为其最主要的写作题材。通过旅行、实地调查收集见闻,讲述各地的人种和风俗。这早在希罗多德的作品中就有明显的体现,在希腊化时期,此风更炙,各种地域文化占据着希腊化时期史家的笔端。埃及、波斯、亚美尼亚、马其顿和西西里等传统描述对象不断被重新书写,被视为世界"边缘之地"的印度和埃塞俄比亚等都被反复调查。其中有名的,如塞琉古王国的大使麦伽斯提尼出使孔雀王朝后写作的外交报告,以及其他随亚历山大东征的随军人员所写作的见闻,后来被罗马帝国时期的将军史家阿里安整理综合,作为其历史作品《亚历山大远征记》的附录流传下来。

这些人种志作品,内容广泛,重视亲身经历,具有有闻必录的倾向,但关注点较为分散,过于轻信,叙述过于繁琐,难免夸诞之辞。在波斯御前效力、任宫廷医生的希腊人克特西阿(Ctesias of Cnidus,活跃于公元前4世纪初)指责希罗多德所述不实,但他提供的故事,更加神奇。据第欧根尼·拉尔修引述可知,提麦乌不仅详细复述毕达哥拉斯的学说,而且对各种风向、独特的器皿也大谈不已。阿布德拉的贺卡特乌(Hecataeus of Abdera,活跃于公元前4世纪)描述埃及的时候,对各种大型建筑物,尤其是金字塔和神庙的内部结构,进行准确描述,毫无遗漏,但也显得非常琐碎。他转述当地人的介绍,更具东方神秘色彩。巴比伦人贝洛索斯(Berossus,活跃于公元前3世纪初)用希腊语转述当地流传的关于世界起源的传说,并介绍巴比伦的各种名胜古迹,委婉动人。赫里城的埃及祭司曼涅托应希腊人国王托勒密之请,抄录神庙记录,草拟埃及历史,也提供了不少传说故事。此类作品旨在以广见闻,有些俚而不俗。因此,哈利卡尔纳索斯的狄奥尼修斯评价说，行文之处，今不如昔。"早期作家注重行文，而后来者则有所忽略，从而留下的作品难以卒读，如弗拉尔库（Phylarchus）、杜里斯（Duris）、波利比乌斯、德米提乌（Demetrius of Callatis）、杰罗尼姆（Hieronymus）、安提戈努（Antigonus）、赫拉克利德（Heraclides）、赫格齐亚纳克斯（Hegesianax）以及其他许多人，即便用一整天的时间都说不完。"①

或许，既夸诞又琐细的文风，是这些作品没有直接传承下来的重要原因。但是，他们的写作内容或多或少通过后人的引用得以保留，我们似乎可以推断，缺乏符合时代潮流的重大主题，是导致其不传的更为关键性的根源。私家修史蜂起的背景之下，争取读者的竞争必然相当激烈，史家们往往开篇就得强调自己的写作主题非常重要，以便抓住读者的注意力。希腊化时期的战争多为小规模的战争，对世界历史影响不大，围绕这些小型战争而撰写的战争史，自然难以吸引读者的眼球。更何况，波利比乌斯成功地写作了《通史》（或称《史记》《罗马史》），用罗马兴起这样宏大的命题将多场战争结合起来叙述，从而改变了古代战争史的主题。他在《通史》开篇即说："我的主题本身太重要了，大家要关心我的研究。"由于作为人质作客罗马，他有机会观察到当时所稀缺的新的宏大历史主题：罗马兴起给地中海世界所带来的巨变。他运用希腊化时期史家的细腻笔触，与这一宏大历史题材结合，创作出传世名篇《通史》。

波利比乌斯出身外交世家，随着希腊诸邦被罗马征服，作为人质来到罗马。随后，他被延聘为罗马贵族西皮阿家族的家庭教师，从此与学生小西皮阿（Publius Cornelius Scipio Aemilianus Aficanus）的政治军事生涯密切相联，也见证了罗马共和国的扩张，尤其是控制整个地中海的关键性时期。作为时代的弄潮儿，他敏锐地发现了具有划时代意义的历史事件——罗马统治了整个"人类世界"，并决心对此加以记录。他在《通史》

---

① Dionysius of Halicarnassus, *On Literary Composition*, 4, trans. by Stephen Usher, Cambridge, MA: Harvard University Press, 1985, p.43.

开篇说:"波斯人一旦走出亚洲,是否还是一个帝国,这本身就是个问题;斯巴达称霸不过12年,马其顿也只占有人类世界的一小部分……而罗马人征服了整个人类世界,前无古人后无来者。"

波利比乌斯继承希腊传统,对作品的"断限"即记录的历史时间进行了具体说明。自色诺芬之后,续写历史成为历史写作中的一项传统,这使得历史断限问题成为历史写作的一个重要理论问题。哈利卡尔纳索斯的狄奥尼修斯视之为第二重要的历史写作要素,加以讨论。波利比乌斯虽然批评了他的前辈——西西里的提麦乌,但还是决定续写他的作品,以罗马人跨海冲出意大利、远征西西里为起点。"这是提麦乌的《历史》的终结点,发生于第129届奥林匹亚期间"。波利比乌斯对他的选择的合理性进行了详细的说明,因为"如果开篇的事件不为人知,或者存有争议,随后的事件就无法令人信服。如果对于开篇的事件存有定论,那么此后的叙事就会清晰多了"。①

波利比乌斯的《通史》始终围绕一个核心的主题:以何种方式,凭借哪种政策,罗马使整个人类世界臣服于它。全书以历史叙事为脉络,以分析和评论为辅翼,彰显这一核心主题,从罗马的混合政体、罗马将士的品格、命运的眷顾等方面进行了全面的论述,从而将罗马史置于人类历史的宏大进程之中,也为罗马控制的人类世界的出现进行了历史必然性论证。通过对近百年罗马征服史的系统回顾,波利比乌斯有力地回应了当时希腊知识界争论热烈的话题:罗马统治地中海是受命运女神青睐的偶然性事件,还是历史必然的结果。用当时的话语来说,是凭借武力还是基于德行?波利比乌斯也开创了一个此后两千余年不息的历史话题:罗马的兴亡。

---

① Polybius, *Histories*, 5. trans. by W. R. Paton, Cambridge, MA.: Harvard University Press, 1922, p. 15.

第三章

罗马史学

第一节 "修辞压力"与罗马早期史学的艰难成长

虽然罗马与雅典差不多同时建城,但是,通过文献来传承历史在罗马要晚好几个世纪。共和国晚期的学者们(如李维等人)相信,这是因为公元前390年左右,高卢人焚毁了罗马城,烧掉了一切文献资料。但是,考古发掘却表明这个说法值得怀疑。毫无疑问,罗马人长期靠口传的方式传载历史,据西塞罗记载,"在他(老伽图,Marcus Cato,约公元前234—前149)所处的那个时代很久以前,有些来客在宴饮中轮流歌颂名人"。① 西塞罗认为,《大祭司编年史》(Annales Maximi)是罗马最早的历史作品。"因为历史只不过是编年史的汇编,以便保存对事情的公共记忆,从城邦的早期开始,一直到普伯里乌·穆西乌斯担任祭司长,每位大祭司都曾经写下它任职那一年的所有事件,把它们记在白板上,悬挂在家里,所有人都有自由去那里熟悉这些记载,直到今天人们还把这些记载称作《大祭司编年史》。"② 但是,由于这部编年史没有流传下来,其具体内容我们不得而知。美国学者萨勒曾经评述罗马早期编年史很大程度上是个"暗箱",

---

① 西塞罗:《布鲁图》,载氏著:《西塞罗全集·修辞学卷》,王晓朝译,北京:人民出版社,2007,页681。

② 西塞罗:《论演说家》,载氏著:《西塞罗全集·修辞学卷》,页402—403。译文略有校正。

第三章 罗马史学

史家无法确知其内容。①

此后虽然有恩尼乌斯（Quintus Ennius，约公元前 239—前 169）的史诗（西塞罗曾大量引用，但现在不存完篇）、老伽图的《起源》等历史作品，但是，真正大规模留存下来的早期历史作品，却是由希腊学者用希腊语写成的，尤其是波利比乌斯的《通史》。因此，罗马史学通常被视为是对希腊历史写作的借鉴和发展。例如，具体内容已不可知、由匹克托（Quintus Fabius Pictor，活跃于公元前 200 年）等人草拟的《罗马史》用希腊文写成，也是为了向希腊人介绍和宣传罗马。

波利比乌斯属于所谓的"西皮阿圈子"，是团结在政治家和军事家小西皮阿身边的一大群知识分子中的一员，成员中还包括博塞多尼（Posidonius，约公元前 135—前 51 年）这样的哲人史家。博塞多尼是叙利亚希腊人，在雅典接受高等教育，后来成为著名的斯多葛派哲学家，出师后定居于罗得岛，并开始周游世界，续接波利比乌斯写作了《历史》52 卷。与波利比乌斯一样，他不仅从地理空间和历史上构建世界的统一性，而且试图构建庞大的知识体系。他以基于其哲学观撰写历史、记载诸多民族之风俗习惯而著称，用较为夸张的笔法描写世界一统。

亲希腊文化的西皮阿圈子在传播和创造新的希腊史学的同时，也刺激了罗马本地史学的成长，这方面的代表人物是老伽图。波利比乌斯在史书中对老伽图大加赞誉。老伽图也曾应西皮阿的请求，帮助过波利比乌斯，在元老院争取允许像波利比乌斯那样的希腊人质返回希腊。因此，老伽图与波利比乌斯的关系不恶。但是，老伽图反对过分优待希腊人，一如他对希腊文化的态度。尽管他曾作为使节出使雅典，但还是故意标榜自己不懂希腊语，并对亲希腊文化分子冷嘲热讽。据另一位希腊名家普鲁塔克在《老伽图传》中记载："他是通过通译与雅典人打交道的。他本人能与他们交谈，但他总是坚持他本国的习惯，而嘲笑那些醉心于希腊、认

---

① Richard Saller, "Progress in Early Roman Historiography?", *The Journal of Roman Studies*, 1991, Vol. 81, pp. 157—163.

为它一切都好的人。"老伽图也反对用希腊文写作历史,或者套用希腊历史写作模式。为了传承罗马文化传统,他亲自写作了一部《原始》。"他说,《原始》是他自己亲手书写的,以便他的儿子在家里就能了解国家的古老传统。"他甚至抱怨,"一旦受到希腊文化的侵染,罗马将会失去他的帝国"。① 其实,后来的历史发展正好与他的断言相反,罗马帝国只在希腊地区延续至 1453 年。

老伽图的七卷《原始》业已不传,据后人的转述可知其大致内容:"第 1 卷讲述罗马王政时期的史事,第 2 和第 3 卷讲述意大利诸城邦的兴起,以及一切名称的起源。在第 4 卷中讲述第一次布匿战争,在第 5 卷中讲述第二次布匿战争,所有这些都采取逐条论述的形式。"② 这有点类似辞典或者目录,基本上都是尽可能按照当地传说简要提及,文笔朴实。如果西塞罗的说法可信的话,《原始》中应该按照当时历史写作的惯例,收录了若干演说辞。"但是,《原始》岂无令人心悦诚服的雄辩?"只是西塞罗话锋一转,"却没有模仿者"。③

与西皮阿圈子内的希腊史家的作品相比,老伽图的写作意图可嘉,但写作水平有限。罗马人的教育包含浓厚的希腊文化色彩,像小西皮阿那样从小接受希腊文化教育是非常普遍的现象。从小接受希腊文化教育和熏陶的罗马人,自然会对发达的希腊史学欣羡不已,不满于粗糙的拉丁文史学,进而形成所谓的"修辞压力"。一个世纪之后,西塞罗经典性地表达了这种"修辞压力":"许多没有任何演讲术修养的人也采用相同的写作风格(《大祭司编年纪》),他们留下来的仅仅是有关日期、人名、地名和事件的记录。在此意义上,菲里吉底斯(Pherecydes)、希伦尼库斯(Hellanicus)、阿库斯拉斯(Acusilas)以及其他许多希腊人,与我们的伽

---

① 普鲁塔克:《希腊罗马名人传·马可斯·加图》,席代岳译,长春:吉林出版集团,2009,页 630。译文略有校正。
② Cornelius Nepotis M, *Cato*, 3. in *Liber de Excellentibus Ducibus Exterarum Gentium*, ed. Dr. C. W. Nauck, Königsberg: Verlag von J. G. Striesk, 1856, p. 202.
③ 西塞罗:《布鲁图》,载氏著:《西塞罗全集·修辞学卷》,页 678。译文略有校正。

图、匹克托、庇索一样,不懂得如何修饰作品。因为文章的修饰是后来才传入的,只要他们的叙述能够被理解,他们就把准确当作史家唯一的优点。"接着西塞罗假借对话者卡图鲁斯的嘴说出了对当代史家的批评:"连你的朋友科伊利乌斯(Coelius)在叙述历史的时候也没有做各种反思,或者用丰富的词汇和平铺直叙的文风来完成他的名著,而是显得非常粗糙,就像一个没有学问的人,一个从来没有接触过修辞学的人写的。"①

"修辞压力"并非仅仅存在于文学批评层面,实际上它对史家和读者的选择都具有影响力。恺撒写作《高卢战记》(*Bellum Gallicum*)时,自称其写作目的只不过是为其他史家书写这段历史提供素材。也就是说,他谦虚地认为自己只是在提供历史资料(Commentarius),而在修辞方面乏善可陈。西塞罗一直被认为是写作罗马史的最佳人选,但他最终只是与恺撒一样,将自己担任执政官时期的"资料"派人送给博学的博塞多尼,希望由他来创作一部历史。西塞罗和恺撒等人从理论和实践的层面,塑造了两种不同的历史写作传统:"文派"和"质派"。"文派"或者"修辞派",主要是以希腊史学为榜样,或者是仿效希腊史学的拉丁文史家。他们重视以"演说"为代表的"言",而"质派"则更重视历史上的"事"。

在历史写作中,"文"与"质"、"言"与"事"并非截然分离,二者需相辅而行,但因为史家的不同而各有偏重。因此,文派和质派更主要体现于文学批评之中。例如,对现存罗马史学的第一部杰作——恺撒的《高卢战记》,就明显存在两种不同的评价。在苏埃托尼乌斯的《神圣的恺撒传》中,记录了时人对《高卢战记》的双重评价:"它们受到所有评论家如此高的赞扬,以致他好像不是为作家们提供了机会,而是剥夺了他们的机会。可我们对它们的赞扬比其他人还要高,因为他们只知道这些战记被写得多么优美,多么准确;可我们另外还知道,他写这些战记写得多么不费劲,多么迅速。"这一派着重强调《高卢战记》修辞化之后的文章之美,以及作者的修辞化写作才能,大体属于"文派"。而"质派"的观点认为:"这些《战

---

① 西塞罗:《论演说家》,载氏著:《西塞罗全集·修辞学卷》,页403。

记》写得既不认真又缺乏真实性。因为,关于许多别人做的事,恺撒太轻信他们自己的说法,而关于许多他自己做的事,则不是有意就是由于记不清而受到篡改。"

《高卢战记》分八卷讲述恺撒在高卢地区的征服活动。卷首为地理概况,并在适当的时候有插话交代高卢人和日耳曼人的习俗。基本上每卷记录一年所发生的史事,包括敌人的情况、以恺撒为首的罗马将领的战略战术布置和罗马将士们勇猛作战的经历。作为军事史作品,《高卢战记》中竟然没有演说,而只是如《伯罗奔尼撒战争史》第八卷的方式,交代了演说的背景、演说的大致内容、某些关键性的话语,以及演说的效果。恺撒行文典雅,措辞谨严,叙事紧凑,往往用尽可能简洁的语言生动地再现战争现场的气氛和外交场合的斗智斗勇,使得《高卢战记》长期成为学习拉丁语的基本读物,传诵不绝。

应该说,恺撒的《高卢战记》颇为迎合当时修辞化的趋势,因此深得西塞罗夸奖。在修辞学作品《布鲁图》中,西塞罗说:"他的目的是为其他人撰写历史提供素材。他也许成功地满足了那些庸人们的欲望,因为他们希望用他们自己的烫发钳整理他的材料(但他还是使得那些有点头脑的人不敢去涉猎这个题目)。但我们从作品中可以察觉到他有着健全的判断力,因为在历史书中没有什么比简洁、清晰、准确更令人喜悦了。"不过,恺撒的"史文"使得西塞罗改变了其"文派"的评价标准,使之更加适合于史学的实践。换言之,恺撒通过其创作实践,探索了一条在修辞压力之下"文质彬彬"的罗马史学之路。

另一位史家奈波斯(Cornelius Nepos,约公元前 1 世纪)通过借鉴希腊史学,贯彻"简洁、清晰和准确"的写作风格,成功地尝试传记题材,写作《外族名将传》,也参与到开创罗马史学的潮流之中。

地中海地区的传记最早起源于古代埃及的墓志铭。现存最早的古代希腊传记,主要是对哲人的回忆和辩护。最有名的作品是苏格拉底学派的色诺芬的《回忆苏格拉底》《为苏格拉底辩护》《阿格西劳斯传》和柏拉图的《申辩篇》等。这些最初的传记性作品,大概受到古代埃及传统的影响,也并不是对传主生平的记录,甚至根本就不描述生平简历,而是侧重于表彰传主的美德。通过对传主的回忆、转述或杜撰传主的某些言论,以增强说服力。

在马其顿帝国崛起之后,希腊世界由国王统治,与之相应,记录国王言行生平成为历史的一个重要内容,也给传记提供了机遇。与哲人抛弃俗世的荣耀、提升精神、摆脱肉体的束缚不同,国王以世俗功业为重,因此,王侯传记与哲人传记的内容和形式也会有所不同。虽然传记基本上以歌颂和教诲为主,都属励志型作品,旨在使读者受到教益,进而仿效。但是,哲人传记更注重传主身上永恒的德行,而王侯传记则大体遵循时间的循序,讲述传主的具体功业,表彰其德行。

罗马的传记起源甚早,最初原型可能是在宗教节日仪式或者胜利庆祝会上对于神的赞颂之歌。从历史演化的角度来看,则是从对神的歌颂逐渐移用为对人的赞美,歌颂其德性,赞美其功业。大抵是在王侯得胜归来、举行庆功典礼时,或当伟人去世后,在其葬礼上或纪念会上,发表颂扬之声或缅怀其德音。

《外族名将传》基本上取材于希腊文历史作品,如修昔底德、西西里的提麦乌等人的作品。但属于传记体裁中的王侯传记。每篇传记大体先交代传主的出身,然后围绕一些有代表性的美德,依照事件的先后,列举其功业,最后交代其死亡,如有可能,尽量交代传主的遗留物,以及人们对传主的怀念。与哲人传不同,《外族名将传》很少收录传主的言论,而集中于其行事。即使最善于辞令的忒拜名将伊帕米农达斯,"他的雄辩最引人注目的一次是在琉克特拉战役前——他作为一名使者在斯巴达"。[①] 作者也只是在交代了他做过多次演说之后,强调其效果巨大而已。

奈波斯以简洁的拉丁文文风处理希腊题材和素材,他的创作甚至得到了流行诗人卡图卢(Gaius Valerius Catullus,活跃于公元前1世纪上半叶)的致敬。但是,对于罗马人来说,写作外国史的目的毕竟还是为了与

---

① 奈波斯:《外族名将传》,刘君玲等译,上海:上海人民出版社,2005,页151—152。

罗马人进行比较,也就是要回应罗马读者所关心和熟悉的人与物。诚如奈波斯在篇末所言,"让我们就此为止,开始叙述罗马的将领们,可以更容易将他们的事迹进行比较,让我们判断谁更胜一筹"。①

正是在这种一较高下的氛围中,罗马史家追随恺撒和奈波斯的足迹,吸收希腊史学文化,在罗马文学的"白银时代"创作出了一大批优秀的史学名作。

第二节 共和国的没落与"罗马的衰亡"

"白银时代"的优秀史作不再主要讨论罗马如何兴起,而是转到了另一个方向。如果说公元前2世纪上半叶,罗马的急剧崛起令史家兴奋地讨论罗马的兴起,那么公元前1世纪后半叶罗马共和国的危机以及转向帝制,则刺激罗马史家深刻反思罗马是否正在走向衰亡。恺撒和西塞罗各自努力,秉持自己的政治信念,试图改造历史,也通过历史书写来鼓吹。恺撒凭借在高卢战争时期所积累的丰厚的政治资本和雄厚的军事实力,根本不听罗马元老院的调遣,最后不惜发动内战,结束了共和国;与此同时还亲自动笔,写作《高卢战记》,并发动幕僚写作《内战记》,为自己一派大唱赞歌。

西塞罗则代表比较保守的元老派。他没有军功,依靠法律诉讼获得名声,一步一步地登上执政官职位。在他担任执政官期间,以喀提林为首的贵族集团试图依靠武力夺取大权,实现均贫富。最终西塞罗用"演说"和谋略将喀提林打败。经受斗争的考验之后,西塞罗在肯定混合政体的前提下,主张适当强化执政官的权力。为了替自己的政策辩护,以及鼓吹自己的国家设想,他也曾送资料给博塞多尼,请他将其修订成史书,但是被博塞多尼委婉谢绝。

真正替西塞罗完成这一愿望的,是萨鲁斯特。萨鲁斯特早年追随恺

---

① 奈波斯前引书,页233。译文略有修改。

第三章　罗马史学

撒,积极参与内战,但恺撒被刺之后混乱的政治局势使他心灰意冷,退隐泉林,开始写作历史。"在经历了许多困难和危险之后,我的心情归于平静并且我已决心从此再也不参预政治生活,但这时我却丝毫无意于把宝贵的余暇用来过那种饱食终日无所用心的生活,也不想把农活和狩猎这种奴隶的活计用来派遣时日。相反地,我决心回到我过去想往的志愿上来,而不详的野心曾使我偏离这一志愿;我决心撰述罗马人民的历史,把我认为值得后人追忆的那些事件挑选出来,笔之于书。"①于是萨鲁斯特选择了"喀提林阴谋"这一事件。

与恺撒的《高卢战记》侧重描写罗马将士为捍卫盟友和罗马的荣誉而浴血奋战的主旋律不同,萨鲁斯特的《喀提林阴谋》走向了另一个极端,主要从道德的角度反思罗马衰落的原因。作者通过喀提林等人密谋推翻共和国的事件,说明德行如何在财富和闲暇的刺激之下崩溃,野心如何驱使人们铤而走险,而其中贪欲是导致共和国衰亡的罪魁祸首。同样是写作战争史,恺撒的书中没有多少演说,而萨鲁斯特的书中,言论所占的篇幅不少,甚至包括喀提林"在不容许任何目击者在场的情况下"的长篇发言,充分体现了作者借他人的嘴说自己的话的良苦用心。恺撒派拿标枪说话,与西塞罗派用嘴说话毕竟不同。恺撒死后,恺撒的部将安东尼最终将西塞罗的头颅砍下,悬挂于罗马广场西塞罗经常发表讲演的船首讲台(Rostra)之上。

恺撒派最终赢得了胜利,恺撒的继承人奥古斯都建立起元首制,罗马共和国转向罗马帝国。奥古斯都以个人的雄才大略带来了所谓的"罗马的和平"。百余年间,帝位传承虽然不够稳定,在帝位更迭之际,多伴有战争,但基本上国泰民安。社会的安定,带来了文化的繁荣,罗马文学步入"白银时代"。从史学作品来看,盛世之下,歌功颂德的作家往往名不见经传,相反像萨鲁斯特那样的作家反而在历史撰述中独领风骚。萨鲁斯特

---

① 撒路斯提乌斯:《卡提林阴谋·4》,王以铸、崔妙因译,北京:商务印书馆,1995,页95—96。

缅怀罗马祖先,颂扬共和国的伟大,哀叹今不如昔,世风日下,人心不古,慨叹罗马衰亡。这种风格还尤其体现于《罗马建城以来史》,由奥古斯都庇护之下的李维(Titus Livius,约公元前59—公元17)写作。

李维的这部皇皇巨著共142卷,完整保留下来的主要是关于罗马王政时期和共和国鼎盛时期的部分,其余部分只有详略不等的摘要流传下来。李维的写作目的与萨鲁斯特大致相同,他说:"在我看来,每个人都应当密切地注意这些问题:曾有过什么样的生活,什么样的道德;在和平与战争期间,通过哪些人以及运用哪些才略建立和扩大帝国;然后纪律逐渐涣散,先是道德倾斜,继之以精神日益下滑。当良知开始离去的时候,以致今日我们既不能忍受我们的罪恶,亦不能忍受补救措施。"①李维也将道德沦丧,尤其是财富所带来的贪欲、奢侈和纵欲视为罪魁祸首。

但是,李维的叙事内容和技巧与萨鲁斯特又不尽相同。萨鲁斯特主要写作当代史,因此,他直接地表达了自己对现实状况的不满和批评;而李维虽然一直写到了奥古斯都执政时期,但主要写作古代史,最受读者欢迎的也是这部分。因此,李维在写作中颂扬较多,寓论断于叙事之中,在适当的场合针对具体的史事略作评述。这种评论不仅仅限于道德方面的考量,在更多的场合,是基于健全的认知能力解释史事,尤其是在讨论王政时代的时候。王政时期是罗马的传说时代,各种家族和地方传闻流行,莫辨真伪。而正是在对这一时期各种政治制度和习俗的叙述中,李维清晰地展示了自己的考证推理能力。例如在讨论罗马奠基者罗慕路斯采用象征王权的12利克托尔(即法西斯)礼仪的时候,作者说:"一些人认为,由于通过鸟兆,向他预示王权的鸟的只数使他附和了这一数目。我则倾向于另一些人的观点,他们认为从相邻的伊达拉里亚人那里——象牙椅、镶绯边托迦也来自该地——不仅引进了侍从以及这类事,而且还有人数本身。伊达拉里亚人之所以有这一习俗,是因为他们从十二个民族中共

---

① 李维:《建城以来史·前言·9》,穆启乐等译,上海:上海人民出版社,2005,页20—21。译文略有修改。

同选出王,每个民族提供一名利克托尔。"①现代考古学也证实了李维的此类叙述。

李维之所以能够做到如此惊人的合理论述,与共和国晚期大批博古学者的精深研究密不可分。博古之学,是地中海世界尚武之邦的流行学问,斯巴达如此,罗马也是如此。罗马人喜好供奉祖先雕像,听取掌故传说,老伽图的《原始》大概是早期最为知名的此类作品,此后传承不绝如缕。尤其是到了共和国晚期,随着大批外来人口涌入罗马,对罗马名物来源的好奇之心自然也大大激发了博古之学的研究,对罗马地名、部族、祭仪等等一切渊源都有作家进行仔细的调查和阐释。各种解释层出不穷,彼此竞争,分享着罗马的光荣与伟大,以及她的昔日荣光。

不少希腊人写作了罗马博古学作品,例如公元前30年左右来到罗马的哈利卡尔纳索斯人狄奥尼修斯。来到罗马后,开馆授徒,讲论文章之法。后来想补波利比乌斯之不足,从罗马起源讲到第一次布匿战争,写作了20卷《罗马博古录》,陈义甚高。他的写作大概算是自己的历史写作理论的实践,先注重主题的选择,其次是精心的编排,再次是用各种修辞技巧进行说服。至于选择罗马早期历史掌故,是为了回应当时知识界在热烈争论的问题,即罗马的兴起是否是命运女神对希腊的嘲弄。李维当时就指责过希腊人的薄幸,他们以为罗马人不如亚历山大那么伟大。在许多希腊世界的文人眼中,罗马人质朴无文,对哲学思辨不感兴趣,不具备哲学王统治世界的气质。狄奥尼修斯对此颇不以为然。通过讲述罗马早期的各种传说和掌故,不仅可以彰显罗马从建城伊始便展示出的伟大的德性,而且通过论证他们源自希腊人,说明罗马人将希腊文明发扬光大,也证明了罗马人统治希腊人的合理性。

毫无疑问,狄奥尼修斯的史学理论修养要远远高于其历史写作水平。他的《论修昔底德》和《文章技巧》都是从修辞的角度讨论古代史学的名篇。这些作品,大多是为学生或者罗马友人而作,他们都是具有一定贵族

---

① 李维前引书,卷一·8·(3),页40—41。

身份而又雅好文学的人士。《罗马博古录》试图通过各种写作技巧揭示前辈史家较少措意的罗马掌故,既表彰伟人的丰功伟业,又表达自己对客卿生活的知足和感恩。尽管他说自己努力追求真实和公正,但实际上却主要是展示修辞和连篇累牍的演说,以及对读者的善意教诲。从今天专业化史学的要求来看,他算不上高明的史家,但确实代表了当时文法教师的历史写作水平和欣赏口味,也反映出他们所面对的庞大的贵族读者群的历史阅读偏好。

在共和国晚期出现了集大成式的博古学者——瓦罗（Marcus Telentius Varro,约公元前 116—前 27）,他被昆体良（Marcus Fabius Quintilianus,约公元 35—前 96）誉为"最博学的罗马人"。"他创作了大批博古学作品,对拉丁语、希腊和罗马的古物有着惊人的了解。"①

瓦罗的作品很多,影响极其广泛,但传世作品并不多,一般认为这是因为他属于庞培分子,在安东尼时代被抄家,致使作品散佚。其他的原因还有可能是,作为集大成者的罗马民俗学家,他表彰罗马诸神,因而受到基督教教父圣奥古斯丁的激烈批判,并被后者的论述所取代,从而不传。此外,从现存作品来看,瓦罗经常混淆名物的实物起源和仪式起源。例如,他说棕榈冠（palma）之所以得名,是因为戴的时候头的两侧要同样地覆盖,因此源自于"均等"（paria）。而在解释罗马大神庙卡皮托尔（Capitoline）的来历时,他又说因为建神庙时挖出了一个头盖骨,结合此山原名塔尔陪安（Tarpeian）,因此附会,这个头盖骨就是维斯塔贞女塔尔陪安的。② 这种将传说、辞源、制度变迁和现实遗存结合起来汇通串解的做法,尤其满足了罗马扩张后大批外省人涌入之后的阅读需求,流行一时。如果说瓦罗的写作程式是分门别类地进行论述,那么李维则是按照时间的顺序对史料加以排列。与瓦罗相比,李维更加善于从历史变迁中

---

① Quntilian, *Institutio Oratoria*, Lib. 12. 11. 24, trans. H. E. Butler, London: William Hernemann, 1920.

② Varro, *On the Latin Language*, Lib. V. VII, trans. Roland G. Kent, Cambridge, MA: Harvard University Press, 1938, p. 38.

反思罗马精神的嬗变。

博古学者们不仅提供了大量的掌故,给后人留下了关于罗马的百科全书式知识,而且还提供了"罗马建城以来"的纪年体系。罗马纪年,本是用执政官的名字来名年,因此有许多执政官表(Consularia)。至共和国末期,不仅由于怀古之风盛行,帝制的出现也使得最初的王政时期再次引起人们的关注。维吉尔写作《埃涅阿斯》,讲述拉丁城邦的渊源,流传一时。而为了计算时间的远近,有必要找出罗马独特的纪年起点,并加以推算,于是有"罗马建城以来"的纪年体系。但是,各家对罗马建城时间的推算并不一致,自公元前814年至公元前729年,差别将近百年。① 其中最为流行的,就是瓦罗的推算,约相当于公元前754/753年。希腊人一般接受哈利卡尔纳索斯的狄奥尼修斯的推算,起点约为公元前753/752年。在帝国晚期,首都东迁,这种计算方式为基督教史家广泛接受。狄奥尼修斯本人在《罗马博古录》中使用的建城起点是公元前751年。罗马建城以来的纪年方式与执政官名年纪年共同构成了罗马纪年方式的核心要素。

共和国晚期政治局势扰攘,刺激了许多历史学家写作当代史。可惜的是,这些作家都没有萨鲁斯特那样的好运使其作品流传下来。现存的罗马时代的作品大都为通史作品,如李维的《罗马建城以来史》、西西里的狄奥多鲁(Diodorus Sicilus,约活跃于公元前50年)的40卷本《历史集成》、哈利卡尔纳索斯的狄奥尼修斯的《罗马博古录》、卡西奥·戴奥(Cassio Dio,约163—230)的80卷《罗马史》,等等。这些作品都颇有世界史的味道。

第三节　罗马的扩张与世界史的繁盛

自征服迦太基之后百年,罗马加速对外扩张,到恺撒时期达到一个小

---

① A. E. Samuel, *Greek and Roman Chronology: Calendars and Years in Classical Antiquity*, München: C. H. Beck'sche Verlagsburchhandlung, 1972, pp. 249－255.

高潮,此时的罗马不再局限于地中海沿岸地区,而是成为从两河流域到不列颠,从撒哈拉沙漠到多瑙河与莱茵河流域的世界帝国。罗马的继续扩张,使得波利比乌斯所谓罗马史即是世界史的主张越来越具有现实的基础,而具有写作世界史传统的希腊人也再一次成为时代的弄潮儿。

波利比乌斯的写作实践,是早期希腊语世界史的一个巅峰。在他之后,生活在罗马庞大疆土之内、具有世界史写作传统的希腊人,继续从各种角度写作世界史。如尼古拉斯(Nicolaus of Damascus,约活跃于公元前 30 年)和提马格尼斯(Timagenes of Alexandra,约活跃于公元前 40 年),而较为著名并有大量残篇留存的是哲学家博塞多尼。其作品残篇显示,他不仅追随波利比乌斯的脚步,而且试图从哲学的高度总结世界历史的统一性。他认为世界是可以被理解的,也具有某种设计和模式,理解了这一奥秘,就可以得到好的人生。作为罗马征服地区的知识分子,他对罗马人的傲慢难以释怀。稍晚出生于西西里的世界史家狄奥多鲁的心态要平和得多,也更加务实。

在那个世变纷纭的年代,狄奥多鲁特别强调以史为鉴,认为历史可以"赋予幼者以长者的智慧,还能增进长者的智慧;不仅给公民以领导者的智慧,还能给领导者以激励,获取功业;不仅给战士以无畏报国的激励,还能给奸佞之徒以谴责般的警告"。① 与哈利卡尔纳索斯的狄奥尼修斯一样,狄奥多鲁强调历史赋予人不朽,传之久远。结合当时伊壁鸠鲁学说的风行、基督教的诞生来看,似乎在内战之后安享罗马和平的时期,知识分子特别关心如何面对生死的问题,历史撰述的价值也因此得以彰显。如果能将自己置身于世界潮流之中,就能不朽。希腊文人作史,罕有闭门造车者。虽然狄奥多鲁可能不像他自己在作品开篇所说的那样"历经磨难游历了大部分亚欧大陆,以便亲见地理",但是,他肯定曾在埃及和罗马有较长时间的停留。

---

① Diodorus of Sicily, *The Library of History*, Lib. I. 1. 4—5. trans. C. H. Oldfatheer, Cambridge, MA: Harvard University Press, 1933, pp. 7—9.

第三章　罗马史学

　　强调历史之用，无疑也与读者群的扩大密切相关。波利比乌斯模仿诗人，强调自己的主题重要，大家都得关心，他本人的写作态度也很严肃；而共和国晚期的希腊作家们，如狄奥尼修斯，虽然明显地在回应前贤，强调自己的作品对所有人都有借鉴意义，但同时也强调历史的可读性，以及从阅读中获得愉悦。这种偏重使得历史与时代之间的关系更加密切。而历史与时代之间的桥梁无疑是教育，在希腊作家们的笔下，正是教育使得伟人成其为伟人。狄奥多鲁对历史上良好君主制的教育机制的论述，特别迎合了帝制的需要。历史的巨变呼唤重写历史，共和国晚期是一个从各种新角度重新解释历史、重述历史的时代。

　　狄奥多鲁的 40 卷《历史集成》，前 6 卷讲述特洛伊战争之前的史事，其中 3 卷为蛮族人的古事，另 3 卷为希腊人的历史；此后 10 卷讲述希腊人的荣光，直到亚历山大去世；余下 23 卷则是关于罗马史的，搁笔于恺撒征服高卢。由于面向更多的读者，他与其他共和国晚期的希腊语史家一样，对传统的政治和军事史兴趣不大，更多的内容是各种发明的由来、地理情况、各种著名景观的介绍等等。用今天的眼光来看，属于文化史的范畴，与希罗多德遥相呼应。

　　希腊人的世界史创作使得奥林匹亚纪年法成为古代世界最为通用的纪年方法，一直流行至 9 世纪。在基督教的主要纪年方法兴起之后，奥林匹亚纪年法才逐渐沦为次要的纪年方法。

　　希腊语世界史的写作也刺激了拉丁语世界史的写作。高卢出生的通古斯·庞培(Trogus Pompeius，约活跃于公元前后)写作了 44 卷本的《世界史》，这部史书今天不传，只是通过 3 世纪马库斯·查士丁(Marcus Justin)的摘要本传世。据查士丁的转述，通古斯写作世界史的愿望来自于希腊语作品的刺激。他说："许多罗马人，包括执政官级别的，都用希腊语来写作罗马史，但是，通古斯·庞培不仅拥有可与古人媲美的写作水平，而且试图与他们一较高下，以便能够用母语来阅读希腊史。既然写作个别地区的历史都如此费劲，他写作世界史的努力不亚于赫拉克勒斯(Hercules)的勇气。希腊人随意地写作自己知道的史事，而他则按照主题,依据时间顺序总结了一切。"①通古斯按照希腊人写作世界史的模式,从亚述讲起,以希腊世界为重点,终于恺撒被刺。

通古斯出身于马赛附近,深受希腊文化的影响,他的家族作为庞培的支持者起家,而他的父亲又成为恺撒的书记官,因此,他身上具有不同政治文化的影响,为写作世界史提供了有利的个人条件。可惜的是,摘录者查士丁是利用在罗马出差的机会,借休闲的工夫作此摘录,使得我们无法了解通古斯原作的真正风貌。通古斯曾到罗马讲学,其文笔应该相当出彩。而查士丁的摘录标准是:阅读愉快和富有伦理教益,对熟悉历史的人来说,可以帮助记忆,对不熟悉历史的人来说,可提供指导。

这一时期的世界史创作,内容不外乎对希腊史和罗马史的汇编,是以希腊史为重点,还是以罗马史为重点,各家看法存在分歧。一方面,亚历山大作为理想的国王,向东征服,抵达了当时人所知的世界的东端;另一方面,罗马人向西扩张,也似乎发现了世界的西端。可能从实际疆土而言,罗马帝国要广袤一些,但是,其扩张所蕴含的世界精神却不如亚历山大领导下的马其顿帝国。因此,时人将马其顿帝国比喻为青铜质地的帝国,清脆动听,而将罗马帝国视为是黑铁质地的,最为坚硬。

作为罗马人,拉丁语作家对世界史的兴趣似乎明显小于希腊人。希腊人作为高雅文化的传播者,到处旅行,写作各种民族志和世界史。而罗马人明显对于罗马史更感兴趣。共和国晚期的希腊人和罗马人都热衷于学习希腊语和拉丁语,这一点在世界史作家那里体现得最为明显。但是,除此之外,他们似乎对其他的语言和文化都不太感兴趣。在当时的一些希腊人看来,罗马人起初不过是没有教养的蛮族而已。随着帝国的建立和两种文化的融合,最终共同形成了以希腊—罗马为轴心的天下体系,罗马帝国乃文明世界,罗马帝国之外,就是处在世界边缘的蛮族了。与此同时,罗马史也逐渐与世界史趋同。

---

① J.C. Yadley, & W. Heckel, *Justin: Epitome of the Philiic History of Pompeius Trogus*, Oxford: Clarendon Press, 1997, Books 11—12, p.21.

第四节　罗马帝国与帝王史学

奥古斯都建立罗马帝制之后,罗马重新进入个人统治的时代。个人统治对于历史学的写作有巨大的影响,不论作品的主题、描述对象还是作者队伍都有了不小的变化。更为重要的是,帝国的建立使得罗马公民权大规模地扩散,到公元 3 世纪,公民权覆盖了整个帝国疆域。随着公民权的扩散,罗马人在大规模吸收各地文化的同时,传播罗马文化,促进文化转型。首先是对希腊文化的大规模引入,其次又反过来使得吸纳希腊文化之后的罗马文化更加迅速地在罗马世界传播;另一方面,上层社会的结构性改变也对史学提出了新的要求。最高元首终身化,其宫廷不仅成为国家治理的中心,也成为文化中心,大批文人墨客作为幕僚和庸从出入其间。为政治服务的罗马史学,自然也转向以个人为中心的阶段。皇帝和军事将领的传记开始流行起来。

帝国初期与共和国晚期一样,涌现出许多史家,"他们中有些人或者想借此炫耀词藻,博取名声,或者想报答雇主的恩宠;另外有些人则或者躬逢其事,或者想记录史事使之有益于后人"。[①] 可惜这些史家的作品大多不传,一方面,之后的通史作品通过吸纳它们而最终取而代之;另一方面,基督教史学开始出现,并将从根本上改变史学写作的主题。虽然如此,帝国初期似乎弥漫着怀古的气息。这不仅与奥古斯都一边行个人统治之实,一边在表面上大力保持共和国体制有关,更与元老院功能的变化相连。

元老院逐渐失去了政治实权,尤其是推举皇帝的权力,但是却保留了在皇帝死后决定是否将已故皇帝封神的权力,也就是说,掌握了褒贬的最终大权。因此,元老院在成为一个相互谈文论友的文化圈子的同时,也是

---

① F. Josephus, *Jewish Antiquities*, trans. H. St. J. Thackery, Cambridge, MA: Harvard University Press, 1961, p. 3.

臧否人物、试行清议的场所。流风所及，帝国初期的元老派史学在记录历史的同时，也日渐表现出浓厚的臧否人物的色彩。在对个人进行伦理和心理分析之后，历史叙事也对统治者做出褒贬，其中最为典型的体现是塔西佗(Cornelius Tacitus，约公元56—117)的作品。

塔西佗有丰富的政治和公共生活经验，他勤勉工作，并利用闲暇写作了大量的作品，如《修辞对话》《日耳曼尼亚志》《阿古利可拉传》《历史》和《编年史》。他广泛收集资料，深入分析笔下人物的内心活动，剖析帝制造成的人性扭曲和人生悲剧。《历史》作为记录当代史的作品，主要限于军事描述，而《编年史》将军事描述与内政外交相交织，从宏观的角度探索帝制演变的历史。塔西佗的作品不仅对有民主共和之名、而行个人专制之实的机制进行深入的揭露，而且对在这种变化诡谲的政治生活中个人如何幸存有痛切心扉的感受和描述。在批判帝制、鞭挞暴君的同时，更总结了作为个人如何适应这种新生活的历史经验。

在个人统治之下，塔西佗继承罗马共和时期的写作传统，始终坚持自由书写历史的精神，他说："历史的真相在很多方面受到了损害。首先这是因为人们认为政治与自己毫无关系，从而也就对政治一无所知；其次，则是因为他们热衷于逢迎谄媚，或是因为对他们的专制主子的憎恨。一批人卑躬屈节地讨好，另一些人又在咬牙切齿地痛恨。这样一来，他们就置后世子孙于不顾了。然而当人们很快地对那些趋时讨好的历史家感到厌恶的时候，他们却又喜欢倾听那些诽谤和怨恨的话了。阿谀谄媚被斥责为奴隶根性的可耻表现，但是恶意却又在人们心目中造成独立不倚的假象。"而他自己虽然在政治上受到过某些皇帝的礼遇，但是坚持"始终不渝地忠于真理的人们，在写到任何人时都不应存个人爱憎之见"。不仅如此，他还主张要"按照愿望去想，按照心里想的去说"。①

如此开篇，当然主要是精通修辞之法的塔西佗在展示写作技巧，也一下子就深深抓住了生活在个人统治之下的读者的心。然后，他交代了自

---

① 塔西佗：《历史》，王以铸，崔妙因译，北京：商务印书馆，1981，页1。

己对所记录的这个时代的总体看法:这是个苦难的年代,但是也不乏有德性的表现。塔西佗将其上升到了从神佑罗马到神弃罗马的高度。他为这个时代定下的基调,符合当时人从伦理角度解释个人荣辱,从宗教角度解释国家命运的心理预期。随后,他简要地交代了新的个人统治之下各阶层的心态。如同演说家,塔西佗先对听众的情绪加以引导,营造出赞成自己的氛围,再在此基础上展开具体的叙事。通过这套修辞程式,塔西佗逐步地将读者引导到自己的轨道上来。可以说,他用恰如其分的文笔,用夹叙夹议的手法,结合特定的时势,将笔下人物的品行与其成败巧妙地加以联络,进行典型化处理,既有肯定又有否定,寓论断于叙事之中。这使得他的历史作品成为传诵千古的名篇,他本人也被称誉为罗马最伟大的历史学家。

塔西佗也继承了罗马衰亡的历史主题。与萨鲁斯特和李维不同,塔西佗认为自由沦丧是罗马衰亡,乃至神弃罗马的根本原因。在奥古斯都集权力于一身之后,反对他的力量已荡然无存:"公然反抗的人或在战场上或在罗马公敌宣告名单的法律制裁下被消灭了;剩下来的贵族则觉得心甘情愿的奴颜婢膝才是升官发财的最便捷的道路;他们既然从革命得到好处,也就宁愿在当前的新秩序之下苟且偷安,不去留恋那会带来危险的旧制度了。新秩序在各行省也颇受欢迎。元老院和人民在那里的统治却由于权贵之间的倾轧和官吏们的贪得无厌而得不到信任;法制对于这些弊端也拿不出什么有效的办法,因为暴力、徇私和作为最后手段的金钱早已把法制搅得一塌糊涂了。"①

自由沦丧,贵族苟且偷安,行省缺乏法制,罗马缺乏关怀国事之人,以致诸神抛弃了罗马。塔西佗接着说:"天空和地上出现了一些异兆,听到了雷声的示警,关于未来的欢乐的和阴暗的预言,暧昧的和明确的预言。诸神不关心保护我们的安全,却很注意我们所受的惩罚,这一点可以从罗马人民身受的可怕灾难或不容置疑的征兆得到最充分的证明。"

---

① 塔西佗:《编年史》,王以铸,崔妙因译,北京:商务印书馆,1981,页2—3。

塔西佗在《历史》开篇预告:"如果我能够活得长久的话,那么我就要把圣涅尔瓦和图拉真的统治时期保留到我老年的时候再去写,这是一段内容比较丰富而且危险性较小的时期。"确实,无论是后来的发展,还是随后历史学家的评价,都证实了他的这一判断。或许是罗马人民已经开始适应了新的个人统治的体制,或是这些皇帝的文治武功、人品德性确实超乎一般,至少在历史学领域,历史学家确实享有了"按照愿望去想,按照心里想的去说"的机遇。他们称赞说,"无人能比涅尔瓦更加明智和克制";他挑选的接班人图拉真,文治武功"无人能及"。图拉真的政绩不仅包括修缮罗马,还包括为方便信息的传递而建立的公共邮传系统。也就是通过他们的努力,罗马帝国比较成功地确立了帝位传承制度。与前任涅尔瓦一样,图拉真在生前选择了哈德良作为接班人,"从此恺撒和奥古斯都的称号开始分开,同时有两位或者更多最高统治者,称号不同,权力不等"。① 图拉真的成功使得他成为后来皇帝即位典礼上被反复追忆的明君:"愿您如同图拉真那样伟大!"②

塔西佗之外,罗马通史方面有阿庇安的《罗马史》。他按照地域分别论述,以战记的方式逐一讲说。因为提供社会经济方面的信息,这部史书备受马克思和恩格斯的称赞。③ 但在帝制时期,传记方面的写作要更为出色,有苏维托尼乌斯(Suetonius,约公元69—122)的《罗马十二帝王传》和普鲁塔克(约公元46—120)的《希腊罗马名人传》。

个人统治带来传记体裁的兴盛。各个帝王都有自己的写手写作传记。在各种纪念仪式上,如登基大典、登基五周年庆典,尤其是十周年庆典、凯旋仪式等,都会有文人墨客草拟各种颂歌,歌功颂德,为统治者正名。这些颂词多少带有传记的性质。虽然这些作品在当时流传一时,但

---

① Aurelius Victor, *De Caesaribus*, trans. by H. W. Bird, Liverpool: Liverpool University Press, 1994, 页15—16.
② Eutropius, *Breverium*, Lib. VIII. V., Liverpool University Press. 中译本参见尤特罗庇乌斯:《罗马国史大纲》,谢品巍译,上海:上海人民出版社,2011。
③ 阿庇安:《罗马史》,谢德风译,北京:商务印书馆,1979,页ii。

是绝大部分没能经受住时间的考验,只有少数作品在相应作家的文集中得到保存。尔曹身与名俱灭,斯之谓也!帝制的真正开创者奥古斯都在去世前夕为了替自己盖棺定论,草拟《奥古斯都传》(Res Augusti),镂刻于金石,广泛树立于罗马帝国的各个广场,供人瞻仰诵读。借助于考古发掘,这篇罗马帝王自传文本的面貌得以重见天日。

晚塔西佗一代人的苏维托尼乌斯曾掌机要,出任图拉真皇帝的书记官,大概因此得见帝国档案。他虽然同样精通语法修辞,但与塔西佗著作中充斥着根据形势与个人品行杜撰的长篇演说不同,刀笔吏的经历使得他更加务实,其作品也更加文省事增,语言更加质朴。他的每篇传记都有公文式的程式,开篇交代家族和出身,然后是分类叙事,按照国外战争和国内治理分门别类加以罗列;然后是个人生活,从文学修养到个人隐私和癖好,知无不言;最后则是传主的死亡,以及现在人们对他的记忆。苏维托尼乌斯似乎不喜欢作总评,而是就事论事,甚至可以说不愿意做过多的评论,往往点到而止。《罗马十二帝王传》不仅提供了帝王的战争事迹与和平时期的治理经历,更通过描写帝王的日常生活,来揭示帝王的性格。

伟大帝王的出现刺激了对历史上伟大帝王的研究。罗马帝国的创立者恺撒曾试图比肩亚历山大,他应该诵读过亚历山大的传记。亚历山大死后不久,各种传记和回忆录就出现了,他不仅成为修辞家练笔的热门题目,也是史家笔下的热门人物。早在1世纪,就有鲁夫斯的《马其顿的亚历山大大帝史》。这部作品折中于历史与传记两种体裁之间,主要收集了关于亚历山大的民间传说,因此不为古代史家所重视。现在传世的亚历山大的完整征战故事,来自于2世纪初期罗马卡帕多奇亚(Cappadocia)总督、自称"小色诺芬"的阿里安(Lucius Flavius Arrian,约公元85—146)。他的《亚历山大远征记》依托亚历山大部将的回忆录,仿效色诺芬的《长征记》,不仅较为客观地叙述了亚历山大自登基至客死他乡的经历,而且着重阐发了他对亚历山大精神的理解,强调亚历山大探寻世界边界的热情促使他将东征进行到底,度过了短暂而感人的模范帝王人生。

除了帝王传记之外,如何将古代名人事迹加以改造,以便适应帝制之下读者的需要,是由2世纪的希腊哲人普鲁塔克通过传记写作的实践来加以解决的。普鲁塔克出生于雅典附近,生活于帝制初期,曾到罗马生活一段时间,晚年担任德尔斐神庙祭司。他并没有丰富的政治经历,更主要是个嗜好读书的知识分子,也是位高产作家。除了大量的时论之外,他的《希腊罗马名人传》使得他在史学史上享有独特的地位。

将希腊与罗马进行对比,从罗马统治希腊半岛伊始就非常流行,奈波斯写作《外族名将传》也含有比较的意图,普鲁塔克的《名人传》则集中体现了这种时尚。该书往往将一个希腊人的传记和一个罗马人的传记先后排列,然后进行比较,构成一个合传。在每个传记之中,大体介绍家族、出生、教育和暂露头角,然后按照时间的顺序,将其各种功业加以叙述,直到传主的死亡以及人们对传主的记忆。合传的最后部分是总评,比较两位传主的优劣。

三个因素保证了《名人传》的成功。第一,作者旁征博引,从诗人、哲人到历史学家的论述,几乎无书不窥,堪称名人掌故的渊薮,先贤言行的百科全书。对于诸家之说,普鲁塔克并非莫衷一是,也不是简单地轻信,而是结合上下文的铺垫,巧妙地将自己的取舍不露痕迹地加以表达,引导读者、说服读者,而不是强迫读者接受。书中不仅保存了大量的史料,而且还通过行文,展示出独特的个人形象。

第二,作者的典型化处理与追求"神似"的真实观。由于论述的对象大多都是古代人物,而且除了恺撒之外,全是帝制之前的人物,离作者生活的年代至少有百年之遥,而作者也不是特别擅长于历史考证,那么如何保证真实呢?普鲁塔克的处理方式非常简单,就是依据大家心目中的或者流传的认识,对人物加以典型化处理。例如,凭借先天禀赋而丝毫不加修饰的,是铁米斯托克利斯;以绝对正直无私而著称的,是阿里斯提德;以维持社会公正秩序闻名的是梭伦;为反战而献身的是尼西阿斯;还有以慷慨大方和军事天赋博得令誉的客蒙,等等。普鲁塔克通过各种琐事轶闻,从各个方面全方位地展示并反复揭示人物的典型德性,从而做到"神似"。用他的话来说,"正如画家抓住脸部和眼神——透过这些可以展示性格——以图对象之神似,而相对忽略其余部位。同样我也要接触这些心灵的迹象,据此来创作每一个传记"。①

第三,作者重写历史。古今毕竟不同,普鲁塔克是帝制的坚定拥护者,而他论述的对象基本上是共和体制下的古人,因此,他依据政治素质的现实要求,将这些古人重新写过,使得他们能够适应当代,供读者仿效。普鲁塔克不像其他传记作家那样忽略传主的青少年时期,而是通过刻画其成长经历,让读者受到教益,因此具有浓厚的励志色彩。他从传主的家庭出身、受教育的经过,到遇到困难如何应对,提供了各种德性成长的故事。

2世纪末3世纪初,罗马帝制的又一个伟大时代来临。赛普利姆·塞维鲁(Septimius Severus,公元193—211在位),这位被爱德华·吉本称誉为开创罗马帝制黄金时代的皇帝,不仅武功赫赫,而且在妻子朱利娅的影响下,也奖掖文学。朱利娅来自叙利亚,身边总是陪伴着许多希腊哲学家。他们共同开创了第二智者时代。在塞维鲁病逝于边疆城市约克之后,朱利娅又扶持儿子执政(至217年)。之后到公元235年,罗马帝国进入所谓的"三世纪危机",开始步入一个新的历史时期。

盛世的安宁和富足,帝王宫廷对于文学的奖励,刺激了作家的创作热情,也令史家歌颂英明的皇帝,帝制的形象在史书中逐渐变得比较正面。卡西奥·戴奥出生于名门,长期担任公职,而且与塞维鲁私交甚笃,也为他创作了登上帝位的短篇历史,大受好评。因此戴奥决定退隐,专心创作80卷《罗马史》。他收集资料10年,写作又12年。戴奥虽然也从埃涅阿斯讲起,但与李维不同,他的《罗马史》重点叙述帝制史,从帝制的角度改写罗马历史的传统,不仅说明在共和国晚期帝制产生的必要性和必然性,而且通过梳理帝制的历史,揭示帝制演化的趋势。他认为自康茂德(Lucius Aurelius Commodus,公元180—192在位)开始,罗马从黄金时

---

① 普鲁塔克:《希腊罗马名人传》(2),席代岳译,长春:吉林出版集团,2009,页1195。译文有修正。

代进入黑铁时代,因此,他重点刻画了自奥古斯都·屋大维至奥勒留(Marcus Aurelius,公元 161—180 在位)等一系列伟大帝王,并对理想的皇帝行为规则进行总结,以便教育当代的帝王。[①]

戴奥的历史影响力在希罗丁(Herodian,约公元 170—240)的作品中有充分的体现。他的《罗马史》从奥勒留之死开始。他认为"自奥古斯都以来至马可·奥勒留的近两百年间,没有频繁的帝位更迭,没有各种结局莫测的内外战争,没有民族起义,甚至没有地震、空气污染,以及令人难以置信的暴君和皇帝们",[②]奥勒留为完美的帝王。希罗丁从帝王自身修养来寻找现实苦难的原因,他认为年纪大的人登基称帝,往往因为经历丰富而行为谨慎,治理较好,而年轻的皇帝则往往好大喜功,祸害天下。这一判断既远承罗马元老派史家的传统,歌颂老人的经验和智慧,又被 3 世纪危机之后的历史学家当作分析罗马帝国史的利器。

经过 3 世纪中期长达 50 年的内战,公元 284 年,戴克里先(Marcus Aurelius Gaius Valerius Diocletian,约公元 284—305 在位)登基。他果断地根据现实需要,革新帝王体制,重新分割原有的行省和军团,几乎将行省和军团的总数增加了一倍,并创建了多帝共治的模式。在帝国共治模式步入正轨之后,他决定仿效涅尔瓦,急流勇退,息隐林泉,一心向神,随后的内战也不能改变他退隐的决心。经过十余年的内战,君士坦丁重新统一天下,他还于临终前受洗正式皈依基督,从而带来一场宗教大变革。这场变革,不仅带来了新的基督教帝国,而且也从根本上革新了文化。在史学领域,基督教史学开始壮大起来,在帝国西部逐步取代世俗历史写作,在东部也逐渐占据上风。

---

① Cassius Dio, *Dio's Roman History*, trans. Earnest Cary, 9 vols., New York: Macmillan, 1914—1927.

② Herodian, *History of the Roman Empire From the Death of Marcus Aurelius to the Accession of Gordian III*, trans. Edward C. Echols, Berkeley: University of California Press, 1961, Book I, 4.

第三章 罗马史学

第五节 基督教史学的兴起

基督教是公元1世纪脱胎于犹太教而崇拜基督的新宗教派别。基督徒起初多出身社会底层，不谙文墨，教义以口传为主。从1世纪70年代开始，根据口传整理的福音渐次成书。最初的福音如《马可福音》，主要记载耶稣与其他人的对话，所记史事用来帮助听众记忆这些言论，说明这段教诲是在什么场景之中发生的。这一特色，与古代希腊的哲人传记如出一辙。

不管出于何种原因，《福音书》和《使徒行传》都尚简，语言质朴，现代学者的研究表明，它们所使用的语言就是当时流行的口语。当4世纪基督教壮大起来，大量贵族雅士皈依基督教之后，基督教作家的文风也逐渐华丽起来，但是那种尚简质朴的风气一直是主流，历史写作亦不能例外。《福音书》表明，"简朴的语言却有更多的听众"。

基督教史学源自于犹太史学。在4世纪基督教史学大规模兴起之前，基督教史学与犹太史学实现着某种程度的共享，基督教史学也就因此吸纳了犹太教史学的许多特色。被收入到圣杰罗姆（Eusebius Sophronius Hieronymus，约公元347—420）的《基督教著名作家列传》（*De viris Illustris*）中的犹太作家约瑟夫斯（Titus Flavius Josephus，约公元37—100）也被视为基督教史学的杰出代表。

约瑟夫斯本是60年代反抗罗马暴政的领导人，城破之后被捕，受到韦斯巴芗皇帝（Vespersian，公元69—79在位）及其子提图斯（Titus，公元79—81在位）的礼遇，发扬自己的写作才能，用希腊语向罗马君臣介绍真实的犹太人历史，反驳另外一些犹太人的污蔑。他先写作了《犹太战记》，后又写作了篇幅宏大的《犹太古事记》，依据《旧约》，从上帝创世开始讲起。作为基督教史学的源头，约瑟夫开创了许多后来为基督教史学家遵循的传统。首先，是世界纪年法，根据他自己的推算，从创世到他出版《犹太古事记》是4977年。其次，历史写作的根本目的是引导读者礼拜上帝。

他在《犹太古事记》开篇序言中说:"现在我将读者召唤,让他们思考上帝,判断我们的上帝是否如其本性那样值得礼拜,将合适于他的归于他,而不要受到其他民族那些不得体的传说的玷污。"第三,严格按照《圣经》的顺序讲述历史,"既不增加,也不遗漏"。第四,摩西被认为是"史学之祖"。由于摩西是立法者,依据上帝而立法,因此,他记录的历史既讲述法律和行为,也充满了对本质的思辨,尤其是对上帝的本质的思考和礼拜。这是历史写作和阅读的根基,不再有什么不可理解的事情了,因为真理已被上帝所启示。

与约瑟夫斯一样,早期基督教徒的史学创作,也是为了回击异教徒的攻击,证明基督教的古老。他们继承犹太教的谱系之学,围绕《新旧约》证明基督教既是崭新的,又是古老的,为此有必要计算人类历史的时间。最为常见的体裁就是编年史或者谱系。他们或将亚当以来人类的谱系加以说明,如公元 2 世纪末 3 世纪初卡西安(Cassian)的《年表》(*Chronography*),以及随后朱达斯(Judas,活跃于公元 3 世纪初)的同名作品;或者阐释《但以理书》,如上述朱达斯的长篇作品《论但以理的七十周》,以便推算基督第二次降临的日期。基督教徒相信,上帝创世用了 6 天,天上一日,人间千年,世界将延续 6000 年,为了推算基督第二次降临、世界历史终结的日期,也有必要推算上帝创世以来的时日,于是写作此类年表或谱系的作者甚众。其中最有名的作品自然是公元 3 世纪罗马主教希波利图(Hippolytus,约公元 170—235)的《谱系》(*Liber Generis*)。

除此之外,基督教徒对编年史,尤其是纪年的兴趣,还与 3 世纪开始的关于复活节推算的争论有关。复活节是纪念耶稣受难之后第三天复活的日子,也是犹太教逾越节之后的第三天。从 2 世纪开始,罗马教会开始要求将复活节与犹太教的逾越节区别开来。到 3 世纪,教会又争论如何选择太阳历与太阴历之间的换算周期,以及以哪一年为推算的起点。如希波利图创作《计时与复活节日期》,认为应该使用 16 年周期,而"教会史学之父"优西比乌(Eusebius Pamphilus,约公元 263—339)则认为应该用 19 年 7 置闰的周期。到公元 325 年,尼西亚宗教会议决定统一复活节,委托亚历山大里亚教会主持推算工作。受此影响,"受难纪年法"(Passio)在基督教史学作品中流行起来。6世纪初,修士狄奥尼修斯决定以耶稣道成肉身作为推算起点,传统的公元纪年法开始形成。8世纪后,由于高卢教会开始在宗教会议文书中使用公元纪年,加上诺森伯利亚著名学者比德的使用和推广,公元纪年法在西部教会的历史写作中逐渐流行起来,并成为中古编年史与古代编年史的重大标志性区别之一。

迫于"修辞压力",李维和塔西佗所开创的罗马编年史体裁追求修辞,有大量的演说,篇幅浩繁。而此时古代罗马崇尚简朴的历史书写传统重新开始流行,摘录体史书是其典型代表。摘录体主要用于学校教材,其严肃性和趣味性随着编者和读者的偏好不同而有所侧重。进入帝制时代,摘录体更加流行。一方面,历史的主角换成了帝王,使得历史书写有可能围绕帝王而进行取舍,篇幅可大可小;另一方面,由于帝王戎马倥偬,日理万机之余,读书的功夫较少,需要阅读摘录体史书。罗马帝国时期的摘录体史书非常多,最为著名的有2世纪弗洛鲁(L. Annaeus Florus,活跃于约公元120年)对李维历史作品的摘录,4世纪的维克多(Aurelius Victor,约公元320—390)对帝制史的摘录,尤特罗庇乌斯(Eutropius,活跃于约公元360年)对罗马史的摘录,以及随后菲斯特对尤特罗庇乌斯所作摘录的摘录。其中,弗洛鲁比较多地追求趣味性,迎合普通罗马民众的阅读偏好;维克多的记录则史事无多,主要从伦理、人品的角度对帝王做逐一点评,"神"与"畜生"是他对帝王进行描述时最常见的字眼。而尤特罗庇乌斯的史书,则从每个统治者的内政和战争两个方面进行材料取舍,并略加点评。尤特罗庇乌斯的语言简练,词汇简单,适合于作为拉丁文语法学习完成之后的进阶读物,流传甚广,甚至在中古早期还不断有史家续写尤特罗庇乌斯的作品。

通过简化叙事摘录体史书,使得编年的色彩鲜明起来,与基督教编年史的兴起暗合。最早的基督教编年史大概是3世纪初阿非利加(Julius Africanus,约公元160—240)的《编年史》。这部编年史分5卷,从创世开始,一直讲述到作者生活的年代,凡5723年。可惜已经散佚,难窥全豹。

而真正奠定基督教编年史写作传统的,则是4世纪初优西比乌所编定的编年史,这部编年史在4世纪末由圣杰罗姆翻译成拉丁文,并加以续编,被称为《编年史正典》(Chronica canones)。这部作品的希腊文原本没有流传下来,但是,一般认为,尽管杰罗姆加进了一些资料,并从325年开始续编至384年,他还是比较忠实地进行了翻译,尽可能地保留了优西比乌作品的第二卷的原貌。根据亚美尼亚译本,可以了解到第一卷的原貌。第一卷有总导言,并介绍各民族的纪年和历史,与基督教历史进行比较。第二卷即编年史其实是份年表。从亚伯拉罕开始,分别叙述各著名的族群及其王朝。一个王朝一栏,随着王朝的增加,并列的栏数越多,最多时为九个王朝。随着王朝的消失,该栏终结。在罗马帝国统一地中海世界之后,就只剩下一栏了。文字说明位于中间的空白处。

《编年史正典》并不是叙述体编年史,而是以表格的方式整合圣史与俗史,将所有古代历史上的纪年加以换算,依附于宗教纪年法(亚伯拉罕以来多少年),从而将古代历史整合进入基督教世界体系,证明基督教是世界上最为古老的宗教。但是,许多后来的续写者却采用叙述体,创作了种类繁多的基督教编年史。

普洛斯佩尔(Prosper of Aquitaine,约公元390—455)的《编年史》(最晚的版本叙事至455年)从世界开创讲起,但从亚伯拉罕出生开始,完全依赖于优西比乌和杰罗姆的《编年史正典》,因此他的作品又被称为《编年史摘录》(Epitoma Chronicon)。从379年起为普洛斯佩尔自己所编写,410年之后,叙述内容相对较多,直到455年。如果说优西比乌奠定了基督教编年史的纪年框架的话,那么普洛斯佩尔的《编年史》则提供了完整的叙事性世界编年史。他将表格改为叙事,基督教史从而不再为表格空间所限,可以依据作者需要适当增加叙事的内容。在改编的过程中,普洛斯佩尔保留和发展了基督教会史,大大删节了其他古代王国的历史,淡化囊括世界主要古代王国历史的全史色彩,从而强化了基督教史的色彩,使得基督教编年史成为名副其实的基督教世界史。

基督教编年史兼具计时和纪事双重功能,在古代和中古早期其计时色彩超过纪事。诚如都尔主教格雷戈里在其著作《历史十书》的结尾处所言:"我并没有像《编年史》那样把总数计算出来,因为我未能确切地查出几任主教之间的职位空缺时间。"这种计算总数的方式,导致世界纪年法的流行。世界纪年法(Anno Mundi),就是以上帝创世(亚当)以来多少年计算人类历史的总年数。原本位于编年史重大事件的末尾,后来由于使用频繁,移至叙事的开头,成为名符其实的纪年法。世界纪年法在公元7世纪流行开来,逐渐与公元纪年法一道成为18世纪之前欧洲最为流行的纪年法体系。公元之前的年代用世界纪年法。

基督教史学对计时的重视,基督教编年史的流行,也反映在对历史体裁的理论认识上。古代罗马史家将历史区分为编年史(*Annales*)和历史(*Historia*,狭义的历史),所依据的标准包括时间标准和修辞标准。从时间上讲,历史为当代史,从修辞的角度而言,不只是罗列事件和人物,而是交代原因和各种奇策异谋,包括演说。但是7世纪的伊西多礼(Isidore of Seville,约公元560—636)则仅仅以时间为标准来区分这两种体裁。他指出,"历史涉及多年和多个时代,将每年的时政记辛勤地汇编成篇。历史也与编年史有别,历史记录作者生活的时代,编年史则是我们所不曾经历的那些年岁。由此,萨鲁斯写作的是历史,而李维、优西比乌和杰罗姆写作的是编年史和历史"。①

与犹太教大为不同,基督教自诞生之初就要"向万民传教",因此对外与异教徒不断争论;对内,不同教派之间因为教义分歧和争夺主教位置,吵闹不休。"达马苏斯(Damasus I,约公元305—384)和厄尔斯尼(Ursinus)在争夺(罗马)主教位置时毫无顾忌,他们各自的支持者根本就不惧怕生命危险。宫廷警卫魏文提乌(Viventius)不能劝阻他们,只好撤退到城外,最终达马苏斯获胜,在西西尼努斯(sicininus)教堂留下137具

---

① W. M. Lindsay ed., *Isidori Hispalensis Episcopi Etymologiarum sive Originum*, Tomus I, Oxford: Clarendon Press, 1957, Lib. I. XLI. 英译本参见 Stephen A. Barney et al. eds., *The Etymologies of Isidore of Seville*, Cambridge: Cambridge University Press, 2006。

死尸。"①为了替自己辩护,打击对手,基督教徒开始写作教会史。由于教会史没有犹太教徒的类似写作经验可供利用,故产生较晚。虽然早期基督教作家的一些短篇作品也可以勉强算作教会史,但是,真正意义上的教会史尝试,是从优西比乌开始的,他被誉为"教会史学之父"。

教会史并不是教徒史,而是主教史。优西比乌收集各种材料,讲述耶稣以来各地教会主教的更迭。为了斗争的需要,教会史也自然需要讨伐异端分子,揭露他们的罪恶。此外,与异教徒的斗争,一直就是优西比乌所著《教会史》的主线,历次大迫害更是讲述的重点。这是因为在他看来,教会史的根本目的是证明基督教信仰的悠久性,引导读者皈依基督教。"潘菲鲁(Pamphilus)之子优西比乌,是非常博学之士,尤其擅长劝勉读者皈依,哪怕他不能总是指点正确的信仰。"②

在优西比乌的笔下,基督教会在迫害中彰显其德行,尽管有时由于信仰不够纯粹而遭到惩罚,但是,最终必将走向胜利。"敌人倒下了,大能的得胜者君士坦丁及其子基利司布一起赢回他们自己的东部省份,从而将罗马帝国结合成一整体……而今人们再也不用惧怕以前的压迫者,他们庆祝各种灿烂光辉的节日——到处是灯火。曾经灰心失望的人们相互致以问候,脸上洋溢着笑容,眼神中透露着喜悦。无论在城市还是在乡村,正如被教导的那样,他们载歌载舞地将荣耀首先献给那至高无上的上帝,然后献给上帝所爱的那虔诚的皇帝及其众子。遗忘的烦恼已被忘却,所有的不虔诚也都消失殆尽。人们原先热切期盼美好事物的到来,如今正在喜乐地享受这些美好的事物。"③

优西比乌还写作了最早的殉道者列传《巴勒斯坦殉道者列传》。这部传记现存两个不同的版本,长篇版和短篇版,二者的关系难以确认。短篇

---

① F. A. Wright & T. A. Sinclair, *A History of Later Latin Literature*, London: G. Routledge & Sons, 1931, pp. 47—48.

② *The Ecclesiastical History of Evagrius Scholasticus*, trans. Michael Whitby, Liverpool: Liverpool University Press, 2000, p. 4.

③ 优西比乌:《教会史》,瞿旭彤译,北京:三联书店,2009,页469。

版可能原附属于《教会史》第八卷。其实《福音书》就是基督的殉道故事,也是对耶稣最好的纪念。单个殉道者的传记,也并非鲜见,但是,优西比乌从地区教会的角度,集中对本教会的殉道者进行记录。"我希望能够记录我所见证过的殉道,也能容许我成为他们中的一员,耶路撒冷的人民应该为他们骄傲。为了所有人的福祉和得教导,我将讲述这些斗士们所从事的斗争。"①

除了殉道者列传之外,另一位教父圣杰罗姆吸收当时流行的希腊智者文化,模仿他们写作的《智者传》(Lives of Philosophers)草拟《基督教著名作家传》。《智者传》,如3世纪第欧根尼·拉尔修的《希腊名哲言行录》,包括从泰勒士直到当时流行的斯多葛派的几乎所有希腊智者,一般按照生平、师承、作品、死亡和同名人物等几个方面进行谋篇布局。文中引经据典,包括了大量的掌故,保存了珍贵的史料。5世纪初,历史学家尤纳比乌(Eunapius,生卒年不详)写作《智者传》,对4世纪君士坦丁堡和小亚的新柏拉图主义者的生平和作品进行了介绍。圣杰罗姆的《基督教著名作家传》则是纯粹以基督教作家为收纳范围,自《福音书》作者开始,一直写到当下,以自己的小传终篇。一般交代人名、职位,然后是作品,最后是传主生活的年代。他以极为清晰简洁的笔触介绍了99位基督教作家。

虽然有许多教会作家曾经献书给皇帝,但是,第一位给皇帝立传的作家还是优西比乌。他的《君士坦丁传》是在君士坦丁去世后,为纪念已故皇帝而作。作品不仅为君士坦丁辩护,从基督教的角度丑化他的对手们,并且通过对公元312年"天空征兆"的讲述,成功地将君士坦丁塑造成一位为了基督教而战的君王。从此,上帝赐予军事胜利,胜利后皈依,成为后来许多中古君王的经典形象。君士坦丁需要基督教,而优西比乌也需要君士坦丁来帮助他丰富教会史的创作。普通基督徒传记,由此有了典

---

① William Cureton, trans., *Eusebius, Bishop of Caesarea: History of the Martyrs in Palestine*, London: Williams & Norgate, 1861, p. 1.

范之作。经过优西比乌的努力,基督教史学的主要体裁似乎都有了较为经典的文本。

到公元 360 年左右,朱利安(Julian,公元 360—363 在位)称帝,他抛弃基督教,崇尚古典希腊文化,鄙视基督教徒的浅薄无知,提倡复兴传统文化教育。在他的影响之下,阿米安(Ammianus Marcellinus,约公元 330—400)创作了《续塔西佗国史》(*Res Gestae a fine Corneli Taciti*),从公元 96 年涅尔瓦登基至公元 378 年瓦伦斯皇帝逝于亚德里亚堡,凡 31 卷。该书前 13 卷散佚,现存叙事从公元 353 年开始。续接塔西佗是因为塔西佗之后其他的通史基本上都是希腊文的。虽然是希腊人,但是阿米安决定用拉丁语来写作。作为久经沙场的军人,阿米安以色诺芬为榜样,对军事描写细致入微,给人身临其境之感。

阿米安被有些学者称誉为"最后的古典史家"。如果从西罗马帝国的历史角度来看,这个称谓颇有些道理,但就东罗马帝国的史学史而言,则并不准确。在阿米安之后,模仿古典史学家用希腊语写作历史的作家并不罕见,只是其作品大多没有完整地流传下来。例如尤纳比乌,写作了自公元 270 年以来的帝制史;在晚年他又加进了许多反基督教君主的材料。这些材料后来被佐西莫斯(Zosimus,约活跃于 6 世纪初)利用,系统发挥,起草了反基督教的长篇历史作品《新史》(*Nova Historia*),叙述至公元 410 年罗马陷落。他认为,罗马衰落的根本原因在于抛弃了祖先的信仰和神,而君士坦丁则是导致罗马衰落的罪魁祸首。前者只有残篇,而后者则基本保留下来。另外如奥林匹亚多鲁(Olympiodorus of Thebes,约活跃于公元 410 年)讲述西部罗马帝国瓦解和恢复的历史,用 22 卷的篇幅讲述公元 407—425 年 18 年间的史事,但散佚不传。又如普里斯库(Priscus of Panium,约活跃于公元 440 年)的八卷本《哥特史》。以及马尔库(Malchus of Philadephia,约活跃于公元 470 年)的 7 卷本《拜占庭史》,记叙从公元 473—480 年间的史事。

应该说,在东部帝国,模仿古典作家的风气一直传承不败。而 6 世纪最为著名的史家就是普罗科比(Procopius,约公元500—565)。作为罗马大将贝利撒留的幕僚,他亲身经历了查士丁尼皇帝征服地中海世界的大战。为此写作了长篇历史巨著《战史》,包括《波斯战史》《汪达尔战史》《哥特战史》。这部作品不仅提供了战争的具体细节,而且非常生动地叙述了当时几乎所有蛮族的历史和习俗,成为了解6世纪早期欧洲历史的案头必备。

虽然古典史学余绪不绝,但是,随着基督教教育取代古典教育,学校被修道院和主教教堂所控制,从6世纪开始,古代史学逐渐淡出历史舞台,基督教史学吸收其营养成分,并适应了新的历史需要,逐渐成为史学史的主流。

第四章

中古史学的形成

　　蛮族王国或帝国的兴起是公元 4—10 世纪亚欧大陆的政治局势,而与此相应的文化形势则是大一统宗教文化的形成。世界上最主要的三大宗教群体——天主教、东正教和伊斯兰教正式控制了旧大陆的中西部。与古典时期世俗化的多神宗教信仰不同,新的宗教信仰作为一种统一的一神教意识形态,对于历史写作发挥着直接的影响。这一时期的历史学家要么自身就是教会人士,要么就是深受宗教文化熏陶,甚至对宗教问题研究有素的教徒。正是立足于宗教文化,欧亚大陆的史家们在继承古代史学的同时,又另辟蹊径,在中古初期塑造了一种新的史学传统,具有深远的影响。

　　这里所用的"中古",是指自约公元 500—1700 年间的漫长历史时代,从罗马、波斯等古代诸帝国衰落之后,一直到启蒙运动和工业革命之前。本章主要讨论中古时期的前半段,或称"中古早期"。中古早期的前 300 年,是地中海地区的古代政治版图重新调整的大变动时代。先有莱茵河与多瑙河流域的"蛮族"纷纷内迁,后有西罗马帝国政府逐渐消失,蛮族王国纷纷建立。在此期间,东罗马帝国从"以夷制夷"到再征服运动,至查士丁尼时代,重新控制了地中海世界。但是随后萨珊波斯从 6 世纪初期再次称霸,东罗马帝国被迫收缩。波斯帝国的再次强盛只持续了较短的历史时期,很快就被崛起的伊斯兰阿拉伯帝国所攻灭。阿拉伯帝国的迅猛扩张,却正好说明了地中海世界诸国的羸弱。此时正是墨洛温法兰克王国的衰落期,也是东罗马帝国的图存之日。此后两个多世纪,加洛林罗马帝国、东罗马帝国与阿拉伯帝国三足鼎立。虽然互有攻伐，但基本局势稳定下来，交流开始压倒征服和战争成为交往的主流。自8世纪中叶，在三大帝国中，加洛林帝国、东罗马帝国先后步入文化复兴期，抄书之风盛行；而阿拔斯阿拉伯帝国创造了阿拉伯书写文字，派遣使者前往君士坦丁堡求取希腊文抄本，翻译希腊文、波斯文典籍，也步入文化兴盛期，给后人留下了斐然可观的史学著述。

第一节　希腊语史学

330年，君士坦丁皇帝正式定都拜占庭，在他死后，为了纪念他，该城被更为名君士坦丁堡（Constantinople，即今天的伊斯坦布尔），意为"君士坦丁之城"。虽然这位皇帝重新统一了罗马帝国，但他还是在临终前将帝国加以分割，沿袭了戴克里先的改革措施。不过，这次是在家族内部传承，东部和西部事实上由不同的家族成员统治。这种事实导致了东西部帝国的分隔。4世纪末5世纪初，北部蛮族利用帝国内部的政治斗争，纷纷内迁，这一挑战更加加剧了东西部的分离趋势。东部皇帝实施"祸水西引"的政策，成功抵御了来自北方少数民族的侵扰，而西部则落入了蛮族之手。6世纪初开始，君士坦丁堡的皇帝开始实行"东和西战"策略，与波斯帝国缔结和约，集中力量收复地中海周边的失地，先后收复了北非、意大利和西班牙沿海地区，帝国重新统一起来。自此开始，希腊语独尊的趋势日益明显。6世纪末，帝国的官方语言正式改为希腊语，与拉丁语西部欧洲的官方语言不再相同。因此，本章分述希腊语世界和拉丁语世界的史学。尽管在这一时期，拜占庭帝国的提法还极其罕见，但是，现代史家习惯上将定都于君士坦丁堡的罗马帝国称为拜占庭帝国，尤其是在7世纪之后。对这两种称呼，本章也是二者兼采。

随着6世纪中期君士坦丁堡罗马帝国的扩张，传统的战争史也涌现出名著。记录这一收复运动早期过程的代表作是普罗柯比的《战史》。《战史》的写法类似于阿庇安的《罗马史》，也是分战役来谋篇布局的，按照时间先后一个战役接着一个战役地叙述。从波斯战役、阿非利加战役,到哥特战役,最后以综述帝国形势作结,凡8卷。作为基督徒,普罗柯比自然具有基督教会的立场和写作偏好,但是,作为直接参与军事活动的幕僚,他主要基于自己的见闻,细致地描述战争的进程,通过写作来赞美自己的统帅贝利撒留,歌颂皇帝查士丁尼的英明决策,而没有简单地将这些功业归因于上帝了事。

在他之后,阿加西(Agathias,活跃于6世纪中后期)续写哥特战争,他写道,"从查士丁尼去世、查士丁二世即位开始写作我的历史……既然政治家恺撒利亚的普罗柯比已经准确地记录了查士丁尼治下的史事,我就尽可能全面地记录此后的史事"。① 与他的前辈普罗柯比的身份相类似,阿加西也是律师出身,受帝国秘书官尤提奇(Eutychianus)的邀请和鼓励,写作历史之篇。另一方面,他更加受到希罗多德的影响,乐于调查各民族习俗;而且将习俗调查与当时的基督教偏好相结合,通过交代各民族的习俗、族群特性作为文化背景,分析各族群的战斗表现和习惯。与古代战史一样,阿加西的作品里有多篇演说词,往往涉及赞美和政治、军事权谋。

征服战争的持续和反复,不仅使得君士坦丁堡国库空虚,而且也让被征服地区民生凋敝,帝王渴望获得金银财宝,与此相应,有史家绘声绘色地讲述提比略皇帝(Tiberius,公元578—582在位)如何得到远征意大利的前统帅宦官纳尔赛所藏的金子,以及莫里斯皇帝(Maurice,公元582—602在位)如何无意中得到大批宝藏的故事。晚年,普罗柯比还留下了一篇《秘史》,分门别类列举查士丁尼和皇后西奥多拉的斑斑劣迹,对他们俩谩骂不止。他特别从财政的角度,指责查士丁尼一方面巧立名目敛财,一方面乱花钱,用巨额钱财收买北方少数民族。《秘史》不仅从侧面反映了帝国盛世之下的危机,也真实地体现了这个时代的人们对于文治武功盛极一时的专制君主矛盾而复杂的态度。

---

① Agathias, *The Histories*, trans. Joseph D. Frendo, Berlin: Gruyter, 1975, pp.6—7.

第四章　中古史学的形成

7—8世纪被认为是帝国史上的"黑暗时代"。虽然传世的文献总体偏少,但是传世的史书却并不少。史学的衰落主要体现于战争史的衰落,演说、外交辞令和政治军事权谋随之从史书中大量消减。到7世纪初,最后一部具有较纯粹的古代史学形式的作品,是亚历山大里亚的西摩卡塔(Theophylact Simocatta,约公元580—640)的《历史》。作品开篇有哲学女神与史学女神的对话,然后是强调历史作品重要性的前言,随之开始讲述皇帝莫里斯的上台,以下八卷则秉承战争史的传统,细致地描述他的对外战争,直到兵变被杀。虽然从内容和形式上保留着古代战争史的特色,但是,西摩卡塔将莫里斯皇帝之死视为"不相信圣徒威力的结果",并用他的虔诚和忏悔来解释他的不抵抗和潜逃被杀,说明他自愿在此生抵罪而不是等到末日审判时赎罪。[①]

与此相对照,教会史在稳步发展中。虽然优西比乌的宗教观点受到后来史家的谴责,认为他具有半阿里乌斯派倾向,但是他所开创的教会史、基督教编年史和基督教帝王传记的传统却长盛不衰。在他之后,有不同的续写者接着他的《教会史》进行写作。他们分别是索佐门(Sozomen,约公元400—450)、提奥多里(Theodoret,公元393—460)、苏格拉底(Socrates Scolasticus,或Socrates of Constantinople,约公元380—440)和埃瓦格里乌斯(Evagrius Scholasticus,约公元536—600)。提奥多里遵循"记忆过去"的宗旨,续接优西比乌,"巴勒斯坦的优西比乌从使徒时代写到君士坦丁的统治时期,我将续写"。他围绕正统教会与阿里乌斯派异端的斗争展开叙述。苏格拉底续写至提奥多西二世统治时期(至439年)。而埃瓦格里乌斯在续写的时候,既详细地交代各种宗教事件的原委、宗教人物的事迹,以君士坦丁大教长格雷戈里之死告终;也同样关注战争的历史,一直讲述到594年波斯王库思老二世(Chosroes II,公元591—628在位)在莫里斯皇帝的支持下恢复王位。他说:"如果有什么事

---

① Michael and Mary Whitby trans., *The History of Theophylact Simocatta: An English Translation with Introduction and Notes*, Oxford: Oxford University Press, 1986, pp. 227–232.

情我有所忽略或者不那么准确,请不要责怪我,因为我将各种分散的资料收集以便教诲世人,我为此殚精竭虑。"①与古典历史撰述相比,教会史不以演说和修辞为能,而是以收集各种书信、敕令和布道辞为特色,诚如埃瓦格里乌斯所言:"我们并不炫耀言辞,而是将所收集的文献以及从熟知事情原委的人那里所听到的内容,提供给读者。"②

与东方正教争锋相对的历史撰述,有斐洛斯托吉乌(Philostorgius,约公元368—440)的12卷本《教会史》,他基于阿里乌斯派的立场,续写优西比乌《教会史》至公元425年。这部作品没有流传下来,后世主要依赖弗提乌斯(Photius of Constantinople,约公元810—893)的摘录窥其一斑。据摘录者所言,这部作品对所有阿里乌斯派分子一律加以褒奖,与其说是教会史,不如说是异端颂歌;除了颂扬异端分子,余下的部分就是对正教赤裸裸的攻击。他说这部作品文笔洒脱,每卷的第一个字母合起来就是作者的姓名。③斐洛斯托吉乌的这部作品更加证实了教会史写作中的教派斗争色彩。

除了这些涉及整个教会的作品之外,不少地方教会也写作自己的教会史。如以弗所主教约翰(John of Ephesus,约公元507—588)在6世纪末于百忙之中写作的6卷本《教会史》,自朱利安·恺撒开始写到查士丁二世第6年。20世纪初,在底格里斯河附近的阿尔贝拉(Arbela)主教区发现一部《阿尔贝拉教会编年史》,用叙利亚文讲述自公元100年开始至6世纪初年的教会史事,凡20位主教,至汗纳纳(Hanana)为止,为东方教会史和波斯史提供了非常宝贵的资料。此外,作者还提到了教区之外的一些非常独特的教会事务。例如说到罗马教皇试图独裁天下教会,图谋失败后被废。"在东方,我们上文提到的罗马主教(Papa),因为定居于首

---

① Evagrius Scholasticus, *Ecclesiastical History*, trans. E. Walford, London: Samuel Bagster & Sons, 1846, p. 314.

② Scholasticus, 1846, p. 1.

③ Philip R. Amidon, S. J. trans., *Philostorgius: Church History*, Atlanta: Society of Biblical Literature, 2007, p. 5.

都,以及出于对外联络的需要,企图获得君临天下主教的权力。但是在这件事情上,罗马的教士和全体民众都予以反对,他们因为这件事情决定将他废黜。"①这反映了当时的地方教会还不希望整个教会定于一尊。

在这一时期,教会史逐渐向编年史过渡,从单纯叙述基督教会的历史,转向包括教会之外的史事,涵盖基督教会的发展,基督教会之前、基督教会之外的俗史和其他民族的史事。早期的世界编年史,虽然留存不多,但是,可以根据后来对编年史的抄录或者摘录,知道其大概面貌。例如据提奥法尼(Theophdnes the Confessor,约公元 758—818 年)的《编年史》的引用,可知恺撒里亚的格拉西乌斯(Gelasios of Caesarea,逝于公元 395 年)的编年史写到约 395 年;埃及亚历山大里亚(Alexandria)的地方编年史写到 6 世纪,安条克的约翰(John of Antioch,活跃于 7 世纪早期)的编年史写到 518 年,续作分别叙事至 610 年和 641 年。又有所谓《复活节编年史》(Chronica Pashca),作者不详,书名不详,因为作者对复活节的推算和记录特别感兴趣而得名。该书按照世界纪年法记录代际更迭,用奥林匹亚纪年记事,直到公元 630 年。其记录内容极其简要,许多年份都只有纪年,如奥林匹亚第 X 年,第 X 小纪,皇帝 XXX 第 X 年,某某某是执政官。但作者毫不吝惜笔墨于某些宗教说辞,即使长篇大论,亦全文照录。看来,编年史在记时纪事之外,还强化了保存有益于人心的宗教说教的功能。

与古代战争史的传统写法相比,基督教编年史的内容在时空上都有其独特性。时间上,它偏重于从古至今的人类通史,而非古代流行的邦国通史。与此相应,纪年法亦有重大变革。拜占庭史家普遍采取世界纪年法,取代"罗马建城以来"纪年法和古代希腊世界流行的"奥林匹亚纪年法"。古代纪年法成为辅助世界纪年法的次要纪年方法。西欧在这一时期则开始流行公元纪年法。加洛林王朝时期重新繁盛的编年史多用公元

---

① F. Zorell, trans., *Chronica Ecclesiae Arbelensis*, Roma: Pont. Institutum Orientalium Studiorum, 1927, chap. 44. p. 176.

纪年,一般会在耶稣诞生(即公元纪年的始点)之前,用世界纪年法,或者其他基督教纪年法,例如亚伯拉罕以来多少年,等等。公元之后的年代则比较普遍地使用公元纪年。而公元纪年法在拜占庭编年史中处于次要的地位。由于对世界何时被上帝创造的推算不同,各地的世界纪年法也有不同的推算传统。拜占庭史家围绕世界纪年的不同推算法展开了争论,甚至上升到教义的层面,互相攻讦。争论主要针对阿非利加和优西比乌这两位杰出代表。阿非利加根据启示来整数化历史事件的年代,而优西比乌试图整合《圣经》和异教年代,更严格地依赖于历史资料系年。希伯来文《旧约》与希腊文《旧约》之间年代计算的差异,为这些不同的推算提供了文本依据。

在空间方面,基督教编年史家的关照范围更加广泛,具有"真正的"世界眼光。如果说古典战争史多是记录作者的个人经历及其见闻,那么基督教编年史则覆盖"全世界"的史事,编年史家为此需要依靠来源广泛的其他作者提供的文献材料。如同当年优西比乌依赖自己导师收集的大量藏书,方便地收集材料写作编年史,拜占庭编年史家往往需要参考大量的文献读物。因此,在7—8世纪的所谓黑暗时代,拜占庭学者喜好抄录古书,所抄录对象并不限于古典作家,而是以古代晚期(Late Antiquity,约公元300—650)的教父作品为主,这种积累性工作直接为随后的编年史史学繁荣提供了史料基础。

自8世纪晚期开始,拜占庭帝国虽然国力中衰,但是在文化上自视颇高,格外珍惜固有的文化传统,雅好复古,进入"文艺复兴"期。与此同时,阿拔斯阿拉伯王朝经常派遣使者前来求取希腊文典籍,进一步推动了藏书抄书之风,催生了"百科全书式"学者。前面提及的著名的君士坦丁堡大教长弗提乌斯的《百科全书》(*Bibliotheca*),凡280卷,成为全面了解古代学术与文化的渊薮。10世纪的皇帝君士坦丁七世(公元913—959在位)命人编纂《历史大典》(*Excerpta Historia*),按照"推举帝王""演说""婚娶"等53类,抄录群书,卷帙浩繁。在此基础上,当代人写作的文献也多了起来,文化重新繁荣。

第四章 中古史学的形成

正是在这种复兴、收集传抄古书的文化背景下，8世纪末9世纪初，拜占庭诞生了两位著名的编年史家，乔治·森克罗斯（George Syncellos，活跃于8世纪末）和提奥法尼，他们前后承续，完成了内容丰富的《世界编年史》（Chronographia）。这两位作者都是地位崇高的教会人士、反对破坏圣像的宗教领袖。提奥法尼为此入狱两年，逝于流放之中，因此被封为圣徒。森克罗斯穷其一生广泛搜罗，抄录前贤作品。在抄录前贤作品的过程中，森克罗斯以极为苛刻的眼光，对被抄录的作者横施批评，不仅贬斥《圣经》年代学之外的异教年代学，而且对阿非利加和优西比乌也多有訾议。他本人依据教义，提出了"最为正确的"世界年代计算数据。但他未能完成编年史的编辑工作，叙事至戴克里先上台的时候，赍志而殁。提奥法尼续编至第6305年，按照他本人的计算为公元805年（现代学者推算为公元813年）。该书602—813年的部分，史料价值极高，因为其所抄录的史书多不传。或许可以反过来说，编年史替代了此前的诸多历史作品，使得它们不再继续流传。

提奥法尼的作品以世界纪年为主，采用亚历山大里亚标准，认为世界开始于公元前5500年，同时列出小纪年份（Indiction，每15年一循环），改朝换代时用公元，然后是罗马皇帝年号、波斯皇帝年号（波斯被灭后，用阿里发年号）、罗马主教年号、君士坦丁堡大教长年号、耶路撒冷主教年号、亚历山大里亚主教年号和安条克主教年号，这些做法极具世界眼光。提奥法尼爱憎分明，他对阿里乌斯派分子、圣像捣毁分子都是一样的痛恨；对法兰克人也满怀偏见，认为他们不知礼仪。他写道："为了报答查理替他复仇，利奥教皇在圣彼得大教堂从头到脚为他膏油，将他加冕成罗马人的皇帝，替他穿上帝袍，戴上皇冠。"[1]

提奥法尼的作品有许多续写本，被统称为"续提奥法尼作者系列"（Scriptores post Theophanem），最晚的作品一直叙事至961年。它们各

---

[1] *The Chronicle of Theophanes Confessor: Byzantine and Near Eastern History, AD 284—813*, trans. C. Mango, & R Scott, Oxford: Clarendon Press, 1997, AM. 6289, p.649.

自的史学价值并不一致。这些续编按照一个皇帝接着一个皇帝的顺序编写，有点类似于帝王本纪系列。对于每位皇帝的评价偏向，各位续编者之间也并不一致。类似的编年通史还有不少，重要的如修士乔治(Georgethe Monk,活跃于9世纪中期)的《编年史》，自创世一直记录到842年，对9世纪中叶圣像运动的记录较为珍贵。这部编年史由不同的写手续写到963年。西米安(Symeon the Logothete,活跃于10世纪中期)的《编年史》也非常重要。还有《伪西米安编年史》，是对西米安编年史的续编。20世纪初发现的《811年编年史》，主要讲述拜占庭军队被保加利亚人击溃的故事。亚历山大里亚的彼得(Peter of Alexandria,活跃于10世纪末)的《编年史》(*Chronicle of Monemvasia*)则是一部通史简编，其中对伯罗奔尼撒的史事的讲述具有很高的史料价值。

这一时期，出现了针对具体事件和历史时期的"灾难史"。基督教对于"罪"和"忏悔"的强调，对"末日审判"的期待，都使得这种题材有大量的市场。6世纪初，托名约书亚(Joshua)的匿名作家写作了《伪约书亚编年史》，他在长篇序言中声称自己并不是写作使人忏悔的宗教性作品，而是追求真实性的历史记录。他所指的灾难是那时发生于埃德萨(Edessa)的蝗灾，也包括波斯人对叙利亚罗马人的侵略和屠杀。对于后者，他虽然也认为是上帝借助波斯人来施行惩罚，但是还是模仿修昔底德，分析其根本性原因和具体的政治因素。[①] 这部编年史将古典历史写作传统与基督教教义相综合，发展了奥古斯丁和奥罗修开创的灾难史这一历史写作题材。

拜占庭史学少不了圣徒传。拜占庭帝国产生了数量可观的圣徒传，历代拜占庭皇帝都试图统一基督教教义，但是，由于东方各地具有丰富而悠久的地方文化，各地产生了各具特色的宗教教派，统一难以实现。由于皇帝对宗教政策的直接干预，宗教统一往往与政治斗争密切联系起来。强行统一使得教义容易随着政治出现起伏波折，也容易导致用政治手段

---

① *The Chronicle of Pseudo-Joshua the Stylite*, trans. F. R. Trombley & J. W. Watt, Liverpool: Liverpool University Press, 2000.

第四章　中古史学的形成

解决宗教冲突。5—6世纪发生了围绕一性派进行的斗争,到7—8世纪,又围绕圣像崇拜发生了大规模冲突。世俗权力直接介入,导致了大量的"冤假错案",甚至流血事件,大量殉道圣徒也应运而生,圣徒生平中的斗争色彩也相对浓厚。这一时期,多瑙河以北地区的蛮族逐渐皈依,也产生了许多民族性圣徒,给圣徒传的写作提供了丰富的现实土壤和宗教需求。

7世纪上半叶,有三位作者为亚历山大里亚大主教"施舍者约翰"写作圣徒传,先后创作于不同时间,后来都被改编为一种。这种创作多个版本而后改编的写作习惯,应该与圣徒自下而上的产生过程有关。或许这就是这一时期的圣徒传多经过不断修订,传世本都较为晚出的缘故。"施舍者约翰"并没有行多少奇迹,作者的写作目的也是"礼拜圣徒、供人仿效、荣耀上帝",几乎没有记录什么奇迹。作品按照时间的先后顺序,记录"施舍者约翰"从出生、与婚姻作斗争,到全身心礼拜上帝,再到如何大方地治理亚历山大里亚教会,如何应对波斯人对叙利亚地区的入侵所带来的灾难,如何避难回到家乡塞浦路斯,如何去世的经历。作品线索明晰,主题鲜明,语言生动平实。他们所刻画的圣徒似乎更像现世中活生生的个人。[1]

另一个类似的例子是《圣玛丽传》。传主为著名的女圣徒玛丽或称玛里诺斯。她的传记中没有任何年代线索,但是其经历却非常极端。她女扮男装与父亲一道去修道,遭到误会,被认为与酒馆老板之女发生关系,致其怀孕,因此被逐出院门。她在院外忏悔3年,抚养孩子,死后下葬,大家才知道她是女儿身,方得以平反昭雪。这个故事极其生动感人,语言非常平实和口语化。其中也几乎没有提到什么奇迹,而是表现出极端的服从、谦卑、忍耐。[2] 可能正是由于没有任何时间和地点,这篇传记在中古

---

[1] E. Dawes, & N. H. Baynes, *Three Byzantine Saints*, Oxford: Basil Blackwell, 1948, pp. 199—262.

[2] N. Constas, trans, "Life of St. Mary/Marinos", in A. Talbot, ed., *Holy Women of Byzantium: Ten Saints' Lives in English Translation*, Washington, D. C., Dumbarton Oaks, 1996, pp. 1—12.

基督教世界得到广泛传播。

还有讲述苦修生活的圣徒传,例如女圣徒提奥多拉·特撒罗尼克的故事。作者开篇便请读者不要怀疑他所讲述的故事,以为当代无奇迹。作者秉承东正教作家的习惯,有一段较长而富有修辞水平的前言,然后严格按照时间顺序先讲述传主富贵的早年生活,再重点描述圣提奥多拉进入修道院之后的谦卑和苦修,通过这种反差彰显她追随上帝的决心和意志。后面约三分之一的篇幅讲述提奥多拉死后,围绕她的墓地所发生的各种奇迹。这篇传记成功地集合了"俗人""苦修修女"和"奇迹"这三种类型的东正教圣徒传记元素,虽然不免叙事繁琐,但极富说服力,全不是匿名作者自谦的"漏洞百出、毫无技巧的冒失记叙"。①

除单篇的圣徒传外,也有圣徒列传。这些列传一般按照圣徒的纪念日(即圣徒的祭日)排列,包括非常简短的传记性叙事,其中最有名的是10世纪编订的《君士坦丁堡圣徒列传》(Synaxarion of Constantinople)。许多后来撰写的早期圣徒传,也借助于它来确立故事的主干。

这一时期帝王传记并不常见。但是,自9世纪晚期开始,马其顿王朝的皇帝几乎个个都非常富有教养,留下大量的传世作品。他们的大力提倡和身体力行将自8世纪晚期开始的文化复兴推向了高潮。除了大量的编年史和圣徒传之外,还有地理志,如《君士坦丁堡志》(Parastaseis Syntomoi Chronikai),是当时流行的介绍君士坦丁堡的旅游手册类文献的一种。君士坦丁七世为王储罗曼卢斯创作的《论帝王治理》,围绕帝国的外交政策摘录了大量的历史信息。"也包括不同历史时期罗马人与不同民族之间的外交事件,借此明了政府与整个帝国如何与时俱进地改革。"②

传统上认为拜占庭的史书基本上模拟古典希腊史学,削足适履,圣徒传千篇一律,形式单调,但是,如果转换角度,从史家们对于帝国传承性的

---

① A. Talbot, *Life of St. Theodora of Thessalonike*, in A. Talbot, 1996, pp. 164—217.
② Contantine Porphyrogenitus, *De Administrando Imperio*, trans. R. J. H. Jenkins, Budapest, 1949, p. 47.

强调而言,重视文化的源远流长,从关注当代转向关注世界的过去与未来,融会贯通,使得这一时期的拜占庭史学似乎又有许多值得重新研究和评价的空间。似乎可以说,拜占庭史学家在"复古"与"开新"之间折中权衡,开拓着历史写作的空间。这一时期的拜占庭史家主要来自阿拉伯—地中海世界的核心区,大多来自埃及北部、巴勒斯坦叙利亚地区。他们大多受过良好的法律教育,沿续着古代传统。在这个时期临将结束的时候,史家多半本身就是著名的宗教人物,直接参与到复杂、尖锐的宗教政治斗争中,如提奥法尼、西米安,他们本人后来都成为圣徒。他们笔下的历史作品自然更加富有宗教说教的色彩,其笔下的历史大抵为非此即彼、黑白分明的斗争史。这一总体发展趋势,与西部欧洲拉丁文世界的变化大体一致。但具体受到何种宗教教义的影响,则各自不同。

第二节 拉丁欧洲的史学

由于身处君士坦丁堡的罗马皇帝运用"祸水西引"的外交政策,引导蛮族进入西部帝国,与君士坦丁堡明争暗斗的罗马从帝国中央逐渐变成了帝国的边疆。410年罗马城在时隔800年之后第一次被攻陷,之后百余年间,罗马不断易主,诸多的内迁蛮族在迁徙和征服的过程中,吸纳沿途的民众和人口,形成新的族群认同。与此同时,在保留、模仿罗马帝国治理机构的基础上,蛮族超越部落建制,推举国王,建立自己的政权,在帝国西部分疆裂土。按照时间的先后,西哥特王国、勃艮第王国、汪达尔王国、苏维汇王国、法兰克王国、东哥特王国以及盎格鲁—撒克逊诸王国等纷纷肇建。建立王国的过程,既是寻找新的族群认同,也是吸纳罗马文化的过程,而这一时期的罗马文化,已经不再是纯粹的古典文化,而是"基督教文化"。基督教正统信仰逐渐取代"族群",成为最为重要的认同。在基督教史学家的眼中,蛮族"文明化"其实就是基督教化,即接纳基督教正统宗教信仰。在他们的历史叙事中,谁接受正统的天主教,谁就能够最终在蛮族诸王的竞争中获得胜利,开疆拓土,建立起具有一定疆域规模的王国。因此,在他们的笔下,蛮族王国的建国史都被转化为"皈依史"。

几乎每个蛮族王国都有一部自己的"皈依史",但体裁各自不同。有名的如都尔主教格雷戈里(Gregory of Tours,约公元538—592)的《历史十书》(*Libri Historiae X*,俗称为《法兰克人史》),塞维利亚的伊西多尔(Isidore of Seville,约公元560—636)的《编年史》(*Chronica*)和《汪达尔、苏维汇与哥特史》(*Historia de regibus Gothorum, Vandalorum et Suevorum*),乔丹(Jordanes,活跃于6世纪初)的《哥特史》(*De origine actibusque Getarum*,简称为 *Getica*),比德的《英吉利教会史》以及主祭保罗(Paul the Deacon,约公元720—799)的《伦巴第史》(*Historia Langobardorum*)。这些史书至少包含四种体裁:历史、编年史、教会史和族群史。以下分别按照这四种体裁展开论述。

作为古典史学体裁的一种,"历史"指作者亲眼目睹的史事,如伊西多尔所言:"在希腊语中历史是指所见所闻,在古人中,除非亲身经历,或见到那些被记录下来的史事,则无人写作历史。眼见要比耳闻更好。"[①]在中古早期作为历史体裁的"历史"深受编年史的影响,"历史"作者为了作品内容的完整性,追溯渊源,所涵盖的历史时期往往长达百余年、几百年甚至千余年,但是,其写作重点还是作者的所见所闻。尽管格雷戈里自谦拉丁文水平不高,但他对这一体裁的使用充分反映了他对古典文化的传承意识。但是,毕竟时代不同,读者和听众的文化背景发生了巨大的变化,他们的文化需求也与古典读者非常不同。古典历史的读者,往往是帝王将相及其宫廷和门客,他们都受过较高的教育,懂得各种修辞技巧,是追求"阳春白雪"的读者。而中古初期的历史,不仅面向帝王将相,也包括普通的教区信众。与古代读者相比,他们的文化教育水平都大为降低。能够识文断字,读点经书,唱些赞美诗,就算是知识分子了。对于他们而言,格雷戈里的话道出了实情:"深奥的作者很少有人理解,语言朴素的人

---

① Isidore of Seville, *Etymologiarum sive Originum*, Lib. I. XL.

却有广泛的听众。"①而《圣经》质朴的语言,恰恰为史学语言的"口语化"提供了权威性样本。

为了适应这种听众(读者)的需要,格雷戈里也发展出了许多古代史家不常用的叙事技巧。最为常见的技法包括讲述的现场带入法、参见法,以及"卖关子"。格雷戈里在前四卷中经常运用第一和第二种技巧。在讲故事的过程中,使用感叹词"瞧!",让面对他的听众转头,如同身临其境一般。这么做也能突出事情的转折并吸引读者的注意力。参见法则主要用于涉及圣徒奇迹的时候,他在讲述某个事迹之后,会说他的其他故事在XX传记中,请读者参看,然后"言归正传"。至于"卖关子",则主要在史书的后半部分,叙述那些他亲眼目睹的经历的时候,暗示他本人知道,但不便于说出来,以示"尊讳"。不过,这种含蓄的表达更主要是一种修辞手段。作者往往会按捺不住,在其他场合将个中原委——道来。

在行文上,中古早期的史家普遍缺乏古代史家的文才和对世俗生活的热情。他们的史学作品普遍缺乏表现作者文字修养和从政能力的"演说"。但是,为了实现史学作品的现实教益作用,取而代之的是一套"宗教修辞"。所谓"宗教修辞",就是运用各种解读宗教经典、进行宗教说教的修辞手法。在涉及宗教问题时,作者会不失时机地发表许多自己的意见,插入一段套话。这种写法主要出现在涉及道德人心之处,要么是以序言的形式,要么是在叙述宗教纷争的时候。格雷戈里最大的"宗教修辞"就是关于三位一体的正统教义。"宗教修辞"不仅表明自己虔诚而正统的信仰原则,证明自己写作的权威性,而且,对于那个时候的读者而言,体现了中古史书最大的用途。因为,宗教是人生最大的追求,宗教之用,功效最著。一如古典的历史修辞主要用来体现历史对于世俗政治生活的用途,中古早期史书中的"宗教修辞"对于当时读者的日常生活也具有积极的指导意义。

---

① 都尔教会主教格雷戈里:《法兰克人史》,寿纪瑜、戚国淦译,北京:商务印书馆,1981,页1。

作为主教的格雷戈里虽然也利用外出出席宗教会议的机会搜集材料,以广见闻,但是总的来讲,他的资料主要来源于自己的家乡和自己的教区,即克莱蒙主教区和都尔主教区。主教必须呆在自己的教区里,越来越成为教规的明确要求。主教尚且如此,其他教会作家则更为如此。相比古典作家到处行走采风,搜罗见闻,关注帝国各地的事态发展,中古早期史家的地域色彩非常明显。他们犹如黑暗中的一盏探照灯,照亮身处的那片区域。

格雷戈里在作品的末尾警告继任的主教和读者,一定要原封不动地传承他作品,保持其完整性。因为鉴于当时宗教斗争的残酷性,不少人在别人的作品中寻章摘句,断章取义,进而提起"公诉",我们可以推测他这样做是为了防止后人如此割裂他的思想,甚至把他当成异端。但是,一语成谶,他死后不到百年,后人就分别删节其书中的政治史和教会史内容,从而分别形成了作为政治史的《法兰克人史》和《法兰克教会史》。7世纪的编年史《弗里德伽编年史》(*Fredegar Chronicle*,其作者名自 16 世纪才出现,故有时被称为《伪弗里德伽编年史》)将格雷戈里的史书大大缩编之后纳入到自己的编年史中,并进行续写。这说明,作为历史体裁,"历史"与"编年史"之间的区分已经不是那么严格了,要在通贯古今的基础上关注当代。"编年史"越来越成为史家的首选体裁。

伊西多尔的《编年史》虽然也是从世界开创讲起,但他不过是在遵循教会作家的传统,续写前贤,接着维克多(Victor of Tunnuna,逝于约公元 570 年)的编年史记述,"尽可能简要地记述自世界开创直到赫拉克利乌斯皇帝和哥特王希泽布特的统治,按照时间顺序,记录全部过去时代",[①]也就是从世界被造开始,按照六个时代的顺序,讲到当代,并提及未来。他也遵循拜占庭帝国通行的世界纪年法,来安排编年史的顺序,同时用统治者的年数来更换叙事。最终以"世界所剩的时间非人力所能确知,每个

---

① Sam Koon et Jamie Wood trans., *The Chronica Maiora of Isidore of Seville*, https://e-spania.revues.org/15552,下载于 2016 年 1 月 7 日。

人去世就是他自身世界的终结"结尾。伊西多尔的写作提纲挈领,涉及帝王、内政和外交、宗教事务,以及名人,详略极为适当,被后人广泛传抄。或者加以扩充,或者加以压缩,或者加以续编。伊西多尔的名声使得这本编年史成为中古时期最为流行的编年史之一。他本人还创作了一个缩编本,收入他的《辞源》之中。

六个时代的历史分期源自于犹太教。但是,因为有了耶稣受难和降生,而有了崭新的当代,历史从此不同。一般来讲,六个时代依次为:从亚当到诺亚,婴儿期;诺亚到亚伯拉罕,儿童期;亚伯拉罕到大卫,少年期;大卫到"巴比伦之俘",青年期;"巴比伦之俘"到耶稣降生或受难,壮年期;耶稣以来为当代,老年期。严格来说,人类历史应该是八个时期,末日审判标志着第七个时代的开始,末日审判之后若干年之后则是第八个时代,人类历史终结。但是,对于这第七、第八个时代的看法,并不属于历史,而是涉及未来的神学问题,如伊西多尔这般谨慎的历史学家都会避而不谈。但也有虔诚的史家会涉及,如英格兰大史家比德,就曾因为对这种历史分期提出了自己的看法,而被怀疑有异端倾向,被人检举揭发。一般说来,在中古时期,通史性质的编年史如果偏重于教会历史,多会采用六个时代的分期法;如果偏重于俗史,则往往采用四大帝国更替的模式。当然也有少数史家会二者兼采。

格雷戈里和伊西多尔都是大主教,也就是说,属于"在俗神职人员",平时的主要职责是管理教会。而另外一位被称为8世纪最博学的学者,诺森伯利亚的比德,是一名修士,以远离尘嚣,一心修行为主。他笔下的历史因而也就具有更为强烈的宗教思想与道德说教色彩。甚至可以说,只有与宗教相关涉,王侯将相才可以出现在比德的笔下,否则完全被无视。如果世俗事务比德没有提及,还不足为怪;但如果有什么宗教史事没有被比德提到,那么它们是否重要就值得怀疑。比德为了记录相关宗教事务,苦心访求,旁征博引,甚至委托他人到罗马的档案馆去搜集教皇大格雷戈里给坎特伯雷的奥古斯丁的书信。文献资料之外,还到处询诸故老,收集口头传承资料。他在作品的前言中对此有详细交代,非常经典。

这是因为他"怀着真挚的感情,为了教诲后代,努力把从普通传闻中汇集起来的资料写进这本书的。这是历史的真正规律"。①

作为修道士,没有院长的吩咐,比德无法出修道院大门。比德7岁开始进入修道院求学,一生几乎足不出户,孜孜以求,博览经史。他的主要史源,来自于文献,此外就是"所闻"。前者要求中古史家要有好的图书馆,这样才能"多识前言往行"。后者要求史家具有良好的判别能力,以便在"所闻"中区分真伪。比德往往声明自己是从"可靠人士"那里获得口述资料的。那么,谁是可靠人士呢?通过统计《英吉利教会史》中的这些可靠人士可知,除了有名有姓的教会和修道院的领袖之外,还有许多不知名的"其他可靠人士"。何以见得他们可靠呢?除了他们本人作为宗教领袖的良好口碑之外,就是他们提供的史料足以"教诲后代",符合处在宗教文化氛围之下的读者预期,因此被视为"可靠"。读者读了之后"会深受感动",要么去效仿他们,要么去避免那些对灵魂有害的东西。用比德在前言中的话来说,就是为了教诲国王及"天主授权您管理的其他人"。所以,这些人士之"可靠",是因为他们提供了符合和有利于传布教义、对读者具有宗教教益的历史内容。当然,如果是政治外交等俗务,比德没有提及,则它们完全有可能存在,只是没有被他记录下来而已。

比德的作品如此出色,以致成为公元710年之前英格兰历史最为基本的史料,他也借此将千百年的史家带入了一个纯粹宗教性的历史世界,在给后人带来满足的同时,也套上了沉重的视野约束。如何利用教会史资料来观察日常生活,成为研究比德,乃至研究整个中古史的极富挑战性的课题。

为了教授修道院的学徒,比德围绕宗教之学写作了长短两篇《论计时》(*De ratio temporum*),讲述人类的历史和年代推算。在论文中,比德提供了长短两篇世界编年史,所用的纪年方法是世界纪年法。但是,他没有采用当时通行的世界纪年推算结果,而是依据希伯来文本《旧约》重新

---

① 比德:《英吉利教会史》,陈维振、周清民译,北京:商务印书馆,1991,页21。

加以推算。根据比德所推算的结果,人类世界要比前贤们的推算少千余年。另外,比德还是现存西欧最早在历史作品中使用"公元纪年法"的作者。这一纪年法随着他的同胞们回到大陆的萨克森地区传教而广泛传播,在9世纪成为中古编年史的经典特征之一,与古典编年史相区别。

从墨洛温王朝(公元451—751)中期开始,贵族开始大规模参与到修院和教堂的建设中,并控制它们,其中以后来创建加洛林王朝的丕平家族最为有名。据说,加洛林王朝的创立者矮子丕平(Pippin the Shorter,约公元714—768)就在巴黎的圣德尼修道院长大。加洛林王朝开始之后,君王们不仅逐步统一了文字,规范了拉丁文的书写和语法规则,结束了西部帝国消失之后300余年拉丁语写作中的混乱局面,而且还整饬教会组织,要求主教和修道院尽可能地兴办学校。提出主教和修道院除了按照规则践履宗教义务之外,还应热心于求知,因材施教地教育可造之才。"不仅是奴仆之子,贵人之子也应该集中到那里学习。为了提供孩子们在学校的读本,要在每所修道院、主教区提供合乎正统的诗篇、注疏、诗歌、算法、语法书籍。以免有人想好好地祈求上帝时却因为编订不良的书籍而求歪了。不要让这些孩子接受错误的读法和写法!如果需要抄录《福音书》《诗篇》和弥撒仪式文,应该让成人全神贯注地抄录。"①查理大帝本人虽然年老,仍不忘学习拉丁语,只是效果不大理想。让教会承担教育重任的做法给中古早期的文化活动和历史写作都带来了深远的影响。

总体来说,像比德那样具有良好通识的修士只是极少数,大多数修士难免会成为"书呆子"型的史家,勤于抄录而少独断之学。中古早期西欧教会对于修士的管理越来越严格,加洛林王朝重新整饬教会,强调等级服从,严格规定修士未经允许不得离开修院大门。修士们的学习内容除了识字、算术和歌咏之外,也主要限于经学,围绕诗篇、先知书和使徒书信展开,也包括教会史。优西比乌、奥罗修、圣杰罗姆和圣奥古斯丁都是他们

---

① "Admonitio generalis", cap. 72, Legum Sectio II. *Capitularia regum Francorum* tomus I. MGH., Hannover, 1883, p. 60.

的研读对象。他们的学习方式主要是死记硬背，抄书更是他们的一门必修功课。修道院之间互相借书、抄书，是常见的现象。不少修道院以藏书丰富、拥有博学的修士而著称，如位于今天德国境内的富尔达修道院、洛尔施修道院和瑞士境内的圣高尔修道院；今天英国境内的圣阿尔班修道院、坎特伯雷的圣奥古斯丁修道院和格拉斯顿修道院；今天法国境内的圣德尼修道院和圣雷米修道院等等。但是，即使是抄书，也可以从他们选择的抄录对象的细微差别，窥探出他们抄书的独特动机，进而探知他们做出抄录选择的文化甚至政治背景。

修道士抛弃世俗生活，向往精神的纯洁和信仰的虔诚，多数不懂世俗的权谋。修道士史家也很少关注和理解那些君王和老爷们的权术与算计，他们很难从"政治学""经济学"等角度来理解历史。当他们记录俗人的各种活动时，往往只能从宗教和伦理的角度来加以解释。他们评价人物的标准也因此主要是宗教标准。一个最为直接也最为常见的标准，就是这些人物是否虔诚，归根结底就是对教会好不好，是否扶持教会、赏赐教会、支持教会的合理要求。因此，文治武功极盛的君王往往会因为得罪教会，掠夺教会而在史书中以负面形象出现；而那些无能但是大量赏赐教会和修道院的王侯却获得极高的评价。例如，查理·马特具有雄才大略，但是由于一方面其母为妾，他并非教会祝圣的合法婚姻所生；一方面他大肆剥夺教会土地，导致历史声誉不好。这种评价标准，固然有其偏颇之处，但是对于改造古代史学中流行的"成王败寇"的历史评价标准，具有非常积极的意义。

修道士的世界是颇为奇幻的世界，世界的主角是上帝及其圣徒们。这些角色是永生的，也就是永远生活在他们的想象之中，但在肉体上不再存在。这种物理和精神的矛盾的结合，使得修道士生活在充满奇迹的世界里。这些奇迹非人力所为，包括周围环境中的各种自然异象和人身体上的许多变化，如疾病突然减轻乃至消失，眼睛复明，鬼怪消退，火灾中幸存，甚至死而复活；也包括人的精神活动能力的改变，如原本木讷无文之辈，突然能说会道，吟诵上帝之音，等等。它们大量反映在修道士所写作的历史作品之中。通过记录此类奇迹，不仅坚定修道士自己的修道之心，也教诲读者一心向善，尤其是虔诚信教。

在加洛林文艺复兴的大潮中，许多修道院都或多或少写作了编年史①，据《德意志文献集成》(Monumenta Germaniae Historica)所录就有近百余种。这些编年史不如上述大作有名，除少数如《洛尔施修道院编年史》(Annales Laureshamensis)这样的历史作品之外，大多数都篇幅较短，记录非常简单，也并不是每年都记，大多数作品由几代人接力创作，所记年份跨越百年以上。最简短的如《圣阿曼迪修道院编年史》(Annales S. Amandi)，自公元687年开始，写道："丕平在韦尔芒(Testricio)附近打仗，他征服了法兰克人。"随后至701年，仅有年份，没有事件记录，702年记有"国王希尔德贝尔特去世"。至707年又都是留白。此后至720年，每年都有类似的简单记事，721、722、723年都只有系年，留白。现代史学家据此推测，这些编年史基本上是从复活节表，即年历中发展出来的。原本是推算复活节的表格，后来在其空白处简单地记录某年发生的值得记忆的大事。

它们的记录内容，侧重点各不相同，有些侧重于民生天象，如《博登修道院编年史》(Annales Augienses)、《洛布修道院第二编年史》(Annales Laubacensius pars Secunda)中记录冬天严寒难过，日蚀发生；有些侧重于罗马皇帝和教皇年表，如《萨尔茨堡修道院编年史》(Annales Salisburgenses)；有些专记教俗贵族之死亡，如《普尔海姆修道院编年史》(Annales Brunwilarenses)。当然绝大多数是围绕加洛林王朝展开记事。由于上帝和天堂的存在，在某种程度上，中古早期人的世界观是"天人合一"的，天象被称为征兆，预示着上帝对人间的某种处置。在《法兰克王国编年史》(Annales Regni Francorum)作者眼中，810年前后频繁的日食和月食，预示着皇帝查理大帝的去世，与艾因哈德在《查理大帝传》中所言

---

① 希腊语为Chronicon，复数Chronica，拉丁语为Annalis，中古时期希腊语原文在拉丁西部欧洲也很流行，Chronica在使用中转化为单数。

相似。

　　查理曼南征北战,建立起了幅员辽阔的加洛林帝国,但是他还是按照法兰克人的习俗,分割帝国。9世纪中期,帝国正式一分为三,在名义上共享一个帝国,实际上分别形成了各自独立的王朝。为了确保臣民的效忠和王朝的稳定,三国君王规定人口不得随意在三地迁徙,逐渐形成今天法国、德国和意大利的疆域雏形。与此相应,不同的王国各自开始续写《法兰克王国编年史》,尤其是分别于文化中心富尔达修道院和博尔丁(Bertin)修道院写作的编年史,更具影响力。此后,各地修道院都在抄录前贤史学作品时,或续写,或仿制,创造了数量庞大的小编年史。

　　第三种体裁为族群史,基本上是一个新的历史写作形式。古代流行的是"城邦史"或者"帝国史",族群史自然是为了顺应统治者的需要,实现某种族群认同而编写的。它通过追溯一代一代的国王谱系,讲述该族群自古至今的起源和事迹。与教会史和编年史不同,族群史必须紧密依赖于古典文献的记载。古代诗歌、史书中提到过不少族群,以及他们的风俗和历史。乔丹的《哥特史》便充分体现了这一特色。他的前言不仅具有浓厚的古典修辞色彩,在行文开篇就引用奥罗修,还以基督教作家惯常的祈祷作结。在行文中,他对古典作家的引用更是屡见不鲜。从斯堪的纳维亚讲起,他构建了一个逐渐内迁,吸收罗马文化,协助罗马人民,然后逐渐壮大并发展起来的哥特民族。他写作这部作品的时候,住在君士坦丁堡,他所属的东哥特王国正在被罗马帝国军队彻底消灭。为了庆贺哥特王子迎娶帝国名门仕女,他从哥特族与帝国合作的角度同时颂扬哥特人和帝国。他借助前东哥特王国中书令卡西奥多鲁的作品进行改编,但由于卡西奥多鲁的作品今已不存,无法比较二者的内容。更有可能的是,乔丹的写作动机继承了卡西奥多鲁的意愿,旨在促进哥特人与帝国合作。

　　9世纪主祭保罗创作的《伦巴第史》(*Historia Langobardorum*,叙事至744年)与此类似。他在《哥特史》的基础上,发挥想象力,构建了一幅蛮族大迁徙的经典叙事。由于斯堪的纳维亚地区人口繁盛,部分人口向南迁徙。在国王的率领之下,越过莱茵河和多瑙河,最终进入意大利。他将伦巴第人的历史比附于罗马历史,与罗马人一样古老。他还用类似的结构,写作了《罗马史》,按照皇帝的统治顺序,叙述意大利的史事。此后有艾尔肯普尔特(Erchempert of Monte Cassino)所著的《贝内文特伦巴第史》(*History of the Lambards of Benevento*)续接这部作品。

法兰克墨洛温王国的族群史,在都尔主教格雷戈里之后,又有了新的发展。7世纪中期,"弗里德伽"不仅延续了格雷戈里的历史视角,从基督教世界史的角度,书写法兰克人的历史,而且还缩写了他的作品,作为自己作品的第四个部分。但是,与格雷戈里不同,"弗里德伽"还大量抄录古代罗马历史,依托于古典知识,定位和叙述法兰克人的历史。他认为,法兰克人是罗马人的兄弟,起源于特洛伊。在特洛伊陷落之后,到处迁徙,成为后来一切骁勇善战民族的祖先,如马其顿人和突厥人。这一民族起源经8世纪初《法兰克人史书》(*Liber Historiae Francorum*)的加工,成为中古时期经典性的历史认识。从此,法兰克人不仅是特洛伊人的苗裔,更是诺亚之子雅弗(Japhet)的后代。通过将古典知识与基督教世界史的谱系结合起来,"弗里德伽"将法兰克人的历史追溯到了古典俗史之初,成功地将法兰克人的历史纳入基督教世界从东向西的发展进程之中。

751年,矮子丕平通过宫廷政变,借助于教皇的权威,将末代墨洛温王朝国王希尔德里克三世送进修道院,自己加冕称王,建立起加洛林王朝。伴随朝代更迭,大规模重写历史势所必然。除了大量从加洛林家族的角度续写上述史书之外,多个作者先后开始写作全新的《法兰克王国编年史》,起自741年,正式开启了中古王朝编年史。与族群编年史不同,《法兰克王国编年史》的关注重点是代表王国的国王,而非代表族群的国王。其起点也不是法兰克人的开始,甚至世界的开端,而是王朝的开始。作者使用公元纪年,逐年简要地记录国王的内政和战争,往往交代他在何地逗留,在哪里度过圣诞节和复活节。编年史其实就是国王纪传的汇编。例如在查理曼去世之时,一个9世纪的抄本插入如下话语:"皇帝查理及法兰克人最优秀的皇帝的事迹结束。"另一抄本则紧接着插入另一句话:

"查理曼之子皇帝路易事迹开始。"①

如果将某个王侯的传记单独成篇,就成为中古时期最为流行的君王纪传了。现存最早的此类传记是由修士亚瑟(Asser,逝于约公元909年)为威塞克斯国王大阿尔弗雷德所写的《阿尔弗雷德传》(*Gesta/Vita regis Aelfredi*)。由于这部传记的很多内容与《盎格鲁—撒克逊编年史》雷同,因此,长期被人怀疑为后人的伪造,但也不断有学者证明其真实性。这部传记完全采用编年史体例,与古典传记截然不同。如果从9世纪大陆传记体裁的发展来看,《阿尔弗雷德传》似乎是在前者的基础上略加创新而来。从9世纪初的《法兰克王国编年史》,到9世纪晚期的《阿尔弗雷德传》,似乎代表了中古早期帝王传记体裁从无到有的一个定型过程。中古早期帝王传记所使用的名称主要是"Gesta",与古典传记不同;古典传记专门的术语是"Vita",这个体裁在中古早期成为圣徒传的专用名称,由复数变为单数。因为所有圣徒都过着同样的宗教生活。

随着基督教向蛮族传播,新的皈依不断发生,在这个过程中,殉道者和新的地区教会的奠基圣徒在各地涌现,为了纪念他们得到上帝的恩宠,制造奇迹,庇佑一方,需要替他们立传以志纪念。在中古早期,圣徒还是产生自民间,无需经过罗马的官方认证,因此,各地圣徒人数众多。尤其是那些创建修院的修士们,往往在随后的发展过程中被尊为圣徒,与此相伴随的就是圣徒传(Hagiography)的大量出现。如果根据《德意志文献集成》所收的早期圣徒传来统计,达到几百种。圣徒传不一定非得由本修道院的兄弟或者本教区的教士亲自撰述,也可以延请著名的教会人士或著名的圣徒传作者来执笔。圣徒大抵要经历与众不同的幼年,早有向道之心,严谨而沉默寡言,一如成人;成年之后他们抛家别子,离群索居,厉行苦修,从而名声大噪,追随者甚众;圣徒或者自己出资,或者获得捐助,创建修院。有些圣徒甚至得到国王宠信,被委以教化一方修道生活的重任,

---

① *Annales Regni Francorum*, in MGH, Scriptores Rerum Germanicarum, Hannover: 1895, p.140.

名声日广。当然,上帝会通过圣徒显示大量奇迹,或在他们生前,或在他们死后,因此其遗骨如何得到确认,安置于何方,一定会在圣徒传中占有举足轻重的地位,据此方能实现圣徒传的真正目的:庇佑一方。

虽然圣徒传的写作目的主要是赞美圣徒,歌颂上帝。但它们都或多或少是在特定的现实需要之下产生的,也就有其各自具体的写作动机。有些是为了纪念,例如诸多的王后圣徒传,如福尔图纳图斯(Vernantius Fortunatus,约公元540—610)的《圣拉德贡德传》(Vita Radegundis);有些则是为了说明圣徒的威力,寻求保护,如斯蒂芬的《威尔弗里德主教传》(Vita Wilfrithi);有些则是为了确认某些圣徒的称号,对他们的"神圣性"进行说明,往往以列传的形式出现,如都尔主教格雷戈里的《圣徒列传》《殉道教父列传》(总称为《八卷本奇迹集》)。

中古早期有名的史家都是圣徒崇拜的著名制造者,最有名的是中古法兰克王国"国家级"圣徒圣马丁的制造者都尔教会,其中最为出色的当然是其主教格雷戈里,还有英格兰"北方级"圣徒圣卡思伯特的制造者比德。罗马教皇大格雷戈里(Gregory the Great,约公元540—604)也是有名的圣徒制造者之一,他的《对话录》(Dialogues)收集整理了大量圣徒传资料,集中树立了一批圣徒形象,尤其是制定了《本尼迪克特会规》的卡西诺山修士本尼迪克特。

与基督教的传播相伴随的是圣徒的迁徙。当有新的教堂奠基时,往往需要确立其庇护圣徒,这就需要到圣徒埋骨之所去"请"该圣徒的遗骨,为此需要写作相关圣徒遗骨迁徙及被供奉的故事。圣徒遗骨迁徙的故事,最能揭示圣徒传的本质特征,即圣徒的"中保功能":作为上帝与信众之间的中介,保佑信众。对于创作者而言,圣徒自身的故事固然重要,但是圣徒的身后事才是作品的主体和作者的写作宗旨。因此,圣徒死后,作品的众多故事才刚刚开始:圣徒不断显灵,得到诸多见证,从而开始其造福一方的伟大宗教使命。通过诵读圣徒传,信徒可以超越肉体的限制,上升到某种永恒性的存在,变成圣徒的追随者。基督徒强调与此岸不同的彼岸世界,但实际在某种程度上,圣徒的彼岸世界就是圣徒身后的此岸世界。圣徒的故事也主要从他超越肉体限制的那个时候开始。这是圣徒传与俗人传记的重大差异,也是中古早期圣徒传与此后的圣徒传的一个重要区别,因此,一些早期的圣徒传强调其写作并非供读者模仿,而是引导读者通过圣徒信仰上帝。

与殉道者故事相联系的一种事件史体裁就是"迫害史"。该体裁源自于罗马帝国时期,不仅包括礼赞性的殉道者传记,而且还包括控诉性的迫害者传记,如拉克唐修(Lactantius,约公元250—310)讲述戴克里先皇帝史事的《迫害者之死》(*De mortibus Persecutorum*)。在中古早期,蛮族大多信奉4世纪的罗马国教:半阿里乌斯派基督教,他们控制西部帝国诸行省后,也有一些迫害性活动,至少天主教作家这么认为。著名的迫害者形象的制造者是维克多(Victor of Vita,活跃于5世纪晚期),他成功地通过《迫害史》(*History of the Vandal Persecution*)将汪达尔人塑造为历史上臭名昭著的破坏者和迫害者。

古代晚期流行许多"赞歌",是诗人为某位统治者的杰出行为专门写作的颂诗。6世纪的意大利诗人福尔图纳图斯在高卢度过他的余生,得到许多统治者的照顾。为了报答他们,他写作了数量不菲的"赞歌",对礼贤下士的国王和王后们大唱赞歌。他或者开门见山地歌颂君王们的品德,或者讲述自己在礼拜国王途中所见的景物和风俗,以颂扬一方水土开始,作为铺垫,到国王突然出现,诗作的高潮随之来临。都尔主教格雷戈里作为诗人的恩主,也频频出现于他的笔下。①

8世纪中期,伊斯兰教徒开始攻掠地中海北岸地区,730年左右,兵锋所至,罗纳河、卢瓦尔河流域都受到影响,一大批深受古典文化熏陶的文化人向北迁移。与此同时,经过宫廷政变上台的加洛林王朝开始新的扩张进程。公元800年,查理曼在罗马加冕,复兴了罗马帝国,并试图同时复兴帝国的礼仪制度,于是有所谓"加洛林文艺复兴"的诞生。加洛林文

---

① *Venantius Fortunatus: Personal and Political Poems*, trans. J. George, Liverpool: Liverpool University Press, 1995.

艺复兴对于历史撰述有巨大的促进作用,"从关注范围到作品数量来看,足以称为史学革命,也反映了历史撰述质量的提高"。① 记录帝王的古典传记也随之复兴。艾因哈德的《查理大帝传》彷照苏维托尼乌斯创立的体裁尽可能简要地写作。作者从王朝开创说起,然后分门别类讲述传主的丰功伟绩、内政外交、私人生活,最后是死亡和遗嘱。

除了帝王之外,教会领袖也是传记关注的焦点之一,西欧中古早期有名的《教皇列传》(*Libri Bontificalis*)是典型的代表。《教皇列传》是列传性质的作品,并非一次性完成,而是在 7 世纪之后经过多人之手、不断续写而成,所记史事至 892 年,但风格基本一致。列传从首任教皇彼得开始,格式大抵雷同,先讲述其在位时间,精确到日;然后是姓名、家庭背景、简要经历,尤其是对各种教堂的建造、装修和施予的各种捐赠;最后是任命教士的数目和次数。越往后,资料越详尽。书前有伪冒的请求拉丁教父杰罗姆写作该书的教皇书信一封。《教皇列传》此后一直不断有续编,直到文艺复兴时期。

为了与罗马教皇竞争,曾作为罗马帝国皇帝驻跸之所的拉文纳在 9 世纪也有相应的《大主教列传》问世,格式与《教皇列传》差不多,但所涉及的俗务更多。其他的主教和院长列传也为数不少。如意大利的《那不勒斯主教列传》(*Gesta Episcoporum Neapolitanorum*),比德的《修道院长列传》,主祭保罗的《梅斯主教列传》(*Gesta episcoporum Mettensium*)等。后两种有更多的私修性质,也具有更为强烈的颂扬和祝福色彩。

由于中古早期的史学作者大部分是教会人士,他们深受教会的教导,自然而然地会从基督教的角度去思考问题,记录历史,其史学之义在于"信仰"。因此,他们不仅以教诲读者多行取悦于上帝的善事为写作目的,而且以看其言行是否基于"虔诚"为判断是非的价值标准。所记之事虽然还是"帝王"之事,但是明显偏向于其中涉及宗教的事务,原则上以"宗教

---

① M. Innes, & R. Mckitterick, "The Writing of History", in R. Mctterick ed., *Carolingian Culture: Emulation and Innovation*, Cambridge: Cambridge University Press, 1994, pp. 193—220.

的相关性"来决定材料的取舍。从史书数量而言,帝王作为历史叙述对象所占的比例非常小,尤其是与大量宗教人士相比。可以说教会领袖取代帝王将相,成为历史叙述的主角。此外,由于侧重于奇迹故事,有许多下层民众作为宗教奇迹的见证者进入到史学叙事之中,帝王将相、宗教领袖为普通民众所包围。这是古典史学所缺乏的。至于中古早期史学作品的文笔,则各有不同。都尔教会主教格雷戈里叙事朴实驳杂,伊西多尔文笔简洁准确,比德行文较为雅致。但是,总的趋势是取法《圣经》,尚简之风盛行。中古早期史学的"言"为宗教说教,"事"为教会事务。与古典史学之言为"演说","事"关军国,大为不同。对于古典史学如何向中古史学转变,以及中古史学如何在新的历史背景之下,为满足读者的需要,在继承古典史学遗产的基础上,记叙新的历史对象,记录新的历史话语,创造性地发展出新的史学体裁,提出新的历史思想,都颇值得进一步研究。

第三节 阿拉伯文史学的兴盛

阿拉伯国家很早便出现于历史文献之中,但基本上是附庸属国的形象,或帮助希腊罗马人,或受制于波斯帝国,因此,阿拉伯文化深受周边其他文明,如希腊罗马文明、犹太文明以及波斯文明的影响。随着阿拉伯人征服波斯帝国,波斯文化作为附属文化日益融入新兴的阿拉伯文化之中,许多典籍被翻译成阿拉伯语。这些典籍主要来自此前盛极一时的萨珊波斯帝国(Sasannian Empire,公元224—651)。6世纪初,该帝国进入鼎盛时期,并利用君士坦丁堡罗马帝国无暇东顾之机,向小亚细亚和埃及部分地区扩张。其辽阔的疆域被当时的诸多文献所证实。例如《伊朗城市志》(Sahrestaniha i Eransahr),这部书成书于6世纪初,最晚于8世纪被修订过,现存最早的抄本是用阿拉伯文于14世纪在印度完成的。这部短篇城市志按照四个方位,将各座城市的建立者加以胪列。书中提到了对征服者亚历山大的仇视,称其为"受诅咒的",因为他将波斯文典籍扔进大海,以致波斯典籍荡然无存。①

对于波斯文籍的中断可能还需从另外的角度加以思考。在阿拉伯统治时期,波斯人是阿拉伯书写文化的主力军。"那时定居的民族是波斯人,或者采纳了波斯习惯的其他人,只有他们习惯于钻研学问,从波斯帝国之初就如此。因此早期的阿拉伯语法大师是希巴瓦伊、阿里-法里斯和阿里-扎伊亚,他们都是波斯人,而传承教法者也是波斯人或是生长于波斯的人。这是读者诸君都已明了的,教义神学和《古兰经》评注方面的情况也是如此。"②只有在 10 世纪阿拉伯阿拔斯帝国衰落之时,随着波斯王朝的复兴,波斯语再次作为书写语言强有力地复兴,波斯文典籍也重新被编订。诗人菲尔多西广泛集合此前的帝王传说,创作了长达 12 万行的长篇史诗《列王纪》。因此,如何看待波斯文典籍与阿拉伯文典籍之间的关系,就决定了如何看待波斯文典籍的延续和断裂。如果将阿拉伯译文的波斯典籍乃至波斯人创作的阿拉伯文作品视为波斯文化的一个阶段,那么阿拉伯时期的波斯文史学就是在新的政治背景下的继续发展,而非中断。换言之,阿拉伯文史学是波斯史学的一个发展阶段。

公元 7 世纪,阿拉伯帝国在短期内崛起,横跨欧亚非三洲。在充分吸纳两河流域和地中海沿岸文化之后,阿拉伯人迅速发展出繁盛而独特的阿拉伯文史学。"著名学者和开明宗教领袖们写作了无数的史书,如同天上的星星数不清。有些按照编年方式,有些按照字母顺序,务求宏大高雅。有些论述一个地域,有些涉及广袤空间。"③在这些作品中,阿拉伯人不仅创造了自己的新形象,而且也创造了独特的历史叙事类型。

统一和扩张前的阿拉伯人过着游牧生活,属于游牧民族。他们没有自己的书写语言,只有一些口头流传的史诗和族谱,或颂扬家族的荣光,

---

① Touraj Daryaee trans., *Sahrestaniha I Eransahr:A Middle Persian Text on Late Antique Geography*, *Epic*, *and History*, California:Mazda Publishers, Inc. 2002, p.17.

② *Ibn Khallikan's Biographical Dictionary*, vol. II, trans., by William Mac Guckin de Slane, London:Allen & Co., 1843, p. vii.

③ Kamal-ad-din, Jar'far al-Udfuwi, in F. Rosenthal trans. & ed., *A History of Muslim Historiography*, Leiden:Brill, 1952, p.23.

或记忆战争中的英勇行为,或赞美雇主的慷慨大方。在穆罕默德和随后的哈里发们统一阿拉伯半岛和巩固统一的过程中,他们需要掌握有关的谱录知识,向谱录学家咨询。据说欧默尔哈里发身边就有古莱氏(Qunaysh)族最好的谱系学家贾巴尔(Jabayr Qusayy),随时备顾问。10世纪的书商学者伊本·纳迪姆(Ibn al-Nadim)所编订的《书目》(*The Fihrist*)就记载了好几位与穆罕默德同时代的著名谱系学家的作品,其中也提到谱录学家乌贝德(Ubayd)受哈里发穆阿维亚(Muawiyah)召请,讲述"故事传说,阿拉伯、波斯诸王史事,人类语言繁多的原因,以及民种之分散"。乌贝德的作品有《格言》和《古代诸族列王和传说》。[①]

虽然阿拉伯文书写语言尚未出现,但阿拉伯人有口头传说故事、吟诵诗歌的习惯,大家聚在一起时,往往会讲论各种传闻,其中包括周边民族的史事。据说"奈才尔·哈利思曾到过希拉,学到了不少关于波斯王室的掌故轶事。有一天,穆罕默德与族人聚谈,为他们讲述信仰安拉的真理,及以往各民族因为违背主命而惨遭灭亡的故事。当他起身讲述之时,奈才尔走到穆圣的位上坐着,随即站起来喊道:'古莱氏的人们!指安拉盟誓:我的言词比他的还要甜蜜,你们都跟我来!我讲述一些更好的故事给你们';说罢,讲述了一些波斯王室的故事;讲后又说道:'默罕默德能讲得比我更好吗?'"[②]穆罕默德讲述犹太文化中的历史故事,而奈才尔讲述波斯的历史故事,如果单纯以历史故事的标准来衡量,大概确实奈才尔的故事要更加吸引人一些,或者这次竞争给人留下了深刻印象,因此这则故事才得以流传下来。

穆罕默德在生时,就让人记录《古兰经》,他去世后,收集整理编订《古兰经》的活动加紧进行,很快得以完成,其中也包括许多历史知识。例如第26章《众诗人》,讲述"经典中的节文",29章《蜘蛛》,讲述亚伯拉罕的

[①] B. Dodge ed. & trans., *The Fihrist of al-Nadim*, New York: Columbia University Press, 1970, p. 194.

[②] 艾哈迈德·爱敏:《阿拉伯—伊斯兰文化史》,第一册,黎明时期,纳忠译,北京:商务印书馆,1982,页72。译文略有改动。

第四章　中古史学的形成

故事,第 40 章《赦宥者》讲述埃及法老的故事,第 33 章《同盟军》,讲述一次两军交锋的故事。当然穆罕默德最感兴趣的故事与摩西(穆萨)相关,尤其是他率领以色列人出埃及的过程,因为穆罕默德本人也曾率众出走麦加。

如果说默罕默德是结合犹太人以及阿拉伯部落历史进行传教,那么随着阿拉伯人的征服和伊斯兰教的传播,穆罕默德的言行也得到广泛的流布,各位亲传弟子、再传弟子甚至第三代弟子都各自传述着穆罕默德的"圣训"。在此过程中,收集整理圣训的活动随之展开。同为先知,穆罕默德与耶稣还不尽相同,耶稣传道之前的事迹几乎无人知晓,其生平业绩除了传教之外,似乎也没有被记录下来。而穆罕默德除了是先知之外,还是阿拉伯人的统一者和征服事业的开创者,虽然早年出走麦加之时追随者较少,但是至死之时,接触的信众已数以万计。他们的传述彼此互异,有些甚至自相矛盾,对传述的收集整理往往与宗教派别的形成和政治斗争的展开相伴随,各种歧异的圣训和传述传统得到确立,形成不同的圣训派别。

在今天看来,收集圣训和整理圣训无疑是一种历史传述活动。圣训学者其实在收集历史资料,也在研究历史,虽然他们的主要目的是为了宗教信仰,为了替现实政治经济活动找到政策依据,并以此为基础开展立法活动。穆罕默德的生平传奇,穆罕默德的神奇力量,不断取胜的征服战争,都为阿拉伯民族诗歌、战争传奇增添了新的吟诵对象,新兴的阿拉伯文史学围绕默罕默德的传记而展开,通过追溯默罕默德的谱系和业绩,不仅颂扬先知的功德,而且也借此将历代先知的故事,阿拉伯各地流传的族谱、史诗和战争传奇,以及其他被征服民族的古史、阿拉伯人的征服活动等等贯穿起来,形成形散而神不散的宏大历史叙事线索。

第一部比较重要的默罕默德传记是伊本·伊斯哈格(Ibn Ishaq,公元 808—876)的《先知传》,这部作品原本不存,流传下来的是阿卜杜·希沙姆(Abdul Hisham,约逝于 828 年)在其原本基础上编订补充的《穆罕默德传》。这部传记凡三部分,第一部分为穆罕默德的世系、前伊斯兰传统、穆罕默德的童年及青年时代;第二部分为穆罕默德在麦加;第三部分为穆罕默德迁往麦地那,他的战争、胜利,及去世。伊斯哈格的作品信息很丰富,叙述有文采,是部佳作。但可能由于他行为不够检点,导致名声不佳,影响了读者接受他的作品。希沙姆的修订则主要是通过删节和必要的补充使得作品更加首尾完具,减少互相矛盾之处,使之更具有可信性。例如,开篇的谱系,他将自亚当至亚伯拉罕的部分删除,从先知开始讲起。希沙姆自身就是有名的经学家,对于《古兰经》的语言文字有独到的研究,他对传记中许多不常见的字词进行注解,补充了各位传述者的资料。此外,他还补充了一些诗歌,对原有的诗歌进行精确的考订,修正其作者归属和时代归属。希沙姆的编订使得传记的内容更加翔实,叙述更加紧凑,证据确凿,更加可信,胜过原作。"后来编写和研究穆罕默德的生平者,莫不以这部书为依据。"①

在传述穆罕默德言行的过程中,对于各种传述者的研究也渐成专门之学,由此开展了对传述者谱系的梳理和考订,以便决定传述的真伪。阿拉伯学者依据时空限制来决定传述者是否可靠。所谓时间限制,就是传述者的生卒年与得到传述的传人之间是否有可能在时间上同时存在;所谓空间限制,就是传述者是否与被传述人有过接触,他们是否见过面。为此,各种传记,尤其是简单的人物列传、生卒年表大量产生。其影响之深,可以从阿拉伯文史学的传统分类中窥见一斑。萨哈维(as-Sahawi,1427—1497)在其史学理论作品中将历史书籍分成传记与历史事件两大类,首列传记,下分四十小类,全是以传主的身份来划分,如先知传、哈里发史、伊斯兰列王史、宰臣列传、史家传、法官传以至恋人传。② 后世学者也指出,"传述之学,有三种作品必须参考:(1)论述传承的经典作品,以达拉库特尼(ad-Daraqutni)的《圣训家》(*Ilal al-Hadith*)最好;(2)人名录;

---

① 纳忠:《中世纪阿拉伯的历史家:从口头流传到编纂著述》,载《阿拉伯世界》1982年第1期,页4—6。

② As-Sahawi, trans. by F. Rosenthal, *A History of Muslim Historiography*.

(3)生卒年表。"①

为了得到相关的传述,学者们行走于各地,拜访传述者,收集传述,因此游学之风盛行。为了丰富知识,学者们往往读千卷书,行万里路。史家们将诗歌、地理、历史融为一炉,按照时间线索,创作出鸿篇巨制。从此,历史撰述与圣训研究区别开来。圣训研究讲究家法,流布有序,不同派别不宜互相混编。而历史学家为了叙事的方便,需要围绕一件事情,将所有的传述罗列排比,然后选择其中较为可信而方便于叙事的传述加以讲述。因此不合圣训学家的家法。

虽然早期阿拉伯史事依赖传述,但正如先知默罕默德训示,上帝的最先创造物就是笔,应该在适当的时间书写一切。因此,传述很快就借助于书写被记录流传下来。除了传述之外,历史撰述的材料还有官方材料。随着阿拔斯王朝的建立,各种书记官员迅速扩充,经他们之手留存了大量史料。这种记录制度在文学作品中也有所反映。《天方夜谭》中辛巴德说:"哈里发惊诧不已,非常尊敬我,下令记载历史的官员记下我的遭遇,当做史料放在内府中,供将来的人研究。"②不仅君王之事要被记录下来,现任君王还要熟知历代君王之事,因此历史知识是他们必须学习的内容。11世纪创作的著名王公镜鉴类作品《君王宝鉴》中说:"我们交代了这些君王的事迹,他们统治的年限,他们的生平和性格,以及如何治理臣民。如果加以阅读,您头脑中的困惑就会消失,您就会知道他们各统治了多少年,如何驾崩,由谁继位,他们之中谁最早统治,谁又是末代之君。他们的历史必须按照顺序正确地被讲述。"③

历史叙事虽然与圣训研究适当分离,有了自己的研究对象和材料,但也保留了圣训传述的讲述习惯,即围绕历史事件由各种传述者来讲述。塔巴里(Al-Tabari,公元839—923)编纂的著名编年体史书《先知与帝王

---

① Rosenthal, *A History of Muslim Historiography*, p. 435.
② 刘可欣译:《天方夜谭》,北京:农村读物出版社,2008,页62。
③ *Ghazali's Book of Counsel for Kings*, trans. by F. R. C. Bailey, London: Oxford University Press, 1964, p. 47.

史》最为典型地体现了这一叙事特色。他的作品主要讲述"帝王史",也包括先知的故事,而讲述方式就是依据传述。他说:"我要表明谁的传述可靠,谁的传述不可信,谁的传述有漏洞,不可依凭。对于后者,我要给出其不可依凭的证据。读者诸君要了解,我是依靠传述写作的,只在偶尔的情况下运用推想。因为除非亲身见闻,历史便不可知晓,故舍传述而无他途,即便推理也不得其门而入。如果读者诸君觉得我所引用的某些传述有漏洞,请不要怪罪于我,我只是传述而已。"

由于传述来源不同,彼此混杂,因此在有些场合难免语饶重复,卷帙浩繁。《先知与帝王史》从阿拉伯人的最初祖先开始讲起,依靠来自也门和波斯的历史传说,折中犹太人关于亚当以及列位先知的故事,对伊斯兰教兴起之前的古史传统进行了综述。在这一部分,传述的缺点显露了出来。不同民族的传说反复叠加,在时间和空间上随意游走,重复难读,有累赘之嫌。不过,依赖传述展开叙事,若运用巧妙,也能转化为优势。在进入穆罕默德时代之后,作者的文笔明显生动起来,叙事严谨,巧妙地将各种传述贯穿在一起,娓娓道来,生动地再现了一个个紧张的历史场景,令人难以释卷。在这里,不同传述连贯一气,不仅能够转移视角,引发读者的好奇,而且也使得情节跌宕起伏,扣人心弦。

例如,穆罕默德死后,第一位哈里发的诞生,作者写道:"据希沙姆·穆罕默德(Hisham B. Muhammad)讲:先知去世的时候阿萨尔人(Ansar)集聚于沙奇法庭院(Banu Saidah),推举萨德(Sad B. Ubadah)为领袖。而萨德病着,就传话出来,要求阿萨尔人从族内推举领袖。欧默尔(Umar B. al-Khattab)听到这个消息之后,派人请来艾布·巴克尔(Abu Bakr),一同前往庭院。有人劝阻他们返回,但是他们不听。据欧默尔讲:'我们来到他们中间,我准备演说,巴克尔说等他先说。'据阿卜杜拉(Abdllah B. Abd Al-Rahman)讲,艾布·巴克尔说阿萨尔人是帮助者,我们是领导者。要互相协商解决问题。而胡巴布(Al-Hubab B. al-Mundhir B. Al-Jamuh)站起来鼓动阿萨尔人自己做决定,在自己人中选领袖。欧默尔坚持要团结。两人就都诅咒对方该死。欧贝达(Abu

Ubaydah)说,阿萨尔人要保持克制。这时巴沙尔·萨德(Bashir b. Sad)站起来说话,要推举默罕默德氏族的人为领袖,而他们(阿萨尔人)应该貌视世俗的荣华。对此艾布·巴克尔说,请大家向欧默尔和欧贝达中的任何一人宣誓效忠,众人都加以拒绝,而是转过来向艾布·巴克尔宣誓效忠。虽然胡巴布反对,但是众人考虑到卡兹拉吉(Khazraj)一旦上台,就不会让别人与他分享权力,于是就都向艾布·巴克尔宣誓效忠。"①

大史家马苏第评价《先知与帝王史》说:"在内容和精彩程度上超越其他作品,包括各种历史信息,丰富多彩的可资记忆的资料,各种知识。是非常有用之书。这是可以预见的,因为作者是他那个时代最有名的法学家和神学家,几乎掌握所有主要城市的法学家的情况和传统的总和。"②

10世纪之后,阿拔斯政权陷入衰败期,各地政权事实上走向独立。对于历史撰述而言,这虽然意味着中央政府组织的大规模史书编写也随之走下坡路,但是伴随地方文化和地方独立政权的出现,地方史志兴盛起来。奈丁的《目录》充分体现了这一点。然而,这种知识局面引起了一些历史学家的批评。以行踪广泛、博闻强识著称的马苏第严厉批评这些地方志学者的缺陷,他说:"书大抵可分为两种,好的和坏的,篇幅宏大者和短篇。历史的信息与日俱增,新鲜事层出不穷,但基本上都湮没无闻。每人都有自己的兴趣所系,每个地区都有其独特的知识。终身闭门不出,以当地知识为限者,与行万里路,穷究事物根源,摘取知识瑰宝者,自不相同。古代世界的丰功伟绩业已消散,其遗迹早已无形。凡间多庸者,好学深思者罕见,所到之处唯有无知的智者,或者好学而无能之辈,满足于臆想,无视于真知。"③

但是,殊不知,马苏第自己的鸿篇巨著正是建立在这些"无知"的地方史志的基础之上。马苏第写有《历史编年》和《中古史》,但是他流布最广

---

① *The History of al-Tabari*, Vol. X, *The Conquest of Arabia*, trans., Fred M. Donner, Albany: State University of New York Press, 1993, pp. 1—8.
② F. Rosenthal, *A History of Muslim Historiography*, p. 429.
③ Ibid., p. 421.

的作品,却是这两部书的摘编本——《黄金草原》。"为了方便使用,将它们压缩为篇幅适中的书卷,只是它们的一幅略图,但是包括相当丰富的知识,或者其中缺乏的历史相关信息。"①

即便如此,《黄金草原》仍然是部皇皇巨著。它讲述"各位哈里发即位的时间及其一生的持续时代,与他们的传记和历史相区别。随后有关他们的主要传说及其生平中的主要特点,对他们时代的事件的综述,有关他们的大臣的传说和作为他的讲学内容的各种科学观念"。② 他的叙述方式如同塔巴里,但由于是缩编本,他没有像塔巴里那样旁征博引诸家传述,而是选择一种集中讲述,而略及其他说法。

马苏第可能没有意识到,他所不愿看到的地方化的趋势深深植根于阿拉伯人兴起的历史进程之中。以史学的发展来看,从各位圣门弟子的传述,到各个流派的传述,再到各种地方传述传统的形成,流派杂呈与地方化一直就是阿拉伯中古早期史学的主脉。在帝国盛期,各种流派和地方传统之间的交流较为频繁,形成百家争鸣的文化繁荣景象。随着帝国中央政府的衰弱,地方化逐渐使得史家的视野缩小,从而限制了史学流派之间的交流。在中古早期行将结束的时候,地方化竟在整个亚欧大陆成为一种普遍的政治现实。整个亚欧大陆都陷入地方王国并立的状态之中,使得反映现实需要的史学步入一个新的时期。

马苏第的作品,也是以信仰为核心,力图反映神圣的历史,即各种宗教信仰的发展历程。以信仰为中心的历史,或者说"圣史",是中古早期亚欧大陆绝大部分地区的史学的核心内容。而世俗生活,包括帝王将相的功业,在史书中都处于次要的位置,不仅依附于圣史,而且其目的也主要是为了更好地传播宗教说教和信仰。在中古早期偶尔会有独立的俗史,但并不多见。然而,在下一个历史时期,俗史逐渐发展壮大,最终挑战圣史的主导地位。

---

① Macoudi, *Les Praisies D'or*, trad. par C. B. de Meynard et P. De Courteille, Paris:L'imprimerie Imperiale, 1859, tome 1, p. 4.

② 马苏第:《黄金草原》,耿昇译,北京:中国藏学出版社,2013,页 22。

第五章

中古史学的流变

公元1000年左右,拜占庭帝国正处于马其顿王朝统治下的盛世,但此后不久,她就需要向西部欧洲求援了,饱经内忧外患的帝国,于1453年最终被奥斯曼土耳其王朝消灭。而西欧在经历了10世纪诺曼人和斯拉夫人的侵扰之后,局势趋于稳定,步入漫长的经济成长时期。不仅那些遭到破坏的修道院被重新恢复起来,而且拉丁欧洲开始向东、向南、向北拓殖和扩张,诸侯逐渐从地方性政治组织中成长起来,并相互争雄。横跨欧亚非三洲的阿拉伯世界则经历着改朝换代,阿拔斯阿拉伯帝国瓦解,地方性王朝取而代之,结合各种地方文化传统的新型文化开始兴起。在大帝国分解后,地方性政治共同体的兴起是这一时期旧大陆上最为重要的政治发展。原本集中于帝国宫廷的文化随之向各地扩散,多个文化中心兴起,促进了文化繁荣。

公元1000—1700年间,史学作品繁多,体裁也时有更新,新的书写内容不断被纳入,史学经历着缓慢而持续的变化。但是,史家们所接受的教育仍以经学为主要内容,还几乎都是业余史学家;其写作目的,也大体还是为保存历史记忆,传抄史文,续接前贤,谱写新篇。在18世纪之后,随着工业革命的发生,新型经济社会结构兴起,史学家逐渐成长为"职业化团体"。他们在大学或者科研机构中受过专门的训练,以史学谋生,组成专业化的研究组织,出版专业性的刊物,提供专门化的成果发表渠道,也开始定期集会,交流学术心得。职业化的史学家旨在研究历史,发表对历史的看法,以挑战陈说、褒贬前贤、实现创新为要务,使得现代史学与传统史学存在本质上的不同。

第一节　拜占庭、东欧史学

君士坦丁堡的马其顿王朝在巩固了疆土之后,于10世纪迎来了文化复兴。对于史学最大的影响就是"宫廷史学"的兴起。一批出身官僚甚至皇亲国戚的史家拿起笔来,书写历史。他们所写作的对象也主要是皇帝,内容多以战争为主。从主题而言,这是对古代战争史的复兴。但是,与古典史家不同,他们并不费尽心思去杜撰将军们(主要是皇帝们)的临阵演说,而是更多地引用档案文书。宫廷史学在解释历史的时候,往往也并不直接用上帝的意志或者伦理道德的评价代替因果分析。

复兴的史学具有一些新的特点。首先,由于"历史女神"的复活,历史学具有了其独立存在的价值。她不再仅仅是为了印证上帝的启示,而是通过对帝王将相功业的描述,提供资治的借鉴。在有些史家看来,历史写作甚至具有"末日审判"的功能,召唤死去的人们于笔下复活,使为善者永垂不朽,为恶者遗臭万年。这也使得围绕历史资源的争夺不断加剧,不仅作者众多,而且写作的偏向性更加明显。

其次,注重对人间感情的描述。史家们来自朝廷,出入宫闱,他们描写皇帝的着装、奢靡的生活、从事的战争,以及发表的演说,也记录臣僚的功绩与劣迹。受教会史学的影响,他们也重视对死亡的描述。当教会史和圣徒传通过死亡揭示人生之不可留念,并借此坚定读者信仰的时候,宫廷史家则充分展示死亡激发的亲情。公主安娜(Anna Comnena,约1083—1150)的历史描述细腻,仅仅描写她父亲之死,如何实施抢救,在此过程中母后如何在伤心与希望中徘徊,自己如何充满幻想地希望父亲活着等等,就写满了好几页纸。

第三,具有较浓厚的修辞色彩。由于受到基督教的强大影响,对于大多数史家而言,史笔意味着简洁、质朴和达意。因此,宫廷史学并不是简单地复兴古典史学的修辞色彩,而是更多地模仿古代晚期流行的史学作品,即折中古典史学和基督教史学。从现存手抄本来看,这一时期抄录最多的作品是古代晚期的基督教作品。著名的君士坦丁堡大教长弗提乌斯设立秘书班子简要摘录古代图书,写成摘要,编成《百科全书》一书。该书一共摘录了279部图书,其中大部分都是古代晚期的作品。不仅如此,为了当官进入宫廷,这些史家都受过良好的修辞学教育。他们也都曾经为皇帝写过演说词,藉此博取宠信。这种写作经历和写作能力,使得他们的史文多少与其尚简的主张自相矛盾。这种张力可能使得他们的文风更加复杂,富有吸引力。

第四,以成败论英雄的评价标准死灰复燃,尤其对宠信自己的帝王将相进行吹捧,曲笔阿世。皇帝米歇尔七世(1071—1078在位)亲手将材料交给普瑟卢斯(Michael Psellus,约1018—1080),供其写作。结果,其史学作品的后半段几乎尽是肉麻的吹捧。而在公主安娜的心目中,其父甚至颇类似于上帝。但其实二位史家都知道要追求真实,而且在行文中反复强调自己在追求真实,"不以一己之好恶,而是基于其自身之价值来安排史事"。① 这种言行不一,使得他们的写作充满笔法的运用。

最后,这些史家写作历史的目的是非常实用性的。宫廷史学的史源来自于朝廷,其读者对象往往是帝王将相,而作者本身就是官僚,这使得作品具有非常强烈的实用色彩。尤其是总结兴亡之道,以便资治通鉴,取代了前辈史家记录史事,彰显上帝主宰历史的主旨。他们也会提及宗教行为,但更多地是从人的活动中寻找历史的原因。

复兴的史学有三位最为典型的史学家,即米歇尔·普瑟卢斯、约翰·斯库里泽斯(John Skylitzes,约1040—1101)和尼克托斯·科尼雅迪斯(Nicetas Choniates,约1155—1215)。尼克托斯以描写、哀悼君士坦丁堡被十字军战士攻陷和洗劫而著名;普瑟卢斯并不认为自己在续写提奥法尼,但后来史家普遍认为他在续写;约翰本人则志在续写提奥法尼,因此叙述从811年开始。他们的作品并不严格遵循编年体的格式,而是按照

---

① Michael Psellus, *Chronography*, vi. 161 (II, 50—51).

皇帝分卷，是对罗马帝国晚期的帝王史体裁的复兴。通过折中基督教编年史和古代帝王史两种体裁，他们的作品不再是严格意义上的编年史了，而近似于纪事本末体。史家从计时中解脱出来，用功于纪事。有时甚至按照自己的记忆，或者为表现自己心目中的皇帝形象而铺陈，列举所知。

这一时期传记的典型作品是公主安娜的《阿莱克修斯传》(Alexiad)。这部作品续接安娜的丈夫奈瑟菲雷斯(Nicephoras Bryennios，1062—1137)的写作，歌颂自己的父亲——皇帝阿莱克修斯(Alexius)的文治武功，因此模仿维吉尔定名为《阿莱克修斯传》。这部作品具有明显模仿古典希腊文学的痕迹。古典戏剧作家的警句随时出现在作者的笔下，她也经常将笔下的人物类比于希腊神话故事中的英雄和怪物。其行文叙事，除了偶尔从神意的角度歌颂其父之外，几乎很难让读者察觉出基督教史学的色彩。她对战争的描述不那么直接具体，但是也包括行军布阵，冲锋撤退，说得有模有样。她并不吝惜笔墨表彰父亲对手的强大，从而在无形中反衬其父的伟大和胜利的来之不易，更得神助。

新的编年史在断限上也有新特征。作品按照皇帝分卷，而以王朝断限。按照王朝叙述，就可以兼顾通史与当代史。一方面，可以像编年史家那样，写作涵盖的时间超出当代史的范围：普瑟卢斯从967年写至1078年，约翰从811年写到1057年，尼克托斯从1118年写到1206年。另一方面，又可以将写作的重点集中于当代，细致描述。作品也相应地分成两个部分，非自己所见的和自己所见的时代。前者主要节录其他史家的作品，后者则记录见闻。

这一时期拜占庭的国力由盛转衰，但其文化却向四周扩散。10世纪，伴随君士坦丁七世对意大利南部和西西里的战争，意大利文人也兴起了一个学习希腊语的高潮，著名的意大利廷臣柳特普兰德(Liutprand of Cremona，约公元922—972)曾亲自前往君士坦丁堡学习希腊语。他后来作为外交使节，几次前往君士坦丁堡，最终成功地完成了外交使命，为神圣罗马帝国皇帝奥托二世迎娶了君士坦丁堡罗马帝国皇帝约翰(Johannes Tzimiskes)的外甥女提奥法妮(Theophanu，约公元960—

991),提奥法妮后来还以年幼的皇帝奥托三世的名义统治过一段时间,对拉丁欧洲出现的"奥托文艺复兴"贡献甚巨。柳特普兰德不仅写作了描写自己赴君士坦丁堡经历的《外交报告》,而且将自己记录意大利当代史的历史作品用希腊语命名为《报应录》(Antapodosis)。

11 世纪末 12 世纪初,随着十字军运动的兴起,更多的西方人来到地中海东岸地区,希腊语世界和拉丁语世界的文化交流进一步得到加强。这一时期,许多十字军史和圣地耶路撒冷朝圣记都涉及君士坦丁堡罗马帝国的历史。1204 年第四次十字军东征,利用东部帝国的内争,十字军轻而易举地攻克了君士坦丁堡,并在随后的 60 年间控制着君士坦丁堡,在原来东部帝国领土之内建立了一系列飞地乃至邦国。反映这一历史事件的史书有,维勒哈多温的杰弗里(Geoffrey of Villehardouin,约 1160—1212)用法语写作的《攻占君士坦丁堡》(De la Conquête de Constantinople),罗伯特·克雷西(Robert of Clari)用法语写作的《夺取君士坦丁堡》(la Conquête de Constantinople),神圣罗马帝国修士阿尔萨斯的君特(Gunter of Pairis,约 1150—1220)的《君士坦丁堡史》(Historia Constantinopolitana);圣波尔·修著名的汇报这次征服的战况的书信,随后被收入到《科隆王家编年史》(Chroncia regia Koloniensis)中,被广泛阅读。伴随君士坦丁堡这座 900 年不曾被攻陷的帝国首都的陷落,无数基督教珍宝惨遭洗劫。一些关于圣徒遗物如何被运到西部欧洲的历史记叙为此提供了历史见证。例如《苏瓦松的匿名作品》(The Anonymous of Soissons)讲述该城主教尼瓦隆(Nivelon)如何将基督受难时的荆棘冠、玛利亚的袍子、施洗者约翰的头骨以及两大块耶稣被钉的十字架等宗教无价之宝运回苏瓦松城。因为十字军东征是由教会发动,在各国王侯贵族联合参与之下展开的,12 世纪以后西部欧洲的编年史都或多或少会提到十字军在东方的行动。

10 世纪,书写伴随着基督教传播到中东欧的波兰人、捷克人、塞尔维亚人、保加利亚人和罗斯人那里。但在这些地区,口传的积习很深,特别在法庭上,口头作证还很流行;书写主要用于对外联络,尤其是给崇尚书写的教皇或者其他君主写信。据说直至1502年,当佩斯特镇与布达镇争夺土地权利时,尽管想尽了一切办法,也找不到一份特许状。最早的波兰编年史《波兰王公纪事》(Gesta principum Polonorum)还是12世纪某位流放到波兰的帝国修士收集口传材料编成的。而罗斯最早的史诗《伊戈尔远征记》,则因其真伪难辨,引发学术大争论。[①]

由于文字、书写和传教士的到来密切相连,这些地区最初的历史作品主要是宗教性质的,以圣徒传为主。如罗斯人涅斯托(Nestor,约1056—1114)的《圣提奥多西传》(The Live of St. Theodosius of the Caves),讲述洞穴(Caves)修道院的圣徒圣提奥多西的生平,尤其是他小时候如何克服母亲的阻扰,矢志不渝地走上修道之路。这些地区正处在大规模传教的时期,修道院纷纷奠基,而奠基圣徒也不断涌现。传教过程往往伴随着殉道,殉道者的传记也流传很多,其中不乏并非为宗教而献身的王公,如罗斯的《殉道者波里斯和盖勒博合传》(Reading on the life and slaying of the blessed martyrs Boris and Gleb)。13世纪蒙古人的征服尤其为王公殉道者传的写作提供了大量素材,如《米歇尔·切尔尼果夫王公及其伯维尔费沃多的殉道故事》(Story of the Murder of Prince Michael of Chernigov and his Boyar Feodor in Horde)。

早期东欧的史学作品,当然还包括族群史,通过融合拉丁、希腊史学传统,此类作品将族群的源流追溯到《圣经》中的人类谱系。如罗斯的《往年纪事》,从大洪水之后世界三分开始,一直讲到基辅的建城,然后是罗斯公国的历史,直到1110年。[②] 在匈牙利,匿名作家写作《匈牙利纪事》(Gesta Hungarorum),也正是为了与各种口传的历史竞争,写作匈牙利人的"信史"。作者充满乐观精神地褒奖匈牙利列王和贵族,并证明匈牙利人对潘诺尼亚盆地(Carpathian Basin)拥有控制权。这部编年史后来由夫子阿科斯(Magister Akos,活跃于13世纪中期)续写至1270年代。

---

① 《伊戈尔远征记》,魏荒弩译,北京:人民文学出版社,1957。
② 王钺:《往年纪事译注》,兰州:甘肃民族出版社,1994。

亚努斯·库库莱(Janos Kukullei,约公元 1320—1393 年)写作了《路易传》(*Chronicon de Ludovico rege*),描述路易一世的统治。亚努斯·图罗科奇(Janos Thuroczy,约 1425—1489)集合众家先贤作品,写作《匈牙利编年史》,叙事至 1487 年。《波兰王公纪事》(*Gesta principum Bolonorum*,创作于 12 世纪初年)由匿名修士写成,宗教色彩十分浓厚,强调了王公们的皈依和虔诚,但这也是一部当时的波兰王公波勒斯拉夫(Boleslaw III)的家族史,后两卷描写主人公的出生及其统治,第一卷讲述其祖先。① 波兰的克拉科夫(Cracow)主教文森特(Vincent Kadlubek,1161—1223)于 13 世纪初写作《波兰编年史》(*Chronica Polonorum*),续接上述匿名作者的作品。文森特在书中寓论断于叙事,鼓吹议会政治。1433 年克拉科夫大学的修辞学教授达布洛夫卡的约翰(John of Dabrowka)为此书写作了评注,使之广泛流传,成为各级学校的教材。

拜占庭帝国的衰落带来了拜占庭史学的衰落。随着领土减损,地方割据势力日强,帝国不同地域之间的联络和信息交流也越来越不畅通,宫廷史家所获得的信息也随之减少。最后一部著名的历史著作的作者乔治·弗兰泽斯是皇亲国戚,本人身居要职,他的《小编年史》(*Chronicon Minus*)虽然文笔雅致,但基本上就是一部自传,所包含的信息基本上不超过自己的亲身经历或是了解到的一鳞半爪。② 因此,16 世纪,大主教马卡利·梅里森诺冒充他收集其他相关文书,抄录其他作家,加以扩充,写成了篇幅大为扩充的《大编年史》(*Chronicon Maius*)。

1453 年,君士坦丁堡陷落前后,不少文人墨客迁徙他方,极大地促进了东欧地区从口传向书面交流的转变。东欧的一些都城试图取代君士坦丁堡,成为新的宗教和文化中心。大量的拜占庭作品被译成斯拉夫语言,也促进了当地的文化创造。例如,为俄罗斯文化带来深远影响的大翻译

---

① P. W. Knoll, and F. Schaer, trans. *The Deeds of the Princes of the Poles*, New York: Central European University Press, 2003.

② M. Philippides, trans., *The Fall of The Byzantine Empire: A Chronicle by George Sphrantzes*, Amherst: The University of Massachusetts Press, 1980.

家希腊的马克西姆(Maximus the Greek,约1470—1556)曾受邀前往莫斯科,组织班子从事翻译工作。随着莫斯科公国的兴起,一大批为巩固其核心地位的史书出现。编订于16世纪中叶的《尼康编年史》(Nikon Chronicle)篇幅达2万多页,插图1万6千多幅,全面褒奖了历代莫斯科沙皇,认为自从有沙皇始,莫斯科就是俄罗斯的领导力量。

17世纪初,经历过莫斯科公国的"灾难时代"(1598—1613),历史学家开始反思,优秀的沙皇应该是怎样的。其中,伊万·提莫菲耶夫(Ivan Timofeyev,活跃于15世纪末16世纪初)从诺夫哥诺德的政治传统出发写作《编年史》(Annals),最为客观冷静,但也包括许多生动的个人见闻。在新的政治和文化背景之下,圣徒传也从礼赞充满神奇经历的奠基圣徒转向记载日常生活中的圣徒,更多地围绕圣徒一生的日常功德展开。卡里斯特拉特(Kallistrat Druzhina-Osoryin)的《余莉亚尼娅传》(The Life of Yuliania Lazarevskaia)主要讲述传主日常乐善好施,宁可自己穷困也不忘施舍,因此成为圣徒的事迹。又如著名的原教旨主义东正教牧师奥瓦库姆(Avvakum Petrov,公元1620—1682年)的自传(The Life of Archpriest Avvakum by himself),主要记叙自己一生坎坷的经历。①

而继承拜占庭帝国的奥斯曼土耳其帝国也在继续历史书写。帝制的存在使得宫廷与朝廷继续存在,朝臣们需写作帝国宫廷史学。赛义德·洛克曼(Seyyid Lokman,逝于1601年)为穆拉德三世(Murad III)写作《历史精华》(Quintessence of Histories),为其绝对专制鼓吹。朝臣塔里克-扎德(Taliki-zade,逝于1599年)不仅写作战史,而且写作苏丹传,颂扬苏丹们的美德。奥斯曼帝国控制埃及之后,埃及学者伊斯哈奇(Muhammad al Ishaqi)作《编年史》(叙事止于1623—1624年),也属于宫廷类史书。在争夺帝国历史话语权的过程中,帝国宫廷对历史书写的控制越来越严格。但各地的学者文人们还在继续写作富有特色的地方史,

---

① S. A. Zenkovsky, trans. & ed., *Medieval Russian's Epics, Chronicles, and Tales*, New York: E. P. Dutton & Co., 1963.

如克里特岛的卡普萨里(Rabbi Elijah Capsali,约 1483—1555)写作的《编年史》。另有一批匿名埃及编年史来自于民间,取材主要来自于普通战士提供的见闻,所以行文不那么雅致,颇遭到近代史家的忽视。

拜占庭帝国自 11 世纪走上漫长的衰落之路。这个过程其实也是拜占庭文化和文物向四方流布的过程。积累了上千年的希腊—罗马文化和史学,逐渐向西方流散,刺激了西部欧洲的文艺复兴;向北部流散,使得东欧从口传缓慢向书写转变,开始自己的历史写作;向东扩散,刺激了穆斯林世界的史学发展。13 世纪,志费尼写作的《世界征服者史》中最令人印象深刻的话语,即"他们到来,他们破坏,他们焚烧,他们杀戮,他们劫掠,然后他们离去"①应该就化自于恺撒的名言——我到、我见、我胜。从这个角度来看,东罗马帝国最终步入衰亡的 400 年,正是古代文化从地中海—阿拉伯海核心地区向亚欧大陆大规模传播扩散的漫长历程。阿拔斯阿拉伯帝国衰落的 200 多年,也当作如是观。

第二节 伊斯兰史学

11 世纪之后的阿拔斯王朝政局动荡,哈里发基本只拥有名义上的统治权,实际权力为禁卫军将领所控制,地方小王朝遥尊巴格达哈里发而自行其事。王朝的衰落,自然刺激史家写作旨在借鉴历史的作品,作为中央官员的米斯刻韦(Abu'Aliahmad Ibn Miskawayh,逝于 1030 年)写作的《民族的殷鉴》(*Experiences of the Nations*)就是其中的代表。② 虽然是"大历史",但是作者并不做宏观论述,相反讲述了许多琐细生动、得之于传述的故事,只是在说完故事的结局之后,加上一句"看来天意如此",借助一个又一个偶然的故事彰显王朝更迭的必然性。书中所体现的最主要

---

① 见志费尼:《世界征服者史》,《汉译本序》,何高济译,呼和浩特:内蒙古人民出版社,1980,页 2。
② D. S. Maargoliouth & H. F. Amedroz eds. & trans., *The Eclipse of the Abbasid Caliphate: Original Chronicles of the Fourth Islamic Century*, 7 vols., Oxford, 1921—22.

的历史道理,似乎就是如何扶立易于受人控制的哈里发。

地方小王朝的兴起,刺激了许多地方性文化中心的繁荣和新的文化中心的崛起,尤其在叙利亚、埃及等传统文化繁盛的地区,更出现了连绵不断的记录历史的努力。在叙利亚,围绕反击十字军的战争,尤其是12世纪的英雄萨拉丁,历史写作达到一个小高潮。其中颇为有名的史家是阿卜·菲达(Abul al-Fida,1272—1331)。他既是萨拉丁的后裔,又是哈马城(Hamah)的苏丹,雅好文学,奖掖学术,被称誉为"哈里发马蒙之后无出其右者"。他编写的世界编年史,起自亚当,终于1328年。由于叙利亚地处南北和东西交通之要冲,信使来往频繁,在尽地主之谊的同时,他得以收集各方面的消息,因此,他的作品信息量大,反映了这一时期中东复杂的政局。在他之后,阿卜撒马(Abu Samah,逝于1297年)、阿里-比尔扎利(Al-Birzali,逝于1339年)、阿里-贾扎利(Al-Gazari,逝于1338年)、阿里-余尼尼(Al-Yunini,逝于1326年)和阿里-达哈比(Al-Dahabi,逝于1348年),或续写其他史家,或独立写作了历史作品。

埃及方面,更是群星璀璨。法蒂玛王朝开始之后,就有关于埃及、征服西西里的史事的记叙。但是,史学的繁盛却出现于马木留克王朝时期。由于继承制度方面的原因,该王朝的政局并不是非常稳定。尽管马木留克王朝被称为"奴隶王朝",但这些"奴隶"多来自于突厥,出身良好,长期作为苏丹的侍从,备受熏陶,十分重视文化,因此在埃及兴起了名副其实的"宫廷史学"。作者多半担任过文武职务。早期的代表人物有苏丹副手阿里-曼苏里(Baibars al Mansuri,逝于1325年)、阿里-达瓦达里(Ibn ad-Dawadari,逝于1335年)、阿里-努瓦伊里(An-Nuwayri,逝于1332年)和阿里-撒法蒂(Muhammad 'Abd Allah al-Safadi,逝于1363年)。伊本-卡里干(Ibn khallikan,逝于1282年)作为教法学家,在叙利亚和埃及两地奔波。他写作的《人物辞典》,虽然被后人指责词条过于简单,但却语言简洁,对于出处的审查尤其严格。他最常用的表达大概就是"这里提供的说法是正确的,因为它取自……"①他自称编订辞典只是为了帮助自己记忆。作为教法学家,需要梳理圣训,了解各教派传承人,因此掌握他们的资料不仅是他本人工作的需要,也是其他教法学家的需要。尤其是在这一时期,圣训学和教法学已由早期的创制传述以图解决实际中的问题,发展到重训诂考证,尤其需要此类工具书之助。

传统上,这一时期最有名的埃及历史学家被认为是马格里齐(Al-Maqrizi,逝于 1442 年),但现在有些学者依据新的标准,认为阿里-埃尼(Al-Anini,逝于 1451 年)似乎要更胜一筹。这种标准就是作品中原始材料的含量,和史料出处的引证情况。此后的史家还有记录阿拉伯人征服以来埃及史的比尔蒂(Ibn Tagri Birdi,逝于 1470 年);以解释历史著称、记录奥斯曼土耳其人征服埃及历史的伊亚斯(ibn Iyas,逝于 1524 年)。

虽然并非出生于埃及,但长期受埃及文化熏陶的伊本·赫勒敦(Ibn Khaldûn,1332—1406)却是理论上最有建树的历史学家之一。如同这一时期的大多数历史学家一样,赫勒敦也主要是位教法学家和大法官,善于将伊斯兰教法学的方法运用到历史研究领域。他的历史作品大多与同行们没什么两样,也仅是抄录前贤,补充新知,甚至还比不上马格里齐和埃尼。但是,他的《历史绪论》却提出观察阿拉伯穆斯林历史和人类历史的新角度和演化系统,在如何考辨传述的可信度方面,也多有高见。

赫勒敦是从文明的角度来考察历史的。他认为,人要生存,就得获取食物,为此需要基本的工具,而这些工具又得依靠更多的其他工具的发明,涉及更多的工艺。与此同时,为了自卫,抵御猛兽,人需要依靠思维制造工具,而这也不是仅凭一己之力所能达到的。这恰好印证了亚里士多德所言:"人天生就是政治的动物。"个人需要社会组织,而这种组织就是"文明",也就是赫勒敦所要系统考察的对象。在人们联合起来之后,需要一些制度来维系,为此需要"王",王权由是乎生焉。但是,他并不承认"先知"和"预言"的必要性。

---

① M. G. Slane trans., *Ibn Khallikan's Biographical Dictionary*, London: Allen, 1843.

文明形成之后，大致会经历从简单到复杂，从原始到高级，从蛮荒到城市的发展过程。相对于个人而言，不同的共同体有不同的亲和性。大体说来，部落因为其血缘性而最为牢固。某个共同体的亲和性越强，其影响力越大，越能控制其他的共同体，从而创建王朝。因此，亲和性就成为统治组织形成的内在因素。但是共同体规模越大，越需要城市，也越依赖于各种工艺和知识的发展，由此带来繁华，消极方面则是导致奢靡的生活。在此过程中，领导者的淫欲增加，掠夺随之加剧，社会矛盾激化，统治者越来越依靠外来雇佣兵维系其统治，与此同时也逐渐成为受这些外来雇佣兵将领操控的傀儡，甚至被外来集团取而代之，旧王朝灭亡，新王朝开始。在改朝换代的过程中，旧文化通过习惯和教育而被新的统治集团所吸纳。①

赫勒敦的考证，多半依靠推理，而非"史料证据"，这一特色与其偏重逻辑思维相一致。如果说，塔巴里是"史料派"的代表人物，那么赫勒敦就是"思辨派"的杰出代表，其历史思想基于阿拉伯穆斯林国家的发展历程，尤其是埃及史。从塔巴里到赫勒敦，表明了史学从传统的"记载之学"向现代"研究之学"的转变。

12—13世纪，阿拔斯王朝衰落，巴格达的哈里发宫廷受到雇佣军塞尔柱人的掌控，他们不仅控制了阿拔斯王朝哈里发的废立大权，更在各地建立起许多小王朝，留下了丰富的历史著述。如12世纪的贾夫奇（Ibn al-Jawzi，逝于1201年）是一位著名的教法学家，著述丰富，包括700多部作品。而阿里-萨比（Ghars al-Nima al-Sabi，逝于1088年）则是一个著名的史学世家中的最后一代，贾夫奇的孙子尤素福（Yusuf ib Qizoghlu，逝于1256年）又以自己的方式续写了阿里-萨比的作品，定名为《历史镜鉴：伟人篇》（*The Mirror of Time concerning the History of Eminent Men*）。伊本·碧比（Ibn Bibi，逝于1284年）的《光荣史》（*On Exalted*

---

① 本段概括自 Lawrence, B. B., Introduction, in N. J. Dawood ed., "The Muqaddimah: An Introduction to Hisotry", trans. by F. Rosenthal, Princeton: Princeton University Press, 2005, pp. xl–xlii.

Affairs)是关于安纳托利亚突厥人的宝贵资料。后来收入《史集》、由尼萨布丽（Zahir al-Din Nishapuri）于 1175 年完成的《塞尔柱突厥人史》，以摘录历史、提供资鉴而著称。① 而最为有名的则是应苏丹邀请由阿里-阿提尔（Ibn al-Athir，逝于 1233 年）撰述的《全史》（*The Complete History*）。自人类始创叙述到 13 世纪，文笔流畅，叙事有法。②

1258 年，阿拔斯哈里发帝国为蒙古人所灭。在蒙古人征服者皈依之后，阿拉伯文化更是凭借蒙古人的征服向四方传播，向东到中国、南亚和东南亚，向南到非洲东海岸。皈依后的蒙古统治者，奖掖文学，命人编撰蒙古史以及被征服民族的历史。蒙古史的代表作是志费尼的《世界征服者史》，拉施特（1247—1318）的《史集》则更集合各族史事。

志费尼（逝于 1283 年）为波斯财政官员，他结合见闻，写作蒙古人西征的历史。"起自成吉思汗，止于旭烈兀平阿杀辛人的阿拉模忒诸堡。全部可分为三部分：第一部分的内容包括蒙古前三汗，成吉思汗、窝阔台汗和贵由汗时期的历史；第二部分实际是中亚和波斯史……第三部分内容庞杂，从拖雷开始，以较大的篇幅谈到蒙哥的登基及其统治初期的史实。"③

蒙古人的征服自然引发了穆斯林世界两种不同的认识，一种是对蒙古人的诅咒，一种是承认其征服的合理性。志费尼属于后一种类型。在他看来，蒙古人的胜利乃是真主所赐，因为穆斯林的信仰和行为出现了问题，要受到惩罚。因此蒙古人的胜利归根结底乃是伊斯兰教的胜利。志费尼有贯通历史变迁的历史眼光，但对社会命运之轮却看不透。蒙古人的到来引发了社会性颠覆，社会底层成为新贵，而旧有的显贵之家面临挑战和危险。"个个披着罪恶衣袍的市井闲汉都成了王公；个个佣工都成了廷臣，个个无赖都成了丞相，个个倒霉鬼都成了书记……个个败家子都成

---

① K. A. Luther, trans., *The History of The Seljuq Turks*, London: Routledge, 2001.
② D. S. Richards, trans., *The Annals of the Saljuq Turks*, London: Routledge, 2002.
③ 翁独健：《世界征服者史》汉译本序，载《世界征服者史》，何高济译，北京：商务印书馆，1980，页 2—3。

了御史;个个歹徒都成了司库官,个个乡巴佬都成了国之宰辅;个个马夫都成了尊贵的显赫侯王……"这背后乃是因为:"他们把畏吾儿语言和文书当作知识及学问的顶峰。"志费尼看到了问题的症结之所在,但是,他不愿意去适应这一变化,相反对此大不以为然:"他们视撒谎和欺骗为金玉良言,视种种淫行和诽谤为勇武和力量。'故此很多人把它当作职业,但我的信仰和职位不容许我那样干。'"① 最终他本人及他的家族都在世事动荡中破产丧命。洞察历史变迁之道的史家,自己却难以适应历史的变迁,历史学家的思想与行为竟然如此矛盾。

与《世界征服者史》相比,《史集》的立意更加宏大,篇卷也更加浩繁,试图将当时所知的世界历史都包括在内。"根据各民族历史和传说的详情,以我们神圣的名义,编写一部将事情的要点概括无遗的简明纲要……为奉行旨意,对上述各民族的所有学者和权威人士进行了周咨博询,并从古籍中作了摘录,还写成了关于世界各国历史的另一卷。附录于其后的又一卷则专载世界各国舆图及通往各国的道路,作为这部吉祥史书的补编。全书定名为《史集》。"②

如果说《世界征服者史》是一部描述蒙古人征战创业的历史,那么《史集》反映的则是成吉思汗家族和平统治世界的宏愿。经过近一个世纪的征服,蒙古人几乎控制了整个亚欧大陆的温带地区。如何编纂这部集合了各族历史的《史集》呢?总纂官拉施特确立了由两个三分结构组成的历史系统。内容上的三分结构,以成吉思汗突厥族的历史为第一部分,以世界历史为第二部分,最后是世界地理部分,即族群、时间和地理,以族群为核心。从族群安排来看,成吉思汗家族领导的诸族群为第一部分,波斯伊利汗国为第二部分,其他世界民族为第三部分,以波斯伊利汗国为中心。各族群的文化不仅千差万别,而且还有口传与书写之别。这使得历史来源也多种多样,包括三种途径:亲眼所见,传述/传闻,书面记载。拉施特

---

① 翁独健:《世界征服者史》汉译本序,载《世界征服者史》,何高济译,北京:商务印书馆,1980,页6。

② 拉施特:《史集》总序,载《史集》,余大钧、周建奇译,北京:商务印书馆,1983,页90—91。

第五章　中古史学的流变

结合蒙古人的口传历史和伊斯兰的教法传述历史,三种史源并重,总的原则是兼收并蓄,关键是历史学家要如实传述。

拉施特在《序言》中强调:"史学家的职责在于讲各民族的记载传闻,按照他们在书籍中所载和口头所述的原意,从该民族同行的书籍和显贵人物的言辞中采取出来,加以转述……史学家根据不同民族的记述进行著述时,言词中无疑会出现分歧;某些人在某些地方和某些记叙中自相矛盾,但善恶荣辱都与史学家无关,如上所述,他只是记述各民族的传说和历史,无力对它们的真实性进行评价,同时也因为按照大多数人一致的见解,口口相传的传说是可信赖的……如果他在记述时,随心所欲地作了某些更改,那么,就是绝对无依据和不正确的。"拉施特的这一看法充分彰显了他对各族历史传统的尊重。

拉施特尊重各族历史传统的编史精神,在当时的亚欧大陆具有深远的影响。据说当时元朝丞相孛罗在伊利汗国的时候,与拉施特过从甚密。或许,这种编史精神是他们共同商议出来的结果。不仅孛罗主持编修的《宋史》《辽史》《金史》主要贯彻了这一原则,就连明代修编的《元史》似乎也同样传承了这一原则。但是,也有学者认为这几部正史仓促成书,质量不高。因此,如何在编史实践中做到既尊重各族历史传说又考订精详,依旧是历史编纂学的重要话题。

15世纪以后,受阿拉伯文化影响而形成的中亚突厥语文学步入古典时代,留下两部闻名的历史名著。一部为印度莫卧儿王朝的创立者巴布尔(1482—1530)所著的札记,俗称《巴布尔回忆录》。里面用朴素优美的突厥语从即位为费尔干纳汗(1494年)开始记录,在讲述自己颠沛曲折一生的同时,对各地地理、景观、风俗都有生动的一手论述,几乎就是一部中亚和印度北部人文地理的百科全书。他的表弟米尔咱·海答儿则用波斯文写作了文笔更为华丽的《拉失德史》两编,分别讲述蒙兀儿诸汗的历史和自己的家族史。作为一名莫卧儿帝国的高级官员和将领,他曾转战各地,晚年占据克什米尔地区,写作此书。"所写的事实除了我亲眼见到的以外,还将以史册和可靠的传说为依据。"①在书中,他引用了大量其他史书,包括《巴布尔回忆录》。

统一的伊斯兰王朝消失之后,从非洲到亚洲南部,无数的阿拉伯王公贵族割据称雄,他们在共享着伊斯兰文化的同时,也在发展自己民族的语言和文化,并通过文化创作来增进族群和王朝的认同性,历史撰述活动无疑是其中重要的一环。这种历史作品为其特定的政治视野所限,往往不能超越作者生活的地理疆域,成为世界名著。在1700年之前,世界尚未成为一个整体,世界史正在形成之中。蒙古帝国及其编史的努力,说明当时史家还没有找到编纂真正的世界史的方法。与地方性政治共同体相伴生的,主要是具有地方性影响力的史学作品。但是,1700年之后,欧洲西部发生了急剧的社会文化变动,那里的史学开始迈向现代。

第三节 俗史与圣史竞逐下的中欧、西欧史学

加洛林文艺复兴的成果在法兰克王国西部很快就被诺曼人的入侵所干扰。战争来临,怀璧其罪,富有财富和珍宝的教堂和修道院是劫掠的重点。作为法兰克王国文化中心之一的圣丹尼修道院也于865年被占领,诺曼人驻军3个星期后才撤退。北欧海盗沿水道南下,向东影响东欧,向南一直波及地中海,乃至圣地耶路撒冷。诺曼人的骚扰使得沿海地区大批从事文化活动的修道士怀抱经籍,携带圣骨,迁徙他乡,创作活动时断时续。

诺曼人虽是残暴的劫掠者,但一旦皈依,又是慷慨大方的修道院和教堂捐赠人和建设者,一大批修道院在11世纪迅速重建或者新建。皈依后的诺曼领袖罗伯特(Rollo, Robert)修复了郁美叶(Jumieges)和费康(Fecamp)等修道院,诺曼底公爵征服者威廉兴建搏土修道院(Battle

---

① 米儿咱·马黑麻·海答儿:《中亚蒙兀儿史——拉失德史》(第二编),新疆社会科学院民族研究所译,乌鲁木齐:新疆人民出版社,1983年,页2。

Abbey)等。千年前后也是天主教会历史上的重大转折期,大规模的新虔诚运动展开,掀起兴修教堂的热潮。11世纪末开始,大教堂学校和城市学校开始扩张,与修道院学校一道成为教育的主体。随着教育的发展,有所谓"12世纪文艺复兴"。站在巨人的肩膀之上,是12世纪的流行话语,这样他们可以看得更远。法国史学家雅克·勒高夫甚至将这次复兴称为"起飞"。琅城(Laon)、夏特尔(Chartres)和巴黎成为新的文化中心。13世纪之后,从东方传来造纸术,与此同时大学兴起,图书馆增加,书籍写作数量倍增;14世纪之后,首先在意大利出现了文艺复兴,收集整理古代作品和文物开始流行。随着印刷术的传入,人文主义教育又逐渐推广到整个西欧,文化传播和文化普及加速,创作出版活动繁荣,文化空前活跃。伴随着地理大发现、"世界"的发现与"人"的发现、古学的复兴,以及君主制国家的形成,史学日益面临为世俗生活服务的挑战。如何以圣史(教会史)为中心,融贯新知,处理日益增加的俗史内容,成为中古时期最后几个世纪史学发展的主要内容。

11世纪之后,历史作品的首要变化便是篇幅增加,史书内容大规模充实。如果说10世纪之前的史书还主要以比较简要的修道院编年史为主体,那么,此时的历史书则充满了内容详尽的故事。中古早期,历史与编年史作为两种不同体裁的区别还不是很明确,卡西奥多鲁曾主张历史比编年史更加内容丰富,编年史是前者的缩编。伊西多尔则偏向于认为历史是当代史,编年史是通史,此后,编年史体裁逐渐成长为主流体裁,但是都比较简要,文省而事增。到12世纪,作为体裁的历史渐有复兴之势,编年史与历史的区别也被经典性地定位为后者更具文学色彩,更加富于细节。即便是修道士写作的历史作品,大多也都是内容丰富的中长篇作品。下面还是按照体裁,分别介绍教会史—城市史—国家史、帝王传记—王朝史、传记—回忆录—游记—地理志这三个系列。

首先是教会史。作为教会组织,修道院和教区教堂具有很强的历史延续性,与此相应,有些修道院与主教教堂形成了撰写历史的传统。撰修的历史书,代有更续,接力棒式传承不绝,最终累积为长篇巨制。11世纪末，法王开始有意识地将权力与文化联系起来，委托圣德尼修道院写作王朝的史记。经过百余年的积累，在 13 世纪中期，开始编订《大编年纪》(*Grandes Chroniques de France*)，此后不断续写，直到 15 世纪。除圣德尼修道院之外，其他类似的修道院还有弗勒里修道院(Fleury-sur-Loire)，从 11 世纪开始积累，由弗勒里的休(Hugh of Fleury，活跃于 11 世纪末 12 世纪初)于 12 世纪初写作了大型的教会史(*Historia ecclesiastica*)和《现代法兰克列王纪》(*Historia modernorum regum Francorum*)。桑斯的圣皮埃尔修道院(Saint-Pierre-le-Vif at Sens)的情形类似，经过百余年的努力，最终于 12 世纪初编订了一部浩大的编年史(*Chronique de Saint-Pierre-le-Vif de Sens*)，自基督诞生叙述至 1096 年。在英格兰，圣阿尔班修道院虽然没有圣德尼修道院那样具有王室修道院的色彩，但一直就是中古英格兰的文化中心之一，在编撰历史方面，也有长期的经验。到 13 世纪，马修·帕里斯(Matthew Paris，约 1200—1259)编撰《大编年纪》(*Maiora Chronica*)，成为中古史书的经典之作。在马修之后，续编历史的活动又继续延续了百余年。地处英格兰边境地区的马姆斯伯里修道院也是文化中心之一，通过长期的累积，12 世纪威廉(William of Malmesbury，约公元 1095—1143 年)写作了大部头的《英格兰教会史》，一译《英格兰主教列传》(*Gesta pontificum Anglorum*)、《英格兰列王纪》(*Gesta regum Anglorum*)以及《新史》(*Historia Novella*)等作品。

　　历史作品的另一个重要变化，就是世俗内容的日益增多。这一点在修道士所创作的作品中体现得最为充分。早期的修道士们苦行、节食，互相砥砺，不需要多少地产，也没有经营地产的热情。加洛林王朝鼓励用教产为世俗政治服务，甚至大量任命俗人为修道院院长，著名作家艾因哈德就是其中之一，这一政策导致修道院迅速世俗化。11 世纪教会开始改革，重新提倡教俗分离，但是，改革的过程和结果却是教权的扩张，以更好地保护和扩张教会的世俗利益。以争取教会"自由"为名的改革导致了教权与王权的冲突，引发了包括"卡诺萨觐见"在内的许多知名历史事件，拉丁欧洲的政治局势更加混乱微妙。各为其主的史家们，也分别拿起笔来，或为其主辩护、或谴责对手,充分彰显史学的"资治"功能。例如斗争的两位主角神圣罗马帝国皇帝亨利四世和教皇格雷戈里七世的传记。亨利四世的匿名传记作者一把辛酸泪,竭力为皇帝辩护叫屈;而格雷戈里传则大事张扬传主反抗暴政的坚强个性。在爱憎分明的立场背后,读者可以强烈地感受到史家内心的感情冲动。

教会的地产和财富大规模增加,修道院、主教和世俗贵族之间争夺地产的事情越来越频繁。为了保护和争夺地产,修道士与教士们纷纷拿起笔来,写作历史。他们在抄录或者伪造赠地文书的同时,交代王侯贵族赠送土地的背景,用历史证明财富的来源真实而合法。修士们不擅长打官司,但是擅长讲故事。他们在保存记忆的基础之上,又为历史写作增添了一项新的现实功能。

成书于12世纪的《伊利修道院史》(*Liber Eliensis*),凡3卷。第一卷讲述修道院早期圣徒埃塞尔思里思的各种功德、奇迹,及早期的院长;第二卷逐一交代各院长之更迭,尤其是各地产的由来,各种建筑物之兴建;第三卷则重点叙述修道院与伊利主教的权利斗争史。[①] 搏土修道院是征服者威廉为纪念其战胜英王哈罗德而捐赠兴修的。12世纪,该院与奇切斯特主教发生权利纠纷,为了打赢官司,他们重新"制造"出征服者威廉的特许状来。为此,不仅要"复制"特许状,还要"回忆"这些特许状颁发的背景、场景,讲述其中的故事,从而编成《搏土修道院史》(*The Chronicle of Battle Abbey*)一书。该编年史按照时间的顺序,讲述各种修院特许状的来龙去脉,说明修道院拥有地产的合法性。

土地纠纷使得修士不得不走出修院,卷入到修院之外的世俗政治之中。而记录此类围绕土地和权益的斗争,使得修道院历史记录的对象越来越丰富,内容越来越涉及外面的世界,更加生动地提供了修院之外的信息。

具有历史写作传统的修道院经过几代人的积累,往往会出现一位富

---

① J. F. Weather, trans., *Liber Eliensis*, Woodbridge: The Boydell Press, 2005.

有雄心的作者，将微观、琐细的教会史或修院史转化为宏观教会史。例如圣埃夫鲁修院（Saint Evroul）的修士奥多里克·维塔利斯（Orderic Vitalis，约1075—1142）写作的巨著《教会史》（*Historia Ecclesiastica*）。他接受的任务本是续编本院历史，由于充分利用了院图书室的大量藏书以及前辈的成果，他越抄越上瘾，对修院之外、当代之前的史事的讲述越来越多，原来的引子部分"自创世至诺曼征服"的历史竟扩充至3大卷，使得这部修道院史最终扩充为"教会史"。

12世纪毫无疑问是中古史学的鼎盛期。从史学内部的发展进程而言，对世界末日的期待，与世俗社会的独立发展形成的张力达到了最大，此后，世界末日说对史学创作的影响逐渐消退。正是在12世纪这种空前的张力之中，史料的累积与历史思想产生了丰富多采的结合，使得12世纪成为中古大史学家的时代，如前面所提到的威廉、马修、奥多里克，以及我们后面会提到的奥托，等等。他们往往兼备史料收集和通识二者之长。在12世纪之后，教会史涉及的内容远较中古早期要丰富多样，对于文书档案材料的引用使得篇幅增加。另一方面，可能由于史料功夫耗费精力，普遍来讲，中古晚期通史作家的分析能力和宏观视野似乎不如12世纪的史家。抄录的东西多了，信息量增加了，对历史的反思却少了，中古晚期史学的史料与通识的关系似乎不成正比。

宗教改革对教会史的编写影响深远。由于新教派别和首领毫无例外地被罗马教会当作异端，所以新教史家一方面从异端史的角度，将历史上的异端分子作为反对罗马教会堕落的先驱。另一方面，为了证明罗马教会的堕落，支持新教领袖们的宗教主张，新教史家开始皓首穷经，搜集出版史料，将教会史变成为了恢复原始教义的新教徒与不断背离该教义的罗马天主教会进行不懈斗争的历史。1559年，由弗拉库斯（Matthias Flacius Illyricus，1520—1575）领导的小组编辑了著名的《马格德堡世纪》（*Magdeburg Centuries*），每个世纪一卷，写到13世纪。这部作品是为了维护教派利益、否定教皇的合法性而有选择性地编写的历史，证明新教改革派的出现是不可逆转的上帝意志。类似的作品还有巴恩斯（Robert

Barnes,1495—1540)的《罗马教皇列传》(*Vitae Romanorum Pontificum*)和贝尔(John Bale,1495—1563)的《教会史》(*Histoire Ecclésiastique*)。

为了迎战,天主教徒史家则整理梵蒂冈档案,编辑史料,针锋相对。博洛尼斯(Cesare Baronius,1539—1607)编写的《教会编年史》(*Annales ecclesiastici*)写到 12 世纪末,此外他还编订了《罗马殉道者表》(*Martyrologium Romanum*)。再有如弗勒里(Claude Fleury,1640—1723)的 20 卷《教会史》(*Histoire ecclésiastique*)。

中古晚期,地方教会史中发展出城市史和地方史,因为教会尤其主教区是以城市为中心的,在修道组织中,14 世纪以后的新型修道士,如托钵僧也是以城市为居留地。与之相应,中古史学家越来越与城市生活密切相关。他们写作的地方教会史或教会组织史,实际上就是以某个特定的城市为中心。城市史的另一个史学资源就是古典城邦史,如李维的《建城以来史》。乔万尼·维兰尼(Giovanni Villani,约 1280—1348)的《编年新史》(*Nouva Chronica*)似乎是从中古编年史过渡为新的城市编年史的最好例证。虽然他围绕佛罗伦萨的城市写作历史,但还保留了大量的圣经知识、奇迹传说和世界视野。他从创世讲起,将意大利各城市的起源分别追溯至诺亚的后裔和特洛伊的出逃英雄。他用方言写作,虽然是为了教益和愉悦而创作,但书中也包含宝贵的市政管理资料和经验。①

在他之后,布鲁尼(Leonaldo Bruni,1370—1444)写作的《佛罗伦萨人民史》则明显不太一样。他模仿古典作家,尤其是李维,将征服比萨说成是征服"另一个迦太基"。对于历史的教育意义,布鲁尼也充满信心:"历史教给我们的智慧将是多么的大啊!"通过写作通史,来"对每个事件的因果进行解释,对每一事项公开表达自己的看法。"与乔万尼不同,他将罗马共和国末年佛罗伦萨建城之前的传说一笔勾销;并回应波利比乌斯,注重历史写作的断限:"抛弃一些广为流传的传说,为后面的叙事带来光

---

① *Villani's Chronicle*, trans. by Rose E. Selfe, London: Archibald Constable & Co. LTD., 1906.

明。"他的写作动机也是因为"吸引我的是人民事迹的伟大"。在布鲁尼心中,佛罗伦萨的历史不仅涉及本地区,而且关系整个意大利乃至欧洲:"不仅从阿尔卑斯山到阿普利亚(Apulia)响彻着佛罗伦萨军队的号角,而且意大利之外的国王和军队也被刺激了。"①因此,他也有意识地将佛罗伦萨置于国际背景中加以考察,但不再像中古史书那样罗列史事,使之彼此关系不清,而是中心突出,联系密切。

  布鲁尼的作品之后有许多续作,但是最有名的类似史著出自马基雅维里之手。与布鲁尼相比,马基雅维里的《佛罗伦萨史》含有更少的档案材料和更多的修辞手法,大段大段地杜撰演说。由于其时佛罗伦萨开始衰落,马氏对城市内部的政治斗争和动乱的细节更加关注,并围绕阶级斗争来叙说城邦的兴衰。时逢多难,马氏的政治观察和思考远较乐观积极的布鲁尼来得深刻。作为弱邦的外交官和公务员,马基雅维里心忧佛罗伦萨和意大利的局势,将自己丰富的政治经验、高明的政治洞见,都巧妙地通过历史写作表达出来。从专业化历史学的眼光来看,这种方式最是要不得,但是,从史学史的角度来看,马基雅维里的《佛罗伦萨史》却在现代历史学的诞生过程中迈出了关键性的一步。中古历史学旨在记录,而现代历史学重在研究,即在整理史料的基础上发表对于历史的看法。要完成这个转化有两个前提,一是必须意识到历史可以被当做一个独立的客体,二是记载与研究的分离。只有这样,历史学家才会有充分的自由去独立研究。而马基雅维里通过写作历史来发表政见,历史写作被赋予了另外的特征,从记载保存史实向发表历史认识过渡。在他之后,启蒙运动思想家迈出了更为关键性的一步,以为唯有"史家的史识"才是历史科学化的前提,从而彻底确立了史学家的主体地位,使得史学家告别了作为史料"奴仆"的状态。可惜的是,马基雅维里借古讽今,并未能将历史与当下明确地区分开来,也就不能把历史当作独立的客体来研究。

---

 ① Leonardo Bruni, *History of the Florentine People*, trans. James Hankins, Cambridge: Harvard University Press, 2001, p. 3.

第五章　中古史学的流变

马基雅维里的好友圭恰迪尼(Francesco Guicciardini,1483—1540)续接马基雅维里写作《佛罗伦萨史》,但是奠定其史家名声的却是《意大利史》和政治论集。与马氏一样,圭恰迪尼从意大利的幸运与和谐讲到意大利的灾难。马基雅维里将灾难的根源归因于教皇引诱外国势力干预意大利,而圭氏则认为其原因是"意大利均势"的消失。随着洛伦佐的去世,教皇、米兰公爵、那不勒斯国王、威尼斯共和国以及佛罗伦萨之间缺乏"如此谨慎、德高望重和明智的人才"来维持均势与和平,"逐渐地,灾难来临了"。①

随着绝对君主制的兴起,君主毫无疑问地成为史书的主角。他们扶持人文主义教育,复兴古代罗马法,复兴对帝王的崇拜,使得宫廷成为历史写作的中心,王侯成为历史作品的当然主角。一方面"王侯们为了控制史家之笔,贬抑有能力的史家,奖励无知的史家",另一方面,"揭示王侯的隐晦内心似乎成为廷臣的专属领域"。② 在这种历史写作背景之下,以"对王侯旨趣的正确理解"而著称的圭恰迪尼广受读者和史家欢迎,成为与恺撒、李维和塔西陀并肩的史家楷模。19世纪,利奥波德·兰克提倡新型历史,也将圭恰迪尼当做自己的首要批判对象,通过批判他而开创新的历史研究道路。

当圭恰迪尼发展出意大利史的时候,阿尔卑斯山脉以北地区正在经历宗教革命。从历史写作对象的角度而言,宗教革命就是王侯与人文主义者携手,将自己装扮成历史的当然主角。王侯成为复兴古典最为热心的提倡者,而古典的复兴也帮助他们成为君临一切的主宰,成为上帝在人间的最高代表,从而对罗马教皇的权威发出严厉挑战。这一挑战通过16世纪的宗教改革在很大程度上获得了成功。随着这一权力结构的变化,历史写作中俗史作为一项重要的历史内容开始独立于圣史,并得到空

---

① Francesco Guicciardini, *The History of Italy*, trans. Sidney Alexander, Princeton: Princeton University Press, 1984, pp. 3—9.

② Traiano Boccalini, *Advices from Parnassus*, London: 1705, pp. 98—101. Gale: "Eighteenth Century Collections Online".

前的发展。1563年让·博丹在《理解历史的方法》中指出历史包括"人史、自然史和圣史","人史受理性指引,经历实际生活,创造人类生活的历程,其德为谨慎,可以区别卑贱和崇高。"① 1651年,爱尔兰大主教厄谢尔(James Ussher,1581—1656)在编写影响深远的编年史时说:"草拟圣史,我遵循雅尼(Janius)和特梅里(Tremellius)的翻译,使用他们的材料。在处理俗史的时候,我注意古代作家的记载和希腊作品的译作。"②可见俗史和圣史不仅描述对象各异,其史源也各有其出处。但是,由于教会对文化的牢固控制,圣史依然高于俗史。1681年波舒哀主教(Jacques-Bénigne Bossuet,1627—1704)给未来的路易十四讲授世界历史的时候,以七个时代为顺序,圣史为核心,辅之以俗史,依据上帝控制历史进程的原理,发表《世界史教程》,传诵一时。作者以德行为标准,臧否人物,提供了正统的现代天主教派基督教史学认识。这部作品可以被视为圣史融贯俗史的最后的成功的努力。不久,启蒙大师伏尔泰针锋相对地撰写《风俗论》,无情批判传统的圣史,提出全新的通史写作计划,历史写作从此发生转折。

伏尔泰将历史等同于俗史。"自然史被不合适地当作历史,是物理学的一个基本组成部分。"对于宗教事件,伏尔泰也不予讨论。对于流行的人文主义历史写作,他认为也出现了重大危机。"使我惊异的是,从卷帙浩繁的史籍中,我所得到的帮助微乎其微。"对他来说,阅读这种历史,无异于虚度光阴,里面充斥着"令人生厌而又不真实的战争细节,那些无关紧要的,只是无聊的尔虞我诈的谈判,那些冲淡了重大事件的种种个人遭遇"。有鉴于此,伏尔泰决定以人类理性精神的演化为线索,写作人类制度史。伏尔泰的呼声具有代表性,读者们呼吁将历史的描述对象从帝王将相个体转向国家和制度,"艺术、制造业如何建立,国家之间的道路往还,以及行为方式和法律的变化都是宏大的探究目标。如此可知人类的

---

① Jean Bodin, *Method for the Easy Comprehension of History*, p. 333.
② James Usser, *Annales veteris Testamenti a prima mundi origine deducti*, London: 1650, p. 8.

历史,而不是国王和宫廷的一小部分历史。我读英格兰编年史,历史学家都对此保持沉默"。① 为了顺应读者的新需求,在圣史和以宫廷为核心的事件史之外,以发现人类制度渊源和人类发展线索为宗旨的新型俗史写作逐渐占据主流。

除了教会史,中古教士和修士也是这一时期数量最为庞大的史学作品——圣徒传的制造者。早期的圣徒多源自于地方崇拜,经过主教或者教省宗教会议确认即可。但是到了11世纪后期,罗马天主教会开始接管主教的权力,推广"封圣"程序,逐渐独占了圣徒的制造。从此圣徒必须首先经过"罗马官方"的认可,才能成为合法圣徒。为了封圣,与准圣徒密切相关的教会组织要提供尽可能有说服力的"申报材料",以便获批。这些申报材料多半与"圣徒候选人"的经历有关,由与圣徒有过亲密接触的人士的回忆材料组成。与中古早期的圣徒传相比,圣徒们的早年经历,乃至出生,都会留下记忆,而在此世待人接物中的德行也会被浓墨重彩地加以彰显。由于圣徒传往往在封圣过程中被书写,彰显传主得到上帝眷顾的方式有两种。此生的梦境和身后的奇迹。传主身前通过各种梦境与上帝和圣徒交会,作为上帝恩宠的见证;传主死后,由于具有圣徒的资质,故其坟前、遗物多有上帝赐予之异能,导致奇迹发生。

10世纪末,新虔诚运动激发了对圣物的崇拜。反映在历史作品中,则圣徒遗骨的发现、转移和供奉都会成为历史叙事的对象,将这些过程记录下来,就成为了历史作品。重修的修道院和教堂往往需要找寻当年的圣徒遗骨,新建的修道院和教堂则要获得新的圣物。这种活动往往与盗墓和某种意义上的考古活动相联系,例如《圣乌尔夫拉姆遗骨发现记》(*Historia inventionis Sancti Wulframni*),就是这类作品当中特别具有历史元素的代表。重修的修院想收回迁移到根特的圣徒遗骨未遂,于是开始仔细研究相关历史文献,他们发现,似乎只有两位圣徒迁移走了,而未曾提到另一位圣徒的去向。他们坚信遗骨仍在,于是进行考古发掘,遗

---

① An essay on wit, 1748. Gale: "Eighteenth Century Collections Online", Gale.

骨重见天日。历史研究在中古时期的实用性在此表露无遗。12世纪,威尔士的学者们开始制造阿瑟王的历史,杰弗里(Geoffrey of Monmouth,约1100—1155)率先在《不列颠列王纪》中专辟一卷讲述其历史,威尔士的吉拉尔德(Gerald of Wales,约1146—1223)更是在《威尔士志》中提到挖掘亚瑟王墓的故事,还提及英王亨利二世的亲临作为见证。

随着教会逐渐世俗化,拥有的财富越来越多,教会与世俗社会生活的联系也就越来越密切,财富、宗教和权力的结合导致圣徒中出身贵族的人所占比例越来越大,这些人往往与世俗贵族有亲戚关系。避世苦行型的圣徒越来越少,在此世修行的圣徒越来越多,这些圣徒有着丰富的实际生活经历。写作对象的变化也带来写作内容的改变,圣徒传与俗人传记之间相互借鉴,使得两种体裁越来越相像。将世俗之德行与宗教虔诚结合起来,表现圣徒身在庙堂,心在忏悔;本着虔诚之心,行着权贵之事。因此,圣德尼院长苏热笔下的路易六世仿佛就是为宗教利益而行动的君王,这种内容模糊使得其作品体裁归属不明,不同手抄本定名不一,有的使用"事纪"(Gesta),有的使用"传"(Vita)。

神圣罗马帝国王后、圣徒玛丽尔达先后有两部传记,分别成书于10世纪末和11世纪初,在第一部传记中,作者还努力将王后比拟于6世纪抛弃王后之位的圣徒拉德贡德,彰显了向往上帝、服务上帝的女仆与相夫教子的王后这两种角色之间的张力;而晚出的《玛丽尔达传》则将两种类型糅合为一,王后成为"圣母"和"神圣的统治者",是本着虔诚之心得到上帝之恩宠,同时享受此世荣华与彼岸永生的王侯圣徒。

圣徒死后,他的一切就成为了公共财产。从遗体到遗物,既是信众崇拜的对象,也是大家争夺的目标,而圣徒传则起着推波助澜的作用,将信众引向遗物、奇迹和现实需要。遗物崇拜在12世纪达到高潮,史家兼学者诺让的吉贝尔(Guibert of Nogent,约1055—1125)对此有生动的描述和评论,他甚至反对写作圣徒传。虽然吉伯尔的主张有些过激,难以被人接受,但却预示着圣徒传需要发生变化。13世纪,随着抛弃一切财富的托钵僧团的兴起和新型圣人的产生,新型的圣徒传也随之出现。例如乔丹·萨克逊尼(Jordan of Saxony,约1190—1237)写作的《多米尼克传》就非常简要朴实,不是将传主当作奇迹大师来描写,而是作为"僧团的牧师和奠基人"来刻画。①

但是,对于普通民众而言,奇迹更加吸引他们。一方面,他们生活条件差,有着各种不切实际(甚至可以说无法得到满足)的需要,因此期盼奇迹的发生。对于他们而言,奇迹就是将难以实现但又可能发生的现象以与众不同的方式实现,具体说来,就是时间上更加短暂,效果更加良好,而成本更加低廉;另一方面,他们作为社会底层,通过见证奇迹甚至讲述奇迹,就能够顺利地进入到圣徒的话语之中,多少融入主流(上层)文化。这大概就是奇迹故事之所以被民众喜闻乐见的缘故。制造奇迹之风在11世纪之后越演愈烈。6世纪的教皇大格雷戈里在世的时候就备受尊敬,他虽然树立了许多圣徒,但他本人在罗马却没有享受到圣徒的称号。8—9世纪,盎格鲁-撒克逊人和伦巴第人开始写作关于他的圣徒传记。到12世纪之后,罗马也要求为他写作圣徒传,收录关于他的各种奇迹。

奇迹故事的发展其实并不是那么复杂。在举行纪念圣徒的仪式和吟诵时,在朝圣的过程中,都会在只言片语的基础之上生长出新的奇迹故事。例如,如果当年的传记中提到,一个旅行团体发现了一处林泉,就像有天使指引一样,现在就变成一个奇迹故事:人们如何苦苦寻觅,然后突然出现了天使,指引他们来到一处林泉。不仅如此,这个林泉也因此富有奇迹功效,许多证明它有奇效的故事随之衍生并传播开来,最终进入圣徒传文本之中。

到13世纪,完全以奇迹为主体的圣徒传汇编,即著名的《黄金传记》(*Golden Legend*)成为最受读者和听众欢迎的书籍之一。该书由多米尼克派托钵僧沃拉吉纳(Jacobus de Voragine,1228—1298)于1266年在多米尼克派前贤让·德迈里(Jean de Mailly)的《圣徒事迹和奇迹摘要》

---

① Jordan of Saxony: *On the Beginnings of the Order of Preachers*, ed. & trans. Simon Tugwell OP, Parable: Dominican Publications, 1982, p. x.

(*Summary of the Deeds and Miracles of the Saints*)和特伦特的巴托洛缪(Bartholomew of Trent)的《圣徒事迹补遗》(*Afterword on the Deeds of the Saints*)的基础之上编订而成。沃拉吉纳后来成为热那亚大主教,还编订了《热那亚编年史》(*Chronica civitatis Ianuensis ab origine urbis usque ad annum MCCXCVII*)。《黄金传记》根据圣徒纪念日的顺序编排,凡收录177位圣徒。一般的叙述格式为:圣徒名字的来源、生平、奇迹系列、传主的去世。最后附录"伦巴第教会史"。每个圣徒最为典型的奇迹和故事得以定型化,通过教堂玻璃的彩绘,通过书商,深入到普通信徒的脑际。6世纪的圣雷米在早期的圣徒传中还主要是个捍卫兰斯主教区的能干的大主教,死后行了许多奇迹,而在《黄金传记》中,从他一出生就有奇迹彰显其德行。其简洁的传记中除了奇迹,再别无其他内容,而且奇迹主要为雷米在世的时候所行。

为了满足普通信众的需要,圣徒传越来越多,也自然而然地带来了竞争,在这一过程中,考订意识也开始萌芽。当时,意大利文艺复兴的人文主义教育方兴未艾,又使得受教育者开始怀疑奇迹和故事的可靠性。宗教改革之后,也有新教徒尝试写作圣徒传,最为知名的自然是福克斯(John Fox,1517—1587)的《殉道者列传》。描写英国玛丽女王治下的新教殉道人物,图文并茂。从总体来说,基督新教拒绝制造新的圣徒,从而将圣徒去神圣化,为批判地研究圣徒传提供了宗教可能性。为了迎接这种挑战,耶稣会士们决定收集最为古老的圣徒传记,在此基础上排除后来较为夸张的圣徒传记故事,重建圣徒的形象。最为有名的就是17世纪布鲁塞尔的博兰德学会的创建。这项事业由罗斯韦德(Heribert Rosweyde,1569—1629)于1607年编订《圣徒表》(*Fasti Sanctorum*)肇创,但得名于第二代核心人物博兰德(John Bollandus,1596—1665)。他决定为入围的每一份圣徒传文本写作导言,发表编者对于诸版本的考订成果,确定权威性的圣徒传本子。为了收集古本,博兰德及其助手踏遍整个欧洲以及地中海地区,至1794年出版了53卷,包括从1月1日至10月14日之间的圣徒纪念日的圣徒传记,现代古籍版本目录之学在此过程

第五章 中古史学的流变

中得以确立。法国大革命导致该协会解散,工作中断。1837年起开始恢复博兰德学会(Societe des Bollandistes),薪火相传,继续编订《圣徒列传》(Acta Sanctorum)至今。

俗人传记(Gesta)以帝王诸侯和教会首领为主。9世纪晚期,由于诺曼人入侵以及法兰克王国内部的纷争,局势不宁,传记寡少。百年之后,东边有奥托文艺复兴,西边诺曼人开始接受封号,定居下来。他们率先成为传记作家刻画的对象。诺曼底公爵的最早传记由杜铎(Dudo of St Quentin,约965—1026)撰写。与以往的传记非常不同,其中包含许多颂诗。伟人颂歌固然与宗教礼拜活动和《圣经·诗篇》渊源颇深,也受到了加洛林文艺复兴的影响。在虔诚者路易治下,诗人埃尔摩尔德(Ermoldus Nigellus,活跃于9世纪初期)创作了长篇颂诗《皇帝路易赞》(In honorem Hludovici imperatoris)。此后方言文学《罗兰之歌》《贝奥武夫》《尼贝龙根之歌》等都开始广泛流传。在诺曼底,也有歌咏诺曼人领袖的史诗,如威廉(William of Apulia,活跃于11世纪末期)的《罗伯特·圭斯卡德武功歌》(Gesta Roberti Guiscardi)。传记与颂歌两种体裁互相影响,互相竞争。杜铎作品开篇的献辞是写给公爵的,与此前传记常见的献给同僚(院长或主教)的信又有不同。在传记的开篇,杜铎简要讲述了族群源流并将圣经知识、加洛林时代蛮族迁徙故事结合进新的族群传说之中。他在揭露了第一批丹麦人的罪行之后,笔锋一转,开始歌颂诺曼底公爵的先人。这自然与杜铎乃是接受公爵的委托进行写作有关,他撰写的是官方传记。

由于俗人传记与圣徒传的作者大体都是教会人士,所以,这两种传记之间日益趋同,彼此相似,虽然主要以讲述传主的世俗业绩为主,但是,最终以传主的宗教态度是否虔诚作为依据,进行褒贬。这种宗教态度并不是抽象的神学思辨,而是以传主对教会的态度是否友好为具体评判标准。是赏赐土地和财富给教会,还是剥夺教会;是礼敬主教和院长,还是贬抑神职人员。由于精明强干、文治武功显赫的王侯往往需要获得教会的资源,乃至剥夺教会,用以开疆拓土,无形中得罪了教会。所以,他们在史书中的形象往往不那么正面，如 12 世纪的英王亨利二世；而那些统治软弱的君王，往往对教会大量赏赐，厚待神职人员，因此，虽然治国无能，却得到教会的高度褒奖，成为"贤王"甚至"圣王"。这种评价方法在"以成败论英雄"的世俗是非标准之外增加了宗教的标准，有利于从新的角度评价历史人物，也警告君王不要一意孤行。

王侯传记积累多了，就很容易联缀而成王国史。《盎格鲁—撒克逊编年史》就与《阿尔弗雷德传》在内容与形式上多有雷同。这部当时罕见的方言史书最初于 9 世纪编订完成，自 449 年撒克逊人登陆不列颠开始讲述，叙事至 890 年左右。此书随后被不同的英格兰修道院传抄，各自续写，形成了众多的版本，反映不同地区的史事。其中的"彼得伯勒本"叙事最晚，至 1154 年亨利二世上台，安茹王朝开始。《盎格鲁—撒克逊编年史》的宝贵之处在于，自 900—1066 年诺曼征服的百余年间，除了相当简要的伦尼乌斯（Nennius，活跃于 9 世纪中叶）的《不列颠史》（*Historia Brittonum*）之外，不列颠群岛上的历史作品非常稀缺。诺曼征服之后，王朝史才逐渐繁荣，出现了威廉的《英格兰列王纪》、马修·帕里斯的《大编年纪》等。

法国方面，12 世纪中期之后，王室委托圣德尼修道院替他们写作官方传记。这些官方传记按照编年的顺序，以国王登基为开篇，叙述至国王去世，讲述王国领地内发生的重要事情。13 世纪中叶，圣德尼修道院开始汇编这些传记，进行系统性整理，编订了著名的《大编年纪》。

而在神圣罗马帝国，12 世纪的奥托（Otto of Freising，约 1114—1158）以主教、修士、大学者和皇亲国戚的身份，一方面写作《弗雷德里克皇帝本纪》（*Gesta Freiderici Imperatoris*），一方面写作《双城史》（*Chronica sive Historia de duabus civitatibus*，又称《编年史》）。如前所述，中古通史一般有两种写法，分别采用教会史与俗史的写作框架。写作教会史，大抵以六或七个时代为线索；写作俗史，就以四大帝国为框架。奥托在充分吸纳前贤成果的基础之上，成功地将两种题材合二为一，写作了一部"人类"通史。包括八个时代（当代之后是末日审判和末日审判之后),以"罗马帝国"为写作重点,按照时间顺序,以公元纪年,以罗马帝国内部的"权势转移"为线索,从罗马人写到希腊人再到法兰克人(或者德意志人)。该编年史叙事简明扼要,夹叙夹议,取材广泛,不乏考订。既从宗教道德的角度臧否人物,也从王国治理的角度总结政治经验,是西方中古时期最为著名的"通鉴体"史书。

教会领袖也多为俗人,故与帝王类似,拥有"纪事体"传记。他们的传记一般采取列传的形式,由修院或者教堂的神职人员编写,如英格兰圣阿尔班修院的《圣阿尔班院长列传》(Gesta abbatum monasterii Sancti Albani)。单篇主教传记有匿名作者的《教皇英诺森三世传》(Gesta Innocentii III)。除了著名的教皇列传外,有名的列传还有马姆斯伯里的威廉于12世纪所著《英格兰主教列传》(Gesta pontificum Anglorum)。与君王传记类似,此类传记经过一定时期的积累,也极易演变为编年史,变成教会史之一种。

中古晚期也开始出现更加私人性质的传记,如诺让的吉贝尔的自传。吉贝尔以历史写作见长,除了这部自传之外,还写作了描述第一次十字军东征的《法兰克人的奇迹》(Dei Gesta per Francos)。其他的名作还有阿贝拉尔(Peter Abelard,1079—1142)的《痛史》(Historia Calamitatum,或译为《受难史》),通过讲述自己的辛酸经历,谋求读者的理解和安慰,既为自己辩护,又可以使读者获得教益,缓解自己的苦痛。因此,与奥古斯丁的自言自语不同,可以算得上现代意义的自传。

除了针对自身的回忆录之外,针对他人的回忆录也在13世纪出现。著名的作品自然要数儒安维尔(John de Joinville,约1224—1317)的《圣路易传》,分灵、肉、臣民三个方面讲述,证明圣路易自始至终是最虔诚的俗人。作者所依据的材料基本上是自己6年来作为路易的管家的所见所闻,讲述的目的主要是为了报恩和教育后人,包括教育当朝的国王和王储们。这篇传记充满细节,描述生动,使读者有跟随作者一般亲身经历之感。这类作品在法国似乎有传统,16世纪末,孔米内(Philippe de Commynes,1447—1511)写作了《回忆录》(Mémoires),"应维也纳大主教之请,写作我的主人和恩人路易十一的业绩,因此我尽我记忆之所能忠实地完成"。再如同期罗珀(William Roper,约 1498—1537)为其岳父托马斯·莫尔写作的传记,等等。此类作品大抵通过回忆,歌颂传主之德行,与艾因哈德的《查理大帝传》渊源相通。

文艺复兴时期,出现了普通人的日记与自传。在 14 世纪意大利的佛罗伦萨,有许多市民开始写作日记。据统计,现存自 14 世纪至 16 世纪的日记有一百多部。这些日记,主要是作者经商的记录,但也包括对自己财产的描述。皮迪(Buonaccorso Pitti,活跃于 15 世纪初)的日记中提到,1412 年他去找自己的亲戚讨还祖产时,请求查阅"父亲的家庭文书记录",在对方回答不知道之后,他说,"我只好借助于我祖父的那些文书了"。[①] 于此可见文艺复兴对于书写、档案的积极影响。这些传记大多并不是为了出版供人阅读的。

这一时期古典名人传复兴,与圣徒传互争雄长。早期的代表作品有彼得拉克的《名人传》(De viris Illustribus)和薄伽丘的《名媛传》(De Mulieribus Illustribus)。这些作品一方面抄录古代传记资料,一方面增加中古名人的传记。继承开新,斯之谓也。文艺复兴之盛,通过艺术家传记而得到充分体现。《切利尼自传》用夸张的笔墨,按照时间顺序,自我吹嘘到各地打工的经历。而瓦萨里的《意大利艺苑名人传》,先以序言介绍罗马帝国衰亡以来艺术史复兴的线索,然后分门别类,按照时间顺序和派别,为推动文艺复兴的建筑家、雕塑家、画家写作列传。人物编排借鉴古代哲人传的模式,按照师承关系,依据时间先后,旨在交代各位艺人的艺术风格,并将其作品收藏和鉴赏相互结合。

而比较罕见的是 1661 年出版的一册《弑君者列传》(*The Lives, Actions, and Execution of the Prime Actors, & Principall Contrivers of that horrid Murd*),作者为宫廷医生乔治·贝特(George Bate,1608—

[①] G. Brucker ed., *Two Memoirs of Renaissance Florence*, New York: Harper & Row, Publishers, 1967, pp. 19—20.

1668)。作品开篇是凶手的头像,然后一个接一个地介绍这些人物的生平经历,尤其是其性格特征。

可以说进入 17 世纪,各色各样的传记和列传都有出版。如洛克勒的《伪造者列传》(Jean-Baptiste de Rocoles,The History of Infamous Impostors)、克拉克的《伟人列传》(Samuel Clarke,The Lives & Deaths of Most of Those Eminent Persons)、罗伯特的《异教诸神列传》(Robert Whitcombe,Janua divorum),等等。

自传与传记的繁荣难免泥沙俱下,似乎人人皆可出版传记,介绍自己及自己的家族。对此,1705 年的一位作家主张严格限制传记写作:"不得写作将军或者名人传,除非指挥了大军,打了 20 次战役,征服过行省,攻取过重镇,至少打过两次阵地战……同理,不得写作家族史,除非非常出名,延续 500 年以上,涌现出众多名流,或终结过大战,或有其他丰功伟绩。"他尤其反对写作自传。"如果让人书写自己的历史,那就等于让疯子手持出鞘的利剑。我们下令,如果不是恪守真实和中庸之道,其丰功伟绩足以彪炳史册,任何人不得写自己的历史。为了防止阿谀之风,我们也严禁为活人作传。"①

另一类同样属于记叙和回忆个人经历的文献是游记。中古游记可以是出访见闻,如出访蒙古王庭的教皇使节,他们或通过书信汇报自己的工作,或通过专门作品记录传教经历和见闻。前者如 14 世纪初来华传教士孟高维诺的书信,后者如《柏朗嘉宾蒙古行纪》《鲁布鲁克东行纪》和 14 世纪鄂多立克口述的《鄂多立克东游录》。此类游记不仅为了以广见闻,更重要的是通过介绍对象国家和地区的历史,为特定的外交政策做宣传。加之这些人多半不懂对象国的语言,其叙述的可靠性从一开始就存在较大争议。柏朗嘉宾本人开篇就曾说过:"我们很谨慎地为了您们自身的利益而记录下这一切……祈望不要以此而称我们为江湖骗子,因为我们告

---

① Traiano Boccalini, *Advices from Parnassus*, *in two centuries*, London: 1705, "Eighteenth Century Collections Online". Gale.

诉您们的事物全是我们亲眼目睹,或者是由那些我们认为可信之士所证实了的情况。当然,如果好心不得好报,反遭人咒骂,那未免有些过分无情了。"①

另一类游记属于地理志,如威尔士的杰拉德(Gerald of Wales,约1146—1223)不仅有自传流传,而且还写作了《爱尔兰地志》(Topographia Hibernica)和《威尔士志》(Descriptio Cambriae)。最为著名的是商人马可·波罗口述之《马可·波罗游记》。中古晚期和近代早期,基于"世界"的发现和"人"的发现,世变日急。人类在经验型知识之外日益增加试验型知识,新旧嬗变之下,思维难免两极分化。对这些游记,既有谩骂者,也有笃信者。据说哥伦布就因相信马可·波罗,四处游说,从家乡热那亚前往西班牙阿拉贡王宫,最终获得资助,扬帆出海,发现了新大陆——他所谓的"印度"。而他自己撰写的《航海日志》除了道路日程,也有为自己辩护的溢美之词。他晚年还写作《奇迹》,依附《圣经》,解释自己的探险活动。在此类反映人类最前沿认知的史学作品中,旧说新知,是非糅杂。

这一时期同样有数量众多的朝圣游记,记录作者在朝圣途中的所见所闻。11世纪末开始的长达数百年的十字军东征运动,极大地推动了以朝圣为主题的历史作品的发展。十字军本身就被称为武装朝圣,历次十字军东征都不乏记录其进程的史作。如富尔歇(Fulcher of Chatres,约1059—1127)的《耶路撒冷史》(Historia Hierosolymitana)、彭提乌斯(Pontius of Balazun)和雷蒙德(Raymond of Aguilles)于1099年创作的《东方法兰克人史》(Historia Francorum Qui Ceperunt Iherusalem),等等。这些史书不仅发展了"圣战"理论,而且将战争史推入一个新阶段。此后百余年间,抵达东方并顺利返回的人越来越多,他们或口述或笔录自己在东方的见闻,描述东方尤其是圣地耶路撒冷的朝圣书籍多了起来。

---

① 《柏朗嘉宾蒙古行纪、鲁布鲁克东行纪》,耿升、何高济译,北京:中华书局,1985,页23—24。

第五章　中古史学的流变

有名的作者如伍斯特郡商人赛伍尔夫(Saewulf of Worcester)、神圣罗马帝国的威尔布兰德(Wilbrand of Oldenburg,约1180—1233)写作的《圣地纪程》(*Itinerarium terrae sanctae*),沃尔兹堡的约翰(John of Wurzburg)于12世纪中叶创作的《说圣地》(*Description of the Holy Land*),彼得(Peter Tudebode)于1106年创作的《耶路撒冷朝圣记》(*Historia de Hierosolymitano Itinere*),等等。14世纪著名的文学作品《坎特伯雷故事集》就是以朝圣旅途为舞台,不过其朝圣目的地是坎特伯雷。

除了发动十字军东征,罗马天主教会和君士坦丁堡东正教会也在向北方和东欧积极传教。这一时期,有不少历史作品记录这些关键性的扩张行为。如12世纪边城牧师赫尔摩尔德(Helmold of Bosau,约1120—1177)的《斯拉夫编年史》(*The Chronicle of the Slavs*),①阿诺德·吕贝克(Arnold of Lubeck,约1150—1214)的《斯拉夫人编年史》(*Chronica Slavorum*)是其续编。再如反映萨克森人征服波罗的海据点的亨利·里沃尼亚(Henry of Livonia,活跃于13世纪上半叶)的《编年史》,②稍晚的续作有《里瓦地区编年史》(*Livlandische Reimchronik*)。传教士在美洲记录传教见闻的《西印度毁灭记》则是这些传教史作品的延续。还有中国读者所熟知的作品,如门多萨的《大中华帝国志》、艾儒略的《职方外纪》、李明的《中国近事报道》,等等。这些反映传教经历的史作表明,没有武力("圣战")作为支撑,传教的效果是难以持久的。

及至近代早期,朝圣游记之外,又有与宗教场所密切相关的游记,最为著名的当数莱兰德(John Leland,1506—1552)的《游记》(*Itinerary*)。在英国修道院被解散时期,莱兰德作为王室处理修道院图书馆的官员,到全国各地调查修道院藏书,为此记录自己的经历和见闻,具有极高的文献学价值。

16世纪晚期17世纪初,坎姆登(William Camden,1551—1623)广泛

---

① F. J. Tschan, trans., *The Chronicle of the Slavs*, New York: Octagon Books, 1966.
② J. M. Brundage, trans., *The Chronicle of Henry of Livonia*, Madison, WI: The University of Wisconsin Press, 1961.

游历不列颠各地,收集古物,于1586年编订《不列颠志》(*Britannia*),分为英格兰、苏格兰和威尔士三大部分,以郡为单位,逐一讲述各地的地理、名胜古迹、建筑缘起。开篇就是著名的《英格兰描述》,总括英格兰历史地理形势。这部巨著不断修订再版,影响巨大。他的《英格兰和爱尔兰本朝史》(*Annales Rerum Anglicarum et Hibernicarum Regnante Elizabetha*)于1615年出版第一卷(叙事至1588年)后,因为时讳不敢出版第二卷。

文艺复兴、地理大发现、科学探索大规模开展,使得地不爱宝,新发现的古物、化石层出不穷。博古之学随之时兴。薄伽丘、彼得拉克、波吉奥·布拉奇奥利尼等人收集古籍,比昂多(Biondo Flavius,1392—1463)等人收集古代罗马的建筑遗留物,瓦萨里等人收集古代的雕刻、绘画,哈雷(Edmund Halley,1656—1742)等人收集古代动植物化石。这些博古学者试图收集各自偏好领域里的古物资料,保存史料。随着史料的大规模出现,收集和保存史料的空间和财力都超越个人承受的极限,于是保存史料逐渐独立发展,形成专业化的博物馆,由博物学家、博古学家进行管理。而历史学家不再主要承担保存史料的功能,保存"一代之史"与研究历史相分离。在经过自我否定之后,历史学家转向以利用主要由专业机构加以收藏的各种史料开展专业化的研究。

宗教改革使得中古教会最有特色的机构——修道院遭遇极大的挑战。在英国和德国,修道院被大量取消,大批修道院转变为学校,其中的修道士有些也随之转变为教授。他们面向社会,为学校的图书馆收集各种手稿和图书,教授学生,写作历史。对圣史和俗史不再刻意区分。如何在中古史学传统的基础之上,重新融汇俗史与教会史,重构新的历史叙述框架,是近代早期史学家面对的一个重要问题。

推动近代早期史学变迁的最主要力量还来自于社会的需要。整个社会从围绕教堂的基督教社区发展为以"市政厅"等公共建筑为标志的公民社会,史学要为培养"绅士"和良好公民而服务。为此,以神学为核心的人类历史叙述逐渐让位于以"民族国家"为主题的民族国家史学。欧洲西部的历史学也将在此过程中率先走向现代。

第六章

史学近代化的初始

第一节 "走下神坛"的史学

在人类历史上,"近代化"或"现代化"(modernization)是一个长期、复杂的过程,但极其重要,因为我们当今的历史仍然受其影响。从历史著述的观念、形式和内容着眼,更是如此。在当今世界,不管何处何地,史家写作历史均采用了大致相同的形式,即叙述体,对写作的内容进行分章分节的综合描述、分析和解释。在之后的几百年中,人们对于历史的态度和思考,以及对历史写作所应当涵括的内容的看法,也产生了一系列的变化,但其变化的剧烈程度似乎无法与史学近代化的过程相比。换言之,近代以来,史学虽有变化,但其基本框架没有发生根本性的变更。那么,史学是如何走向近代化,并带有哪些基本特征呢?这是我们在本章和下一章需要重点讨论的内容。

史学的近代化与历史本身的近代化,密切相关。不过,对于近代历史的开端,学者们莫衷一是,争论较多。比如有人认为始自17世纪中叶的英国革命,而另有人主张以1789年的法国革命为开端。也许是有鉴于此,当今的史家对此倾向于采取模糊处理的方式,不再就近代史的开端多花笔墨。但就史学的近代化而言,史学史家的意见相对一致。他们都会注意文艺复兴和宗教改革时期历史著述以及人们对历史的态度所发生的一系列变化,并指出这些变化的历史意义和深远影响。

要深入了解文艺复兴和宗教改革时期史学发生的变化,我们就必须将之与以前世界各地形成的史学传统做一对比。欧洲自西罗马帝国475年被蛮族灭亡以后,进入了"中世纪",但原来的东罗马帝国,即拜占庭帝国,一直持续到1453年,所以中世纪欧洲在政治上并不划一。不过就历史写作而言,基督教在那段时期的长足进展,影响很大。大致而言,古代希腊罗马时期所创立的史学传统,在中世纪的欧洲有所中断,主要表现在以下几个方面。第一是对待历史的态度。西方古典时期,历史写作的目的主要是记录和描述史家认为值得记载的丰功伟绩。这些丰功伟绩基本都是在人世的范围内,也即人事活动的产物。而到了中世纪,由于基督教信仰的流行,史家注重将人事的活动与神意相连,并将人世与天国对立,以显示天国的神圣和上帝的伟大。第二,在形式上,中世纪欧洲的史学既有传记,更有编年史。前者以圣徒传为主,但也为世俗社会的伟大人物做传。而编年史的流行则是因为基督教视历史为上帝的创造物,历史在各个时代的变动能体现和凸显上帝的造化与意志。又因为基督教认为上帝造世,其意志无所不在,因此中世纪的编年史和其他史学作品常有"世界史"或"普世史"的规模和视野,不但记述基督教会的发展,也记录所谓"蛮族"(barbarian)的历史,也即在欧洲文化之外的各族的历史。第三,在内容和方法上,中世纪的欧洲史学特别注意神意的展现,因此记载了较多的奇迹或神迹,并常用这些不可理喻、不可解释的现象来阐述历史事件的发生、发展和结局。总之,在中世纪欧洲,历史被视为一面镜子,反照出尘世的丑陋和险恶,显现了天国的完美和神圣。

这种将历史视为镜鉴的看法,在欧洲之外的传统文明中都有不同程度的体现,中国自不必说。在中东的伊斯兰文明中,也同样有视史学为镜的传统。比如波斯文明中就有一种称为"君主之鉴"(Fürsternspiegel, mirrors for princes)的著述形式,其形式多样,但大致是史学作品,特别有关政治智慧和制度,以较为通俗的方式规训在位和待位的君主。这一著述形式也在西方传统中存在。同时,与西方基督教文明相似,中东伊斯兰文明中的史学也有编写"世界史""普世史"的传统,也注重写作圣徒传,

第六章　史学近代化的初始

特别是伊斯兰教创始人穆罕默德及其后继者的传记,并用一些神迹来解释历史的演变。而以波斯文化为主导的伊斯兰文明,又在13世纪影响了印度次大陆,其中包括写作人物传记、王朝史和族群史的传统。综上所述,在近代化以前,世界各地的史学传统有一些共同的特点:虽然史学在文化中的地位有高有低,但大致被视为一门有用的学问,是人事活动的资鉴。史学的写作形式和内容多种多样,不过与纯粹的文学作品(譬如诗歌)又有显著的区别,因为史学著述的一般目的是以事实为基础,虽然那时的史家对事实的理解比较宽泛,常常包括道听途说得来的故事、传说甚至神话。

上述这些特点,在史学近代化的过程中都有不同程度的保留,但有些则被渐渐摈弃了。史学近代化的开端与文艺复兴相关。在中世纪晚期,借助长程贸易(包括与亚洲的贸易往来),意大利半岛逐渐兴盛,在14世纪开始形成一些经济强盛的城市,如佛罗伦萨和威尼斯等。在这些城市中,商人的地位相对其他地方有较大的提升,比如佛罗伦萨的美第齐家族,就曾主宰佛罗伦萨的政治达几代之久。而相对于封建社会的传统,教士和武士的地位应该远高于商人。商人地位的提高和商业活动的发达,造成人们对世俗生活的重视,而对于灵魂的升华及身后进入天堂等宗教的教诲,态度开始显得冷淡。长程贸易的发达,也给意大利半岛和整个欧洲带来了灾难,那就是黑死病的迅速传播,使得欧洲人口在14、15世纪大幅削减。传染病的突袭及其严重后果,或许也造成了人们生活态度的改变,让人怀疑上帝的无所不在和无所不能,因而也就削弱了基督教会的影响力。

像其他传统文化一样,欧洲的基督教会主张克制俗世的欲望,反对个人主义和世俗主义,让人们将生命的意义视为一种赎罪的过程,以求在死后灵魂得到超生和解脱。这种观念统治欧洲社会好几百年,但在文艺复兴时期,渐渐为人所怀疑甚至挑战。意大利半岛成为文艺复兴的起源地,并非偶然,因为文艺复兴的原意就是古典文化的重生,而意大利半岛是古罗马帝国的核心地区,其遗迹到处可见,俯拾即是。以前人们对之熟视无睹，而商品经济的发达使得人们注意到这些古物的价值，不但出钱收集，也对罗马和整个古典文明产生了好奇心。另外，1453年拜占庭帝国被土耳其人所灭，许多希腊学者逃到了意大利半岛和欧洲南部，也带来了在拜占庭帝国时期保留下来的古典学问。如此种种原因，使得意大利的商业城市如佛罗伦萨等地成为了文艺复兴的起源地。

对于罗马所代表的古典文明的热切向往，彼得拉克（Francesco Petrarca，1304—1374）可以说是一个代表。他曾感叹："所有的历史不就是为了赞美罗马吗？"他在获得了李维的《罗马建城以来史》之后，废寝忘食，对其做注解，并纠正其各种流传版本的错误。他用给李维、西塞罗写信的方式表达他的敬意。他甚至在信中写道，希望自己能生活在李维的年代，或者李维能生活在他的时代。[①] 这些做法似乎有点奇异，但如果从历史观念的角度来考量，可以看出几层意义。第一点自然是彼得拉克崇古的心态，由此可以解释为什么他在当时是人文主义的代表，还被称为是一位博古学家（antiquarian），即热衷收集、整理和研究古物、古书的人。可是彼得拉克并不崇拜所有的过去，特别是对欧洲中世纪评价很低，称之为"黑暗时代"。他所崇拜的是古典时代的希腊和罗马，所以就有第二点，即他超越了"古今不分"（anachronism）的意识。他希望自己生活在李维时代的罗马就是一个典型表现。对"古今不分"观念的超越，以后成为近代历史学的理论基点。在传统文化中，史学的生存意义就是能鉴往知来，我们上面提到的"君主之鉴"的写作就是一个例子。而跳出"古今不分"的观念，便让人质疑这种时代一样、人心不变的传统观念，而看出历史是变化的，有新、旧时代之分。第三点与此相连，因为走出了"古今不分"观念的窠臼，于是就产生了历史不断演变的观念。譬如彼得拉克认为古典时代高于中世纪，而自己所处的时代又有别于中世纪，因此就孕育了历史发展从古代经中世纪到近代的三段论观念。当然，彼得拉克本人也并没有

---

① 参见 Donald R. Kelley, *Faces of History: from Herodotus to Herder*, New Haven: Yale University Press, 1998, p.131; Peter Burke, *The Renaissance Sense of the Past*, New York: St. Martin's Press, 1970, p.21ff.

清晰地表达上述这些观念,我们的讨论或许是一种后见之明,参考了近代史学以后的发展。不过毫无疑问的是,彼得拉克被人称为"文艺复兴之父",并非空穴来风,而是因为他的所作所言具有划时代的意义。

彼得拉克主要是一位诗人,因为在古代希腊罗马,有他仰慕的不少诗人。但彼得拉克又是一个学者、一位人文主义者,乐意用他的古典知识来质疑和纠正中世纪流传下来的一些文献。"人文主义"的确切定义是专门研究古典希腊和罗马文化、文献的学问,其方法是批判比较各种传世文献,鉴定其真伪,希望求得其真相。比如彼得拉克有一次应神圣罗马帝国皇帝查理四世所请,对奥地利的治权归属问题提出意见。奥地利地区的贵族们则引用一份文件,说罗马统治者恺撒在古代就允许他们自治。但彼得拉克依据他对恺撒和罗马史的精湛知识,指出这份文件根本就是一份赝品。彼得拉克在给查理四世的回信中举出了许多理由来论证他的观点,显得颇有说服力。当然,彼得拉克虽然热衷古罗马研究,不仅考察文本,还收集各种钱币、服饰等做为研究的对象,但他也有搞错的时候。不过重要的一点在于,他采取举例说明的方法来论证自己的观点。这一做法,以后成为历史研究的范例。

人文主义者与博古学者的研究兴趣相似,都专注古典文化。但后者的兴趣更为广泛,不但注意文献的整理,而且还热衷古物的收集。在西方文化的背景里,人文主义者、博古学者与史家有共同之处,那就是喜好研究过去。但史家研究过去,主要目的是希望将自己对过去的认知叙述成书,以飨后人。换言之,并不是所有喜好古代的人都会成为历史学家但历史学家必须像人文主义者和博古学者一样,对过去有浓厚的兴趣。他们的区别还表现在治学的态度和方法上。人文主义者注重文献,博古学者收藏古物,他们都是研究者,其兴趣在于鉴别古物、古书的真伪,其中也掺杂有商业的目的,因为博古学者大都又是古董收藏者,他们需要知道如何分辨赝品,以保持收藏的价值。文艺复兴时期,商业经济的发达和商人地位的提升是博古运动(antiquarianism)兴起的重要原因。

人文主义和博古运动的兴起自然还有其他原因,比如对宗教的热忱和对学术研究本身的兴趣。那时的许多文献都与基督教会有关。一些学者力主鉴定这些文献的真伪,与他们对教会的态度也有关系,有的是为了维护教会的尊严,有的则是为了揭露、攻击教会的虚伪。不过,不管出于什么动机,商业的、政治的,抑或宗教的,一位真正的学者必须勇于揭示和忠于自己研究的结果,甚至为之冒一定的风险也在所不辞。这一学术研究风气在文艺复兴时期开始慢慢形成。洛伦佐·瓦拉(Lorenzo Valla,1407—1457)是一个很好的例子。像彼得拉克一样,瓦拉是一位出色的人文主义者,对罗马时代的拉丁文学特别偏好,甚至因此攻击希腊文和希腊文献,这与其他人文主义者有所不同。但也正因为他独好拉丁文,因此造诣很深,能区别拉丁文语法的历史演变。大约在1439年,瓦拉所在地区阿拉贡的主公与梵蒂冈教会在领土归属上产生了纠纷,瓦拉应邀考察《君士坦丁赠与》这本教会文献,因为教皇要据此来论证梵蒂冈的领土权。经过大约一年多的仔细研究,瓦拉发现,这部号称出于公元4世纪的拉丁文献所用的语言和文法都与同时期的文献颇为不同。他在发表的《〈君士坦丁赠与〉辨伪》一文中,用大量的事实证明,这部传世多年的文献从行文和语法来看,至多是8世纪的产物,不可能产自4世纪,即君士坦丁在位的年代,因此所谓教会持有世俗领土权的说法,也就不攻自破了。瓦拉的这项研究明显带有政治含义,他的研究成果有利他的主公而不利于教会。但瓦拉本人是一个虔诚的教徒,并没有特别的反教会的意思。他公布的研究成果应该说主要忠实于他的研究发现。成果公布以后,学者也大都承认他的结论。因此,人文主义运动和以后更为发展的博古学运动在方法上有助于史学的近代化。由于这些学者的研究,史学写作逐渐成为了一门近代意义上的学问。不过,这是一个渐进的过程,下章还要继续讨论。

　　文艺复兴时期的学者对于古典文化的兴趣,促使他们钻研、探究有关过去的知识,为的是让古典文化重生。这一兴趣也同样使得他们对古典时期的史学著作,充满兴趣,刻意模仿。彼得拉克着力模仿古罗马的诗人,而他的弟子布鲁尼则希求重振古希腊罗马的史学。古希腊的史学自然是西方史学的源头之一,但作为一种传统,它并不是简单划一的,而是以两种类型的写作为代表。一种是希罗多德式的,其特点是视野广阔、包罗万象、叙述生动。另一种是修昔底德式的,其特点是主题专一鲜明,以政治、军事事件为考察对象,在方法上更注意事实的考证,在叙述上则注重因果分析。简单而言,希罗多德式的史书可以称为文化史,甚至与中国传统学问中的地理志相仿;修昔底德式的史书则是政治军事史,结构相对完整,以解释历史动因为重。罗马时代的史学对这两类史书,都有继承。比如塔西佗的《日耳曼尼亚志》,虽然规模要小得多,但却是希罗多德式的著述,而李维的《罗马建城以来史》,则大致继承发扬了修昔底德的风格。

布鲁尼的《佛罗伦萨人史》(*Historiarum Florentini populi libri XII*)从题材上看,模仿了李维的《罗马建城以来史》。有趣的是,布鲁尼的生平与李维、甚至修昔底德也有相似之处,即他对所处理的史事有切身的了解。他曾担任佛罗伦萨的长官,而他在任的时候,佛罗伦萨又卷入了战事,所以他有实际的行政和战争经验。这些经验显然有助于他写作《佛罗伦萨人史》。布鲁尼交代道,他"希望他的这部书能记载佛罗伦萨人在对内和对外战争中的艰苦斗争,重述他们在平时和战时的卓越成就"。像希罗多德、修昔底德一样,布鲁尼治史是为了保存记忆。他认为佛罗伦萨人的历史值得被后人铭记,所以才动笔记述。他还指出,佛罗伦萨的兴起,特别是它如何征服比萨,与罗马的崛起和征服迦太基有许多相似之处。以上种种,都反映出布鲁尼对古典史学传统的继承和模仿。

布鲁尼的《佛罗伦萨人民史》又被人誉为"第一部近代史书",其原因在于他的历史分期、历史解释和批判方法。受其老师彼得拉克的启发,布鲁尼认为佛罗伦萨的历史经历了三个阶段,即古代、中世纪和近代,并在书中加以详论。他同时指出,"历史著述必须对所述的史事提供一个连续不断的叙述,并对一些个别的事件做出因果分析,且在适当的时候对某些现象做出评判"。另外值得一提的是,布鲁尼希望忠实于史实。他承认自己有关佛罗伦萨城市起源的叙述是个人研究的成果,与一般流行的看法或许有所不同。但他认为他依据的是事实,而不是道听途说。① 如上种种,是布鲁尼《佛罗伦萨人史》获得近代学者肯定的主要原因。

第二节 历史与政治

布鲁尼的《佛罗伦萨人史》只是当时复兴古典史学的一个代表。另外还有不少类似的城市史、地区史和族群史的著作。应该注意的是,就这些体裁本身来说,还无法显现出史学的近代化,因为虽然彼得拉克认为中世纪欧洲是一个文化上的"黑暗时代",但古典文化的影响其实并没有完全中断。我们前几章的叙述,已经提到中世纪欧洲以"城市"为主题的著作(如奥托的《双城史》),也有像格雷高里的《法兰克人史》这样的族群或民族史的名著。但重要的是,尽管题目相似,但内容和处理方式已有了明显的不同。布鲁尼的著作注重从人事变迁的角度来解释历史现象的产生及其结果,这种以人世的角度分析历史演化的方法,直接继承了修昔底德、波利比阿和李维的传统。

从后世人的眼光来看,意大利文艺复兴时代比布鲁尼更为有名的是马基雅维里,但后者的名声主要来自于他的《君主论》(*Il Principe*),而不是他的《佛罗伦萨史》(*Istorie Florentine*)。不过就"君主之鉴"的传统而言,马基雅维里的这两本书其实可以归为一类,即都是希望为统治者提供政治智慧。西塞罗有句名言,"历史是人生之师"(Historia est Magistra Vitae),从古代至文艺复兴时期都很流行。其实这句话与古希腊迪奥尼修斯的"历史是以事实为训的哲学"(History is Philosophy Teaching by Example)相仿,都主张人们可以通过研究历史获取人生的智慧,用以应付现实。孔子所言:"我欲载之空言,不如见之於行事之深切著明也",与上述警句也有异曲同工之处,可见各地文化的发展常有类似的轨迹。

---

① 此处的引文出自 Leonardo Bruni, *History of Florence*, 引自 Donald R. Kelley ed., *Versions of History: From Antiquity to the Enlightenment*, New Haven: Yale University Press, 1991, pp. 239—240。

第六章 史学近代化的初始

像布鲁尼一样,马基雅维里对李维的《罗马建城以来史》情有独钟,视其为了解古代罗马的捷径。他在写作《佛罗伦萨史》以前,将他阅读《罗马建城以来史》的笔记出版,在当时引起了一股李维研究热。马基雅维里的《论李维》(Discorsi sopra la prima deca di Tito Livio)一书,其实是以古代经典为营养,希图汲取其中的智慧,以嘉惠今人,因此从目的来看,更像是"君主之鉴"的著作。马基雅维里生长在佛罗伦萨,其政体是共和政体,而李维的著作,主要叙述罗马共和政体的生长与消亡,对于当时的意大利城邦有具体的借鉴意义。马基雅维里通过研究李维的罗马史,得出了一个似是而非的结论,即虽然共和政体是一个理想的政体,能最大程度地保障公民的自由,但极容易为野心家所控制,从而转化为专制政体。然而马基雅维里并不认为专制政体一定是件坏事。若要保持共和政体的长治久安,有一个条件就是公民道德素质的提高。不过,尽管马基雅维里知道并指出了这一点,他也明白让公民培养并维持很高的德行绝非易事。他的这些观察会让现代人略感迷惑,不过细究起来,马基雅维里所讲的又都是实在的观察,因为人类的命运、社会的变化始终受控于许多因素。

重要的是,马基雅维里对历史走向的思考虽然显得粗糙,所谈的大致基于他直觉的观察,但至少他的分析摈弃了上帝掌控人世的天命论,也未通过罗列怪异的神迹和超常的异象来解释人事的变迁,而是几乎全都从人事活动的角度进行分析。在写作《佛罗伦萨史》时,马基雅维里以历史为鉴,继续了他对政治制度兴衰的探讨。从材料上来看,他的写作主要参考了布鲁尼等人的类似著作,所以在史学方法上没有呈现太多的批判性。马基雅维里《佛罗伦萨史》的主要成就,还是在于其所总结的历史智慧,继承了"历史是人生之师"的传统。不过马基雅维里总结的历史教训,没有超出他的《论李维》一书。他通过大量史实说明,共和政体和专制政体各有利弊,且轮回转换。他在《佛罗伦萨史》中这样总结道:

在兴衰变化规律支配下,各地区常常由治到乱,然后又由乱到治。因为人世间的事情的性质不允许各地区在一条平坦的道路上一直走下去;当它们到达极尽完美的境况时,很快就会衰落;同样,当它们已变得混乱不堪、陷于极其沮丧之中、不可能再往下降时,就又必然开始回升。就是这样,由好逐渐变坏,然后又由坏变好。究其原因,不外是英勇的行为创造和平,和平使人得到安宁,安宁又产生混乱,混乱导致覆亡;所以乱必生治,治则生德,有德则有荣誉、幸运。①

这种历史循环论的分析,不仅是古希腊时期历史观的特点,也在其他传统文明中可以发现。作为文艺复兴时期的人物,马基雅维里有这样的历史认识,并以之分析佛罗伦萨历史的盛衰,并不奇怪,因为这些结论在某种程度上代表了世界各地传统文明智慧的结晶。

不过以西方史学的背景来看,马基雅维里提出这些看法在当时还是有不小的意义。历史循环论在某个层面上是对人类历史的直观总结,所以展现的是一种人文主义的史观,有别于中世纪欧洲的基督教天命史观。马基雅维里的《佛罗伦萨史》叙述详细,交代了大量的现象,描述了不少历史人物,现在读来显得有点琐碎。但这种琐碎的叙述,却又正好体现了马基雅维里希望从人事活动的角度分析历史事件发生、发展的意图。比如他在书中第二卷第八章描述雅典公爵沃尔特利用佛罗伦萨的战事和城邦内部的派别纷争成为该城的君主,然后实施专制暴政,最后引起佛罗伦萨居民的反抗,在他当政十个月之后,齐心协力地把他赶走了。马基雅维里写道,公爵对城民的"压迫已到此严重程度,不只佛罗伦萨人忍受不了,他们虽然未能保住自己的自由独立,但也不能忍受奴役,就是世界上最驯顺的人民也会奋起反抗,为恢复自由而战斗"。② 这一判断,貌似直观,其实是对人心共性的一个概括,并剔除了所有神意的因素。同样,《佛罗伦萨史》描述了当时在意大利半岛发生的许多战争,佛罗伦萨常被卷入战火,

---

① 马基雅维里:《佛罗伦萨史》,李活译,北京:商务印书馆,1996,页231。
② 同上书,页108。

第六章 史学近代化的初始

但马基雅维里对战事的分析和描述没有丝毫神意史观的痕迹。相反,他对一场战争起源的分析均举出各种各样的理由,读来让人觉得烦琐,但却充分展现了他用人性而非神意分析历史因果的手法。

在马基雅维里看来,意大利各城邦历史纷争的一个重要原因就是教皇势力在意大利的长期存在。他在书中第一卷第三章就指出,其实原先教皇势力并不大,但后来由于罗马帝国的分裂和纷争,教皇得以扩充其势力。从此,教皇经常在各宗主国之间挑拨离间、拉帮结派,造成意大利半岛和整个欧洲的动乱局面。马基雅维里写道:"几乎所有由北方蛮族在意大利境内所进行的战争,都是教皇们惹起的;在意大利全境泛滥成灾的成群结伙的蛮族,一般也都是由教皇招进来的。这种做法仍然在继续,致使意大利软弱无力、动荡不宁。"换言之,在马基雅维里看来,自罗马帝国灭亡开始,教皇就是导致欧洲历史动乱不宁的根本原因。他写作《佛罗伦萨史》,就是想揭露教皇的恶行。他交待道:

> 笔者今后叙述从那个时代至今的大事时,将不再描写帝国的衰亡;只记载教皇势力的增长,统治意大利诸王公的兴起直至查理八世的到来。我们将看到:教皇如何首先用申斥的办法、后来又用申斥和武力,有时夹杂着赦罪的办法,逐步使自己成为既可敬又可怕的人物。他们又是如何由于滥用这两种办法而丧失了影响,只是依靠别人的意愿,帮助他们进行战争。①

阅读《佛罗伦萨史》会让人感到,教皇的干预是意大利半岛纷乱的渊薮;佛罗伦萨卷入的好几次战争都与教皇的介入有关。马基雅维里的这些观察,同样是直观的、经验的,但却无疑又是人文主义的和世俗主义的,体现了文艺复兴的时代精神。

马基雅维里的《佛罗伦萨史》终于15世纪末期,正好是号称"豪华者

---

① 马基雅维里:《佛罗伦萨史》,李活译,北京:商务印书馆,1996,页15。

美第齐"的洛伦佐·美第齐死亡,及其家族随后在佛罗伦萨失势的时代。从这个结构来看,马基雅维里其实是想通过历史事实来证明他在《论李维》中阐述的观点:共和国虽然美好,但最终往往会被一个强人控制,比如"豪华者美第齐"和他的父亲老科斯莫·美第齐。但他又指出,这样的更替其实并不一定是坏事,因为这些强人政治也会带来繁荣。马氏在书中对美第齐家族的统治,特别是对"豪华者美第齐",多有称赞。其实,马基雅维里的这种褒奖在当时并不奇特,因为洛伦佐·美第齐凭借他的财势推动了文艺复兴时期艺术的发展,赞助了达芬奇、米开朗基罗等著名艺术家。

马基雅维里的《佛罗伦萨史》终卷的时期,正是圭恰迪尼(Francesco Guicciardini,1483—1540)《意大利史》(*Storia d'Italia*)开卷的时代。圭恰迪尼比马基雅维里年轻一辈,两人是忘年之交,对历史和意大利政治都有类似的看法。圭恰迪尼对于美第齐家族的领导,也持有肯定的态度。从对古典文化的模仿来看,如果说马基雅维里欣赏李维,那么圭恰迪尼则崇拜修昔底德。他的《意大利史》从主旨和结构上看,与修昔底德的《伯罗奔尼撒战争史》相似,希求描述、分析和揭示佛罗伦萨及其整个意大利半岛的衰落过程和原因。还有与修昔底德相似的是,圭恰迪尼所述的史实(1490—1534)大致都是他亲身经历的,所以他的著作几乎是修昔底德《伯罗奔尼撒战争史》的一个翻版。正因为涵括的时期不长,圭恰迪尼的《意大利史》内容丰富、分析详尽。从史学方法上看,圭恰迪尼也像修昔底德看齐,力求忠于史实,但又在史料的运用上有所超越。他曾在佛罗伦萨政府中担任要职,也曾出使外邦,积累了大量的第一手经验。在写作《意大利史》时,他注意运用所收集的政府档案材料,由此使他的著作成为近代史学的一个样板。借助丰富的知识和史料,圭恰迪尼在书中对人物的行为做了详细的心理分析,乃至有现代学者称他为心理史学的前驱。

圭恰迪尼的这种做法,实践了他的人文主义史观。与马基雅维里一样,他认为意大利半岛在16世纪上半叶所承受的灾变是人为的结果:

第六章　史学近代化的初始

从无数的例子可以看出,人事变化无常如同大海随风起浪一般。统治者贪图虚名、胡作非为,因而判断失误,其造成的后果虽然是咎由自取,但又一定会嫁祸于平民。他们(这些统治者)身居高位,本来应该为公谋利,但却行为草率,野心勃勃,忘记了时势的无常,因而伤害了他人。①

更重要的是,修昔底德在分析伯罗奔尼撒战争对希腊半岛所带来的灾难时,也同样是从人事变化的角度来分析的。所以圭恰迪尼的著作是古典史学重生的一个标志,展现了文艺复兴的真正含义。从写作的形式来看,马基雅维里和圭恰迪尼的著作都记载了许多演说词,用以丰富叙述,把读者带到历史的现场,产生切身之感。毋庸赘言,这一做法也是修昔底德著述的一个特点。上面已经提到,文艺复兴时期有一个"修昔底德热"。这一现象一直有所持续。17世纪英国的托马斯·霍布斯(Thomas Hobbes,1588—1679)将修昔底德的《伯罗奔尼撒战争史》译成英文出版,便是一个例子。霍布斯是一位政治理论家,其著述对近代政治制度的形成有深远的影响。而他的理论基础与他的历史知识显然有关。从这个意义上说,历史作为"君主之鉴"的观念在近代一直有所延续。

第三节　历史是什么?

其实,修昔底德在著作中引用大量的演说词,一直是近代史家关注的问题。这一问题的焦点就是,修昔底德力求在书中描述历史的真实,但他所引用的演说,许多又显然不是他能完全记录下来的,那么修昔底德的治史实践是否有潜在的矛盾?文艺复兴时期,马基雅维里等人模仿修昔底德,也在书中征引了一些他们个人无法真实无误记录下来的言论和演说,

---

① Francesco Guicciardini, *History of Italy*,引语出自 Kelley, *Versions of History*, p. 299。

他们难道不考虑历史的真实性吗？这些疑问使我们有必要探讨近代以前历史学的性质问题。饶有趣味的是，在文艺复兴时期，也有不少人对这个问题有兴趣，并发表了一些看法。本节我们就描述文艺复兴时期人们对历史的看法及其改变。

如果说修昔底德治史有其内在的矛盾或张力，并不奇怪，因为这一张力在当代史学中仍然存在，即史家既要忠于史实，又希求表述逼真动人。两者之间，如何平衡？何者更为重要？当代人的回答一定是前者，但在古典乃至文艺复兴时期的西方，后者或许更为重要。我们在讨论罗马史学的时候，已经注意到那时的历史写作承受一种"修辞的压力"。而由于这一压力，罗马史家写作历史一般也像希腊史家一样，引用演说和言论；波利比阿、塔西佗等人的著作都可见这样的例子。换言之，古典史家更为注重历史的修辞和表达。更确切地说，在近代以前的西方传统中，历史写作其实是修辞学的一个分支。历史学家在叙述中举出各种先例，其作用就是为了提高说服力，与修辞学家用华美的语言和精湛的表述来说明、论证某种观点，异曲同工。历史学属于修辞学的特性也体现在欧洲大学的学制建设上。欧洲最早的大学课程有所谓"七艺"，由语法、修辞和逻辑"三艺"加上算术、几何、音乐和天文"四艺"组成；史学从属于修辞。

为什么历史著述要注重表达呢？其原因又与史学的性质和功用有关。如上所述，在世界各地的文明传统中，都有类似"君主之鉴"的著述，其中历史类、传记类的写作具有较重要的地位。欧洲文明亦是如此。西方古典史学产生了两大传统：希罗多德的包罗万象和修昔底德的以政治为中心，而在文艺复兴时，产生了修昔底德热，因为像其他地区的文明一样，欧洲文明也同样希望能以史为鉴，通过研究古典时期的历史事件，为现实政治提供资鉴。马基雅维里和圭恰迪尼的历史著作都是这方面的显例。换句话说，文艺复兴时期的史家看待历史，与古典时期的前辈们相仿，即视历史为政治说教或道德训诲的手段，如此目的，就必然会重视历史的表述及修辞的优美。

我们可以看一些例子。同为佛罗伦萨人的皮埃尔·维吉里奥（Pier

Paolo Vergerio，1349—1444)尝言，史学应该属于"通才教育"(liberal studies)，与道德哲学和修辞(他用的是 Eloquence，直译为善辩)并列。但他认为，史学与后两者相较具有最重要的地位，因为历史知识对学者和政治家都有吸引力。维吉里奥指出，哲学讲的是大道理，即人们应该做什么，而史学则让人们看到前人做了什么，其中有什么有益的教训可以让人吸取而嘉惠于现在。一个世纪以后的德意志人亨利·阿格里帕(Henry C. Agrippa，1486—1535)则将史学与道德训戒的关系，说得更为透彻。他说，"史学就是要彰善抑恶，用生动的描述，以时空为框架，为我们展现以往重大事件的教训、过程和结果及君主和贵族的功绩。由此缘故，几乎所有人都承认历史是人生之师，并从中获益。通过举出各种各样的前例，历史不但能称颂以往的丰功伟绩，以激励优秀的人物，而且还能劝戒恶人，让他们因害怕遗臭万年而不致犯下恶行"。① 这些说法，与其他文明中有关历史功用的认知，并无二致。

由此来看，文艺复兴时期兴起"修昔底德热"有多重原因，首先就是修昔底德写作历史不仅是像希罗多德那样为了保存记忆，而且也为了汲取历史教训，希求以史为镜。其次，修昔底德的《伯罗奔尼撒战争史》具有浓厚的悲剧意识；长达三十年的战争使得希腊半岛满目疮痍，尸横遍野。而14—15 世纪意大利半岛的历史与其有相似之处：虽然商业繁荣、城市发达，但从 15 世纪后半叶开始，各城邦之间又纷争不断、战祸连绵。这一情形，也反映在当时人的历史思考中。路易·勒鲁瓦(Louis Le Roy，1510—1577)在他被誉为"近代第一部文明史"的《论宇宙中各事物的差异和变迁》(*La Vicissitude ou variété des choses*)中指出，他所生活的时代，艺术繁荣，科技发达，在发明和创造上胜于前代。他认为在这些发明中，印刷术和指南针最为重要。但勒鲁瓦的历史观却又是悲观宿命的。他写道，从历史的经验来看，一个时代的繁荣常常只是一个暂时的现象，因为接踵而来的就是衰世，甚至衰亡。"今天的秩序和完美将为混乱所取

---

① Kelley, *Versions of History*, p. 264.

代,粗俗会取代优雅,无知会取代博学,野蛮会取代斯文。"① 这就是勒鲁瓦的总结。有趣的是,他的论证基础在于他对罗马帝国衰亡历史的丰厚知识。这种循环论甚至倒退论的史观,与修昔底德和李维都没有太大区别。不少文艺复兴的作家转向历史著述时都带着一种悲天悯人的心情,希图人们能吸取历史教训,避免类似的灾难发生。

其实,文艺复兴既然在本义上即指古典文明的重生,那么其学人有类似于古典作家的观点和看法,并不特别奇怪。但毕竟时代不同了,文艺复兴时期的史学也并不仅仅是古典史学的再生,而是具有一些新的特质。为史学近代化开辟了道路。为了解释这一点,我们还需看一下当时出现的"修昔底德热"。为什么当时的人对这位古典史家情有独钟呢?修昔底德希求以史为鉴自然是个原因,但还有其他原因。在古典史家中,修昔底德对于掌握史实的真实,最为重视,也用力最深。如前所述,对于古典文明的兴趣促成了人文主义和博古运动。受这些思潮的影响,文艺复兴时期的史家对于如何在他们的著述中展现历史的真实,有比前代人更为深刻的体会。由此,那时的学人不但用经世致用的态度重述历史,而且也开始通过细致的研究,重构历史的真实。弗拉维奥·比昂多就是其中一个杰出的代表。首先,他在史观上接受了彼得拉克关于三段论变化的论点,认为西方的历史从古代经中世纪,正在走向一个新的时代。但更重要的是他用了新的方法来研究、写作历史。像当时的许多人一样,比昂多对古代罗马充满好奇,为此想通过对各种遗迹的研究重现罗马古城的原貌。他的博古学研究涉及多个方面,不但研究古罗马的建筑和城市建设,测绘出古城的地形,还收集古罗马的钱币、墓志铭和各种古物,以增进对罗马历史的认识。在这些研究的基础上,比昂多写作了几部自罗马帝国衰亡以来的欧洲历史,有的近于地理志,对欧洲各国的疆域变迁做了详尽的描述,有的则是比较纯粹的历史著述,但主要采用实物史料,而非古人著作的残本。

---

① Kelley, *Versions of History*, p. 271.

第六章 史学近代化的初始

比昂多的历史著述是西方史学走向近代化的一个重要标志,是对传统史学的一个突破。其突破表现在以下两个方面。第一是对历史证据的重视和新的认识。传统史家自然也希图求真,但他们同时也尊崇古人的著作,并引以为据。这在文艺复兴时代仍然有所表现。比如马基雅维里的《论李维》,就是以古人的论著为据,阐述自己的体会。而他的《佛罗伦萨史》,则基本以李维、塔西佗等人的著作和其同时代人的同类作品为据,写作而成。换言之,马基雅维里的历史论著以寻求历史教训为目的,但较少自己研究的成果。从历史观念上看,马基雅维里还是以古书为权威,而比昂多及其他人文主义学者则希望从证据出发来重构历史。

从证据出发写作历史,是比昂多史学实践的第二个方面。基于他对罗马历史和文化的深入研究,比昂多已经看出古罗马史家的著作并不具有权威性,而他所收集的钱币、碑文和铭刻以及他对罗马建筑和城市的认知,或许比前人的著作更具权威,更能反映历史的真实,因而更应该引以为据。他将实物史料引入历史研究领域的做法影响深远,为以后许多史家所效仿。① 比如圭恰迪尼的《意大利史》,在史观上并没有比马基雅维里有更多新颖之处,但他却注意引用政府文献,因而在史学方法上有所创新。比昂多和圭恰迪尼所用的史料自然是不同的,但他们有一个共同之处,那就是注意从第一手史料出发写作历史。第一手史料可以是古物,亦可以是原始文献。而古代史家的作品则可能是第二手史料。总而言之,从比昂多开始,历史写作开始力求以研究发现的第一手史料为证,不再完全以古书为据,由此而形成了博古学研究和历史写作的一种交汇。这一交汇在当时只表现出一些端倪,将在以后的几个世纪中不断发展、完善。

文艺复兴时期的部分学者不仅开始注意第一手和第二手史料的区别,还扩大了对史料的认识。修昔底德希图以事实为据的做法仍然为他们所尊奉,但从研究古物和古文的需要出发,他们也对希罗多德式的历史

---

① 参见 Ernst Breisach 的评语, *Historiography: Ancient, Medieval and Modern*, Chicago: University of Chicago Press, 1983, p. 161。

著作产生了兴趣,因为正是这一类包罗万象、巨细无遗的作品,能提供他们所需要的有关古代法律、制度、风俗和习惯的知识,为他们鉴定和考证古物与古文的真伪,提供了重要的帮助。因此,那代人对历史知识的兴趣也渐渐超越了政治、军事活动的范围,而转入文化史的领域。上面提到的勒鲁瓦的《论宇宙中各事物的差异和变迁》一书,就是一个例子。尽管作者对历史的认知略显陈旧,但他所描述的内容林林总总、无所不包,远非"君主之鉴"的作品可以比拟。

勒鲁瓦那样的作品在当时并非孤例。他的老师纪尧姆·比戴(Guillaume Budé, 1467—1540)就是一位知识渊博的学者,精通拉丁文和希腊文,并出版了有关罗马法和希腊文法的著作。比戴利用他精湛的语言学知识考证、鉴定古书,并以此来重建和纠正对古代历史的认识,因此是一位"历史文献学家"(philologist)。像中国清代的考证学家一样,比戴与他的同行和学生都以精通古代语言著名,对语言(语法、修辞等)的发展演变有深入的认识,并具备深厚的历史素养,因而能检验古书、古文献的真伪。这一历史文献学(抑或考证学)[①]渊源于人文主义的研究,比戴的研究与上面提到的瓦拉对《君士坦丁的赠与》的研究,在方法上有不少相似之处。但历史文献学家不单考察语言的转变,还注意历史的背景。比如比戴除了研究语言之外,还注意收集古物,对古代的钱币和各种器皿颇有研究,并出版了著作,因此他不但是一名历史文献学家,更是一名一流的博古学家。总之,以人文主义为起始,发展出历史文献学和博古学、考古学等学科,由此变化,历史学逐渐从以训诲为目的转为以研究为目的。

当然,即使是以研究为目的、以扩充知识为方向的历史著述,也无可避免地带有功用的目的。以比戴而言,他研究了各种学问,但以诠释、订

[①] Philology 一词一般译为"语言学",比如傅斯年创立的历史语言研究所,其英文的称呼就是 Institute of History and Philology。但从其研究内容来看,西方的 philology 与中国的考证学或考据学传统有很多相似之处,并非语言学一词能概括。此处译为"历史文献学",是一个折中的办法,目的是对中西文化有所区别。

正罗马法为中心,并因此而声誉卓著。研究罗马法能引起如此重视,自然是因为这一研究最能经世致用。其时注重研究罗马法的还有不少人物。① 但研究罗马法的渊源和变化必须结合其他历史知识,了解罗马社会的文化习俗等各个方面,不能只重视政治和军事人物的言行,因此就必须慢慢突破修昔底德式的史学。比如瑞士学者克里斯多菲·米尤(Christophe Milieu,约 1502—1579)在 16 世纪中期出版《事物全史》(Writing the History of the Universe of Things)一书,宣称"历史是所有人类的知识宝藏",所以应该无所不包。米尤的"大历史"眼光,使他把历史研究的范围概括为五个层次,分别是自然史、制度史、统治史、知识史和文献(学)史,并认为这几个层次之间呈现一种递进的关系。由此米尤把文化的发展视为历史发展的高级阶段,抑或进化的结果。② 重视人类在文化领域的成就,也在吉奥杰奥·瓦萨里(Georgio Vasari,1511—1574)的名著《艺苑名人传》(Le Vite de' più eccellenti pittori, scultori, ed architettori)中得到充分体现。通过写作他那个时代各种艺术家、建筑师的传记,瓦萨利为读者展示了文艺复兴时代在文化艺术领域所获得的巨大成功。瓦萨利本人也获得了两个"第一"的荣耀。他的《艺苑名人传》是第一部艺术史,而他也是第一个正式使用"文艺复兴"这个词语的作者。

综上所述,文艺复兴时期的史学经历了从古代到近代的逐渐转化。古典史学的传统在那时获得重生。同时,对古典文化的崇敬又催生了一些新的学问,有助更新人们的历史观,扩大对于史料的认知,进而改进历史写作的方法。值得一提的是,美洲新大陆的发现、印刷术的普及等,都是这些学术发展的重要背景。譬如,新大陆的发现让人们看到中世纪的世界史和普世史的缺陷,而印刷术的发明和运用让人们更注意版本的真伪,从而大大推进了历史文献学、博古学等类学问的发展。这些学科的进

---

① 参见 Kelley, *Foundations of Modern Historical Scholarship*。
② Kelley, *Faces of History*, 页 154—155。

展,为保障历史著述的真实性提供了相对坚实的基础。

第四节　宗教改革与修史热潮

16 世纪初叶,文艺复兴运动正进行得如火如荼,而在这个时候,欧洲历史上又发生了一场划时代的变革,那就是宗教改革运动。1517 年,马丁·路德(Martin Luther, 1483—1546),一个虔诚而又执着的基督徒和神学教授,提出了《九十五条论纲》,对教会兜售"赎罪券"的做法提出质疑,由此引发了人们对教皇和教会权威的讨论。这场争辩(以后又让欧洲布满战火)的结果不但改变了历史,也改变了历史学。就历史而言,欧洲基督教团体分裂,形成了天主教与新教的对立,并引起了民族之间、王国内部和彼此之间的对抗,欧洲历史从此翻开了新的一页。而在史学发展的层面,宗教改革的冲击同样重大。在教会双方的争辩、对立中,各方都引经据典,以历史知识为武器,论证自己的立场,从而掀起了一场重新修史的热潮。

宗教改革对历史学有如此重大的冲击,并不奇怪,因为马丁·路德引发的论争其实就是一场有关教会史的论争,其核心的问题就是教会和教皇是否在历史上享有无上权威,从而可以无所不为。马丁·路德本人虽然不是历史学家,但对历史研究充满热忱。他尝言:

> 著名的罗马人瓦罗曾说过,教学的最好办法就是在解说一个字的时候,给一个例子或者插图,两者能让人清楚地理解和牢记。如果说理而不给例子,不管这个道理如何恰当和精彩,它都无法让人清晰理解并铭记在心。历史因此具有很高的价值。……一个会思考的人便能看到,历史的叙述是一个活水源泉,几乎所有的法律、艺术、贤行、忠告、警示、恐惧、慰藉、力量、教诲、精明、智慧、慎思和德行,都源

自于此。①

马丁·路德提出的《九十五条论纲》基本都是一些论点,但却以其历史知识背景为基础。路德在大学时代经受过人文主义的训练,对古典文献有所研究。当然,他所注意的是教会史的文献。作为一个虔诚的教徒,路德的史观带有浓厚的宗教色彩。比如,他指出历史是各种知识的活水源泉正是因为他认为历史活动的一切都与上帝的意志有关,反映了上帝的神谕和判断以及对人类前途的整体规划。② 这种宗教热忱可以让历史著述充满神迹,但也可以让史家更为尊重历史,从而努力追求其真实性。

就当时而言,路德及其支持者对于上帝和上帝之子耶稣的极端热诚,激发了他们对教皇和教会权威的挑战。这对他们来说其实是不得已之举,因为兜售"赎罪券"是教皇允准的,反对"赎罪券"就是违逆了教皇的命令。那么,教皇是否一直就应该享有如此权威呢?要解答这个问题,必须研究教会的发展史。如此,路德和支持者与意大利人文主义者马基雅维里等人批评教皇的目的和手段取得了一致。他们都不满教皇的专横跋扈,又都诉诸历史,希图通过研究和解读历史来揭示和说明自己的观点。路德在阐说历史的功用时,引用了罗马学者瓦罗的话,这便能帮助我们认识文艺复兴与宗教改革的内在关联。如果说人文主义者是为了恢复古典文化,那么路德等新教徒则想恢复古典基督教。不过有趣的是,当时也有天主教徒参与恢复古典基督教历史的工作,尼德兰人伊拉斯谟(Erasmus,1466—1536),就是一个显例。伊拉斯谟并不支持路德,宗教改革发生以后,他仍然没有脱离天主教会。但他用人文主义的手段,考订了拉丁文和希腊文《新约圣经》等教会历史文献,让教徒们重新认识了基督教的历史渊源和传统。伊拉斯谟因此获得"基督教人文主义者"的美誉。如同其他古典文献一样,在漫长的中世纪,教会的文献也有篡改、增

---

① Kelley, *Versions of History*, pp. 214—215.
② 见 Kelley, *Faces of History*, 页 162。

补和假冒的问题(瓦拉批驳《君士坦丁的赠与》便是一例)。伊拉斯谟等人的工作,使得当时的人渐渐获知早期基督教的情况及其历史演变。

如果对基督教发展的历史稍有了解,那么就很容易看出教会的无上权威和教皇的不可一世,都是后来衍生出来的东西,与耶稣及其早期信徒的行为相差甚远。因此,伊拉斯谟虽然没有离开教会,但他照样对教皇的骄奢淫逸提出了严厉的批评。路德和他的信徒很快就认识到,要想真正驳倒教皇,必须重构历史,剔除所有他们所称的"人为的传统"(human traditions),也即后人建立的教会机制及其理论解说,而与上帝和上帝之子耶稣直接沟通。所以,新教徒的宗教实践以"唯独圣经"和"唯独信心"(相信自己的内心)为特征。他们强调信仰,即与耶稣和上帝在心灵上的交流,不想接受中介物(教会)和中介人(教父)的太多干预。

新教徒提倡这样的宗教实践,以他们对早期基督教的历史的理解为基础。毋庸赘言,在基督教发展早期,自然不会有像后来那样规模庞大、等级森严的教会制度,教友们之间也享有比较平等的地位。这样的宗教生活被路德及其追随者视为理想的状态,并用历史事实加以证明、说明。路德的第一个信徒马丁·布塞尔(Martin Bucer,1491—1551)研究早期基督教的历史。他揭示出基督教的发展经历了不同的历史时期,而在早期阶段,教徒常常仰君主鼻息以求得生存,根本没有后来教皇所享有的威望和权力。而路德的另一位得力助手和同事菲利普·梅兰希顿(Phillip Melanchthon,1497—1560)不但系统阐说了新教的教义,还在各大学讲述基督教的发展史。他还与女婿合作,在一部德文旧作的基础上,用拉丁文编写了卷帙浩繁的《编年史》(*Chronica Carionis*),细致地重构了他们所知、所信的人类社会演化史。与中世纪的编年史不同,他们的著作恢复了圣奥古斯丁的传统,将尘世与天国(基督传教及教会的发展)的历史分开处理。不过,当年奥古斯丁写作《论天国》是为了将基督教的兴起,置于历史长河中考察,而梅兰希顿对尘世与天国的区分,则是新教徒希望剔除"人为的传统"的做法的一种延伸和实践。

梅兰希顿的《编年史》虽然篇幅宏伟,但还不足以成为当时修史热潮

第六章 史学近代化的初始

的典型。马提阿斯·弗拉奇乌斯（Matthias Flacius，1520—1575）是马丁·路德的又一位支持者。他耗时多年编写的《马格德堡世纪史》(Magdeburg Centuries)从耶稣开始，更为系统、详尽地重构基督教会的演变史，篇幅更大。弗拉奇乌斯也有鲜明的观点，认为自耶稣以后，基督教会的演变是一个不断退化、不断堕落的过程。而且他指出，这一退化、堕落的过程，是如此循序渐进，没有什么转折、突变之处，因此他的写作只能以世纪为顺序，故有《马格德堡世纪史》的俗称。但他的出发点主要是为了称颂和赞扬早期基督徒的牺牲、贤德和高尚，以求与之后教皇权力的上升和随之而来的腐败相对照。有必要一提的是，同为路德的亲密盟友，弗拉奇乌斯与梅兰希顿后来在阐说新教教义时产生纠纷，双方各持己见，损害了彼此间的友情。但在新教徒中，这种分歧和分裂十分常见。因为新教提倡"唯独信心"，反对权威和正统，其内部往往教派林立，不像天主教那样等级有序，律令森严。

　　新教徒之间虽有争执和纠纷，但他们与天主教会之间的斗争更为势不两立。宗教改革以后，基督教会一统天下的局面被打破（此处开始改称教会为天主教会，以示区别），自然引起天主教徒的不满和仇恨。弗拉奇乌斯的《马格德堡世纪史》认定教皇是反耶稣的，因此首当其冲，成为天主教人士攻击的主要对象。意大利红衣主教、天主教的博学之士切萨尔·博洛尼斯（Caesar Baronius，1538—1607）在 16 世纪末开始写作《教会编年史》(Annales Ecclesiastici)，条分缕析地反驳《马格德堡世纪书》所述的教会史。博洛尼斯的立场十分明确，那就是用历史来证明教会的存在和发展，更好地阐释、解说和实践基督教教义。他延用传统的编年史体裁来写作此书，已经说明了他的守旧立场。但有趣的是，博洛尼斯为了批驳《马格德堡世纪史》，必须具列可信的历史事实，因此也就需要依赖人文主义的手段，以经过核实考订的可靠史料为依据。《教会编年史》出版以后，新教人士又质疑博洛尼斯所叙历史的真实性；为了反驳的需要，他们还须从考订、核实史料出发。于是，天主教和新教的史家虽然立场不同，但都不约而同地采用人文主义、历史文献学的方法写作历史，使得考订和研究史料成为历史著述的出发点。

不过,尽管两派的研究手段相近,但提倡宗教改革的新教人士在历史观上仍显现出明确的不同。更确切地说,路德等人对历史的态度体现了一种新的历史认识论,那就是看到了时间之变和历史之异。路德及其信徒大致接受早期基督教教父的学说,但前面已经提到,他们与奥古斯丁等人又有明显的不同。奥古斯丁综合异教和基督教、尘世与天国,其最终目的是为了证明基督教会的永恒性和超时性。中世纪时代出现的多部世界编年史基本都遵循这一思路。而新教人士则大力强调早期基督教和以后教会传统的不同,认为后者是添加的、人为的,由此引入了一种历史断裂、时代不同的观念和态度。[①] 在这点上,他们与彼得拉克等人文主义者纠正"古今不分"的观念,异曲同工。他们都指出,过去和现在有本质的不同;现代人考察、研究过去,写成史书,是为了重构过去,而不是视过去为永恒、过去与现在为一体。这一新的历史认识论后来成为近代史学的理论前提。

第五节 民族史的雏形

随着文艺复兴、宗教改革的开展,欧洲基督教的一统天下发生裂变。这一根本性的变动,既来自于欧洲内部,也有外来因素的影响,那就是美洲新大陆的发现。因此欧洲人的历史观在那时出现明显的变化,并不让人讶异。就历史著述的层面而言,这些变化的直接结果,就是质疑中世纪流行的世界编年史及其背后的普世史理念。美洲的发现,不仅让一块崭新的大陆突然呈现在欧洲人眼前,而且还有那里的居民,即居住在美洲的、被欧洲人统称为印第安人的新人类。向来认为上帝创世和造人的基督徒,必须设法将这些新人类纳入他们认知的世界版图之中。而其中的

---

① 参见 Anthony Kemp, *The Estrangement of the Past: A Study in the Origins of Modern Historical Consciousness*, Oxford: Oxford University Press, 1991。

一个难题,就是如何重新为世界历史纪年,并将世界各种人类都囊括其中。毋庸置疑,这样的世界纪年,是写作普世史的前提。美洲新大陆的发现让不少学者看到,中世纪史家的历史观和世界观虽然力求且号称普世,但其知识基础却非常狭隘。16世纪初年,欧洲人在美洲势力的主要代表、西班牙国王查理出任神圣罗马帝国的皇帝,这使得如何解释美洲大陆的存在和美洲居民的(精神或宗教)归属,也即把各人种之间的关系问题提上了议事日程。当然,要想重构世界编年、重写普世史,还有待时日。但毋庸置疑,这是一个新的开始。

同时,人文主义和历史文献学研究的深入开展,也暴露了中世纪编年史的纪年问题。比如,以博学著称的尼德兰学者约瑟夫·斯盖里格尔(Joseph Scaliger,1540—1609)凭借对历史文献的熟悉掌握和详尽考订发现,中世纪学者对于古代历史和年代的知识大多取自《旧约圣经》,以希腊和罗马为限,而无视波斯、埃及、巴比伦和犹太文化。结合当时哥白尼在天文学的新发现,斯盖里格尔希图重建世界纪年的系统。构建新的世界纪年法,其实也就是对传统纪年的否定,至少要做一些必要的调整。而修正和否定传统的基督纪年,也就自然要重塑传统的普世概念。其实,新教学者希图区分尘世与天国的历史,将两者置于不同的范畴加以考察,就是在这方面的努力。

区别尘世与天国、俗人与教会的历史,对历史观提出了一个新的挑战。以往的神学史观认为,尘世的存在与演化无非是为天国的降临铺路。两者一旦被区别开来,那么尘世历史(也就是一般意义上的人类历史)的变化究竟具有何种意义、受何种力量支配呢?于是,有关历史性质和意义的讨论便成为当时的一个重要课题。法兰西学者让·博丹(Jean Bodin,1530—1596)的《理解历史的方法》(*Methodus ad facilem historiarum cognitionem*)一书便在此背景下应运而生。这本书的篇幅不算大,但却对近代史学的形成产生了至少两方面的影响。首先是博丹对历史学的性质、功用和种类的思考。博丹本人是一名法学家和政治思想家。他从自身法律实践的角度出发,论证了历史的功用,认为历史研究的确是"人生之师"、智慧之源泉。换言之,他不认为历史知识只是为了修饰文辞和演说,而是具有独立的、不可替代的价值。博丹指出,历史学范围广大,可以概括为三种,分别是人类史、自然史和神圣史。人类史的主题是人的社会活动,自然史探讨自然界隐藏的规律,神圣史则记录上帝的无所不能和不朽的灵魂。对他而言,这三种历史都各有其特征:人类史受控于或然率,自然史受控于必然率,而神圣史则是神意的展开。于是,认知人类史是为了获得判断力,自然史是为了增长知识而神圣史是为了增强信仰。

其次,尽管博丹认为以上三种历史知识的产生有互补的作用——人类史让人认识好坏,自然史让人辨别真伪,神圣史使人分清虔敬与虚伪。但他写作《理解历史的方法》的重点是探究人类史背后的规律。由此出发,博丹形成了他对历史的基本看法。他的做法是解释过往历史,并总结出一些现象。而他探究的手段,则主要是从政治和军事的角度入手。比如他看到,自古代以来,由于气候、环境等因素,北方的民族一直比较强悍,经常成为入侵者,进犯南方的领土。以英法长年的交恶为例,英国人常能进犯法国,而法国人若不被邀请,则少有能进入英伦三岛的。同样,处于相对靠南位置的英格兰虽然貌似强盛,但却也无法征服处于北方的苏格兰人。博丹还对中世纪一直流行的但以理的四大王朝说提出了挑战。但以理指出,在天国的人间代理——基督教会——掌控天下之前,尘世的历史由巴比伦人、波斯人、希腊人和罗马人先后称霸统治。重要和有趣的是,博丹批评但以理,不仅因为他要阐发自己的历史发展理论,而且因为但以理的说法得到了路德、梅兰希顿等人的赞同,而博丹虽然不满教皇,但却没有脱离天主教会。更为重要的是,路德等人支持但以理的理论,是因为他们身为德意志人,认为神圣罗马帝国是古代罗马帝国的再生,而作为法国人的博丹对其的否定,也未免掺杂有民族主义的情感。

其实,宗教改革的蓬勃发展与民族主义在欧洲的萌芽不无关系。在中世纪的欧洲,教皇以"君临天下"之势收取各地教徒的什一税,充实自己的金库。教皇虽然号称是欧洲乃至天下基督徒的首领,但其实到了中世纪后期,教皇的选举产生常在南部欧洲人中间轮转。北部的欧洲人,由于地处偏僻、交通不便，常常被排除在外。宗教改革爆发以后，新教在北方的王国中得到不少支持，便是这个道理。最后，基督教的天下崩裂，大致以南北为界，就是证据。由此来看，博丹的影响的确是多重和深远的。他不但帮助提高了历史学的学科地位，而且探索了历史解释的方法。他对政治、军事活动变迁的重视，使得历史研究在走出神学史观之后的很长一段时间内，一直以政治史、军事史和外交史为主流。而他的民族主义情感，让他看到欧洲各民族的不同历史渊源和文化特征，有助推动当时慢慢兴起的民族史学。

以打破天主教会的威权来看，英格兰国王亨利八世（Henry VIII，1491—1547）由于婚姻问题而与教皇决裂，导致英国教会脱离梵蒂冈而独立，在当时算得上是一件大事。这件事一方面是教皇一统天下破裂的有力证据，另一方面也显示出在这之前教皇权力的无所不及：根据中世纪后期教会的规定，一旦结婚，教徒就不能离婚；贵族王公离婚须经教皇核准。不管国王的动机如何，英国教会趁此契机与教皇脱离了关系，为新教在英格兰的普及铺平了道路。由此，英国出现了一些当时颇为闻名的新教史家。他们在接受新教的史观以后，又转而记载英国的历史，成为民族史写作的先驱。约翰·佛克斯（John Foxe，1516—1587）便是当时的一个代表，以《殉道者之书》（*Acts and Monuments*）闻名。该书出版后，英国的新教徒，即圣公会教友几乎人手一册。阅读此书让他们看到早期基督徒如何为了信仰不甘屈服、不惜牺牲的英勇事迹，激励他们挑战天主教会的决心和动力。佛克斯写作此书，有宗教的和民族的双重原因。就前者而言，佛克斯本人是一位坚定的新教徒，在求学期间接受新教教义后也曾受到迫害，但他没有丝毫动摇。他研究殉道者的事迹，就是为了与当时不少教皇的骄奢淫逸形成鲜明对照，希望基督徒以这些早期的殉道者为榜样，而不是盲目尊奉、服从教会的规则和教皇的指令。同时，佛克斯写作有关殉道者的业绩，又以自14世纪以来英国的（新教）殉道者为主。当然，在宗教改革以前，那些人只能称作新教的先驱。而佛克斯注重本国殉道者的做法，使得他的著述成为民族史写作的一个尝试。

与佛克斯同时，还有一位更加注重英国历史的学者，那就是约翰·莱伦德(John Leland, 1503—1552)。莱伦德一生的研究，都侧重英国的地方文化、地理和历史，被称为"英国地方历史和文献之父"。他能获得这个荣誉，是因为他曾多次环游英格兰和威尔士等地，考察、收集和考订文献，测绘地貌地形，进行考古研究。他在考察途中做了详细的笔记，并将之出版。莱伦德的多卷本《游记》(The Itinerary)既是后人研究英国历史发展的重要资料，同时也是历史著述。它的叙述从中世纪初年开始，一直到亨利八世，内容丰富，包罗万象，其意图其实是编一部《古代不列颠志书》(De Antiquitate Britannica)。在考察旅行中，莱伦德还发现了罗马的钱币和铭文，虽然他本人未能全部识读，但他的发现和收集至少让人们看到，在古代文献的零星记载之外，还有实物史料可以证明罗马人进驻英格兰的古代历史。

英国民族史的著述在威廉·坎姆登那里走向成熟。像莱伦德一样，坎姆登是一位博古学家，对古代史料充满兴趣，同时他也是一位历史学家，著有《伊丽莎白一世编年史》(Annales Rerum Gestarum Angliae et Hiberniae Regnate Elizabetha)。但坎姆登最著名的著作，是他编纂的《大不列颠风土志》(Britannia)，从罗马时代一直写到他生活的时代。由此，坎姆登堪称英国民族史学之父。坎姆登的著述不但基于文献史料及前人(如莱伦德)的研究，更利用了大量实物史料，充分展现了他广博的博古学知识。坎姆登的口号是："重建不列颠的古代，也让古代拥有不列颠。"他的做法是，变史学著述为一种研究、一门学问，从而走出史学写作从属于修辞学的传统模式。坎姆登的成就，是16世纪欧洲学术史发展的一个经典代表。

民族史学逐渐兴起的另一个特征，就是当时的学者虽然精通拉丁文乃至希腊文，但开始用地方语言写作。因为打破天主教会的一统天下，也包括突破拉丁文的"垄断"，使之不再成为唯一的学术语言。当然这是个渐变的过程。比如莱伦德和坎姆登等人常常先用拉丁文写作，然后再由他们自己或他人译成英文出版。值得一提的是，这一尝试并不限于信奉

第六章 史学近代化的初始

新教的史家。早在16世纪初期,后来以《乌托邦》(*Utopia*)一书而扬名天下的托马斯·莫尔(Thomas More,1478—1535),就用拉丁和英文写作了《理查三世史》(*History of King Richard III*)。莫尔是伊拉斯谟的好友,具有深厚的人文主义素养。他的《理查三世史》文辞优美、叙述流畅、人物鲜明,在人文主义史学中的地位与马基雅维里和圭恰迪尼等人的著作相比毫不逊色。然而莫尔是个虔诚的天主教徒。他曾是英王亨利八世的秘书,但他强烈反对亨利离婚,因此也反对英国的宗教改革,甚至不惜为此走上了断头台。英国的宗教改革起伏多变,但用英文写作的风气已成不可逆转之势。到了17世纪晚期,另一位政治上的保守派爱德华·海德(Edward Hyde,1609—1674),即克莱伦顿伯爵,写就了一本英文史学名著——《英国叛乱及内战史》(*The History of the Rebellion*)。虽然作者立场落伍保守,但他的英文造诣却为后人所称道。17世纪之后,拉丁文"一统天下"的局面已经是明日黄花了。

英国之外,以本民族为题材的历史著述也同时在欧洲其他地区出现。最初涉足这一领域的史家以新教徒为多。毋庸赘言,与天主教徒相比,新教学者在当时属于创新者,更注重彰显地方和民族的文化及语言特色。在史学之外,马丁·路德将《圣经》译成德文,为近代德文的形成奠基,便是一个显例。之后欧洲各国都有学者模仿路德,将《圣经》译成他们的语言,使得拉丁文的《圣经》在近代欧洲不再流行,即便是在天主教徒中也不例外。不同语言版本的《圣经》之所以能够流行,自然有政治力量介入的影响。历史著作的写作亦是如此。例如,出生于卢森堡、后来在欧洲各地游学、任职的史家约翰·斯莱顿(Johann Sleidan,1506—1556)是一位与梅兰希顿齐名的新教史家。正如马基雅维里写作《君主论》是为了献给美第奇家族,证明自己的识见和才智,斯莱顿写作《宗教改革史》(*Commentariorum de statu religionis et reipublicae, Carolo V. Caesare, libri XXVI*)则是为了让事实说话,让反对宗教改革的神圣罗马帝国皇帝查理五世看到宗教改革的渊源发展和历史意义。为此目的,斯莱顿努力采撷可靠的史料,细心铺陈史实,以求著述的真实性。多年在欧洲各国从事外交活动的经历使他享有独特的机会,得以掌握不少旁人无法获知的资料,为他的写作提供了很大的帮助。斯莱顿尽力做到不偏不倚,因此他的著作甚至让一些新教徒感到不满,而又得到一些天主教学者的认可。他的《宗教改革史》后来被译成各种欧洲文字,成为后人了解宗教改革的重要途经。

斯莱顿的这种做法也与他对神圣罗马帝国的态度有关。虽然皇帝查理五世反对宗教改革,但斯莱顿对查理皇帝仍然颇为恭敬,并视其统治下的帝国为标记尘世历史的四大王朝之一罗马帝国的延续。其他出生于德意志地区的学者,无论宗教信仰,更是对德意志的历史充满骄傲和兴趣。毕竟,德意志地区是日耳曼人的发源地,而古代史家塔西佗又著有《日耳曼尼亚志》,为这些学者提供了研究古代德意志的重要线索。因此,德意志学者探求该地区的古代文化往往从评注塔西佗的《日耳曼尼亚志》开始。康拉德·策尔蒂斯(Conrad Celtis,1459—1508)、亨利希·倍贝尔(Heinrich Bebel,1478—1512)和安德里奥斯·阿尔沙莫尔(Andreas Althamer,1500—1539)等人都以注释塔西佗而闻名,并通过这种人文主义的研究重建德意志地区的历史。阿尔沙莫尔声称"我们的塔西佗"是"描画、赞赏和称颂德意志"的第一个也是最好的作者。而比图斯·瑞纳努斯(Beatus Rhenanus,1485—1547)则想通过评注《日耳曼尼亚志》和写作《德意志史》证明,"德意志人一直享有完全的自由"。①

如果说德意志的人文主义学者由于拥有一本古书而感到骄傲自豪,那么法兰西作为曾经的罗马帝国的一个行省,亦让人文主义学者引以为荣。博丹就曾在其论著中透露出民族主义的情绪;并对新教史家梅兰希顿和斯莱顿推崇以德意志为主的神圣罗马帝国表示了不满。博丹的情绪并非毫无根据。在他以前,罗贝尔·盖甘(Robert Gaguin,1433—1501)就著有《法兰西人的成就与渊源》(*Compendium super Francorum origine et gestis*),专门记载了法兰西的古代文化。的确,如果日耳曼人

---

① Kelley, *Faces of History*, pp.174—175.

第六章 史学近代化的初始

有崇尚自由的传统,那么法兰克人的文化似乎也应与之相近——在罗马帝国的时代,他们都同样被视为未开化的"蛮族"。弗朗索瓦·奥特曼(François Hotman,1522—1590)的写作,也以回溯法兰克王国的历史和制度为中心。但与格雷戈里的《法兰克人史》不同,奥特曼是一位学养深厚的人文主义者;他的著述剔除了神迹,用事实来重构法兰西的起源,赞赏法兰西法律的传统。奥特曼本人是一位坚定的新教徒,但像斯莱顿一样,他对法兰西历史的叙述尽量客观,不夹杂浓厚的宗教偏见。不过,他对法兰西民族和历史的热爱在书中亦流露无余。同样,雅克-奥古斯图·德·图(Jacques-Auguste de Thou,1553—1617)是一位天主教徒,与奥特曼亦熟。他写就的欧洲当代史——《我们时代的历史》(*Historia sui temporis*)用详细的笔墨描述自 1546 年至 1607 年的历史,但以法兰西的历史为主线。德·图也尽量避免在写作中流露自己的宗教立场,因此受到天主教人士的批评。对此他的回应是:"历史学的首要原则就是要揭露假象,其次要勇于揭示真相。"德·图认为唯此才能对后代负责;其著作才会垂诸久远。他在史学上取得的成就,被后人认为代表了当时欧洲的最高水平。[①] 除了上述人物之外,艾提艾涅·帕基耶(Étienne Pasquier,1529—1615)对法兰西政治制度的详尽研究,也是法兰西民族史学发展的一个坐标。总之,以人文主义和宗教改革的开展为背景,有关法兰西民族的历史著述层出不穷。路易·勒克伦(Louis Le Caron,1534—1613)由此而感叹:"法兰西人不用借助希腊和罗马;法兰西自己就有足够的历史〔来证明其光荣〕。"[②]

毫无疑问,突破了教会"大一统"的统治,以民族历史为中心的史学在 16 世纪欧洲各地都有显著的发展。但这并不等于说传统文化已经完全被取代。举例而言,中世纪编纂世界编年史的传统一直到 17 世纪末仍有传人,其成果也引人注目,流通甚广。譬如英国的著名人物沃尔特·雷利

---

① Kelley, *Versions of History*, pp.363—365.
② Kelley, *Faces of History*, p.177.

爵士（Sir Walter Raleigh，1552—1618），是英女王伊丽莎白一世的红人，在政界、军界和文学界都名闻遐迩。女王死后，他曾被即位者查理一世长期囚禁，在狱中写就《世界史》(The Histories of the World)，从上帝创世开始一直写到马其顿王国的衰亡，在形式上与许多中世纪的史著颇为接近，但文采斐然。法国的雅克-贝尼尼·波舒哀则更决意继承、发扬中世纪的史学传统。他历时多年写就的《世界史论述》(Discours sur l'histoire universelle)亦从上帝创世开始，经七个时期，一直写到查理大帝时代，在形式上几乎是圣奥古斯丁《上帝之城》的再版。上面这两本著作，虽然内容陈旧，但文笔流畅，受人欢迎。不过，即使是这些貌似复古的作品，也开始反映时代的变化。比如博须埃对世界史的论述已经比较重视人的作用力，也较多地承认人世的进步。毋庸置疑，这些都是史学走向近代的表现。

第七章

近代史学的建立

第一节 博古学与历史学

长期任教于牛津大学的现代意大利学者阿纳尔多·莫米利亚诺（Arnaldo Momigliano）曾经这样写道："我一生都对一种人特别好奇：他们与我的职业相近；我可以清楚地知道他们的志趣，也能分享他们的热诚，可他们的最终目标又让我感到神秘莫测。这种人对历史的事实充满兴趣，但对历史学却兴味索然。"莫米利亚诺所描述的，正是近代欧洲早期的博古学者。他指出，到了18世纪之后，这类博古学者已经几乎不见踪影了。而他们的消失正是学科分化的结果；他们在近代或许成了收藏家或者人类学家。莫米利亚诺由此而感叹：博古学本身成了一个历史问题，而之所以会这样，是因为历史的变化。但吊诡的是，探讨这种历史变动又会令博古学家深感无趣。[①]

如前所述，博古研究源远流长。古罗马的"博学之士"瓦罗就以研究古物、古书而闻名。甚至"博古"之名也来自瓦罗。我们在上一章里也提到，如人文主义一样，博古运动是欧洲人重拾、重建古典文化的一个产物。如果说人文主义以探究古典文献为主业，那么博古学则还收集、研究各种

---

① Arnaldo Momigliano, "The Rise of Antiquarian Research", *The Classic Foundations of Modern Historiography*, Chicago: University of Chicago Press, 1990, p.54.

古董、古物。但人文主义者和博古学家往往又重合于一人。譬如比昂多就是一位,而与比昂多同时的伯吉奥·布拉乔利尼(Poggio Brocciolini, 1380—1459)亦是如此。布拉乔利尼的例子,最能体现人文主义与博古运动的内在联系。布拉乔利尼热衷收集古书,即前世留下的各种手抄稿本。为此目的,他几乎走访了欧洲各地的修道院图书馆,然后对各种手稿本进行核对、整理和校订。通过他的努力,许多古典著作得以重见天日。但同时布拉乔利尼又对名胜古迹充满兴趣,所以他的多次出游并不只是为了收集文献,也为了欣赏和研究古代的建筑,然后与书本知识加以对照。他曾经在罗马城的旧址徘徊,发出类似"逝者如斯夫"的感叹。(后面将要讲到,18世纪的伟大史家爱德华·吉本在走访罗马古迹的时候,也想到了布拉乔利尼,并表达了相似的思古之情。)① 布拉乔利尼试图用考古的手段补充和纠正书本知识,这种寻找"二重证据"的手段,体现了博古研究的特色。

博古研究的目的是收集各种古物,因此其研究手段是多学科的。如用现代的学科区分法,博古研究综合了考古学、民族学、古文献学、比较语言学、人类学等多种学科的方法。采用这一多学科的研究手段,是因为研究对象的需要。古代的文物,种类繁多。除了古代殿堂、纪念碑、功勋墙等遗迹之外,还有钱币、羊皮文书、盔甲、铭文、石刻等等。在上述这些古物之外,还有各类古本,即文献史料,也是博古学家研究的对象。对于博古学家而言,他们对古代的兴趣没有止境;但凡一切与古代有关的事物都可以成为他们关注的对象。譬如为了了解古代风俗,他们除了参考古书记载,还会收集、整理歌谣等民间材料。为了了解古人的经济生活,他们还补充天文学的知识,研究气候的变化。而研究古代城市的规模和建设,则要学地理学和测绘学等。在文献研究方面,由于拉丁文本身经历了种种变化,而且还有希腊文的古典文本,所以又必须掌握多种语言及语

---

① 参见 Joseph M. Levine, "The Antiquarian Enterprise, 1500—1800", *Humanism and History: Origins of Modern English Historiography*, Ithaca: Cornell University Press, 1987, pp. 73—76。

第七章　近代史学的建立

源学。

博古运动兴盛的原因像其研究手段一样多元和多样。文艺复兴的起始,固然以恢复古典文化为宗旨,但其发展的结果则让欧洲人看到了一个截然不同的世界,因而使他们不再把中世纪以来形成的制度和观念,视为理所当然和神圣不可侵犯。由此,欧洲进入了一个前所未有的思想解放的时代,为一种被当时人称为"皮浪主义"(Pyrrhonism),也即极端怀疑主义的风气所笼罩。其实"皮浪主义"这一称呼也是人文主义和博古运动的产物。皮浪(Pyrrho,约公元前360—前270)本人是一个古希腊学者,据说曾去印度游历,后来就指出一切都不可信、一切均可怀疑。皮浪的生平和学说主要见于罗马学者塞科斯特斯·安普利克斯(Sextus Empricus,约公元160—210)的著作《皮浪主义概说》(*Pyrrhōneioi hypotypōseis*)。换言之,在中世纪时代,这两个人物显然都不为人所知;只是通过人文主义对古典文化的发掘,他们的论述才重见天日。当然,皮浪是否真的存在、是否真有其说、安普利克斯对他的描述是否真确,都是可以怀疑和研究的问题。

总之,皮浪主义的流行让欧洲人冲破了传统的思想枷锁,从而敢于思考,敢于质疑,敢于探索。简单言之,皮浪主义就是疑古主义;皮浪主义者就是疑古派。正是这种疑古的风气,让欧洲学者努力运用多种手段探究任何事物的真相。如同前章所示,以历史写作而言,中世纪流行的世界、普世的编年史逐渐为以民族为主题的史著所取代。其中原因,不难理解。中世纪编年史的编写,编者大多为足不出户的僧侣,其采用的史料除了圣经、福音书等教义以外,大都是一些传闻和二手著作。而且,因为他们处理的题材是普世的历史,以求揭橥上帝的神意,所以采用二手的材料也就无可避免。但宗教改革以后,许多教会认可的宗教经典都受到了怀疑,其权威性受到了挑战,因此这类展现神意史观的著作被逐渐取代,也就自然可以理解了。

但是前章也举例证明,即使被有所取代,但普世史、世界史的著述仍有市场。这里有至少两个原因。第一,虽然天主教会受到重创,但仍然存在并伺机反扑,而新教徒虽然挑战并脱离了天主教会,但他们的宗教信仰依旧,也仍然坚信上帝的存在和上帝创世的理念,所以如何在人类历史中寻求和证明上帝的神谕,仍具吸引力。在17世纪之后,各类史家不断编纂、重写世界史就是例子。第二与历史学的功用有关,即人们如何看待历史著述的社会作用,也即历史著述到底是为了鉴往知来还是为了保存记忆。如前所述,人文主义者对古典文化的探究已经让他们发现,从古希腊开始,历史学便出现了两大类型:希罗多德式的作品和修昔底德式的史著。前者的出发点是保存人们对过去的记忆,因此力图包罗万象,而后者则认为前事不忘、后事之师,因此特别注重主导某段历史的事件而加以记录和描述。在前现代社会,领袖人物的作为常常被视为历史变动的主导力量,因此,修昔底德式的政治军事史不仅在古代而且在文艺复兴之后,仍然大行其道。为了能从历史中汲取教训、嘉惠后人,史家又必须运用各种修辞的手段;史学长期从属于修辞学,也源自于此。

由于力求无所不包,因此希罗多德式的博学在古代成了知识的象征。在古代希腊,哲学家抑或智者都会利用这类研究获取对宇宙和世界的认知,从而提炼出某种学说。而与此相对照,专注研究政治、军事活动以求历史教训的著作则主题集中,因此内容也比较狭窄。但不管是希罗多德式的还是修昔底德式的历史著述,都有一个共同特点,那就是运用事实来铺陈并解释历史的发展和变动。由此缘故,历史叙述基本按照时间的顺序展开,而在中世纪,受基督教史观的影响,史家更加重视纪年,希求从时间的流动中描述历史的演变。而无论是叙述体还是编年体,史家记录事实基本都是为了说明、解释一些现象。由此,莫米利亚诺认为,至少在15、16世纪的欧洲,历史著述与博古研究十分不同。首先,博古学家虽然喜欢过去,但不注重时间的流变;他们只想对某件古物做系统的探究。其次,博古学家注意的仅仅是事实,而不是事实对于历史叙述的价值和意义。因此他们如果研究某个事实,会全面、系统地搜集所有有关这件事实的资料,上至天文下至地理都会研究,而不管这件事实的历史意义,即是否能帮助叙述和解释历史的变动及其原因。①

所以,历史学与博古学之间在当时存在某种张力。前章所述博丹将史学分成三类:人类史、自然史和神圣史便是一种反映。大致而言,如果历史著述专注以古鉴今,那么便会以人类的活动为主,就是人类史,而博古学的研究,天文地理均是对象,因此可以划归于自然史。更加有所不同的是,当时的史家注重其著作的可读性,因此对于事实的真伪没有特别在乎。他们往往根据残缺不全的古代文献,再模仿古人的文笔来叙述历史故事,因此常以讹传讹。而博古学家则对事实做详尽、系统的考订,因此特别注重真伪。他们往往质疑古代作品的真假,再用实物史料加以验证。那些实物史料除了钱币、铭刻以外,更重要的是各类公文。古代和中世纪的许多公文和宪章都书写在羊皮上,因此属于实物史料,而且历史价值非凡。

历史学与博古学之间的张力也表现在个人身上。如前所述,当时有不少学者既从事博古研究,又撰写历史类的作品,如坎姆登等。可是他们视二者为两种不同种类的工作,并无意将它们加以整合,即用"二重证据法"来考订史实,将历史写作置于详实、可靠的事实基础之上。以坎姆登而言,他的《大不列颠风土志》是一部博古研究的杰作,而他写就的《伊丽莎白一世编年史》,其手法则大致延续了中世纪的传统,并没有在注释和考订史料上展示他博古研究的深厚功力。显然他认为历史写作与研究并不一样。比坎姆登小十岁的弗朗西斯·培根(Francis Bacon,1561—1626)是17世纪英国政界和学界的双栖人物,后来以总结科学方法而名闻遐迩。培根本人也可以说是一位博古学家,其兴趣多样,建树众多。像博丹一样,培根重视历史研究,指出如果知识是一座金字塔,那么历史学就是这一座塔的基础。他也同意历史有自然史和人类史之分,而后者又由"回忆"(历史文献)、"古物"(遗迹、古物等)和"历史"(编年史、传记、逸

---

① 参见 Arnaldo Momigliano, "Ancient History and the Antiquarian", *Studies in Historiography*, New York: Harper Torchbooks, 1966, p. 3.

史等)所组成。培根对历史类作品做如此详细的分别,是希望它们之间能相互补充,但有趣的是,他本人写作的历史作品《亨利七世在位时期的英国史》(History of the Reign of King Henry VII),则基本遵循了"君主之鉴"的著述传统,追求生动和富有感染力的优美叙述,而不注重运用可靠的史料和详实的考证。换句话说,培根虽然有心,但却没有将他的想法付诸实践。由此而论,在16、17世纪,历史研究和历史著述、抑或博古学与历史学尚是两种学问。博古学家与历史学家的差别,与学者与文人的差别相近。

第二节 传统史学的终结

虽然取向不同,但博古运动的开展和皮浪主义的盛行让人们突破传统的权威,注意追求知识的真伪,也让史家看到事实对于历史写作的重要性。到了18世纪,博古学与历史学因此开始出现合流的趋向。这一合流,以历史学家吸收博古研究的成果,力求将自己的叙述建立在可靠的事实基础上为特征。而这一做法的结果,就是使历史学逐渐脱离修辞学的范畴、走出"君主之鉴"的传统。换言之,传统史学——或"历史之艺"(ars historica)也就渐渐走向了终结。

但这是一个渐进、曲折而又复杂的过程。文艺复兴时期的人文主义者一心想恢复古典文化,但在古典文化中,史学并没有占据太高的地位。比如亚里士多德就断言,史学与诗歌相比,后者更为高级、更有创意。"诗是一种比历史更富哲学性、更严肃的艺术,因为诗倾向于表现带普遍性的事,而历史却倾向于记载具体的事件。"[①]这是亚里士多德的结论,可能也反映出他作为一个哲学家的偏见。因为如修昔底德式的历史著作就希望能总结历史教训,并不只是堆砌史实。亚里士多德的态度也反映出古典作家对知识实用性的重视,因此,历史写作在近代以前注重修辞和文采也

---

① 亚里士多德:《诗学》,陈中梅译注,北京:商务印书馆,1996,页81。

就让人可以理解了。但人文主义者和博古学家的研究让人们看到在"达"和"雅"之外,还有"信"的重要性。无怪洛伦佐·瓦拉这位学问精深的学者对亚里士多德看低历史的做法,提出了异议。瓦拉说道:"与诗歌相比,历史更有活力,因为它更真实。"①他还指出,历史所揭示的不是抽象的真理,而是具体的真理。

瓦拉的观点,其实已经暗示史学有其与众不同的方法,而探索并说明历史的独特方法,正是当时学者改造传统史学的一个必经之路。博丹的《理解历史的方法》在那时出现,并不偶然。在博丹之后,法兰西人朗瑟罗·拉·波佩利尼艾尔(Lancelot Voisin de la Popelinière,1541—1608)写作了也许是欧洲最早的一本史学史的著作。他用进化的观点来叙述史学的变化,认为诗歌或史诗的写作代表了历史著述的初级阶段。具体而言,希腊史学经历了传说、史诗、散文和典雅文体(乃至矫揉造作)的演变,而罗马史学的演化过程与希腊史学类似。从拉·波佩利尼艾尔的描述来看,他显然注重的主要是历史表现形式,也即文体的变化。由此来看,拉·波佩利尼艾尔似乎还受历史属于修辞学的传统观念的影响。但与古典作家不同的是,他已经提出理想的史家要用中立的态度,对史实做因果分析和判断,并展现历史的真相。②

其实,注重和探讨历史方法本身已经表明,那时的学者不再视传统的史学写作模式为典范了。在博丹、拉·波佩利尼艾尔和培根等人从理论层面分析史学的性质和变迁及其与其他学问的关系的时候,马比昂(Jean Mabillon,1623—1707)则提供了一本具体探讨历史研究方法的论著——《古文献学论》(De re diplomatica)。在讨论《古文献学论》的意义之前,我们要稍微介绍一下马比昂写作此书的背景。17世纪,欧洲学者开始注意历史著作的真伪,这与文艺复兴想恢复古典文化自然有关,甚至是一个必然结果,因为在长达千年的中世纪,出现了不少伪作和赝品:既

---

① Kelley, *Faces of History*, p.189.
② Ibid., p.196—197.

有托古之作，也有以假当真或真假混杂的作品。如果只是为了欣赏古人的文笔，这些作品的真实性就不是太大的问题。但宗教改革之后，天主教和新教两派争论激烈，历史文献的真实性成了论证的关键。博古学者之中，既有新教徒，又有天主教徒，而且后者居多。个中缘由前文也已论及：由于新教挑战了教会，使得天主教处于守势，为了反击，他们更需要运用慎密严格的方法，对各种文献做详尽考证，以求捍卫教会的立场。

马比昂就是一位天主教学者，他长期在修道院潜心向学，研究各种古文献。前文提到，近代欧洲以前的公文和宪章大都写在羊皮上，以求保存久远。马比昂对这些羊皮文献做了几十年的深入研究，积累了鉴别真伪的丰富经验。他写作《古文献学论》，与天主教反击新教的行动有关。宗教改革后，一些新的天主教团体成立，耶稣会便是其中著名的一个。由于新教质疑天主教会背离了早期基督教的传统，耶稣会士便特别注重掌握有关教会历史的真确知识。在冉·博兰德的领导下，耶稣会的学者开始着手编写多卷本的《圣徒传》(Acta Sanctorum)。毋庸置疑，他们的编纂力求基于可靠的文献，以免再度受到新教学者的嘲讽和质疑。其中的一位学者丹尼尔·丕皮布罗奇(Daniel Papebroch，1628—1714)在参与编写的过程中发现，许多法兰西修道院，特别是最著名的圣德尼修道院所藏的羊皮文献中可能有不少伪作和假冒品，因此提出质疑，以为这些文献都不可信。面对这一指责，马比昂受托反击，写就《古文献学论》，既说明了他反驳丕皮布罗奇的理由，还总结了鉴定古文献的各种方法和手段。

马比昂的对手丕皮布罗奇指出法兰克王国的一些传世文献存在假冒品和赝品，有其理由，因为在圣德尼教堂存有法兰克王国早期的许多羊皮文件，有的被认为由国王戴格贝尔特一世(Dagobert I，603—639)亲笔所录，但比德和格雷戈里等人的著作中却没有提及。鉴于在中世纪托古之作不少，因此丕皮布罗奇指出，在戴格贝尔特一世以前的法国古文献全部都是伪作，而且愈古愈假。但他的说法有点以偏概全，而且他本人没有亲自检查过那些文件。马比昂则相反，他的反驳基于他多年的实践经验。马比昂指出，在7世纪，甚至更早，法兰西人就有羊皮公文；戴格贝尔特一

第七章　近代史学的建立

世确有亲笔公文，其后继者的类似文件和抄件亦不少。为了证明他自己论述的正确，马比昂在《古文献学论》中交待了自己辨别文献真伪的经验，其中包括如何结合"外证"（羊皮、字体、笔法等）和"内证"（文体、语法、称谓和内容）取得可靠的结论。①

据说在看到马比昂的反驳以后，丕皮布罗奇承认自己的结论有误。但胜负本身并不重要，重要的是这一争论表明，在瓦拉之后，历史文献学已经渐渐成为了一门显学。马比昂本人的成就得到了法国上层和法王路易十四的青睐，而丕皮布罗奇在那时也享有盛名，被视为近代历史考证学派的先驱。纪尧姆·比戴因此这样形容历史文献学在当时的地位变化："以前只是为了锦上添花，现在则成了复古和重建的唯一手段。"后人的评论则更为精炼，经过17世纪，"历史文献学从婢女变成了女王"。更有人指出，与"历史之艺"相比，那时出现了"批判之艺"（ars critica），即系统考证历史文献的专门学问。② 瑞士学者冉·拉·科勒尔克（Jean Le Clerc，1657—1736）曾写就《批评之艺》（*Ars Critica*）一书，因此通常被认为是这一学问的代表人物。科勒尔克本人的治学，以考订、诠释基督教经典著称。"批判之艺"的方法，也就是从考订文本、比较史实出发，补充、检验和鉴定古书内容的真伪（有些古书整个就是假托之作，而有的古书则掺有后人添加的部分）。

重要的是，"批判之艺"在17世纪的出现和逐步兴盛，开始对传统的"历史之艺"造成了冲击。换言之，由于博古学和历史文献学的发展，学者们发现有必要采取研究的方法，将历史的写作建筑在详实可靠的史料基础之上。由此博古学和历史学这两种原本不同的学问开始走向汇合。这一现象的产生，既有外在的、也有内在的原因。③ 内在的原因与传统史学

---

① 参见 Jean Mabillion, "On Diplomatics", Peter Gay, and Gerald J. Cavanaugh ed., *Historians at Work*, New York: Harper & Row, 1972—1975, Vol. 2, pp. 164—198。

② Kelly, *Faces of History*, pp. 205, 210—211。

③ 参见 Anthony Grafton, *What Was History? The Art of History in Early Modern Europe*, Cambridge: Cambridge University Press, 2007, pp. 226—231。

的内容有关。经过人文主义者的努力,古典史学获得重生,古为今用为人们所相信。但随着时间的推移,人们开始发现,其实古今不同;古典史学提供的经验教训并不适合已经变化了的时代。其中一个重要原因就是,17世纪的欧洲已经见证了科学革命的成功,这一成功对文艺复兴初期人们一味崇古的思维产生了剧烈冲击。当然,当时还有不少人坚信今不如昔,但也有一些人开始相信今胜于昔的可能。于是,在当时的法国和英国学界,出现了一场"古今之争"。无论胜负,这一争论的出现表明,历史观已经开始改变。

博古学与历史学汇合的外在原因,就是批判、考订史料手段的完善和对历史真相兴趣的极大增强。毋庸赘言,这两者之间有着相辅相成的关系:正是因为有了确证史实的手段,人们才增强了对历史真相的兴趣,而这一兴趣的增加,又有助于进一步探究和完善考订史料真伪的方法。弗朗索瓦·保都因(François Bauduin,1520—1573)力求将法律学与历史学相结合,便是一例。保都因亦是法国学者,比博丹和拉·波佩利尼艾尔年代更早。他是法学家出身,对罗马法有精深的研究,又试图将之运用于当下。但是保都因很快就发现,古代遗传下来的法律文献中既有法律的内容,又有历史的内容;后者用来说明前者。因此要想古为今用,吸收古人的智慧,必须将这两者分清。同时他也指出,要想真正了解古代的法律,必须有丰富的历史知识。在保都因眼里,史学与法学有不少相似之处。第一就是两者都重视起源,即前例或先例;引用先例或前例来说明或论证一个事件或案件,在史学与法学的实践中都十分常见并且必要。其次,法学和史学都强调证据,而证据又有目睹和转述之分;二者之间以前者为重。但如果要落实证据,"批评之艺"即历史文献学的研究,就必不可少。复次,保都因指出,研究历史和法律都依照时间顺序而逐渐发展——前者从传闻、传说到历史叙事,后者则从习惯法到制定法。最后,保都因还强调,历史学就其性质和范围而言应该是普世的,需囊括世界所有的地区。保都因有此想法,体现了他的基督教信仰,但也与美洲新大陆的发现密切相关。一言以蔽之,到了17世纪,保都因、博丹和拉·波佩利尼艾尔都已经认识到,历史学必须增强其研究性,不能只追求措辞华丽、故事动人,以求以古鉴今,而是要寻求真实的历史知识。"批判之艺"的倡导者科勒尔克对此的表述最为直率。他认为史家必须具有批判的思维,对史料加以鉴定,确定其可靠性,然后用清晰、浅白的文字表述出来,不附加自己的修饰。历史著述要摒弃华而不实和虚浮雕琢的修辞笔法。①

17世纪末年,"批判之艺"开始走向盛期,其中的一个标志就是《历史和批判词典》(*Dictionnaire Historique et Critique*)的出版,其著者是法国学者皮埃尔·贝耶尔(Pierre Bayle,1647—1706)。这本词典的名字也许就是传统的"历史之艺"与新兴的"批判之艺"相结合的最佳证明,因为贝耶尔的意图就是要展示历史文献学的研究成果,不愿盲目地接受前世传下来的知识。因此这本词典的出版,成为质疑、检讨和整理17世纪以前的所有知识的一个尝试,是皮浪主义的一个典型实践。贝耶尔的词典以人物传记为主,并参有一些有关宗教教义和哲学观念的条目。贝耶尔能以一人之力写作这些条目,反映出他的博学,但更新颖的是,他写的条目均附有详细的注释,力求将之建立在已有的学术研究的基础之上。这本词典的出版使人看到,历史著述不再是修辞学的附属,而成了一门独立的学问抑或科学。传统史学也由此走向了终结。

第三节 历史哲学的兴起

如果说贝耶尔的《历史和批判词典》是皮浪主义的一个实践,那么笛卡尔的名言"我思故我在"更是17世纪欧洲人对于传统和过去采取极端怀疑主义态度的写照。事实上,贝耶尔编撰《历史和批判词典》受到了笛卡尔思想的启发。笛卡尔的名言,其原意是"我在思想,所以有我"(Cogito ergo sum)。他认为要怀疑一切,而我在怀疑(即我在思考)这一

---

① 参见 Anthony Grafton, *What Was History? The Art of History in Early Modern Europe*, Cambridge: Cambridge University Press, 2007, p.11。

点则无可怀疑，所以也就确定了我的存在。那为什么17世纪的欧洲人产生了如此全面的怀疑态度呢？这里的原因，与我们前几章的论述都有关系。纠其大者，还是基督教的一统天下被打破以后，整个知识体系需要加以重新改造和全面改革的结果。这种怀疑主义的态度针对的是中世纪流行的经院哲学，而经院哲学的知识系统以先验主义、信仰主义和形而上学为特征。简而言之，就是从信仰出发，接受并奉行一些无可辩驳也无从验证的信条来说明、解释世界、宇宙及生活于其中的一切人类活动。然而，文艺复兴的人文主义研究、美洲新大陆的发现让人们看到了中世纪欧洲以前和以外的世界，宗教改革更摧毁了教皇的权威，让人冲破传统的思想禁区，对原来视为理所当然的事物都加以重新思考。所以笛卡尔这样说道："……有很多先入的偏见阻碍我们认识真理，因此我们要摆脱这些偏见的束缚，就必须在一生中对一切稍有可疑之处的事情统统加以怀疑。"①

那么，该怎样怀疑、又如何思考呢？笛卡尔等人认为要运用上帝赋予人的理性。如同前述，虽有宗教改革，但绝大多数欧洲人对上帝的崇信没有改变。而且正是从这一对上帝的崇信出发，许多欧洲学者争辩理性是人类区别于动物的唯一标志，因此，唯有运用理性才能实现人的价值、获得人生的意义。当然，他们也承认有一些领域属于神意的范围。但在这以外，还有广阔的天地，可以让人的理性和智慧自由发展。所以，笛卡尔、培根和博丹等人都注重探究方法论，也即人们如何运用理性来寻求、获取和整理知识。培根提出经验主义，要从搜集、整理和归纳事实出发获取知识。笛卡尔则更进一步，提倡理性主义，即在感性的基础上用理性建构知识体系。笛卡尔强调认识论中的理性作用似乎与培根相对，但其实他们都重视经验，摈弃已有的书本知识。笛卡尔曾这样描述他自己的求学经历：

---

① 笛卡尔：《谈谈方法》，王太庆译，北京：商务印书馆，2000，页 ix。

就是因为这个缘故,一到年龄容许我离开师长的管教,我就完全抛开了书本的研究。我下定决心,除了那种可以在自己心里或者在世界这本大书里找到的学问以外,不再研究别的学问。于是趁年纪还轻的时候就去游历,访问各国的宫廷和军队,与气质不同、身份不同的人交往,搜集各种经验,在碰到的各种局面里考验自己,随时随地用心思考面前的事物,以便从中取得教益。①

由此可见,笛卡尔之强调运用理性,并不等于排斥经验。他提出"我思故我在",似乎是唯心主义的,但其实他所注重的思考并不等同于玄思空想,而是以经验为基础的。在此基础上他又指出,光靠经验不够,还必须运用天赋的理性和良知来真正获取真理。这种以探求真理为目的的学问,也就是现代意义上的科学研究。

重要的是,无论强调经验还是重视理性,其目的只有一个,那就是质疑传统的知识体系,希望对其进行革新和改造。博丹将历史分为三类的划分,为此开辟了道路,因为人也许无法解释自然史和神圣史,但人应该而且必须对人类史做出概括和解释。而培根提出的"二重真理论"认为,在上帝揭橥的真理以外,还有其他真理有待人自己去探求,因此与博丹的观点有异曲同工之妙。换言之,那时已经产生了一个共识,就是要运用人自己的智慧和理性解释人类历史的走向、阶段和规律。历史哲学在当时出现也就势所必然了。

意大利人维科(Giambattista Vico,1668—1744)所著的《新科学》(*Scienza Nuova*)被后人视为是历史哲学的一本开拓性著作。维科本人生前只是一名名不见经传的普通教授。但他的《新科学》获得如此声誉,并非偶然,因为它在许多方面启发了后人对于历史的哲学性思考。首先,维科指出,上帝的确创造了万物,但之后的人类世界则基本是由人类自己创造出来的,因此人类自身必须对这个世界做出总结和解释。维科的这

---

① 笛卡尔:《谈谈方法》,王太庆译,北京:商务印书馆,2000,页9。

一观点与博丹、培根相似,但更进了一步。的确,如果在解释人类历史的演进时,仍然相信上帝的意志无处不在,那么这就不是近代意义上的历史哲学研究。维科之后,几乎所有的历史哲学家都以此为前提建构自己的理论,足见其影响力之大。

其次,维科《新科学》的原标题是"关于民族共同性的新科学原理"。这一标题含有两个方面,第一是在维科眼里,人类的历史由各个不同的民族组成;第二他又看出,这些民族的历史具有共同的特征,因此可以加以概括和总结。探讨人类社会的不同及其产生的原因,后来成为历史哲学的一个重要方面。不过维科本人的研究重点是在后者,因为他想发现和总结人类历史演化的原理或通则(维科在书中经常提到,对他来说远在天边的中国人便是他具有世界视角的一个例证)。为此目的,他选取了两个考察的角度,一是观念(抑或态度或思想),二是语言。维科指出,随着时间的推移,人们的观念,也即人们对于他们生活的自然环境和他们自己的认识,都产生了变化。比如起初人们对于自然现象有一种惧怕的态度,由此而产生了宗教崇拜。之后他们又用诗歌的形式,表述他们对于自然的认识。再以后则形成了伦理概念和道德准则,然后再建立政府和国家,以君主政体为起始。同样,语言也逐渐发生变化,从诗歌咏唱逐步变化为象形文字和书写散文。这些变化抑或进步让维科看到,"起源于互不相识的各民族之间的一致的观念,必有一个共同的真理基础"。比如各个社会发展到一定的时期,会产生一些约定俗成的自然法。他想探究的是这些各不相同的自然法中的一致性。他因此写道:

> 诸民族要达到这种确凿可凭性,就要承认部落自然法骨子里都有些一致性,其中尽管在细节上有些差异,而就部落自然法来说,在所有各民族中大体上却都是一致的。从此就产生出一种"心头词典",来替发音不同的各种语言找到根源。凭这种"心头词典"就可构

思出一种理想的永恒的历史,来判定一切民族的有时间性的历史。①

这段话,其实是维科的"夫子自道",而所谓的"心头词典",亦可指他想阐述的历史哲学,即指出历史上出现的各种现象背后的共同性。换言之,各民族所讲的语言也许天差地别,但语言背后的思想却经历了共同的历史发展阶段。

维科的《新科学》总结了这些历史演化的阶段。他指出,人类历史经历了三个时代:神的时代、英雄时代和人的时代。从观念和语言的角度来考察,神的时代出现了神话、诗歌和自然法,在英雄时代则由历史、散文和制定法取而代之。而人的时代则以哲学、科学和民主政体为特征。从神的时代经英雄时代到人的时代,维科认为人类社会呈现一种进步的历程。而这一进步还体现在,经过了人的时代之后,人类历史又会在一个更高的层次上重新走过这三个时代。维科的这些历史总结,以他对希腊、罗马历史的雄厚知识为基础。因此他的历史哲学带有古希腊流行的历史循环论的痕迹,并不奇怪。但毫无疑问的是,维科又对之加以扬弃。他的历史哲学因此是进步史观的雏形。

维科的《新科学》虽然写于 17 世纪,但到 18 世纪才出版,其重要性也到后来才逐渐为人所清楚认知。18 世纪的学者"发现"维科、看重维科,其原因就是维科所阐述的许多观念正是他们自己所关注并努力想加以论述的。德意志学者赫尔德(Johann Gottfried Herder,1744—1803)便是其中一个例子。赫尔德的治学经历与维科相似,具有深厚的古典文化和历史素养。他在《关于人类历史哲学的观念》(*Ideen zur Philosophie der Geschichte der Menschheit*)等著作中阐发了他的历史哲学,与维科的理论有不少类似之处。但赫尔德本人直到晚年才有幸接触到维科的《新科学》。维科与赫尔德的最大相似之处有三:一是他们都从文化、思想和语言的角度考察并论证人类历史的演进;二是他们都认为,这一演进经过了

---

① 维科:《新科学》,朱光潜译,北京:商务印书馆,1989,页 104。

三个阶段(这一相似之处,让人想到文艺复兴时期彼得拉克的"古代、中世纪和近代"的历史演化的三阶段思想)。三是他们的历史哲学都试图对所有已知的人类历史,加以总结和概括。与维科相比,赫尔德似乎更注重文化的发展,所以他的历史进步三阶段论由诗歌时代、散文时代和哲学时代来代表。

独立成书但又观点相似,这是比较维科与赫尔德两人历史哲学最有趣的所在。不过,他们毕竟生长在两个世纪(维科去世的那一年,赫尔德刚好出生),所以观察问题的侧重点有异。如前所述,维科注意到了各个民族特性的不同,但他最想发现的是他们之间的共同性,而赫尔德关注民族特性的不同,并且对之做了分析和解释。赫尔德指出,如果历史会不断进步,那么这种进步具有鲜明的民族性、时间性和个别性。换句话说,他并不认为所有的民族都会同时进步并获得类似的成就。人们生活环境的差异造就了不同的民族,然后随着环境的变化和时间的推移,民族又会迁徙,因此其民族的特性也随着迁徙的过程及其对新环境的适应而产生进一步的变化。不过,赫尔德还是认为,无论千变万化,各个民族的历史还是有共同的特点,就像生物一样,都会经历生长、繁荣和衰亡的过程。衰亡之后,又会重生,进入更高阶段的发展演化。

在赫尔德所处的18世纪,有不少人对历史的进程和原因提出了种类各异的解说,以致赫尔德谨慎地将他的第一本有关历史哲学的论著起名为《又一种历史哲学》,可见历史哲学在当时的兴起,并不是几个人的所为而已。的确,18世纪是启蒙运动的盛期,而启蒙运动正是欧洲思想家大解放的时代。经过了人文主义、宗教改革和皮浪主义,中世纪传统文化的权威性已经所剩无多,因而促成了人们对一系列事物的重新思考。有关历史的思考便是其中重要的部分。赫尔德的老师、德国古典哲学大师康德(Immanuel Kant,172—1804)著述繁多,对历史哲学亦有新见。在赫尔德发表他的著作之后,康德就其中一些著作写了评论,既赞赏赫尔德的观察,又对一些具体观点加以商榷,提出了自己不同的看法。不过就总体而言,康德与赫尔德一样,都认为人类会走向进步,实现他所谓的"永久和

第七章　近代史学的建立

平",即完成和实施一部国际法,使各民族都能遵守和奉行。而康德的自信就在于他认为人能运用理性,并在与自然界的互动中逐步完善自己。①

但赫尔德之研究历史哲学,不仅想与其老师交流,更有意与法国的启蒙学者交手。作为近代欧洲的一场思想解放运动,启蒙运动以法国为主,但又在欧洲其他各地引起了反响,既获得支持,也受到批评。就历史哲学的发展而言,康德和赫尔德的论述既反映了那个时代的总体倾向,又反映了德意志学术文化的特色;两者之间并不完全吻合。以前者而言,那时的历史哲学家几乎无一例外,都倡导从文化、思想的角度来考察历史的进步,突破原来偏重政治、军事事件的传统。维科和赫尔德的理论是其中的显例,但并不是唯一的例子。另外,启蒙思想家的历史哲学都在继承和发扬彼得拉克的历史发展三阶段论的基础上,强调和阐发历史不断进步的观念。

不过,相信历史的进步并不等于对进步的看法持有一致的意见。法国启蒙思想家对于中世纪的传统文化采取了激烈的否定态度,并以此来论证他们的历史进步观点。法国启蒙思想家的代表人物伏尔泰(Voltaire,原名François-Marie Arouet,1694—1778)就是一个典型的例子。伏尔泰本人的著述,涉及面颇广,但历史写作无疑是其中一个主要的部分。他提倡文化史研究,著有《路易十四时代》(Le Siècle de Louis XIV)和《风俗论》(Essai sur les mœurs et l'esprit des nations)两书,身体力行,以求改造原来的史学传统。伏尔泰对文化史的重视,与维科和赫尔德的作法颇有相似之处。更值得一提的是,伏尔泰创造了"历史哲学"这一名词,虽然他的本意仅仅是想挑战中世纪史家堆砌史实、而对历史变动不做解释的做法。伏尔泰对于以往的史学传统持有全面否定的态度。他既反对用神意来附会、解释历史事件的中世纪史学,又不满修昔底德式的政治、军事史,亦不主张轻易接受、转述古人的著作而不加批判。伏尔泰的反传统立场,在其所著《历史的皮浪主义》一书中可见端倪。他在其

---

① 参见《康德历史哲学论文集》,李明辉译注,台北:联经出版事业公司,2013。

中指出,历史著述必须搜集并删选可靠的史实,不能人云亦云。换言之,伏尔泰深受博古学、历史文献学等学科的影响,希望历史著述成为一门研究的学问。

伏尔泰的文化史研究,将在下节再论。这里想以他为例,讨论法国启蒙思想家的历史进步观念及其与其他地区学者观点的不同之处。对于伏尔泰来说,否定中世纪等于承认历史的进步,因为在中世纪,信仰湮没了理性、崇拜取代了探寻,因此是一个文化上的"黑暗时代"。由此他在多处讲到,近代的历史才有价值,古代的历史并无借鉴意义。他写道:"最重要的是让我们的年轻人培养起对近代史、而不是对古代史的爱好;古代史只能满足好奇心,而近代史则必不可少。他们应该想到,近代史的优势就是因为它离我们较近,所以比较确定。"而在另一处,伏尔泰则指出,所谓的近代史,就是指15世纪以来的历史,因为从那以后,出现了一些史无前例的现象,譬如各国之间权力平衡的思想及其实践,值得今人借鉴。① 伏尔泰否定中世纪的做法,也影响了其他法国启蒙思想家如狄德罗(Denis Diderot,1713—1784)、达朗贝尔(Jean Batiste le Rond d'Alembert,1717—1783)等人。在很大程度上,狄德罗、达朗贝尔等"百科全书派"(Encyclopédie)与贝耶尔写作《历史和批判词典》,殊途同归,但规模更为宏大。他们想用新的研究手段重新建构一个近代的知识系统,彻底否定中世纪的文化和学术传统。

与上述法国学者相比,维科、赫尔德对于历史进步的看法显然有明显的不同。他们对于这些法国学者抬高理性,认为理性是创造文化的唯一手段的立场,颇有保留。赫尔德强调,历史的进步不但带有民族的特色,而且有时间上的先后。推而广之,就是在各个历史时代均产生了具有独特价值的文化,不能完全漠视、一概抹杀。赫尔德的观点,与德意志地区对法国启蒙运动的反应有关。他是那里开展的"狂飙突进运动"(Sturm

---

① 参见 Fritz Stern ed., *The Varieties of History:from Voltaire to the Present*, New York:Vintage Books, 1956, pp. 36, 45。

und Drang)的一个主将,而这一运动的目的,就是让人重新看到中世纪文化(特别是德意志传统文化)的价值。赫尔德等德意志学者承认理性的重要,但同时他们也指出,与理性相对的感性、感情和主观的因素对人的活动同样重要,因此同样有其价值。他们的立场与法国的启蒙运动相对,因此被归入"反启蒙运动"(Counter-Enlightenment)的思潮,并为后来浪漫主义和历史主义思潮的兴起做了铺垫。

毋庸讳言,赫尔德之所以不同意法国学者的意见,其中掺杂有民族情感的因素;作为一名德意志人,他希图为自己的传统文化辩护(显而易见,如果完全否认中世纪,也就会必然否认德意志文化的渊源,因为中世纪正是以日耳曼人入侵罗马帝国为起始的)。同样,意大利人维科在其《新科学》中对于法兰西人博丹的论述,也多有批评。而伏尔泰写作文化史特别赞赏路易十四时代,无疑又流露了他作为一个法兰西人的骄傲心态。颇有趣味的是,这些历史哲学家又都认为他们的理论,探索的是人类历史的通则,具有普世的意义,因而适用于各个民族。这一颇有讽刺意味的现象,在19世纪黑格尔等人的历史哲学中不但有所持续,而且还更为加强。

第四节 吉本与启蒙史学

从民族的立场研究历史并对历史的进程进行哲学思考,这些都是18世纪出现的新气象,证明欧洲史家已经渐渐走出了传统史学的藩篱。伏尔泰倡导文化史,固然是想证明法兰西文明的光荣,但也表现了一种新的历史态度,那就是希望在历史现象的背后发现和描述从一个时代到另一个时代的整体历史变迁。因此,伏尔泰写作文化史,从表面上看似乎是回归希罗多德,但其实带有新的意义。希罗多德的目的是罗列各种史实,而伏尔泰则希图解释历史。同时,伏尔泰治史又超越了修昔底德史学的模式,因为这种模式将军事和政治活动视为历史变化的主要动力。在《路易十四时代》一书起始,伏尔泰就开宗明义,坦直地写道:"本书拟叙述的,不仅是路易十四的一生,作者提出一个更加宏伟的目标。作者企图进行尝试,不为后人叙述某个个人的行动功业,而向他们描绘有史以来最开明的时代的人们的精神面貌。"①这清楚地点明了伏尔泰的意图,与以前(包括文艺复兴时期)流行的修昔底德史学有明显的不同。

伏尔泰与修昔底德另外一个不同的地方是,他看起来是在写当代史,但其实有通史的眼光。伏尔泰认为,在路易十四时代以前,历史上还有三个伟大的时代,那就是古代希腊、古代罗马和文艺复兴时期的意大利。这些时代都有一些政治人物为代表——古希腊有菲利普及其子亚历山大、古罗马有恺撒和奥古斯都、文艺复兴时期的意大利则有美第齐家族,但伏尔泰提及这些政治人物,也许只是为了帮助读者记住这些时代。而他更感兴趣的是与这些政治人物同时出现的文化巨擘,也即古希腊的亚里士多德、柏拉图,古罗马的西塞罗、李维、维吉尔等人。而文艺复兴时期的意大利则是群星灿烂,不胜枚举。毫无疑问,伏尔泰深知传统史学的悠久影响。他列举上述这些政治人物就是一个例子。但他同时又对修昔底德式的史学提出了颇为直率的批评。他这样写道:

> 读者不应指望能在本书中,比在对先前几个世纪的描绘中找到更多关于战争的、关于攻城略地的大量繁琐细节。这些城池被交战双方军队反复争夺,又根据条约时而割让,时而归还。千百个对当代人说来饶有兴味的情节,在后世人眼里都烟消云散、消失净尽。其结果是只让人看到决定各个帝国命运的重大事件。发生过的事并非全都值得一写。在这部历史中,作者将只致力于叙述值得各个时代注意,能描绘人类天才和风尚,能起教育作用,能劝人热爱道德、文化技艺和祖国的事件。②

显然,伏尔泰本人对于修昔底德的史学兴味索然,也告诫他的读者,不要

---

① 伏尔泰:《路易十四时代》,吴模信等译,北京:商务印书馆,1996,页5。
② 同上书,页10。

第七章　近代史学的建立

用旧的眼光来阅读他的作品,他的兴趣在于探究新的历史写作模式。从形式上看,《路易十四时代》有超过一半的篇幅描述路易十四在战场上开疆拓土、在外交上纵横捭阖的政绩。如果剔除那些有关路易十四宫廷内部的逸事,那么《路易十四时代》真正处理文化、艺术和科学的部分则更少。所以伏尔泰的文化史写作,显然有其局限。不过有趣的是,他在描述路易十四的军事和外交成就的时候,力求忠于事实,并不避讳路易十四的失利和失意,甚至对路易十四的作为时有批评。比如他指出,路易十四虽然勤勉,但好大喜功,因此并非最伟大的君王。通读全书给读者的感觉是,伏尔泰描述路易十四的军功,其实是为了与那时法国的文化成就形成对比。他想告诉读者的是,一个人再怎么军功赫赫,都只是一时的荣光,而且转瞬即逝,胜利之后就是失利。而文化、艺术和科学的成就则垂诸久远。所以路易十四时代的重要,不在路易国王个人,而在于法兰西文化在那时的长足进步。

伏尔泰的观点在下面的引文中,显露无疑:

> 有人曾经把路易十四时代同奥古斯都时代相比。这并不意味着这两个人的威势和个人的事迹可以相比。罗马和奥古斯都在世界上的地位要比路易十四和巴黎重要十倍。但是必须记住,在所有不涉及凭借武力和威胁而具有价值的其他方面,雅典可与罗马帝国相媲美。我们还应该想到,如果说今天再没有像古罗马和奥古斯都那样的国家和君主,但整个欧洲远远胜过罗马帝国。在奥古斯都时代,只有一个国家,今天却有好几个治理良好、文明开化、能征惯战、风气开朗的国家。它们掌握了许多希腊人、罗马人不懂的技艺。将近一个世纪以来,这些国家之中,没有一个在各方面比那个多少可以说是路易十四创建的国家更加光辉灿烂。①

---

① 伏尔泰:《路易十四时代》,吴模信等译,北京:商务印书馆,1996,页441。

伏尔泰的这段评论,既明确表述了今胜于昔的历史进步观念,又点出了路易十四时代的历史地位。简而言之,路易十四时代的重要,不在路易十四本人的武功,而在他的文治。后者的成功,开创了一个崭新的时代,非古代任何时代可以相比。

18世纪的史学旧貌换新,但这并不是说传统史学所关心的主题,已经荡然无存;其实,它们只是换了一种方式而存在。比如对自身民族历史的兴趣,显然与前人研究古代和中世纪的文化和制度,有着必然的关联。伏尔泰努力创新,但他的《路易十四时代》仍有大量篇幅描述军事和外交,就是一个例子。此后伏尔泰又写作了《风俗论》一书,对所知文明的历史(包括中国文明和美洲文明),特别是社会和文化层面的变迁加以概括、分析和描绘。从现在的眼光来看,这是一部"全球史"的著作。伏尔泰的叙述从地球上出现人类开始,一直到他的时代,其比较、宏阔的视角,令人赞叹。但这种普世眼光,即希求从整个人类历史的角度探讨其发展、变化的规律,又让人联想到中世纪世界编年史写作的传统。毕竟,历史学是一门古老的学问。人们对其基本性质和功能的理解和看法不但古今相类,而且在各个传统文化中也没有根本的差异。

所以,我们检讨18世纪以来欧洲史学的变化,也许不必在历史学性质是否改变上面,用力过多。我们应该注意更多的是研究历史的方法和表述形式在那时出现的变化。探讨历史研究的方法和历史著述的形式如何革新,也有助于我们认识近代史家对待历史的态度,如何随之发生变化。在欧洲文字中,"批评或批判"(criticism)与"危机"(crisis)属于同一词源。毋庸赘言,自文艺复兴以来,欧洲在制度、文化和信仰上都出现了一系列危机:教会、教皇与世俗政权之间的关系,教会与教民之间的关系,教徒对基督教的历史和现状的认识和态度等等,都发生了前所未有的变更。这些变更在文化层面上的表现就是批评意识的增强。博古学、历史文献学和考古学在那时的蓬勃兴起,便是以此作为前提的。这些学科的发展,其重要目的就是要批判和审查以往的知识体系。

因此,18世纪的欧洲史学以方法论的突破为主要标志。确切一点说,历史写作需要揭示真相,这是古往今来的共识,但如何企及这一目标,并用恰当的形式表现,除了运用严谨的批判方法,还须找到合适的表现手段。伏尔泰的文化史,就是革新历史写作方式的一个尝试。伏尔泰还注重史实的真实性。举例而言,他在《风俗论》中对中国文化和社会做了比较详细的描写,现在读来并无太大失误。这是因为伏尔泰没有道听途说,更没有信口开河。他有关中国的知识,像他交代的那样,主要依据的是欧洲耶稣会士寄回的报告和游记,因此是比较可靠的第一手资料。① 但除了极偶然的情况,伏尔泰在书中没有对他所依据的史料加以注释和说明。换言之,伏尔泰的历史著作尚未采取近代历史著述的形式。

伏尔泰在当时有不少崇拜者和追随者,而其中之一就是爱德华·吉本(Edward Gibbon, 1737—1794)。像伏尔泰一样,吉本相信今胜于昔。他的杰作《罗马帝国衰亡史》(*The History of the Decline and Fall of the Roman Empire*)似乎就是在论证伏尔泰认为中世纪一无是处的观点,并加以分析和说明。因此,人们甚至可以把《罗马帝国衰亡史》看做是《路易十四时代》的前奏,因为它的主题就是在处理伏尔泰眼里的四个伟大时代的中间阶段,即伏尔泰不屑一顾的中世纪的形成及其原因。但在写作形式上,吉本的《罗马帝国衰亡史》又比伏尔泰的著作更进一步。《罗马帝国衰亡史》不但文笔优美、体系磅礴,而且还用脚注的形式,努力呈现历史文献学的研究成果。吉本的写作主题和精彩叙述让人看到了史学作为修辞学这一传统的持久影响,但他注重史料考证并加以注明的做法,又展现了他严谨的考证方法及其成果。吉本的宏著,所以是"历史之艺"与"批评之艺"的结合。由此缘故,吉本也被视为18世纪欧洲最伟大的历史学家。

从吉本的成长经历来看,他与古典史家有不少相似之处。比如他出身高贵,又有从政的经验,不但熟谙世事、经历复杂,又有洞察、分析能力。而他的真正兴趣在于学术。吉本在写作《罗马帝国衰亡史》之前,曾到处游历,走访了各个图书馆。他既是一个人文主义者,对古代文献了如指

---

① 参见伏尔泰:《风俗论》,上册,梁守锵译,北京:商务印书馆,2000,页84—91。

掌,又是一个博古学家,对古代遗留下来的实物史料如钱币、铭刻等多方收集,进行研究。如上种种,都为他写作《罗马帝国衰亡史》做了充分的准备。正是因为他热衷学术,对古典文化又情有独钟,所以才决定写作这本巨著。吉本自己交代,他写作的契机在一次走访罗马城遗址的时候形成:"1764年10月15日,就是在罗马,当我伫立在这座古都的废墟里,在夕阳残照中缅怀往事,陷于沉思时,看到那些赤着脚的修道士在朱匹特神庙里唱晚祷诗,于是我脑海里第一次闪过一个念头,要写一部罗马帝国衰亡史。"①

吉本并非是轻易做出这样的决定的。因为他所处理的主题其实就是欧洲中世纪的形成和演化。这是一个当时人熟知的领域,并已有不少论著问世。吉本的决定其实就是要重修前史。他的举动可以与贝耶尔编撰《历史和批判词典》以及法国"百科全书派"的工作,互相媲美。吉本之所以有此打算,正是因为他对这个主题已经有了深入的研究。为了证明他的写作超越了前人,他的《罗马帝国衰亡史》夹有大量脚注,其中一部分类似"太史公曰",是吉本对于史事和人物行为的各种(包括道德上的)评论。但更大一部分的脚注,是注释和说明他所使用的史料,其中不但有各种罗马时代的文献,而且还有他所研究过的实物史料。由于想重修前史,吉本对于前人的著作,也即今人所谓的"二手材料"征引不多,即使引用也似乎是不得已之举,譬如没有找到合适的一手史料。采用脚注的形式交待所引史料,表明吉本力求将他的叙述建立在经过核实的史料基础之上。他的作法后来成为近代史家著述的基本形式。吉本的《罗马帝国衰亡史》是历史写作和历史研究合为一体的典范。

下面我们来看几个例子。吉本决意写作《罗马帝国衰亡史》,对基督教的兴起和教会制度的形成显然做了详尽的研究。他在书中第十五章如此描述主教位置的设立:主教从长老中选出,终生担任该主教区的主管。

---

① 吉本这段描述出于他的《自传》。此处引文出自郭圣铭:《西方史学史概要》,上海:上海人民出版社,1983,页132。

第七章 近代史学的建立

但对于主教位置何时出现,吉本的处理十分谨慎。他写道:

> 这种似乎在1世纪结束之前便已开始采用的主教统治形式的优点是如此明显,对于基督教未来的宏大和当前的平静来说是如此重要,因而马上就毫不迟疑地为早已散在帝国各处的会社所采纳,在很早以前便因合乎古制而得到承认,而且直到现在仍被东方和西方最有影响的教会看作是原始的,甚至是神圣的机构而加以尊重。

吉本的措辞"似乎在1世纪结束之前便已开始采用"表现出他对这个问题有自己的研究,不想人云亦云。在这句话之后,他加了这样一个重要的脚注:

> 参看启示录。被称作安琪儿的主教当时已在7个亚洲城市中设立。然而克莱门斯的书信(这信写作的时间也可能同样古老)却又不曾帮助我们在科林斯或罗马发现任何主教制度的遗迹。①

吉本对待史实的严肃态度,在这里显露无疑。有关教会制度,教会自然有许多文献(如所引的《启示录》),而且不少被认为是神圣的、无可质疑的。但吉本显然并不这样认为。他不但参考其他同时期的文献以作印证,而且还据此提出怀疑。

对于那些教会认为高不可攀的神学家奥罗修斯、奥古斯丁,吉本的批评也照样毫不留情。在罗马城为蛮族所围困时,有些信徒表现"杰出",得到奥罗修斯及后来中世纪史家的称赞。但吉本在注解中指出:

> 奥罗修斯对哥特基督教徒的虔诚大加赞赏,却似乎不曾意识到

---

① 爱德华·吉本:《罗马帝国衰亡史》,上册,黄宜思、黄雨石译,北京:商务印书馆,1997,页274。需要说明的是,这本中译本删去了原著中的不少史料引注,所以会让读者产生错觉,以为吉本没有提供许多注释。

他们中绝大多数属阿拉里乌斯异端教派。塞维利亚的忠于哥特人事业的约尔南德斯和伊西多尔都曾一再重述和美化这些颇具教育意义的故事。根据伊西多尔的记载,连阿拉里克本人都曾讲过,发动战争针对的是罗马人,而不是圣徒。这是 7 世纪的风格:再往前 200 年,这种荣誉和功劳便全都归之于基督,而不是圣徒了。

这里吉本的评论颇有点尖刻;他根本就不相信这种为了说教而被一再转述的故事。在罗马城被陷、城市遭到洗劫、妇女遭到蹂躏的时候,有些妇女选择自杀以捍卫自己的贞节。但吉本认为这些描述有不实的成分:"那些基督徒历史学家特意选出了一位表现妇女品德的例子以供后世景仰。"然后他又通过脚注指出,奥古斯丁的有关记载也有所夸张:"这位希波主教对这些女英雄的行为的真实性过于轻信。"①

对于吉本来说,教会文献的一个重大缺陷就是,即使像奥罗修斯和奥古斯丁这样的记载,也往往含有大量二手的成分。因此有关早期基督教的兴起及其教徒的业绩,吉本宁愿采用后人经过研究所得的成果。不过对于这些研究的结论,他也仍然持有谨慎和批评的态度。比如君士坦丁堡曾有位主教名叫克里索斯托姆,以雄辩著称;他的演说词因此得以传世。但吉本在描述克里索斯托姆的杰出演说才华时,采纳的是文艺复兴以后学者的考证。他在脚注中这样交代:

> 由于我对克里索斯托姆的讲道演说稿几乎无从接触,因而我只能信赖两位最公允和最为心平气和的基督教批评家,伊拉斯谟和迪潘;然而前者的良好的鉴赏力有时因对古代事物的过分热爱而受到损害,后者的奥妙见解又常常因一些谨小慎微的考虑而受到限制。②

---

① 爱德华·吉本:《罗马帝国衰亡史》,下册,黄宜思、黄雨石译,北京:商务印书馆,1997,页 35、37。
② 同上书,页 49。

第七章　近代史学的建立

换言之,吉本虽然相信伊拉斯谟和迪潘的考证,指出克里索斯托姆的确演讲出色,但对这些他所尊重的学者,也并不盲从,而是能觉察他们的弱点。

　　脚注的形式又让吉本得以自由展现他自己的研究心得。他对罗马史,特别是罗马贵族的生活显然做过细致的研究。比如他在提到罗马城第一次被哥特人包围,罗马人为了解围,向对方提供"5000 磅金子、3 万磅银子、4000 件丝绸袍子、3000 件质地上乘的红衣和 3000 磅胡椒"时,在注解中指出:"胡椒是罗马烹调中极受欢迎的一种最名贵的调料,上等品一般每磅售价 15 第纳里,或 10 个先令。当时从印度进口;至今该国的马拉巴尔海岸仍是胡椒最大的供应地。"吉本对罗马贵族用的马车,也有详尽的了解。他通过脚注说明:"罗马人的马车,常常是用雕刻精美的白银装成;所套骡或马的鞍辔也都镶着黄金饰物。这种豪华的风气从尼禄统治时期一直延续到霍诺留时代;当圣墨拉尼阿在哥特人包围罗马城之前六年返回罗马时,出来迎接她的贵族们的随员布满了整条军用大道。"①通过运用注释,吉本帮助有兴趣的读者了解了罗马人的衣食住行。

　　上述例子说明,吉本对于脚注的运用,手法多样——既用来征引史料、讨论史料的真伪,又用来评论史事、补充史实。毫无疑问,他是这方面公认的大师,但在当时,他并不是唯一善于运用脚注的人,也非脚注的首创者。从内容来看,脚注是评注的一种表现形式,而评注古书是世界许多文明中都有的一个悠久的传统。文艺复兴时期,人文主义者在这方面积累了大量的经验。但在脚注发明以前,学者如果想对文献进行注释和批评,一般都会写在原文、原书的周边。因此在印刷术发明以后,一些古籍被印成很大的开本,既有原文,又有后人的评注——原文印在中间,旁边是评注。但这样大开本的书籍显然不方便携带、阅读和使用,脚注和尾注就在 17 世纪渐渐流行起来,18 世纪以后更为欧洲学者普遍使用。

　　提供脚注,自然是为了显示作者的研究心得和成果。但是否一定要

---

① 爱德华·吉本:《罗马帝国衰亡史》,下册,黄宜思、黄雨石译,北京:商务印书馆,1997,页 25、11。

提供这些研究的结果,在当时还有争议。热衷于历史著述修辞效果的人显然对此不感兴趣,所以在古典时代,历史著作很少对所用的史料提供解释和说明。修昔底德算是对历史写作求实、求真下力最深的古典史家,但他在这方面的努力,后人也大致只能从他的自述中去了解。换句话说,许多人欣赏修昔底德,是因为修昔底德自述中提到他如何搜求史料、求证史实。但这样的"夫子自道"在文艺复兴,特别是宗教改革以后的欧洲,就有点行不通了。那时宗派林立、争讼不断,学者和史家为了证明自己的观点和看法,必须提供证据。前章所提到的雅克-奥古斯图·德·图力求揭示历史的真相,结果在新教和天主教的纷争中两面不讨好。为了说明自己如何得出结论,德·图便开始使用注解的形式展示他使用的史料。后来皮埃尔·贝耶尔在编纂《历史和批判词典》时,也使用了注释,让读者看到他如何对一些习以为常的观念和人物,提供不同的研究发现。[①] 这些例子说明,在学术著作中提供注释,因应了时代发展的需要。

吉本在写作《罗马帝国衰亡史》时采用脚注,还有另外一个原因。如上所述,吉本是伏尔泰的崇拜者。他同意伏尔泰的观点,认为史家著史必须具有哲学思辨的眼光,能察觉历史变动的大势,并做出说明和解释。伏尔泰认为史家不应拘泥于小节,在史料上用力过多而迷失解释历史的重要任务。持有这种观点的不止伏尔泰一人;18世纪的法国启蒙思想家都强调思辨和解释的重要,而对博古学家在考证史料上的孜孜以求颇为不屑。有趣的是,博古学研究在古代曾与哲学联手,是后者对自然现象乃至自然界的本源及演化做出解释的重要帮手。但到了18世纪,博古研究与哲学思辨之间形成了某种张力,不再互相支援、同舟共济。这种情形在19世纪有更进一步的发展,对此将在下章论述。

吉本为《罗马帝国衰亡史》提供详尽的注释,显然表明他并不像伏尔泰那样,对考证史料不屑一顾。他的《罗马帝国衰亡史》对罗马帝国的灭

---

① 参见 Anthony Grafton, *The Footnote: A Curious History*, Cambridge MA: Harvard University Press, 1997, Ch. 5, 6, 7。

亡有着缜密的思考和明确的观点。他认为,罗马帝国的辉煌霸业最终走向灭亡出于四个原因:一是时间和大自然的损害;二是异族的入侵和基督教的兴起;三是由于追求财富而对自然资源的滥用;四是罗马人内部的纷争。这一观点粗看起来似乎有宿命论的成分,但其实却是一种理性的分析。他认为罗马帝国衰亡的最大原因是罗马人自己的内部争斗,由此可以证明,他的解释立足于人事活动的变迁,并不归咎于天命无常。从理性主义的立场出发,吉本对于基督教的兴起自然没有太多好感。但他也不主张将罗马帝国的衰落完全归咎于基督教。相反,他能看到基督教的正面作用。吉本反对的是宗教迷信,因此他对基督教文献所述的神迹一概排除。他之所以在书中提供详尽的注释,就是为了能在可信的史料基础上,重构基督教的发展历史。总之,吉本的《罗马帝国衰亡史》既溶历史研究和历史写作为一炉,集"信""达""雅"为一身,又对历史进程进行了理性的哲学分析和思考。

  用理性的方法考证史料、用理性分析的方法重构历史,这是启蒙史学的特征。吉本是这方面的杰出代表,而他也有不少同道者。他的好友大卫·休谟(David Hume,1711—1776)既是哲学家,又是一名史学家,同样是理性主义史学的代表。另一位苏格兰学者亚当·佛格森(Adam Ferguson,1723—1816)也对古罗马的历史及其变迁做过探讨。休谟和佛格森都是18世纪"苏格兰启蒙运动"的代表人物。而史家威廉·罗伯逊(William Robertson,1721—1793)也在"苏格兰启蒙运动"的据点爱丁堡大学长期任教、任职。罗伯逊虽然不是该运动的核心人物,但他写作的多部历史著作(包括一本有关基督教兴起的罗马史),也像吉本的《罗马帝国衰亡史》一样,成为启蒙史学的代表性作品。

  "苏格兰启蒙运动"的兴起,表明源起于法国的启蒙运动已经在欧洲各地蓬勃展开。当然,各地对于启蒙运动的反应,有所差异。但就启蒙运动对于历史研究的影响而言,显然又有一致性。比如赫尔德虽然不同意贬低中世纪的文化,但他还是进步史观的一个主要人物。18世纪的思想家普遍认为,如同自然界的历史,人类的历史也可以通过理性的研究找出其中的发展规律。赫尔德就深信:"人类具有获得知识的能力,而且他一定要取得他应该知道的一切;所以我就满怀信心地想在很杂乱的人类过去当中,探讨支配人类的那些美好的、崇高的自然法则。"① 而历史进步的观念,便是他们解释历史演化的一条法则。这一历史的进步,既是普遍的,为全人类的历史所遵守,又是特殊的,体现在单个民族的历史进程之中。18世纪后期的德意志史家,特别是哥廷根大学的教授如约翰·伽特勒尔(Johann Gatterer,1727—1799)和奥古斯特·施留策尔(August Schlözer,1735—1809)等人编纂世界史(包括中国史的部分),用理性的眼光描述和解释人类历史的变迁,注重用因果关系分析历史事件的产生和递嬗。而休谟在18世纪主要以一位史学名家著称,其八卷本的《英国史》(The History of England;原名《大不列颠史》)巨著,在出版之后的将近一个世纪中,一直是英国人了解自己历史的必读书。像伏尔泰一样,休谟认为历史写作必须有哲学思辨的眼光。他这样说道:"历史的主要用处,就是发现有关人类本性的不变和普遍的原则。"② 他的《英国史》从罗马时代写起,一直到1688年的"光荣革命",是一部视野宏阔的通史,而其写作目的就是为了展现英伦列岛居民在政治制度上如何曲折地不断进步。

　　同样相信历史进步,休谟和其他英国学者的观点又与法国学者不同(当然法国学者中间也有分歧,比如卢梭就持不同的观点)。到了18世纪后期,伏尔泰等人阐述的进步观念为孔多塞(Nicolas de Condorcet,1743—1794)接受并得到更为详细的解说。孔多塞因此成为历史进步观念的代言人。他指出,过去的时代若有成就,可以被现在的时代吸收和理解,因此今胜于昔是一个定论。同时他还指出,人类的进步就在于今人能运用理性克服无知和失误。像自然科学一样,人类社会也会获得长足的进步,而革命是进步的一个必经手段。颇具讽刺意味的是,孔多塞本人在

---

① 詹姆士·哈威·鲁滨孙:《新史学》,齐思和等译,北京:商务印书馆,1989,页31。
② 引自 Burke, *The Renaissance Sense of the Past*, p. 143。

法国的 1789 年革命中丧失了性命。与此相对照,休谟对于革命和暴力并不赞成。他的进步观念注重的是渐变,而非突变。

休谟(包括他的苏格兰同胞佛格森、罗伯逊等人)也重视史料的可靠和史实的准确,其著作中剔除了迷信、非理性的成分。像吉本一样,休谟对于中世纪的历史文献持有怀疑和评判的态度,指出从中并不能获得可信的知识。值得一提的是,他的《英国史》的写作与吉本写作《罗马帝国衰亡史》,差不多同时,因此互有影响。虽然休谟没有在他的书中提供详尽的注释,但他对吉本注明史料的做法不但支持,而且还有所提醒。起初吉本采用的是尾注,但休谟读了之后,建议他改用脚注,以方便读者查询,而吉本采用了他的意见。这一事例说明,使用注释说明史料来源、鉴定史料的价值,已经慢慢成为学者的共识。[①] 学者之间的交流和互动在 18 世纪的欧洲已经变得十分频繁。因此有人指出,那时已经出现了一个"文人圈"或者"学术圈"(republic of letters)。这一学术网络的形成,也是学术研究开始走向职业化的标志(当时的著名学者,基本上都在大学担任教职;吉本是一个特例)。总而言之,在 18 世纪走向终结的时候,近代史学在观念、内容、方法和形式等方面,都已经基本成型了。

[①] Grafton, *Footnote*, pp. 102—104.

第八章

民族史学与科学史学

第一节　民族国家与民族史学

　　18世纪思想家认为历史会走向进步，有其历史的背景为后盾。随着科学革命的开展，西欧的一些地区在17世纪后期开始慢慢工业化，其结果是欧洲领先于其他地区，走上了近代化的道路。当今的全球史家认为东西文明在18世纪中叶出现了"大分流"，便是指的这个现象。所谓"大分流"是指工业文明取代了人类几千年来赖以生存的农业文明。由此，欧洲（以西欧和当时刚刚新建的美国为代表）开始领先于其他文明，成为引领世界历史前进的火车头。这句话并不只是比喻而已，因为火车的发明和使用，无疑是工业化的一个重要标志。

　　工业文明的兴起，主要是一个经济现象，但也有相应的社会和政治方面的表现。因为传统的农业文明社会已经形成了一套政治制度、宗教观念和思想形态。工业社会的兴起，必然会与之对抗。17—18世纪的欧洲出现了一系列政治事件，其背后既有宗教信仰分歧的原因，更是新兴的社会政治力量对旧制度冲击的结果。荷兰、英国和美国的革命，其原因和过程各不相同，而其结果却大致相似，那就是新的政治制度和社会结构逐渐形成。而1789年的法国大革命，或许是这种新旧制度更替表现最为激烈的一个事件，其影响也最为深远。从政治层面来讲，法国大革命的最大遗产体现在推进了欧洲各地的民族主义浪潮。法国革命激烈、激进的程度，不但让尚未改革的普鲁士等地感到恐惧,而且也造成已经经历过改革的英格兰、荷兰等国的不安。英国学者对于法国革命一般都持批评的态度,其中以埃德蒙·伯克(Edmond Burke,1729—1797)最为典型。

对法国革命的批评和不安反映的其实是一种有关历史观的争议。更具体一点说,就是在近代社会慢慢形成的过程中,人们应该如何看待已经渐行渐远的时代——中世纪。在法国革命爆发之际,前章提到过的"古今之争"已经基本结束,主张今胜于昔的学者略胜一筹。所以问题的焦点并不在于论辩过去是否仍然胜于现在,而在于讨论在近代化高歌猛进的时候,是否要否定中世纪的一切。如前章所述,法国的启蒙思想家如伏尔泰,对于中世纪持一种基本否定的态度,而德意志学者如赫尔德,则对此颇有异议。激烈的法国革命,以提倡"自由、平等、博爱"为口号,似乎要以全新的姿态建立一个完全不同的制度和社会,由此引起了一些人士的恐惧和不安。英国的学者则认为,英国"光荣革命"的成功,其部分原因就在于有来自中世纪的"大宪章"的遗产,因此,完全蔑视中世纪并不明智。更有甚者,由于法国革命的一个直接结果便是拿破仑战争。而拿破仑以军事的手段扫荡了几乎整个欧洲,冲击了旧制度。所以在如何对待中世纪的遗产这个问题上,还掺杂有欧洲其他地区反对拿破仑法国霸权统治的民族主义情绪。

19世纪被人称为是"历史学的世纪"。如果这个说法可以成立,那么其原因和特点则颇为多元、多样。批评法国革命过于激烈的言论,反映的是一种政治上的保守主义,而对中世纪的肯定甚至怀念,在文学作品上最为明显,表现为浪漫主义,主张历史上的每个时代都有其独特的价值,则体现了历史主义的思维。这三种"主义",加上上面提到的民族主义思潮,都在19世纪得到长足进展,并促进了历史学的大踏步发展。因为历史研究的前提,就是要对过去充满兴趣(法国启蒙思想家以否定中世纪来提倡历史的进步观念,被一些人视为代表一种"非历史"(ahistorical)的态度)。从民族主义立场出发,更促使史家缅怀自身民族的过去,所以无论是浪漫主义的情绪还是历史主义的思维,都有助于历史研究和著述的蓬勃发展。

那时出现的历史作品，内容和形式多样，比如世界史的写作，随着美洲的发现和开发，让人颇有兴趣。同时，对欧洲古代社会的研究也仍在持续。"东方学"(Oriental Studies 或 Orientalism)——欧洲学者对世界其他文明的研究——也在慢慢兴起。但毋庸置疑，19世纪史学的大宗是民族国家史学，即追溯、回顾、研究一个民族的发生、发展的历史著作，不仅欧洲如此，世界其他地区亦不例外。

民族主义在19世纪欧洲的兴起有一个显著的表现，就是民族国家的纷纷建立。民族史学在那个世纪的蓬勃发展与民族国家的建立有着相辅相成的关系。民族史学的写作和出版，助长了该国公民的民族主义感情，提升了他们对于自己国家的热爱。而民族国家的成立又起了帮助民族史学发展的作用。举例而言，法国革命和拿破仑战争推动了欧洲民族主义思潮的发展，而法国与欧洲其他国家之间的战争，又让法国人的民族主义情绪高涨。在法国大革命期间，法国政府建立了博物馆(卢浮宫)和档案馆，其目的就是要提升公民的民族主义意识。博物馆和档案馆又是民族史学写作的得力帮手。这两种机构的雏形在古代便存在，但性质和功用不同。近代的博物馆(不少博物馆还包含国家图书馆在内，如大英博物馆)既有保存古物的意图，又有教育公民，提高其民族自豪感的目的，而且随着时间的推移，后者变得日益重要。国家不但出面、出资建立博物馆，而且还采取各种措施鼓励公众(特别是学校学生)参观。这些措施的目的，无非是为了增强民族认同感，提高爱国心。档案馆的使用者与博物馆的参观者相比自然要少得多。但档案馆逐渐向公众开放，其目的也是为了提供方便，有利于历史学，特别是以自身民族为题材的历史著作的写作。

法国国家档案馆(Archives Nationales)创建于1790年，是欧洲建立最早、规模最大的近代档案馆。而作为法国国家博物馆的卢浮宫(Louvre Palace)在1793年正式向公众开放，也是欧洲最早、最大的国家博物馆之一(大英博物馆于1759年向公众开放，为欧洲最早)。就民族史的写作而言，法国史家也不落人后。奥古斯丁·梯叶里（Augustin

第八章　民族史学与科学史学

Thierry，1795—1856)、弗朗索瓦·基佐（François Guizut，1787—1874）和儒勒·米什莱（Jules Michelet，1798—1874）都以不同的方式写作法国史，其中，米什莱以其高昂的热情、史诗的笔调歌颂法兰西民族的光荣历史，不但被誉为"法国史学之父"，而且还是欧洲民族史学写作的典范。这些法国史家的性格、治学和经历各有不同，但都在法国革命的影响下长大，因此他们的史观又有相似之处。与伏尔泰等启蒙思想家不同，他们对中世纪文化怀有浪漫主义的情感，并视其为法兰西民族生命力的源泉。虽然程度有所不同，但他们都受到法国浪漫主义文学和史学大家夏多布里昂（François-René de Chateaubriand，1768—1848)的影响。基佐在年轻的时候，还曾评论夏多布里昂的名著《殉道者》(Les Martyrs)，得到了后者的称赞。同时，这些史家在思想上又受到法国革命的洗礼，看到了大众在历史中的作用，因此特别希望从整个民族的角度写作法国史。梯叶里指出，"真正的、值得人们阅读的法国史尚未出现在人们面前，它为各种当代的编年史著所掩埋"。因为在他眼里，法国史必须是整个民族的历史，而不是对几个精英人物的肉麻吹捧。梯叶里认定，一个真正的法国史家"必须有宽广的胸怀和判断力，热爱各种各样的人民，无论低下或高贵，然后用生动的笔调、敏锐的感触，描绘整个民族在几个世纪中走过的路程，如同跟随朋友一起走过一段艰难的行程一样"。①

对于法兰西民族的热爱贯穿了这些史家的著作。在这方面，米什莱尤为突出。他的《法国史》(Histoire de France)花了近三十年的时间完成，这本书的写作几乎贯穿了他的一生。同时，他还写了《法国革命史》(Histoire de la Révolution française)等著作。米什莱受人尊敬之处，在于他既有哲学的眼光，又有精彩的文笔。他在早年翻译了维科的《新科学》，认识到历史解释的重要。他又是一名浪漫主义者，认为近代法国的成就与法兰西民族的过去紧密相连。而且，像梯叶里一样，米什莱认为以往的历史著作只描述了一些特别的人物和异常的事例，让人无法窥视法

---

① 见 Stern，*Varieties of History*，pp. 64—70。

兰西人民的全貌,甚至还造成了他人对法国的误解。所以米什莱决意在他的《法国史》中描述那些名不见经传,却心地善良、感情丰富的普通民众,希图展现法兰西特有的民族性。① 他的《法国史》体大思精、卷帙浩繁、贯通古今,从古代开始一直写到法国革命爆发前夕。如此皇皇巨著,让人叹为观止。

梯叶里、米什莱力图构建法国历史的全貌,触及社会的各个层面,这种意图凸显了他们历史观的新颖之处,反映了法国革命对这些史家的影响。这些生活在"复辟时期"的史家在政治观点上并不赞同法国革命的"红色恐怖",但却清楚地认识到社会阶级之间可以酿成激烈的冲突。因此他们在探究法国史的特性时,特别注重"阶级斗争"的现象,并认为财产的多寡是阶级形成的原因。这些分析,对以后马克思主义的发展产生了影响。②

19世纪的史学大家多以写作民族史(国别史)出名。在英国,麦考莱(Thomas Babington Macaulay,1800—1859)的名声可以与吉本在18世纪的声望相媲美,但麦考莱之为人称赞,靠的是一部多卷本的英国近代史。作为两个不同世纪的史学大家,吉本与麦考莱选题迥异,这清楚地表明到了19世纪,民族史学已经成为近代欧洲史学的主流。不过,尽管题材不同,麦考莱与吉本仍有相似之处,那就是他们两人都有从政的经验,其写作都以研究精湛和文笔华美而著称。麦考莱认为,古希腊的希罗多德和修昔底德都是近代史家应该尊崇的对象。前者的长处是描述生动,而后者的价值在于重视研究。但麦考莱又指出,修昔底德征引了许多演说词,违背了史学应该求实的原则。③ 从这些评语可以看出麦考莱自己所追求的写作风格;他既想要忠于史实,又重视文笔的流畅可读。不过,麦考莱《英国史》(The History of England from the Accession of James II)的影响力还在于作者在书中所表现的史观。麦考莱希图证明,英国

---

① 见 Stern, Varieties of History, pp. 109—119。
② 有关法国"复辟时期"史家的阶级斗争学说及其历史地位,参见王晴佳:《西方的历史观念:从古希腊到现在》,北京:北京师范大学出版社,2013,页168—175。
③ 见 Stern, Varieties of History, pp. 72—89。

"光荣革命"的成功并不是一蹴而就的结果,而是英国历史经年发展的成果。换言之,麦考莱认为英国一直有追求自由、反对专制的传统(1215 年的"大宪章"是他津津乐道的事例),这是英格兰人无比骄傲的民族特性。他的《英国史》成为英国史学史上"辉格史观"的代表作。①

在英国和法国以外,由于教皇拥有较大的世俗权力,使得德意志地区民族国家的出现相对十分缓慢。普鲁士和意大利的建国都是 1870—1871 年普法战争的结果。但民族主义的思想在这以前便已产生;民族史学的著述也时有出现,尽管在数量和规模上不及法国和英国。以意大利为主题的历史著述,在圭恰迪尼之后仍然有人尝试,路德维科·穆拉托里(Ludovico A. Muratori, 1672—1750)就是其中一位杰出之士。穆拉托里不但著述宏富,也编辑整理了大量有关意大利的历史文献,是当时欧洲"学术圈"内的翘楚。不过对于意大利史的兴趣并不仅限于意大利人之中。比如米什莱在其著作中就高度评价了意大利的文艺复兴——"文艺复兴"(Renaissance)这一专有名词便出自他的笔下。而瑞士史家布克哈特(Jacob Burckhardt, 1818—1897)的《意大利文艺复兴时期的文化》(*Die Kultur der Renaissance in Italien*)一书,虽然不是正式的意大利民族史,却对意大利的历史地位给予了高度评价。相比之下,意大利史家的写作兴趣则显得颇为多元,反映了意大利半岛在民族统一以前的政治分裂状况。②

虽然发展缓慢,但德意志地区的史学在 18 和 19 世纪也明确转向了民族史学。前章已经提到,18 世纪德意志地区的史学,以哥廷根大学的伽特勒尔和施留策尔的世界史研究闻名,是启蒙史学的延伸和发展。但拿破仑战争爆发以后,德意志地区首当其冲,受创最重,因此民族主义的

---

① 所谓"辉格史观"(Whig interpretation of history)由英国 20 世纪史家赫伯特·巴特菲尔德提出,其特征是认为人对自由的向往与生俱来,因此人类的历史将不断走向个人自由,走向科学民主,实现社会进步。

② 参见 Edoardo Tortarolo, "Italian Historical Writing, 1680—1800", Jose Rabasa and Masayuki Sato ed., *The Oxford History of Historical Writing*, Oxford: Oxford University Press, 2015, vol. 3, pp. 364—383.

情绪顿时高涨。为了保存德意志的历史和文化,普鲁士改革家、哥廷根大学的校友施泰因男爵(Heinrich vom Stein,1757—1831)倡导编辑《德意志史料集成》(Monumenta Germaniae Historica),于1819年出版了第一卷。这个收集和整理史料的项目,其间虽有中断,但一直持续到今天。从初期开始,《德意志史料集成》便由当时的史学名家负责,成为史家训练的摇篮,而其丰富的内容为写作德意志的历史,提供了难能可贵的资料。借助这一雄厚的史料基础,德意志民族史的著作在19世纪中期以后不断出现,其中海因里希·卢登(Heinrich Luden,1778—1847)的《条顿民族史》(Geschichte des Teutschen Volkes)受人评价最高。卢登同样毕业于哥廷根大学,曾受业于施留策尔。但他以民族史著名,颇能说明在德意志地区,民族史学业已成为历史研究的主流。

最后要提一下的是美国史学。美国于1776年发生独立战争,到1783年巴黎和会时,美国独立于英国的事实最终得到国际社会的承认。美国史学的发轫,与美国国家的建设齐头并进。美国的"史学之父"是班克罗夫特(George Bancroft,1800—1891),其代表作《美国史》(History of the United States: from the Discovery of the American Continent)于1834年开始出版,为美国史学以后的发展定下了基调。班克罗夫特认为,美国的建国并非偶然,而是人类向往自由的一种自然发展。因此在他笔下,英国的殖民统治十分黑暗,而美国人追求幸福和自由的斗争是理性成长的重要标志和必然结果。班克罗夫特对美国民族性的高度赞美和对美国建国历程的思考,结合了理性主义和民族主义,而他的流畅文风和详实资料也得到许多人的赞赏。班克罗夫特的著作,出版间隔长达几十年,但读者往往翘首以待,视之为美国史的经典著作。从现在的眼光来看,班克罗夫特的主要贡献在于给"美国例外论"(American exceptionalism)提供了历史依据。① 这一影响一直延续到19世纪末期才受到比较严厉的

---

① "美国例外论"指美国的建国有其独特性和异常的历史意义,为法国学者托克维尔所提出。其主要论点是,美国与其他民族国家不同,在自由、平等、个人主义、资本主义和联邦主义的基础上建国,代表了一个新的政府模式和一个历史新纪元的开始。

批评而有所修正,但在美国当今的思想界和学术界,余韵犹存。不过,与班克罗夫特同时,也有一些史家发出不同的声音,如威廉·普雷斯科特(William H. Prescott,1796—1859)就比较肯定和欣赏美洲印第安人的文化。他的著作记录了西班牙人对美洲的征服,揭露了欧洲殖民者的暴行,在当时让人刮目相看。

第二节　科学史学的兴起

民族史学的写作,以描述民族特性、申扬民族精神为主旨,因此自然带有偏见和立场。但有趣的是,19世纪的史学又以其科学性著称。那么,什么是"科学史学"?为什么19世纪的史家会认为自己创作的是"科学史学"呢?其实,"科学"一词可以有广义和狭义的两种理解。广义来说,科学是对一件事物(大至宇宙小至微细胞)的理性分析、归纳和解释。狭义的科学,指的是对自然界及其现象的研究。近代史家追求历史研究和著述的科学性,显然受到牛顿、伽利略等科学家研究自然现象的激励和启发。培根已经对17世纪的科学革命做了总结,认为牛顿等人的成功在于采用了归纳、分析的方法,在事实的基础上提出解释。因此科学史学的一个表现就是模仿科学家的方法,确证史料的真实性,然后在此基础上描述历史的变迁。换言之,到了19世纪,史家已经深切地感受到,传统史学从形式到内容都必须经历一个彻底的改造。于是,他们开始重新搜集、考订史实,重新出发来写作过往时代的历史。

这一重写历史的运动以德意志史家尼布尔(Barthold Georg Niebuhr,1776—1831)为先行者。《十九世纪的历史学和历史学家》(*History and Historians in the Nineteenth Century*)的作者古奇(G. P. Gooch,1873—1968)高度评价尼布尔的贡献,把他放在著作的第二章加以讨论,认为尼布尔"把属于从属地位的史学提高到一门庄严的独立科学"。① 这一评价主要是对尼布尔原创性的肯定。尼布尔的原创性,体现在他重写罗马史的举动。如前所述,罗马的历史自文艺复兴以来,对史家一直有高度的吸引力。从彼得拉克、马基雅维里到吉本,都从不同的角度研究和写作了有关罗马史的著作。但在吉本以前,几乎所有研究罗马史的学者都依赖残缺不全的李维的《罗马建城以来史》,不敢越雷池一步。而吉本的《罗马帝国衰亡史》则基本从李维的著作之后写起,所以对李维著作的权威性不构成威胁。但尼布尔则不同。他的《罗马史》(*Römische Geschichte*)写作注重罗马共和国的历史,正是李维残卷所概括的内容。但尼布尔又不为李维所限,而是想超过、超越李维。尼布尔的作法就是重起炉灶。他不像马基雅维里等人那样,评注李维、征引李维,视李维为权威,而是重新寻找新史料,并在这些史料的基础上重构罗马早期和共和国时期的历史。尼布尔有法学知识,亦曾在金融界任职,因此他对早期罗马的政治、法律和经济制度都充满了兴趣。而这些方面,正是李维较少注意的,因为李维的著作,以政治、道德为中心,堪称政治史写作的典范。

可是,这里有一个难题——如何找到李维这位罗马人都未曾注意、也没有使用的史料呢?换句话说,尼布尔要重写罗马史,并没有现成的文献史料。他要超过李维,描述罗马史的起源,而早期的罗马人在文化上尚处于蒙昧阶段(至少落后于同时的希腊人),不仅史料无多,而且可信的更少。尼布尔早期受到的训练类似于博古学家,这培养了他寻找史料的犀利眼光。他重构早期罗马史,依据了诗歌、葬礼上的颂词和民谣等所剩无多的材料,并注意到铭刻和其他古物的价值,在史料的发现和运用上是一大突破。他有关政治制度和经济、金融方面的知识,也帮助了他重建罗马共和国时代的历史。但因为史料毕竟不多,尼布尔对罗马史的叙述掺杂有许多想象、推理的部分。因此他的一些推论也遭到一些学者的质疑。但尼布尔的主要功绩,就在于他敢于创新,走出了古人著作的藩篱,为19世纪史家重写历史树立了榜样。

---

① 古奇:《十九世纪的历史学与历史学家》,上卷,耿淡如译,北京:商务印书馆,1989,页92。

第八章 民族史学与科学史学

从现在的立场、用近代的方法重写历史，自然也不是毫无目的的。尼布尔注重罗马共和国的历史，希图对近代民族国家的建设提供一些资鉴。近代史家不但重建罗马史，同时也重写希腊史，而且目的性更强。这里的原因很简单，民主制度首先在希腊出现并得到实践。在近代民族国家的兴起过程中，传统的帝国逐步走向衰落，如神圣罗马帝国、奥斯曼帝国等等，而新兴的国家如英国、法国、荷兰等，都建立了相对民主的代议制政府。但古代的智慧仍然具有足够的吸引力。希腊史研究在19世纪英国相对流行，与此相关。第一部用英文写作的希腊史由吉本的朋友威廉·米特福（William Mitford, 1744—1827）所写。米特福目睹了法国革命的惨烈，对民主制的实行颇有怀疑。他以此保守的立场出发，质疑古希腊民主制的合理性。他的观点，得到了保守派人士、主要是托利党人的支持，但却受到辉格党支持者如麦考莱的批评。另一位批评米特福的人是格罗特（George Grote, 1794—1871），后来成为近代英国的一位杰出史家。格罗特的中学同学提尔华尔（Connop Thiriwall, 1797—1875）也是希腊史的专家，可见希腊史研究在当时的英国所激起的浓厚兴趣。提尔华尔崇敬尼布尔，曾把尼布尔的《罗马史》译成英文出版。他的《希腊史》研究扎实，共有八卷，但与尼布尔的《罗马史》一样，可读性较差，主要在学术圈中流传。与提尔华尔相比，格罗特的《希腊史》（History of Greece）则文笔流畅，不但为学界赏识，还为社会人士所好。提尔华尔和格罗特研究希腊史又有一个共同点，那就是对神话、传说和历史做了明确的甄别，显示了科学史学注重史实可靠性的特点。与之相比，米特福的《希腊史》往往相信神话传说，甚至以之作为论述的根据。

格罗特《希腊史》的最大成功，在于他对希腊民主制的赏识，由此与米特福针锋相对。这一特点与英国政治的发展，又有关联。19世纪中期格罗特的《希腊史》出版时，辉格党（也即自由派）重新占据英国政坛。格罗特本人也赞同辉格党，因此他对希腊的民主制，赞赏有加。格罗特在描述克来斯特尼改革成功的时候，如此描述："它的积极原因则是人民主权的这个伟大新观念，即是主权属于自由平等的公民全体的观念。这个观念产生了电流一般的迅速效果,引发了一系列前所未闻的思想、情绪、动机与才干。"用"电流"这种近代才出现的词语描述古希腊人,有些人或许会感到不妥。但格罗特的描述,显然有其生动性、现实性,由此他的著作,富有巨大的感染力,特别受到那些主张推进英国民主制的人士的欢迎。总之,用科学的方式重写历史,并不一定要摈弃主观立场(至少在19世纪中期的英国尚无太大必要);更重要的是要考核史料、剔除神话。而在这同时,还必须考虑叙述是否动人、感人。格罗特显然做到了这一点。他对希腊(特别是雅典民主)的称颂,热情洋溢。在他看来,"希腊人乃是第一次在我们的天性中潜伏的智力上点燃起火花的民族"。①

但是要在考核史料真伪的基础上,再上升一步,在叙述中还避免显露史家的主观立场,这就是科学史学的另一种境界了。德意志史家利奥波德·冯·兰克(Leopold von Ranke,1795—1886)正是这方面的代表。兰克早年的求学集中在研习古典学问,不但掌握了古代语言,也精读了大量古代经典,并曾将有些经典译成德文。因此,他在历史文献学、比较语言学等方面,造诣颇深。大学毕业以后,兰克在一所文科中学教授古典学,开始对历史著述产生了兴趣。他的第一部著作《罗曼与日耳曼诸民族史(1494—1514)》(*Geschichte der romanischen und germanischen Völker von 1494 bis 1514*)于1824年出版以后,声誉鹊起,为他谋得了尼布尔曾任教的柏林大学的教职。兰克的职业史家生涯由此开始。《罗曼与日耳曼诸民族史》与当时已经开始流行的民族史学,有着一种微妙的关系。从表面上看,兰克写的是欧洲史,指出拉丁语系的罗曼民族与日耳曼语系的日耳曼各族本质上没有区别,并在历史上多有融合。这种分析和写法,显然与专注一个民族历史演化的民族史学不同。但《罗曼与日耳曼诸民族史》的内容其实基本上还是以单个民族为主,直到15世纪末意大利战争开始,可见兰克也认为,民族国家的兴起和相互之间的关系勾勒了近代

---

① 古奇:《十九世纪的历史学与历史学家》,上卷,耿淡如译,北京:商务印书馆,1989,页510、515。

历史的主线。

《罗曼与日耳曼诸民族史》影响最大的方面,还不在于兰克独辟蹊径,在民族史学渐成大宗的时代写作了一部欧洲史。在《罗曼与日耳曼诸民族史》问世的仅仅四年之后,法国史家基佐便出版了《欧洲文明史》,所以,欧洲史,甚至世界史的写作在 19 世纪仍在继续。但兰克在《罗曼与日耳曼诸民族史》序言中所提出的写作目的,却让人印象格外深刻,永记不忘。兰克写道:"人们一向认为历史学的职能在于借鉴往史,用以教育当代,嘉惠未来。本书并不企求达到如此崇高的目的,它只不过是要弄清历史事实发生的真相,按照历史的本来面目来写历史罢了。"①"按照历史的本来面目来写作历史",就是"如实直书"(wie es gigentlich gewesen)。这句貌似普通的话,让读者震撼,印象深刻。因为像其他文明一样,欧洲的史学传统一直以来注重史学的功用,不是为了提升道德,就是为了颂扬伟人,或是弘扬民族精神、继承文化传统。但兰克的主张为历史学指出了一个新的发展方向,因此在之后的一个多世纪中,成为西方许多史家治史的理想。

兰克提出这一崭新的治史目标,有多种原因。首先,兰克是一个虔诚的路德教徒,崇信泛神论,也即上帝的无处不在。因此他认为历史的进程和走向并不由人决定,而是取决于上帝。他坚信"历史上的每一件大事都证明上帝的意志,每一个关键性的时刻都证明有上帝在主宰一切"。② 由此,他不认为一个凡人,即使是一个睿智的哲学家(如他的前辈同胞黑格尔)能总结历史发展的规律并加以明确阐述。但他又认为,古人、今人都是人,今人可以感知、理解古人的心理和行为,所以如实、逼真地描述历史的行进,仍然可能。其次,兰克认为历史学的根基就在于描述一个个的历史事件,也即历史的特殊性,而不是普遍性。因此他指出,以往的史家,包括文艺复兴时代的大家如马基雅维里和圭恰迪尼,都有重大缺陷,那就是

---

① 此处译文引自郭圣铭:《西方史学史概要》,页 156。
② 同上书,页 158。

太急于求成,在弄清个别事实以前便试图总结、概况历史演化的大势(《罗曼与日耳曼诸民史》有兰克的一篇重要附录,题为"近代史家批判",马基雅维里和圭恰迪尼是其重点评述的对象)。第三,兰克的古典学训练,特别是他的历史文献学造诣让他看到考核史料的重要性和可能性。这一点其实特别重要,因为兰克希求"如实直书",似乎很谦虚,但其实反映了他的高度自信。他认为如果掌握了历史文献学的史料批判方法,近代史家的确能鉴别史料的真伪、明确史料的价值。他在柏林大学的教学包括大堂讲授(德文称作 Lesung),但他口才一般,效果平平。他的影响力主要通过他提倡和普及的"研讨班"授课方式,也即 Seminar 得以体现。研讨班这一形式,最初在哥廷根大学由约翰·伽特勒尔尝试使用,其目的是训练学生使用古文字学、古文献学和纹章学等方法来鉴别史料真伪。兰克教授的研讨班,则主要采用历史文献学的手段,比较同代的各类文献,从句式、语气、文法、作者和内容等方面入手,审定史料的真伪。兰克如此强调史料的真伪、可靠,并总结、展示了一套鉴别史料的方法,体现了科学研究的求真精神,因此被后人誉为"科学史学之父"。

也可以说,兰克的研讨班将原来主要考订古代史料的历史文献学方法,沿用到了近代。兰克本人身体力行,不但著述宏富,而且大都利用政府档案,也即原始史料来构建史实。所以,与尼布尔相比,兰克在倡导科学史学的方面又大大进了一步。他的著述,不但从史料出发,不依靠已有的史书,而且还采用系统的方法,考订史料的真伪,以求如实直书。尼布尔写作早期罗马史,史料难求,因此物以稀为贵。而兰克关心的是近代早期的欧洲历史,史料繁多。所以兰克对于史料的种类相对苛求。他偏好的是未经他人转述、未曾修饰加工的第一手的史料,政府档案便自然成为他的首选。为了为写作做准备,兰克走访了柏林、德累斯顿、维也纳、罗马、威尼斯、巴黎等地的图书馆、档案馆,还遍阅私人藏书,乐此不疲。兰克向他的亲友形容他的这些学术旅行时,常将档案材料比作含苞欲放的处子,正等待男人的发现。他对档案的热衷,由此可见一斑。不过,这些描述显然又有歧视、贬低女性的意向,反映了当时西方学界以男性为主导的现实。① 兰克用档案治史的做法,为后人所尊奉;当代史家运用档案写作历史仍然十分常见。

兰克提倡利用档案史料治史,除了为了确保史实的真实性,还与他的历史观密切相关。如上所述,兰克视民族国家的兴起为近代历史的主流。他的早期著作以欧洲史为中心,到了晚年则又投入世界史的写作,可惜未能终卷。换言之,兰克对历史的看法并不为单个民族、国别的历史所局限。相反,他有着普世史的眼光和胸襟。兰克这样写道:

> 一个真正的史家,必须具备两个素质:一是他必须热衷(历史的)特殊性,并与之感同身受。如果一个史家对我们均属于其中的人类,抱有热爱之心,那么他的热爱就需要兼及人类的一切行为,不管是高尚的、善良的和文明的,还是丑陋的、邪恶的和野蛮的。……但这还不够;一个史家又必须看到事物的普遍性。他不能像哲学家那样,有先入之见。相反,他必须对特殊性进行反思,如是世界的整体发展才会变得清晰明了。但是,这种发展又不与哪个流行一时的普遍观念相关,而是取决于其他因素。世界上没有一个民族可以独立生存,不与其他民族来往。正是民族之间的联系,才让民族登上世界的舞台,而如何处理民族间的外部关系,又反映了一个民族的内在特点。所以普世史必须以此(民族之间的关系)为重点。②

这是兰克的夫子自道,也是他治史的出发点。所以,兰克提倡的"如实直书"并不是毫无取舍,而是蕴含着他的宗教信仰、治学之道和历史观念。兰克注重运用档案,目的是探究民族国家之间的交往及其对世界历史的影响。毋庸置疑,研究民族国家间的外交关系,政府档案是最好的材料。

兰克为后人尊崇为"科学史学之父",还有一个原因是他著作反映出

---

① 参见 Bonnie Smith, *The Gender of History: Men, Women and Historical Practice*, Cambridge MA: Harvard University Press, 1998, pp. 116-119。
② Stern, *Varieties of History*, pp. 59-60.

来的"客观性",也即在处理两国、多国关系时他所采取的不偏不倚的立场。对于一个政治、外交史家而言,不设立场,以完全中立的态度描述、分析国际关系,无疑十分困难。而欧洲宗教改革之后,新教徒、天主教徒之间更是相互攻讦。但兰克没有避讳,写作了《教皇史》(*Die römischen Päpste in den letzen vier Jahrhunderten*)和《宗教改革时期的德意志史》(*Deutsche Geschichte im Zeitalter der Reformation*)等书,受到当时学界的激赞。以选题而言,兰克的举动无异火中取栗,因为从新教徒的立场来看,教皇一无是处,要想客观冷静地描述教皇的历史地位,十分艰难。而处理宗教改革时期的德意志历史,更是难题,因为正是由于宗教改革,德意志地区变得四分五裂,还爆发了长达三十余年的战争。兰克被人视为"客观主义史学"的代表,与他相对成功地处理这些题材,以忠于史实、尽量不设偏见的态度写作历史,不无关系。

然而,把兰克的史学奉为"客观主义史学"的楷模,非但不确,甚至有点滑稽,因为从现在的眼光来看,没有人能真正做到完全中立、客观。自然科学家在选题甚至进行科学实验的时候,也无可避免地掺杂了主观的因素和个人的兴趣。兰克的真正贡献在于,他提出了史家治史应该不为其他因素所左右,而应专注核定史实,以事实说话。对于兰克的批评者来说(我们会在下面几章再论),这无异是一个"高尚的梦想"。但应该指出的是,将如实直书作为史家著史的鹄的,本身就是一大贡献。更重要的是,兰克先于他人而高悬这一理想,指出了科学史学的最高境界,有一种高山仰止、景行行止的作用。

的确,在兰克之后,不少史家同样追求这一理想。其中最值得一提的是法国史家古朗治(Numa Denis Fustel de Coulanges,1830—1989)。兰克虽然提倡客观治史,但尚没有提出将历史学与自然科学并列,但古朗治则有此理想。他尝言:"历史学不是为了闲情逸致;研究历史不是为了满足好奇心,或者选择性地填补记忆的空白。历史学是一门科学,也应该是一门科学。它研究的对象是人,这是最高尚的;而要全面地认识人,必须运用多门科学的知识。"①有趣的是,古朗治如此热衷提升史学的科学地位,与他的研究经历,特别是他的民族主义情绪有关。普法战争以前,他在斯特拉斯堡大学任教,出版了《古代城市》(La Cité antique)一书,文笔精美,在法国学界好评如潮。而古朗治获得这些荣誉的一个原因,就是他想与德意志学者争胜,展示法国学者在古代史方面的成绩。普法战争失败后,斯特拉斯堡为普鲁士所占,古朗治转到法国巴黎高师就任,以后巴黎大学(索邦)又专门为他设立了中世纪史教授的位置,所以古朗治可谓声誉日隆。他努力主张史学的科学性,与他的地位与经历有关,因为在古代史研究方面,德意志学者走在了前面,古朗治有志赶超他们,唯一的办法就是在史料的收集和考订上面下功夫,让事实说话。古朗治有一句让人铭记的名言:"朋友们,不是我在与你们对话,而是历史通过我在与你们对话。"②他的意思很明确,一个科学的史家就是要完全摈斥个人的立场和偏见,以呈现历史事实为己任。古朗治之所以如此高调,正是因为他的著述时刻会受到德国同行的严厉批评。到巴黎任教以后,古朗治出版了多卷本的《法国古代政治制度史》(Histoire des institutions politiques de l'ancienne France),以研究扎实严谨、史实考订详尽著名。而同时,他的著述意图也十分明显,那就是驳斥德国学者所声称的古代高卢的文化受到了日耳曼人的影响。

古朗治的例子证明,对于科学史学的追求,并非没有任何动机。相反,科学史家往往为某些动机所驱使,从而特别注重铺陈史实、考订史料。如同"科学无国界,但科学家有祖国"一样,近代史家对史学科学性的追求,常常为民族主义情感所操纵。民族史学与科学史学在近代能够并行发展,似乎有点奇怪,但又颇为常见;西方之外的地区也同样如此。因为出于民族主义的立场,史家常常更需要展现确实可靠的史料,力求万无一失,以防他人诟病。这种情形,不只在 19 世纪,在当今也十分普遍。

---

① Stern, *Varieties of History*, p. 179.
② Ibid., p. 141.

19世纪是科学史学确立其崇高地位的时代。前面已经提到，自17世纪开始，欧洲已经形成了一个"学术圈"（"文人圈"）。各国、各地学者相互之间交流、切磋学问，逐步变得普遍起来。到了19世纪中期，民族国家的建设渐渐成为历史演进的主要形式。为了推进本国学术的发展，各国纷纷建立各种专业的学会，出版专业的同仁刊物，让学会会员之间相互交流和批评。这些交流和批评的主要目的，就是考核和评价研究的精确性、推理的逻辑性和结论的可靠性。历史学的专业化，首先在德意志地区开始——《历史杂志》（*Historische Zeitschrift*）于1859年由兰克的弟子亨利希·西贝尔（Heinrich von Sybel，1817—1895）创立，比普鲁士的建国还早。普法战争的爆发，激发了法国史家的民族情绪。他们在1876年创办了《历史评论》（*Revue historique*），主编为加布里尔·莫诺（Gabriel Monod，1844—1912）。莫诺曾在德国学习，并师从兰克的另一位弟子格奥尔格·威茨（Georg Waitz，1813—1886）。相比之下，英语世界的专业历史刊物出版要晚得多。《英国历史评论》（*English Historical Review*）于1886年出版，而《美国历史评论》（*American Historical Review*）直到1895年才问世，迟于1889年日本史家创办的《史学杂志》。这些历史刊物的创办，促进了历史研究的专业化，同时也增强了德国史学、特别是兰克史学的影响。《英国历史评论》的创办人之一约翰·阿克顿勋爵（John Acton，1834—1902）是兰克的崇拜者，而兰克也荣膺美国历史学会的首位荣誉会员。日本《史学杂志》的编辑出版，则与兰克的年轻助手路德维希·里斯（Ludwig Riess，1861—1928）应聘东京大学讲授历史有直接的关联。兰克成为"科学史学之父"，兰克史学成为近代史家的楷模，也与这些专业学会和刊物在各国的逐渐创办和发展，颇有关系。

第三节　发现历史规律

德国《历史杂志》在发刊词中这样形容该刊的宗旨。本刊的创立，就是"认为历史研究应该是一门科学。本刊的首要任务就是展示历史研究的真正方法并指出任何与此相悖的做法"。接着它又强调,这个刊物不是为了博古研究,也不是一个政治刊物。换言之,近代史家的任务不是为了阐述什么政治立场,但也并非只是为了研究而研究,没有任何目的。发刊词指出,"从历史的角度看,每个民族的生活,受道德律的控制,会经过一个自然和独特的进化过程。从其内在需要出发,每个民族都会建立国家、构建文化。这一进化不能人为地加快或滞缓,也不会受制于外在的规则"。① 在德国《历史杂志》出版之后的专业历史刊物,其宗旨颇有大同小异之处;它们几乎都强调史家需保持中立的政治立场,但又不以纯粹的研究为唯一目的。《英国历史评论》的发刊词还加了一条,不但强调史家需不为政治党派所左右,还主张历史著述必须兼顾学者和一般读者,但以前者为主。这一两者兼顾的想法,在以后直至今天的英国史学中仍有例可循。总之,这些刊物的编辑和出版使得专业史家有了一个相互交流、切磋、评论的园地。

史家之间的交流与切磋,当然是为了增进历史著述的真实性、科学性。那么是否如实直书就是科学史学的唯一目的呢?显然还不是。上引德国《历史杂志》的发刊词已经显示,"如实直书"其实反映了一个历史理念,那就是认为历史的进程受其内在利益或力量所驱动,不为外力所左右。史家亦不必强作解人,对历史的总体走向妄加臆测。这种态度,反映了兰克史学的治史理念,更有赫尔德历史思想的影子。从学术思想渊源来看,这种观念和态度可以概括为"历史主义"(Historismus/Historicism),而赫尔德与兰克虽然没有使用"历史主义"这个词语,但却是推动历史主义思潮的主要人物。

有关"历史主义",论著颇多,意见莫衷一是。但一般学者都承认历史主义是流行于19世纪德意志思想界、学术界的一个思潮,并通过上述那些专业历史刊物,逐渐转化成近代史家治史的一个原则。最早使用"历史主义"这个名称的可能是德意志文学理论家、语言学家弗里德里希·施莱

---

① Stern, *Varieties of History*, p. 171.

格尔(Friedrich Schlegel,1772—1829)。他创造这个词汇,目的是强调对待历史,必须尊重其个别性,注意文化的生成都有其相应的时空条件,今人不能以今律古、以己度人。以后许多德意志学者都对此做了进一步的深入阐发,比如兰克强调需从历史的特殊性中建立普遍性,就是一个显例。研究法律的学者主张重视法律产生的历史条件,不把法律视为恒久不变、普遍有效的抽象原则,也是一个例子。德意志学者有意指出,与英国的经验主义和法国的唯理主义相比,历史主义的思想是他们对于欧洲近代文化的一个独特贡献。他们认为,经验主义重视事实的搜集、归纳和分析,但往往忽视事实本身的时空性,而唯理主义从观念的演绎出发,更容易无视事实,或将事实仅仅作为构建一个体系的材料。① 所以,历史主义的流行,又夹杂德意志人的民族情绪;德意志学者不满全盘否定中世纪,希图认识每一个时代的历史意义。这一观点的前提是,人类社会由人的行为所创造,与自然现象无法类比,因此研究人类历史不能套用自然科学研究的方法,必须另辟蹊径。如果研究自然现象需要归纳和分析,那么研究人的行为则需要理解(verstehen)和感通(Ahnung)。他们的这种主张让历史研究者深感其学科的重要,因此历史主义成为近代史学的理论基础。

但是,德意志学者对于历史主义的阐述又是各异的。上面已经提到,兰克的治史理念与黑格尔的历史哲学,几乎针锋相对。但值得一提的是,黑格尔的历史哲学也是历史主义的一种表现形式。黑格尔于19世纪初年撰写《历史哲学》,是其思想成熟期的著作,延伸了他的整个哲学理论体系。虽然黑格尔主要是一名哲学家,但与他的同胞一样,他也反对唯理主义和经验主义,主张哲学本质上是探究一个观念——亦即理性——在历史上的衍化。因此黑格尔尝言:哲学与哲学史无异,并提出由"正题、反题和合题"所组成的辩证法思想。毋庸赘言,辩证法探究和总结的就是事物

---

① 参考格奥尔格·伊格尔斯:《历史主义的由来及其含义》,王晴佳译,《史学理论研究》,1998年第1期,页71—88。

的发展状态和结果。在写作《历史哲学》时,黑格尔贯彻了他的上述思想,指出世界历史的演化是理性或精神的展开,从东方到西方,经历了一个不断发展、变化的过程,而各个过程又有其各自的特点。比如他说,世界历史经历了(1)东方王国(中国、印度、波斯、埃及等),(2)希腊王国,(3)罗马王国和(4)日耳曼王国四个主要阶段,而这四个阶段的特点,与各自所处的地理环境相关,因此其文化传统和政治制度,各各不同。但他从理性或精神衍化的角度衡量,又提出这四个阶段呈现了一个进化递嬗的过程,其表现是人民享受"自由"的程度逐步扩展,表现出理性在世界历史上的逐步扩张。

黑格尔对于世界历史的概括和总结,体现了历史主义的思维方式。但他的论述又让人有天马行空的感觉;历史事例似乎只是他论证的工具,可以随意引用。因此他的历史哲学受到兰克及其弟子的反对,并不奇怪。但黑格尔和兰克二人不仅都有世界史的眼光,他们对待历史的演化也有相似的看法,那就是认为世界历史的走向,有其一致性。黑格尔认为这种一致就是理性的不断伸展,而兰克则指出世界历史潮流的进步导致近代民族国家的兴起,各国之间的频繁互动又会让历史进一步滚滚向前。因此,史家的任务别无其他,就是如实直书而已。

黑格尔历史哲学的影响力并不因为兰克的批评而减弱。19世纪被誉为"历史学的世纪",既表现为兰克史学的长足进展,也因为在那个时代,不少哲学家、思想家都提出不同的理论,总结历史演进的规律,也有一些史家试图运用这些理论,阐明历史的演化进程。黑格尔的历史哲学成为马克思主义的一个思想来源,便是著名的例子。马克思吸收了黑格尔的辩证法思想,也主张历史的行进经过了几个阶段。但与黑格尔的不同之处是,马克思不认为历史演进的动力是理性或精神的扩展和延伸;他指出经济基础、或生产方式的变更才是最终的动力,而经济基础的变化,又会引起上层建筑(或意识形态)和社会关系的变化,因而历史历经原始共产制、奴隶制、封建制和资本主义的变迁,将来又会实现社会主义和共产主义。

黑格尔、兰克、马克思有关历史演进的思考和分析，均认为世界历史的走向如同百川归海，有一个统一的、一致的趋向，为地球上的各个社会和文明所遵守。这一走向自然有起伏波动，但就总体而言，又是向上的、进步的。譬如黑格尔认为，人类理性在历史上的伸展从东方到西方，不断完善，最后在日耳曼民族的文化中，臻于极致。兰克的着眼点是近代欧洲民族国家的兴起，认为这一现象是人类历史发展的结果，又代表了一个相对而言最为发达的国际间的社会秩序。马克思的眼光最为博大，不但总结过去，也展望未来。他观察了资本主义在全球的有力扩展，认为资本主义的下一个阶段——社会主义和共产主义的发展同样会席卷全球，具有世界史、普世史的规模和气势。

这种观察历史的宏观视角，以后被人用"宏大叙事"（grand narrative）这样的术语来概括。"宏大叙事"其实就是一种历史哲学，即对人类历史走向和规律的宏观判断、分析和预测。因为这类思考的建构并不以一两个历史事件或一两个民族和文化的历史为基础，而是对带有普遍性的历史现象所做的抽象思考，因此又是一种"形上叙述"（meta-narrative）。[①]不管是"宏大叙事"还是"形上叙述"，二者都认为各种历史现象貌似杂乱无章，其实有其内在的联系。一言以蔽之，历史的变化是有意义的，并非混沌无序。历史研究的宗旨是发掘和阐释这一意义。18世纪的启蒙思想家受到自然科学家的激励，首先对此做了系统的探索。19世纪的历史哲学家如黑格尔和马克思等人，其观点与启蒙思想家的历史哲学颇为不同，但从学术倾向和架构而言，又具有类似之处，因此现在一般认为，启蒙运动为近代历史学的发展提供了重要的理论基础。

在19世纪，孔德（Auguste Comte，1794—1859）的实证主义历史哲学是又一个影响巨大的学派。孔德认为，牛顿等自然科学家已经阐明了

[①] "宏大叙述"和"形上叙述"这两个术语，有不同的译法。前者往往被译为"宏大叙事"，但"叙事"并非"narrative"的本意，而且用"叙事"来形容历史著述，也显得狭隘。"meta-narrative"常被译为"元叙述"或"后设叙述"（在港台地区比较流行），但既然"metaphysics"通常被译为"形而上学"，何不使用"形上叙述"，因为其内涵有相似之处。

自然界的基本现象,指出了其中的规律,而其他的现象也将用类似的科学方法被一一阐述清楚。他所创立的实证主义哲学,就是一种研究、解释人类社会演变的方法和思想。所谓"实证主义",就是排斥先验的理念和直觉的感受,完全从可验证或已确证的事实出发,对社会现象、历史发展做出规律性的说明和解释。因此,孔德的历史哲学与黑格尔和兰克对历史的看法,颇为不同。但他们之间的相似之处亦不少。孔德也认为历史的演进,经历了进步递嬗的几个阶段,并最终归于一统、趋于一致。他的观点是,历史上共有三个阶段:神学的、形而上学的和科学的(亦即实证主义的阶段)。与此相对应,人类社会的形式,也有三个阶段:军事时期、过渡时期和工业时期。军事时期概括了 1300 年以前的历史,而过渡时期起始于 14 世纪,以新的政治制度、社会结构和宗教信仰的逐步建立为标志。工业时期则从 18 世纪开始,让工业体制彻底取代了军事体制,由此科学发展,社会和谐,全人类都走向进步。

孔德本人对历史著作和著述并无太大兴趣。但他的实证主义思想,对近代史学影响甚巨,集中表现在以下两个方面。第一是孔德强调实证,也即确证事实,使得史学更以考订、批判史料为重,并视其为提升史学科学性的主要途径。第二是孔德希图总结历史发展的阶段和规律。这一点并不能通过简单地考证以及叙述历史事件和人物的行为而做到;史家还需做综合考察,从社会的整体性变动来得出结论。因此,孔德的实证主义对于以兰克史学为标杆的近代史学产生了双重的影响。实证主义对于事实的重视,与兰克史学强调如实直书,殊途同归,因为如果希望如实直书,首先就要把史实做"实",然后方能"直书"。但实证主义的史学又不满足于仅仅如实直书,也就是不对历史的演化及其原因做分析和解释。信奉实证主义的史家还希望综合各类史实,对于历史的进程提出整体的解释。

若想解释历史的变动,首先就要承认变动,其次是发现变动的原因。就前者而言,自文艺复兴以来,今非昔比的观念已经渐渐深入人心。19 世纪的孔德将历史的演变分为三个阶段,无疑反映了彼得拉克、维科等人的影响。而就探讨历史变动的原因而言,他的前辈同胞、复辟时期的史家基佐等人也已经做出了努力。基佐的《欧洲文明史》注重中产阶级的兴起，视其为推动并主导近代历史的主力军。而孔德的同代人、英国史家托马斯·卡莱尔(Thomas Carlyle,1795—1881)则相信个人——伟人——对于历史前进的巨大推动力。卡莱尔的治史，几乎把历史等同于传记，然后用生动逼真的文笔，勾勒英雄人物的丰功伟绩。卡莱尔的英雄史观在史学走向科学化的19世纪，让人有异军突起之感，看到了史学仍有艺术的一面。他本人的著作，也因其文笔精美而行之久远。

不过，卡莱尔在他那个时代可谓一朵奇葩，并无多少人响应他的主张。如同爱德华·卡尔(E. H. Carr,1892—1982)的形容：

> 19世纪是个尊重事实的伟大时代。……在19世纪30年代，当兰克很正当地抗议把历史当做说教时，他说历史学家的任务在于"如实直书"(Wie es eigentlich gewesen)。这句并不怎么深刻的格言却得到惊人的成功。德国、英国、甚至法国的三代历史学家在走入战斗行列时，就是这样像念咒文似的高唱这些有魔力的词句的："如实直书"——这句咒文也像大多数咒文一样，编制出来就在于使他们自己释去重负，不再进行独立思考。实证主义者力主把历史当做科学，因而对于崇拜事实这一点给予了很大的影响。实证主义者说，首先确定事实，然后从这些事实之中得出结论。①

由此可见，大多数19世纪的史家更有意将史学与科学看齐，而不是让史学依旧与文学为伍。但至于怎样实施史学的科学化，却有不同的途径。卡尔的描述，其实已经巧妙地区分了兰克史学与实证主义史学。以后者而言，考订史料、确证事实固然重要，"从这些事实之中得出结论"更加重要。

---

① 引自爱德华·霍列特·卡尔:《历史是什么?》,吴柱存译,北京:商务印书馆,1981,页3。译文有所删改。

卡莱尔的同胞巴克尔（Henry Thomas Buckle，1821—1862）在当时是实证主义史家的代表，其影响力超出了国界。巴克尔对历史著述的看法与卡莱尔几乎针锋相对。巴克尔坚信，史学就是科学；史家应该而且必须像科学家那样，以发现、阐释历史的演化规律为己任。像实证主义者所主张的那样，巴克尔认为史家需在搜集史实、考核史料的基础上，进一步提出分析和见解。他的《英国文明史》(*History of Civilisation in England*)卷帙浩繁、体大思精，加上文笔流畅，影响颇巨。但巴克尔在其中讨论的问题，却又远远超出英国历史的内容。他的真正意图是，以英国的历史为例，探讨人类历史的演化规律。巴克尔认为，在他以前，历史还没成为科学，因为史家没有尝试探索历史演进的规律。他们不是遵从神意，就是束缚于形而上学的教条，所以没有对历史的变化做科学的、实证的探究。

巴克尔指出，其实像自然界的规律一样，人类历史的发展也受制于固定不变的规律。具体而言，人类历史的进步与气候、土壤、食物和其他相关的自然环境有密切的关系，因此如果对这些条件做科学的统计分析，就能揭示人类心智进步的根源。对于巴克尔来说，心智的进步和文明的发展是最重要的进步，其他如道德准则等，则古今并无多大差别。由于有了心智的进步，所以在近代社会，人们能运用其智慧，征服、利用自然，从而摆脱气候、土壤等自然环境的束缚。与卡莱尔相反，巴克尔认为这种进步，是时代的或整个社会的进步，其中个人的作用不起关键作用。个人只是时代的产物，如同宗教、政府和文学都是社会演变的产物一样。但巴克尔又指出，就文明的进步、人类征服自然而言，只有欧洲文明做到了，而所有非欧洲的文明都还受制于自然，因为他们的心智还没有发达到一定的高度。毋庸置疑，这是巴克尔的偏见，也是欧洲中心论的集中体现。19世纪欧洲的史家和思想家几乎无一例外，都自信满满，认为欧洲文明正引领着整个世界往前发展，而这就是他们所发现的世界历史演化的一个规律。就此而言，兰克史学和实证主义史学无本质的差别——前者认为这一发展已经不言自明，所以只需如实直书，后者则力图搜罗事实，多方论证,以昭明天下。

第四节　学派的传承与演变

孔德指出,近代世界的标志是工业体制的建立。不管他的判断正确与否,但到了19世纪中期,工业革命在西欧和中欧已经大致完成,却是不容否认的事实。因此实证主义作为一种思潮的出现,有其社会和经济发展的背景。工业化的一个结果是,城市产业工人队伍急剧扩大。他们与已经获得权利的资产阶级一起,共同争取公民权利,造成了民主主义、社会主义思潮的流行。1848年席卷欧洲的革命便是这一斗争的产物。就革命本身而言,它在许多地区都遭受了惨败。但从长远的角度来看,1848年的革命又为旧制度(帝国、王权)的终结和近代民族国家的建立,铺平了道路。普鲁士、意大利和匈牙利等地在革命的余绪中独立建国,便是例证。

如同前述,民族国家的兴起和确立,为民族史学创造了蓬勃发展的条件。19世纪中期以后,大部分的史学著作都由任职于大学或研究机构的专职人员所写,体现了历史研究的专业化。而这些专职人员写作史书,又受惠于国家提供的便利,如图书馆、档案馆和博物馆等。除此以外,政府还出资让史家搜集和整理史料。《德意志史料集成》就是一个先例,后来法国由基佐出面,主持编辑了《法国史料集成》(Collection de documents inédits sur l'histoire de France)。英国政府也做了类似的努力,其《大不列颠和爱尔兰中世纪编年史和文献》(简称《卷档系列》,*Rolls Series*)也于1860年代开始出版。因此,在那之后出现的史学著作,不但数量众多,而且几乎每部都洋洋大观,因为史家能利用的史料,非常丰富。19世纪在欧洲被喻为"历史学的世纪",与那时史家所表现出的高度生产力有关。而那时的史学产量高,又是近代史学模式确立的结果。近代史家以史料,特别是第一手的档案史料为武器,大规模地重修历史。而追求科学史学的理想,又让他们希求在考核和综合史料的基础上,用叙述的手段逼真地

第八章　民族史学与科学史学

描绘历史的进程,并对此做出不同的解释。由于史料(档案)来源于官方,而史家也大都在政府建立的大学和机构任教,因此历史的写作也就自然成了民族主义教育的一个重要组成部分。上述这些都促成了民族史学——国别史的繁荣,而民族史学的发达,又推动了重修历史的运动,因为在古典时代和中世纪,以族群、民族为题材的历史写作(如格雷戈里的《法兰克人史》)并非史学的主流。即使在文艺复兴时期,历史著作的内容主要还是以(军事)事件、人物、城市为主。

上述这些原因都有助于促成兰克史学成为近代史学的标杆。尽管兰克本人对国际间的关系更感兴趣,也没有忘怀传统的世界史,但由他的众多弟子们构成的兰克学派,则多以写作民族史学,且以德国史出名。如上所述,兰克培养弟子是通过"研讨班"的形式,教会他们如何正确鉴别史料。自1837年开始,他们整理出来的史料开始出版,冠名为《萨克森王朝时期日耳曼帝国的年纪》。兰克的弟子威茨还出任了《德意志史料集成》的第二任主持人。兰克对后人的影响,主要体现在确证史料方面,亦即"史料批判"(Quellenkritik)。至于在考订史料之后,史家著史应该采取什么立场、提出什么解释,兰克弟子的做法可谓各有千秋。况且兰克本人虽然提倡如实直书,也并非没有立场。他曾主编《历史和政治杂志》(Historisch-Politische Zeitschrift)四年,其间发表过一些文章,阐述他的政治主张及历史与政治的关系。兰克认为,民族国家的形成代表了近代历史的走向,其实就是他历史观的反照。

兰克弟子出道的时代,正是德意志建国前夕,所以他们虽然在批判、核对史料方面用力很深,但也十分注意史学的经世致用,即如何帮助德意志人建国。兰克的弟子西贝尔(Heinrich Karl Ludolf von Sybel,1817—1895)频繁为《普鲁士年鉴》(Preussiche Jahrbücher)撰稿,提倡由普鲁士出面统一德意志人,排除奥地利等其他德意志地区。这是在德国建国的"小德意志"方案,而支持由普鲁士为首建立德国的史家,也获得了"普鲁士学派"的称号。"普鲁士学派"的成员并不都是兰克的弟子。譬如其早期成员达尔曼(Friedrich C. Dahlman,1785—1860)便是所谓"哥廷根七杰"之一,长期在哥廷根大学执教。而达尔曼的弟子特赖奇克(Heinrich von Treitschek,1834—1896)后来成为兰克在柏林大学的接班人,亦是"普鲁士学派"最出名的成员。"普鲁士学派"成员的共性,在于他们的政治观点。他们都认为德意志人的建国,与英国、法国和美国相比,已经晚了不少时间,因此必须加速进行,采取自上而下的方式,尽快恢复德意志人的荣耀,与其他国家竞争。特赖奇克的主张最为典型。他声称"一个民族只有在战争中才成其为一个民族","没有战争就没有国家可言"。① 换句话说,特赖奇克是被后人称为"铁血宰相"俾斯麦的积极支持者。普法战争前后德国的统一,也的确采取了这种血腥的、武力的方式。

从历史观上着眼,"普鲁士学派"的主要成员德罗伊森(Johann Gustav Droysen,1808—1884)与兰克最为接近。他与西贝尔一样,都认为历史研究应该是一门科学。但他们同时又指出历史学与其他自然科学明显不同。对此,西贝尔稍感自卑,认为历史研究在确切性方面,稍逊一筹,但德罗伊森则不以为然。巴克尔的《英国文明史》出版以后,德罗伊森对之提出了批评,认为巴克尔一心想将历史学与自然科学看齐,毫无必要。他写作《历史学概论》(Grundriss der Historik)就是为了阐明,历史学是一门性质、方法不同的科学,但毫不逊色。德罗伊森如此自信,是因为他像兰克一样,认为人类历史最终反映的是上帝的意志,所以历史现象具有意义,而自然现象没有意义、没有目的。科学家研究自然,力求探索其因果关系,因为这些现象会循环往复,而历史事件则不会重复,历史学家研究历史,目的是"理解"历史的演变,体会其中的无穷奥妙和深刻含义。若要理解历史的变动,科学的方法不敷使用;史家还须借助艺术的手段,因为史料并不完整。

简单说来,德罗伊森的《历史学概论》指出了历史研究的四个步骤。

---

① 引自伊格尔斯、王晴佳:《全球史学史》,页132。有关兰克的影响及"普鲁士学派"的特点,另见 Georg G. Iggers, "The Professionalization of Historical Studies and the Guiding Assumptions of Modern Historical Thought", Lloyd Kramer, and Sarah Maza ed., *A Companion to Western Historical Thought*, Oxford: Blackwell, 2006, pp. 225—242。

第一是用批判的方法重建历史事实;第二是回归历史事件发生的时空,从当时当地的情景出发观察历史事件背后反映的人的意志;第三是用心理分析的办法,希求理解驱使当时人和当事人采取行动背后的意志。而第四步,也即最关键的一步,则需解释这些意志背后的理念。由此,德罗伊森的历史观不但继承了兰克,也与黑格尔相类。但德罗伊森不认为这些理念是抽象的、先验的。相反,他认为这些理念体现了"道德的力量"(sittliche Mächte)。从家庭到教会,再到社会和国家,这些力量呈现了一种不断进步的趋势。而史家的任务,就是理解、体会和展现这些理念进步的过程(Macht 这一德文词,可以译为"力量"或"强权",但在这里,也许与中文里的"势"或"态势"相当。德罗伊森的看法就是,史家不能仅仅堆砌史实,还必须理解和阐明历史演变的"势")。在这点上,德罗伊森走出了兰克史学,因为兰克强调的是历史的个别性和特殊性,于是如实直书便足矣,而德罗伊森显然还想发现具有一定普遍意义的现象,因此反而与巴克尔提倡的实证主义史学更接近一些。①

既然国家体现了道德力量的进步,那么德罗伊森和其他"普鲁士学派"的成员在德国统一的过程中支持自上而下的方案,赞赏强权政治,也就可以理解了。德罗伊森本人以研究希腊史起家,其成名作为《亚历山大大帝传》(Geschichte Alexanders des Grossen),对亚历山大这位古代世界的征服者倾注了满腔热情。之后他又写作了《希腊化时代的历史》(Geschichte des Hellenismus),考察亚历山大留给世界的遗产。但德罗伊森并不满足于借古喻今,到了学术生涯的后期,德罗伊森转而研究、写作近代甚至当代德意志的历史,为普鲁士统一德国制造声势,提供论据。

如同"科学没有国界,但科学家有祖国"一样,"普鲁士学派"的史家大都是民族主义者,而且提倡历史与政治的结合。他们的表现并非异常。其他地区的史家在追求科学史学的同时,也纷纷表现出强烈的民族主义

---

① 参见 Georg G. Iggers, *The German Conception of History : The National Tradition of Historical Thought from Herder to the Present*, Middletown CT: Wesleyan University Press, 1983, pp. 109—115。

情绪。对此我们将在下章专论。但"普鲁士学派"的这种表现已经足够让人质疑和批评兰克史学的传统了，特别是兰克提倡的如实直书和中立立场。不过，在某种程度上我们也可以说，是兰克的弟子们背离了兰克。一个例子就是，兰克在1873年退休的时候首先向学校推荐由他的瑞士弟子布克哈特接班。布克哈特没有答应，然后才让特赖奇克继任。

与兰克的许多弟子不同，布克哈特对于那时以国家兴起为中心的显学——政治史，并无兴趣。布克哈特所感兴趣的是文化史和艺术史；后人一般视他为艺术史的鼻祖。而布克哈特注重艺术史，又与他的历史观相连。与当时许多史家、思想家的观点相反，布克哈特不认为工业社会的到来、民族国家的建立代表了历史的进步。相反，他对国家主义、民主主义和社会主义等思潮在当时的蓬勃展开，并不感到欣喜，反而忧心忡忡。他渊博的历史知识或许使他认识到，这种政治、经济和社会层面的表面上的进步，有可能是专制暴政和人类灾难即将来临的前兆。所以布克哈特认为，人类历史的进步主要表现在文化艺术上。他的名作《意大利文艺复兴时期的文化》便是这种思想的产物。毋庸怀疑，意大利在文艺复兴时代的艺术成就达到了一个其他任何时代和地区都很难企及的高度，而且在布克哈特笔下，这些艺术成就展现了人在思想和社会行为上的进步。这些进步具体表现为"人的发现"，也即个人主义（人对自己外貌和形象的重视等）、世俗主义（对日常生活的肯定）和人文主义（对古典文化的热爱）。综上所述，布克哈特为兰克所赏识，并非偶然，因为前者的历史观体现了浪漫主义和历史主义的思维。的确，如果从文化和艺术的层面考量，各个历史时期的更替并不意味后期对前期的否定，因为每个历史阶段都有其自身独特的意义。

"普鲁士学派"的成员虽然在当时声势赫赫，不少人学而优则仕，在普鲁士的各级议会和政府中表现活跃。但有趣的是，以后人的眼光来看，布克哈特的史学成就显然在他们之上。而在19世纪德意志史家中，能与兰克的声望相匹敌的，也非兰克的弟子，而是西奥多·蒙森（Theodor Mommsen，1817—1903）。蒙森在政治上也颇为活跃，但与特赖奇克等

第八章　民族史学与科学史学

"普鲁士学派"的主张不同,他反对俾斯麦的专制,也不看好德意志帝国（第二帝国）的将来。蒙森的学术成就在于他的罗马史研究。他一生共出版了1500多部论著,可谓著作等身。如前所述,尼布尔重写罗马史,开启了近代以科学手段重修历史的风气。虽然尼布尔在写作中已经注意到了铭刻的价值,但他利用最多的还是诗歌、民谣和颂词。他的许多描述均不免想象的成分,并非实证。与之相比,蒙森的罗马史则在科学化方面进了一大步。蒙森精于考古学、碑铭学、纹章学、古钱币学和历史文献学,并有渊博的历史和法律知识。他的多卷本《罗马史》（*Römische Geschichte*）为读者重构了罗马共和国时期的政制、社会和文化。此外,蒙森超越尼布尔的地方更在于他生动的叙述、典雅的修辞和形象的描述,以大众为对象写作。与之相比,尼布尔的著作则注释繁多、叙述沉重,令一般读者望而却步。可见,蒙森在1902年获得诺贝尔文学奖（诺贝尔不设史学奖）,并成为为数不多的靠历史著述赢得该奖的作者,并非偶然。如果说蒙森的《罗马史》是史学与文学结合的一部作品,那么他在铭刻学、钱币学和法律学等方面的多部专著,则建立了他在学术界的崇高地位。蒙森是普鲁士科学院、柏林研究院的院士,获得过德国的功勋勋章（Pour le Mérite,俗称蓝马克斯勋章）。他参与编辑、整理、出版了包括《德意志史料集成》在内的多部史料著作,而由他主编的《拉丁文铭刻集成》（Corpus Inscriptionum Latinarum）,耗时20年才完成,其质量至今仍为人啧啧称道。

所以,以兰克学派为首,19世纪德国的历史研究不但后来居上,而且成就卓越,连法国人也不得不服。前面已经提到,法国史家古朗治堪称法国科学史学的代表。他在普法战争以后,曾就阿尔萨斯-洛林的归属问题,与蒙森发生激烈争辩。古朗治自己倾心考订史实,便是希望与德国同行一比高下。不过就总体而言,19世纪的法国史学与德国相比,仍然略逊一筹。总之,19世纪的德国史学被奉为科学史学的样板,得到欧美同行的追捧。那时西方的许多史家都在德国受训,不少人是在获得了德国的博士学位之后才回国任教。主持出版法国《历史评论》的莫诺便是一例,而在德国接受学术培训的英国和美国史家,则数量更多。

19世纪的英国史学形成了"牛津学派"和"剑桥学派",以其成员所在学校而得名。这两所英国顶尖的高等院校从18世纪开始,分别建立历史学的钦定教授职务。换言之,英国历史著作的写作,渐渐出自职业史家之手了。不过,吉本的影响仍然存在,而且即使是职业史家的作品,其风格也仍然兼及普通读者。但出任牛津大学第二位近代史钦定教授(以前的钦定历史教授都以古代史为业)的威廉·斯塔布士(William Stubbs, 1825—1901),似乎是个例外,而这一例外又与德国的影响有关。斯塔布士在牛津大学受教,其专攻为古典学和数学,所以他于历史学可以说是自学成才。斯塔布士未曾在德国进修,但他对兰克和同行的德国世家充满尊敬,承认他们确有过人之处,值得学习。① 前述《大不列颠和爱尔兰中世纪编年史和文献》的编辑,便由斯塔布士出面主持,因此他获得了"英国的威茨"的美誉。斯塔布士本人的研究和写作,集中在英国的中世纪(那时的"近代史",指的主要是中世纪),出版有多卷本《英国宪政史》(Constitutional History of England),研究比较扎实。斯塔布士虽然贵为牛津大学的钦定历史教授,但他同时还在教会兼职,最后在1889年出任了牛津教区的主教。而以后在牛津任教的历史教授(包括斯塔布士的后继者),如爱德华·弗里曼(Edward Freeman,1823—1892)、约翰·格林(John Green,1837—1883)和詹姆士·弗劳德(James Froude,1818—1894),或以经世致用著称,或以文笔流畅闻名,真正从史料考证出发来写作历史的,为数不多。弗里曼曾声称:"历史就是过去的政治,政治就是当前的历史"(History is past politics and politics are present history),而格林的过人之处则在于他对写作人民大众的历史的提倡。1894年,弗雷德里克·鲍威尔(Frederick Powell,1850—1904)接替了弗劳德,担任牛

---

① 参见 Doris S. Goldstein, "History at Oxford and Cambridge: Professionalization and the Influence of Ranke", Georg G. Iggers & James M. Powell ed., *Leopold von Ranke and the Shaping of the Historical Discipline*, Syracuse: Syracuse University Press, 1990, pp. 141—153。

津大学钦定近代史教授。鲍威尔也曾在德国接受历史学的训练,是德国史学模式在牛津的代言人。

与"牛津学派"首倡者斯塔布士一样,"剑桥学派"的创始人约翰·施里(John R. Seeley,1834—1895)也崇敬兰克史学的成就。作为剑桥的钦定近代史教授,施里自认是兰克的"弟子",并高度肯定考订史实的重要。像"普鲁士学派"的主要成员一样,施里认定历史研究和写作的目的,就是推动民族主义教育,帮助培养政治人才,因此,他对兰克希求在历史叙述时采取的"中立"立场并不感兴趣。到了19世纪后期,英国史家去德国留学和进修的人数日益增多,如长期在曼彻斯特大学任教,后来亦到剑桥的阿道夫斯·瓦德(Adolphus Ward,1837—1924),在德国受了较完整的历史训练,心仪德罗伊森的历史方法。瓦德认为,历史研究是对知识的追求,应该有这样的科学诉求,因此他的观点与施里认为历史应该为政治服务的立场相异。此外,1895年接续施里、出任剑桥钦定近代史教授的阿克顿勋爵,对兰克史学更具钦佩之心。他曾在慕尼黑大学求学,后来又在英德两国居住,与德国的史家多有往来。阿克顿在《英国历史评论》的发刊号上撰文《德国的历史学派》(German Schools of History),详细介绍了德国近代史学的兴起和成就,并高度评价了兰克个人治史的成就。

与英国相比,美国史学的专业化步子更慢一些。19世纪和20世纪初年的美国史家,大都需要经过在德国受训,方能回国任教。譬如上面提到的班克罗夫特,就曾在德国受过系统的培训,而在班克罗夫特之后的几代美国史家,都有在德国留学、进修的经历,然后回国在哈佛大学、哥伦比亚大学和密歇根大学等学校出任历史学教授。① 比如班克罗夫特的学生约翰·莫特莱(John L. Motley,1814—1877),从哈佛大学毕业以后去哥廷根大学求学,与同学俾斯麦成为朋友。莫特莱的专长是荷兰史,是外国人写作荷兰史的佼佼者。比莫特莱年轻一辈的亨利·亚当斯(Henry B.

---

① 参见 Harry Elmer Barnes, *A History of Historical Writing*, New York: Dover Publications, 1963, p.259.

Adams，1838—1918）也在自哈佛毕业后往柏林大学深造。亚当斯回国以后在母校哈佛大学任教多年，是第一个引入兰克式"研讨班"教学的美国教授。自1876年开始，约翰霍普金斯大学成为第一所能授予历史学博士学位的美国大学，其创建者是赫伯特·亚当斯（Herbert B. Adams，1850—1901）。这位亚当斯也曾在德国哥廷根、柏林和海德堡受训，获得了历史学的博士学位。赫伯特·亚当斯回美国以后，在约翰霍普金斯大学亦采用兰克式的"研讨班"教学，又与另一位留学德国的安德鲁·怀特（Andrew D. White，1832—1918）一起，在1884年倡导成立了美国历史学会（American Historical Association）。怀特任第一任会长，亚当斯出任秘书长，促进了美国史学的专业化。班克罗夫特于1886年接替怀特出任会长，而亨利·亚当斯则是该学会的第九任会长（1893—1894）（美国历史学会的早期几任会长，几乎都有留学德国的背景）。而长期在哥伦比亚大学执教的约翰·伯杰斯（John William Burgess，1844—1931），也曾在哥廷根、柏林和莱比锡接受包括德罗伊森在内的德国教授的培训，回国以后竭力推广德国学者批判史料的方法。与"普鲁士学派"的治学取径一致，伯杰斯注重历史学与政治学的紧密联系，以后又成为美国政治学会的创始人之一。有趣的是，尽管美国大学已能够自己培养博士，仍有大批美国历史系学生希望赴欧洲留学，接受研究生训练，获取博士学位，然后回国任教。譬如后面要谈及的20世纪美国史学名家查尔斯·比尔德（Charles A. Beard，1874—1948），大学毕业以后就先赴德国接受研究生训练，后来又到牛津成为鲍威尔的弟子。比尔德的博士学位，最终于1904年在哥伦比亚大学获取。换句话说，直到20世纪初年，美国史学才开始慢慢建立起自己的学术传承。

　　19世纪德国史学及其兰克学派在世界范围的典范性影响，还在于对近代史学方法的总结和普及。兰克自己身体力行，倡导、推广"研讨班"的讲课形式，将历史研究从注重著述转向研究史料，是一个重要的标志。他在《罗曼与日耳曼诸民族史》的附录中对文艺复兴史家的批评，也间接阐明了史料批判对于近代史学的重要意义。而兰克弟子德罗伊森的《历史学概论》,是兰克史学产生影响的一个里程碑,尽管其倡导的理念与兰克本人的治史实践不尽一致。1889年,威茨的学生、兰克的再传弟子恩斯特·伯因汉(Ernst Bernheim,1850—1942)出版了《历史学方法讲义》(*Lehrbuch der Historischen Methode*),更为详细、具体地解释了史学著作的分类、史料的分类(实物史料与文献史料;一手史料与二手史料等)和批判的方法,以及帮助史料批判的辅助学科(Hilfswissenschaften),其中包括考古学、历史文献学、地理学、年代学等原来博古学家常用的方法。伯因汉的著作,后来成为培养历史系学生的必读书。可以想见,19世纪去德国留学的英美等国的学生都曾研习过此书。至1897年,法国史家朗洛瓦(Charles V. Langlois,1863—1929)和塞涅博(Charles Seignobos,1854—1942)合著了《历史学导论》(*Introduction aux Études historiques*)。塞涅博曾在柏林大学亲炙兰克及其弟子西贝尔的教诲。与伯因汉的书相类,《历史学导论》也介绍了历史著述的种类,如通史和专题研究。但书的主要内容则集中在训练学生区分、选择和批判史料,如讲述外证(版本考证)与内证(确证内容)等等。朗洛瓦和塞涅博也介绍了各种历史研究的辅助科学,认为历史文献学、年代学、地理学等学科都能为考订和检验史料,提供有益的帮助。这两本书的共同点是,它们都视历史学为一门独立自主的科学,有其自身的价值、种类、理论和方法,而不是从属于其他学科。甚至,其他相关学科已经成了历史研究的辅助工具。《历史学导论》出版不久就有了英文版,由牛津大学的鲍威尔撰写导论推荐。英国的"德国通"鲍威尔对这部著作的认可,意味着《历史学导论》其实是德国史学的延伸和扩展。总之,《历史学方法讲义》与《历史学导论》两本史学方法论著作的出版、翻译和广泛流行表明,到了19世纪的后半叶,近代历史学在欧美已经建立了一个成熟的模式。

第九章

历史主义的危机

中国有句成语,叫做"物极必反",辨证地指出事物往往会有两面,当它发展到某个极端,就会向相反的方向转化。英文也有一句俗语,叫做"自身成功的牺牲品"(victim of its own success),指的是一个人或一件事物的成功,反而会带来不良的后果,甚至恶果。兰克史学在19世纪中期以后成为近代史学的圭臬,影响如日中天,遍及全球,但在欧洲,甚至德国,也有不少的批评者,而且后者的声势随着战争与革命等重大历史事件的出现,在20世纪上半叶逐步壮大。探讨兰克史学的兴衰及其与世界历史变迁的多层联系,是本章的主要内容。

第一节 德国的"方法论"论争

上章的结尾,我们提到两本影响甚巨的历史方法论著作,这两本书的流行,推广了兰克史学的模式,其中一本由德国学者、兰克的再传弟子伯因汉所著。但有趣的是,伯因汉在对《历史学方法讲义》修订再版时,将其书名改为了《历史学方法和历史哲学讲义》(*Lehrbuch der historischen methode und der geschichtsphilosophie*),于1903年在莱比锡出版。如果细看此书的修订版,不难发现其中有关历史哲学的内容并不太多,但伯因汉修改书名的举动却反映了德国史学家对于历史研究方法态度的调整。据伯因汉本人的解释,他之所以未在第一版时加上"历史哲学",主要

第九章 历史主义的危机

因为这个词在当时德国学术界尚不流行。① 那么为什么在不到二十年的时间内,欧洲和德国史家对历史哲学产生了如此大的兴趣呢?

我们从伯因汉的书中无法找到明确的答案,因为他的著作仍然以传授检验、批判史料的方法为主要内容。但值得注意的是,在《历史学方法和历史哲学讲义》再版的年代,特别是在莱比锡,德国史学界出现了一位特别的人物,那就是兰普雷希特(Karl Lamprecht,1856—1915)。兰普雷希特长期在莱比锡大学执教,与伯因汉亦相熟。兰普雷希特的12卷本《德意志史》(*Deutsche Geschichte*),自1891年开始出版,其出发点是另辟蹊径,突破兰克史学的模式,因而在德国史学界引发了一场"方法论的论争"(Methodenstreit)。伯因汉修改书名或许与其有关。兰克史学的模式,虽然从外表看来只是强调如实直书,因而注重史料的验证。但如同前章所言,兰克史学是历史主义的一种表现,其内涵并不排斥理论。兰克认为史家须如实直书,其实是希望通过铺陈历史事实,展现主导历史变迁的思想或理念。近代历史见证了民族国家的兴起,对于兰克来说这就是他那个时代主导历史行进的思想。因此对于伯因汉而言,兰克史学有其历史哲学,甚至兰克史学就是历史哲学的一种样式。可是,当伯因汉在20世纪初年再版此书时,由于兰普雷希特的挑战,探讨史家究竟如何在历史事实的背后寻求并展现主导历史的精神或理念,已经变得更为重要。

兰普雷希特早年的学术训练,兼及历史学、政治学、社会学、经济学等许多方面。他对兰克史学的批评,与这些多学科的训练和广博的知识有关。兰普雷希特认为,如果史家只是考订史料,然后发现历史变化的主导思想,显然并不够,因为如此做法并没有揭示这些思想的产生渊源,而是把它们视为先验的和恒常的。另外,兰克由于注重民族国家的兴起,因此将国家置于社会、大众之上,也是兰普雷希特的不满之处。他的想法与巴克尔的实证主义史学,有相通之处,都认为历史学应该向科学看齐,在搜

---

① 参见 Hans Schleier, "Ranke in the Manuals on Historical Methods", in Georg G. Iggers & James M. Powell ed., *Leopold von Ranke and the Shaping of the Historical Discipline*, Syracuse: Syracuse University Press, 1990, p.119。

集、分析事实的基础上,进行因果分析。换句话说,历史写作不能以叙述史实为满足,而应该在分析事实的基础上,进一步指出事件之间的因果联系。

像普鲁士学派的人士一样,兰普雷希特也是一位坚定的民族主义者。但他的不同之处在于,兰普雷希特坚信德意志民族与其他民族相比,有其独特之处。他的著作必须勾画和展现德意志民族的特质,也就是他所谓的"民族之魂"(Volksseele)。他的《德意志史》之所以有十二卷之多,就是因为他力图追溯德意志民族精神的来龙去脉,描写和分析该民族的集体心理,用以解释和说明发生在德意志历史上的许多事件的原因及其特征。德文中的"Volk"一词,与中文里的"民族"类似,指的是一个由血缘关系和文化共性所构成的团体。英文中的"nation"则不太相同,一般与近代才出现的民族国家相连。所以兰普雷希特写作《德意志史》,与兰克及其弟子注重民族国家的兴起及其关系,显然在时间跨度和内容上,都有明显的差异。譬如兰普雷希特的著作,并不以政治史、外交史为限,而是包含了社会史和文化史。他的努力与兰克主张的如实直书相比,侧重事件之间的因果联系,也具有更明确的哲学视野。但在当时,兰普雷希特对兰克史学的挑战,在德国史学界成效甚微。不过,他的著作,立场明确鲜明,写作条理清晰而又内容丰富,在一般读者中间,颇受欢迎,而他的治史方法,也在德国之外的法国、美国、日本乃至中国的史学界产生了影响,我们会在后文再论。

兰普雷希特对兰克史学模式的批评,貌似昙花一现,其实影响深远。以德国而言,由他引起的"方法论论争",让人更加注意探究历史学的性质及其与其他学科、特别是与自然科学的不同之处。德国哲学家、解释学的先驱狄尔泰(Wilhelm Dilthey,1833—1911)和"新康德主义"的代表人物文德尔班(Wilhelm Windelband,1848—1915)、李凯尔特(Heinrich Rickert,1863—1936)等人,都在探讨包括历史学在内的人文学科和自然科学的异同等方面,提出了不少建设性的理论。首先要说明的是,德语中的"科学"(Wissenschaften)一词,与英语中的"科学"(science)相比,其内涵更为广泛，指的是对各类知识的系统整理和探寻；而英文的"科学"，以自然科学的方法为重，其意涵更为狭窄一点。这一不同的明显表现就是，人文学科在德文中，也可以被称为"科学"。狄尔泰就用他自创的"精神科学"（Geisteswissenschaften）来指称历史、文学、宗教等人文类的学科。狄尔泰、文德尔班和李凯尔特生活的年代，正是实证主义、科学主义盛行的年代。由此缘故，史家也希求将历史学向科学看齐。英国的巴克尔就是一个显例，马克思主义史学也是科学史学的典范。在一定程度上，兰普雷希特的治史手段亦是史学科学化的一个表现。不过他希图展示"德意志民族之魂"的目的，显然又无法量化，亦即用一般意义上科学的手段达到。

这些问题，有助我们认识狄尔泰等人有关自然科学与人文科学异同的立场。就总体而言，他们的论点延续了历史主义的思维传统，即认为要了解人类社会的历史，必须采用与研究自然界不同的手段。狄尔泰指出，如果科学家观察和解释自然现象，那么人文学者则"理解"和"体验"人类社会。换言之，在研究自然现象的时候，科学家需要摈弃个人情感，而对于人类的精神生活，历史学家需要通过感情的体验，以直观和内省来获得理解。如此，狄尔泰比较重视历史人物的研究。他认为历史著述的基本形式就是自传，然后是传记。以后者而言，传记的写作者与传记的主人公在精神上沟通，深入后者的世界，因此能获得真正的理解。当然，狄尔泰也知道，如果将历史研究仅仅局限于自传和传记，未免狭隘。因此他指出，在研究人物的行为之外，史家还要研究历史人物生活的环境。但有趣的是，虽然研究对象不同，狄尔泰认为研究的手段其实相似。史家在研究人们生活的环境和社会时，也须探究其背后的精神层面，因为这些似乎外在于人物的事物和现象只不过是精神的"客体化"而已。可见，狄尔泰对于历史研究性质的哲学分析，与兰克泛神论的宗教观念，颇有异曲同工之妙；他们都认为历史现象的产生和衍化，由更深一层的力量驱动，不是精神就是上帝。①

虽然相似,但在具体实践上,兰克与狄尔泰的侧重点显然有所不同,而且这一不同,在兰克的弟子和再传弟子那里表现尤为明显。在19世纪后期,兰克学派的活跃人物是马克斯·兰茨(Max Lenz,1850—1932)和艾利希·马克斯(Erich Marcks,1861—1939),前者受业于西贝尔,后者为特赖奇克的弟子。他们都反对兰普雷希特提倡的治史方法,仍然坚守以研究政治家、外交家和军事家为主,以第一手史料为基础,并在叙述中保持价值中立、不偏不倚的态度。毋庸置疑,他们的研究重点,揭橥了一种偏见抑或一种历史观,那就是认为国家的建立和成败,在很大程度上决定了历史的命运。

但是兰克学派专注史料的做法,在历史行业之外的人士看来,显得冷漠无情和了无生气。比狄尔泰年轻十岁的尼采(Friedrich Nietzsche,1844—1900)在1874年出版了一本著名的小册子,题为《历史的用途与滥用》(更精确的译名是《论历史之于人生的利与弊》[*Vom Nutzen und Nachteil der Historie für das Leben*]),对兰克学派的治史方式提出了尖刻的批评。尼采指出,历史学发展到他那个年代,出现了三种样式:博古的历史、纪念碑式的历史和批判的历史。第一种表现了怀古的心态,第二种希图以古鉴今,而第三种则追求纯粹的史料批判。对于尼采来说,第三种的历史对于人生没有什么意义,因为"一个优秀的历史学家必须能够将已知的东西融入一个从未听说过的东西之中,并极其简单而又极其深刻地宣称这一普遍法则,以至简单化于深刻,深刻化于简单。……那些筛选、融合各种材料的史学工作者永远成不了伟大的历史学家,但我们不可以因此而轻视他们,我们更不可以将他们与伟大的历史学家们相混淆,因为他们是一些必需的泥瓦匠和为师傅服务的学徒……"同时,尼采还对兰克史学标榜的客观态度提出了批评:"历史的公正,哪怕是用一颗纯洁

---

① 有关狄尔泰历史思想的详细讨论,参见王晴佳:《西方的历史观念:从古希腊到现在》,北京:北京师范大学出版社,2013,页241—244。

第九章 历史主义的危机

的心谨慎地实行,也会是一种可怕的美德。"因为"如果只有公正是至高无上的,那么创造性的本能就会被消耗和阻遏"。① 显然,如果询之尼采,也许兰普雷希特的治史更符合他的心意。

以上狄尔泰等人指出历史学与自然科学的不同,其实是不满当时科学主义、实证主义甚嚣尘上的风气。文德尔班也强调人文学科与自然科学研究的不同。如果说狄尔泰注重的是研究方法,文德尔班重视的则是研究对象。他指出,自然现象往往会重复出现,因此科学研究的结果可以复制。但历史现象却是独特的、一次性的。如果史家想模仿自然科学家总结历史发展的普遍规律,必然是徒劳的。他们即使有所发现,也只是几条无关痛痒、可有可无的法则。历史研究更有意义的地方是通过直观,描述历史的个别性和特殊性。

文德尔班的学生李凯尔特对他老师的论点做了更具体的阐发。他不但强调历史现象的个别性、特殊性和不可替代性,而且指出史家研究这些现象,必然带有主观意图。但李凯尔特认为,这种主观性并不是什么缺点,而正是历史研究的长处,因为历史学本就是充满现实意义的学科。不过与狄尔泰、甚至文德尔班有所不同的是,李凯尔特强调个别与一般、特殊与普遍的关系。他的论著《自然科学概念形成的界限》(*Die Grenzen der naturwissenschatlichen Begriffsbildung*)既讨论人文学科与自然科学的不同,又探究在认识这种不同的基础上,历史学成为科学的可能性。李凯尔特指出,虽然史家写史以描述为主,但这种描述其实反映了一种主观的选择,因为一个史家不可能搜罗有关过往的所有事件的所有史料。因此他的描述是他价值观的表现——他力图描述具有典型意义的事件和人物,由此呈现一般性和统一性。②

李凯尔特的观点,与马克斯·韦伯(Max Weber,1864—1920)相近,甚至可以说韦伯受到了李凯尔特的启发,提出了闻名遐迩的"理想类型"

---

① 尼采:《历史的用途与滥用》,陈涛、周辉荣译,上海:上海人民出版社,2000,页 50—53。
② 参见李凯尔特:《历史上的个体》,《现代西方历史哲学译文集》,页 5—38;王晴佳:《西方的历史观念》,页 247—251。

(ideal type)说。李凯尔特和韦伯是同代人,又同在佛莱堡大学教书,而在他们那个时代,历史主义的思维传统虽然在史学界仍然占据统治地位,但在其他学科中已经逐渐走向式微。其中一个重要的原因就是(如同李凯尔特指出的那样),历史事物和现象林林总总、纷乱无序,史家必须在面对这些现象时,运用自己的眼光和见识,做出选择,进行概括。因此,历史学追求一般性抑或普遍性,也就在所难免。韦伯虽然主要是一位社会学家,但他从事了不少历史课题的研究,并且其论著在史学界影响深远。他的《新教伦理与资本主义精神》(*Die protestantische Ethik und der Geist des Kapitalismus*)从宗教层面分析资本主义兴起、兴盛的原因,而他研究帝制中国和传统印度社会的官僚体制和社会结构,与西方社会进行对照,都是从众多的历史现象中抓住重点,条分缕析,做出总结。这些都是韦伯实施其"理想类型"理论的例子。毋庸讳言,韦伯对于中国、印度甚至西方历史的描述是否抓住了典型的、抑或本质的现象,不免见仁见智,他的比较和结论自然也受到一些人的批评。但尽管如此,韦伯的分析手段和观点仍然颇具启发性。韦伯的著作及其相关论点至今仍在学术界为人征引,便是一个证明。

第二节 美国的"新史学"

19世纪后期和20世纪上半期的德国史学界,仍然为兰克学派及其弟子所控制,因此兰普雷希特对于兰克模式的挑战,在当时的德国没有产生太大的反响。但值得一提的是,1904年兰普雷希特应邀到美国哥伦比亚大学讲学,其讲稿一年后以《什么是历史?——现代历史科学五讲》(*What is history? Five lectures on the Modern Science of History*)在美国出版,说明他在国际上已经开始为人所注意[1](顺便提一下,前北京大

---

[1] Karl Lamprecht, *What is History? Five Lectures on the Modern Science of History*, trans. E. A. Andrews, New York: Macmillan, 1905.

第九章 历史主义的危机

学校长蔡元培亦是兰普雷希特的学生,所以后者在中国学术界也不陌生)。兰普雷希特最重要的弟子,是柯尔特·布雷西格(Kurt Breysig,1866—1940),而兰普雷希特又与其他弟子一同在莱比锡大学成立了"文化和世界史研究所"(Institut für Kultur-und-Universalgeschichte),至今莱比锡大学还比较注重世界史的研究。兰普雷希特从多个角度探究德意志民族之魂,其注重宏观历史演变的眼光受到了马克思的启发,而布雷西格的研究比兰普雷希特更为宏观,其方法也有马克思主义影响的痕迹。布雷西格的成名作是《近代文化史》(*Kulturgeschichte der Neuzeit*),于20世纪初年出版。其实布雷西格与兰克学派的渊源亦很深,曾从师于德罗伊森和特赖奇克,但他显然更心仪兰普雷希特的治史方法。与兰普雷希特一样,布雷西格后来也写有讨论历史学性质的著作——《历史的形成》(*Vom geschichtlichen Werden; Umrisse einer zukünftigen Geschichtslehre*),其目的是促使史家重新思考历史学的发展走向。

19、20世纪之交,与布雷西格有相似兴趣的人不少。这种现象从一个角度反映了兰克史学和历史主义的危机。同时,也反映出马克思主义、孔德实证主义影响的不断扩大。1848年欧洲出现了多次革命,虽然其结果没有像马克思所预料的那样,引发全球性的社会主义运动,但毕竟让学界人士注意到研究、分析社会现象的重要。就历史学而言,兰克学派注重政治史、外交史的传统,渐渐显出劣势。除了德国的兰普雷希特和布雷西格,法国有亨利·贝尔(Henri Berr, 1863—1954),亦提倡用多学科的方法,以综合的眼光考察、分析社会的变动。贝尔于1900年主编出版了《历史综合评论》(*Revue de synthése historique*),后来改名为《综合评论》(*Revue de synthése*),至今仍然是法国学界一本有影响的刊物。贝尔主要是一位哲学家,但同尼采一样,他看到19世纪历史学专注史料考证和国家政治的演变,忽视社会的整体变化,于是倡导以新的、综合的和跨学科的方法研究人类社会和历史的演变。另外,法国著名的社会学家涂尔干(Émile Durkheim, 1858—1917),在1898年主编了《社会学年鉴》(*L'Année Sociologique*)。如果说孔德是社会学的创始人,那么涂尔干就是社会学的主要奠基人。作为一门新兴的学科,社会学对历史学产生了冲击。涂尔干本人也批评兰克史学的模式,认为其研究不具现实意义。《综合评论》和《社会学年鉴》虽然不是历史类的学术刊物,但却促使史家思考和探索历史研究的新路径。这些刊物的出版,为以后法国史学界"年鉴学派"的兴起,起了先导性的作用。

1904 年在美国圣路易市召开了一场重要的国际会议,题为"人文与科学大会"(Congress of Arts and Sciences),其会议宗旨就是探讨如何促进人文学科的科学化;或者更确切一点说,就是如何采用多学科的方法,探讨人类和自然现象的变化。兰普雷希特应邀出席了会议。而参加者的大部,来自主办国美国,其中包括普林斯顿大学校长、后来成为美国总统的伍德罗·威尔逊(Woodrow Wilson,1856—1924)。威尔逊拥有约翰霍普金斯大学的历史和政治学博士学位,虽然他在普林斯顿大学主要讲授法学和政治经济学。比威尔逊更重要的美国历史学家有詹姆斯·鲁滨逊、弗雷德里克·特纳、威廉·斯隆(William M. Sloane,1850—1928)和英国史家约翰·布雷(J. B. Bury,1861—1927),后者以宣称"历史学是不折不扣的科学"(History is a science, no less and no more)而著名。他们出席这次会议,追求的是一个共同的兴趣,那就是如何突破兰克史学的藩篱,寻找历史研究的新科学模式。在这次会议上,"历史科学"(Historical Science)的讨论共有三场,分别题为"政治经济史""法制史"和"宗教史"。威尔逊在致开幕词时开宗明义:"我们已经看到一个历史著述新时代的曙光。"这一新时代的特征就是不但要考证史料,做"细致的研究"(minute research),也要有"广博的综合"(broad synthesis)。① 斯隆在他的发言中也明确指出:历史中"人的因素已经不再局限于英雄、国王、军事家和外交

---

① Woodrow Wilson, "The Variety and Unity of History", *Congress of Arts and Sciences: Universal Exposition*, *St. Louis*, ed. Howard Rogers, Boston: Houghton, Mifflin and Company, 1906, V. 2, p. 3.

家,也包括了一般的人民和所有他们的活动"。① 斯隆说到做到,虽然他早期的历史训练和著述以研究英雄人物和重大事件为主,也出版了有关法国革命和拿破仑的专著。但之后他逐渐转向美国地方的人物和历史,并在 1919 年出版了《西方民主的主旨和国家》(The Powers and Aims of Western Democracy)一书,综合讨论政治、社会和思想的各个层面。该书共有三个部分:(1)民主发展的思想和行动;(2)近代民族国家的演化;(3)为和平而奋斗。这些章节显示该书的写作既综合了政治史、思想史和社会史,又追求历史的现实功用("为和平而奋斗"的部分,显然与一战以后的国际关系相关)。

美国史学与兰克史学的关系,可以说是错综复杂、渊源深厚。从一方面来说,美国史学深受兰克史学的影响。前章已经谈及,美国的早期史家大都是兰克或者兰克弟子的学生。但另一方面,美国史家接受兰克史学又带有自身的特色,并没有完全继承兰克本人的衣钵。譬如首先在约翰霍普金斯大学授予历史学博士学位的赫伯特·亚当斯,就特别注重兰克批判史料的一面,把兰克树立为考订史料的典范,却忽视了兰克的历史观和宗教观。亚当斯尝言:"兰克唯一的野心就是要如实直书,所以真实性和客观性是兰克(治史)的最高宗旨。……他并不认为从人类历史中指出上帝的旨意是历史学家的职责。"②注重兰克史学批判史料、据实直书的一面,有助于美国早期史学的成长。但到了 19 世纪晚期,这种治史方式渐渐引起人们的不满,因为纯粹注重考证史料、铺陈史实已经不敷美国社会和历史发展的需要。

19 世纪晚期,美国的西进运动已经基本结束,标志美国从一个最初由英国清教徒在新英格兰地区建立的殖民地,发展成为一个不但政治、经

---

① William Sloane, "The Science of History in the Nineteenth Century", p. 37. 有关这次会议对于美国和欧洲史学的影响,见 Georg Iggers, "The Crisis of the Rankean Paradigm in the Nineteenth Century", *Leopold von Ranke and the Shaping of the Historical Discipline*, pp. 170—180。

② 参见 Georg Iggers, "The Image of Ranke in American and German Historical Thoughts", *History and Theory*, 2 (1962), pp. 17—40;引文见页 21—22。

济上独立,而且幅员辽阔、横跨北美大陆的新兴国家。这一时期的美国与17、18世纪沿东海岸分布的殖民地和建国初期的美国相比,也已经迥然不同了。从人口构成来看,这一不同尤为明显。原来的移民大都来自英国,而19世纪的移民潮让许多欧洲人都来到美国创业。他们当中既有新教徒,也有不少天主教徒。更为重要的是,这些移民到达美国之后,通过西进运动向西扩展,与原住的印第安人争夺土地,由此而重新塑造了美国的文化和精神。这一现象,在史学界的反映就是弗雷德里克·特纳的"边疆学说"。

特纳(Frederick Jackson Turner,1861—1932)的"边疆学说"及其"边疆学派",起源于特纳在1893年发表的论文,题为《边疆在美国历史上的重要性》(The Significance of the Frontier in American History),之后该论文被不断转载,影响甚大。特纳在约翰霍普金斯大学获得了博士学位,是赫伯特·亚当斯的弟子。但特纳对其老师及兰克学派的治史方式持有不同的意见,甚至对之提出挑战。譬如亚当斯和他同时的史家都倾向认为,美国社会的特点与新英格兰地区的早期英国移民的宗教信仰、生活方式,甚至人种特性相关。这种"日耳曼根源说"(一般认为盎格鲁-撒克逊人与日耳曼人同种)是美国立国精神的源泉。但特纳并不同意他老师的观点。他在《边疆在美国历史上的重要性》中指出,"以前研究美国制度史的学者们过分注意寻找日耳曼根源的问题,而对于美国本身的因素却注意得十分不够"。他紧接着说:"边疆是一条极其迅速和非常有效的美国化的界限。"这是因为,欧洲移民到达美国以后,与美国辽阔的旷野接触,与印第安人抗争,这些欧洲移民被迫改变了他们原来的生活态度、观念和习惯。特纳在文中运用了很多生动、形象,甚至是人们司空见惯的例子,来说明西进运动对于美国社会的巨大影响。他这样总结道:

> 开初,边疆是大西洋沿岸。真正说起来,它是欧洲的边疆。向西移动,这个边疆才越来越成为美国的边疆。……边疆不断地向西推进就意味着逐渐离开欧洲的影响,逐渐增长美国独有的特点。因此,

第九章　历史主义的危机

研究这一进程,研究在这些情形下成长起来的人们,以及研究由此而产生的政治、经济和社会的结果,是研究真正的美国历史。①

从一个意义上说,特纳的"边疆学说"不但说明了美国历史上的"美国化"过程,也提出美国历史研究需要"美国化",即从美国的实际情形需要改造欧洲和兰克史学的影响。这一企图,受到了美国学界的欢迎,也反映了美国作为一个新兴国家,其学术、文化逐渐走向独立的过程。当然更重要的是,特纳的"边疆学说"从地理、社会和人口等各个角度对美国历史的演化做出了一个令人颇为信服的解释,强调了美国社会的构建并非欧洲文明的延伸,而是发展出了其独有的特点。特纳的这一观点,继承了以前流行于美国史学界的"美国例外论",但却为其提供了一个不同的解说。与"日耳曼根源说"迥异,特纳不强调欧洲移民内部的种族和宗教差异,而注重他们与印第安人的不同。对于印第安人及其文明,特纳十分鄙视;他认定边疆是"野蛮与文明的会合处"。因此他的观察一方面避免了种族主义的角度,但同时又带有十分强烈的种族主义倾向。的确,欧洲移民团体虽然各有不同,但到了美国以后,却因为共同的"白人"身份而团结起来,对抗其他种族,包括19世纪到美国西部淘金的华人。1882年美国通过"排华法案",由爱尔兰移民劳工推动,并获得了控制美国政坛的其他欧洲移民团体的支持,便是一个显例。欧洲移民压迫、欺凌印第安人的例子,更是举不胜举。特纳的"边疆学说"为这类行为张目,是当时美国社会的一个写照。

特纳"边疆学说"的盛行,说明美国到19世纪晚期已经形成了以欧洲移民为主体的社会结构。这种结构与欧洲社会差异明显,因此美国史学走向"美国化",似乎也势在必行。前述威尔逊在1904年的"人文和科学大会"上宣称一个史学新世纪已经初现曙光,并非夸张之词,而是反映了

---

① 特纳:《边疆在美国历史上的重要性》,黄巨兴译、张芝联校,《历史译丛》,1963年第5期,页31—52。

美国的现实需要。特纳在会上也做了报告,题为《美国历史的问题》。他在其中重申了研究美国历史和欧洲历史的不同之处。他指出,对于美国史家而言,最重要的任务不是描述事件和领袖人物,而是如何"记载在旷野的环境中一个社会如何发展;这个社会如何在达到新的文化高度的时候自我转化;以及这个社会如何进一步向旷野进发,跨越整个大陆"。为此,特纳特别希望美国史家扩大视野,不但研究政治制度的演变,而且注意经济、社会与人口(如与印第安人的关系)的变化、发展。①

特纳的希望反映了当时美国史家的一种共识。对这一共识加以系统描述的是长期执教于哥伦比亚大学的鲁滨逊(James Harvey Robinson,1863—1936)。鲁滨逊曾在莱比锡大学进修,与兰普雷希特相熟,并邀请后者在哥伦比亚大学讲学。有此关系,鲁滨逊更有意挑战兰克史学。鲁滨逊在"人文和科学大会"上的发言题为《历史的观念和方法》,他在其中明确指出,以往将历史与文学并列的传统,值得重新思考,而兰克的"史料批判",也欠不足。鲁滨逊认为历史学的未来发展,取决于史家如何借鉴、采用新的"相关科学"(cognate sciences)的方法,包括心理学、政治学、政治经济学、社会学、比较法学和人类学。② 后来鲁滨逊又将这些意见综合成一本新书,题为《新史学:阐释现代历史观的论文》(The New History: Essays Illustrating the Modern Historical Outlook),最初于1911年出版,以后不断再版,影响甚巨。

鲁滨逊与特纳都不满兰克史学在美国的传统,所以他们的工作,有异曲同工之妙。但他们两人的差别也是明显的。特纳的"边疆学说"只是想说明兰克史学的方法对于解释美国历史,并不适合,而鲁滨逊的《新史学》则全面反思兰克史学的模式,指出其过时之处,因此挑战更为直截了当。如前所述,兰克认定民族国家的兴起是近代历史的主线。在德文中,"政治史"是 staatsgeschichte,而 staat 就是"国家"。这一词语的使用显示出,

---

① Frederick Turner, "Problems in American History", *Congress of Arts and Sciences*, V. 2, p. 183—194。

② James Harvey Robinson, "The Conception and Methods of History", Ibid., pp. 40—51.

第九章　历史主义的危机

在德国史学界，国家是政治史研究的重点。但鲁滨逊针锋相对，指出：

> 我们不能在此处讨论国家在历史上的地位这个复杂问题，而且也没有讨论的必要；因为没有人不认可国家的重要性，也没有人主张历史书中可以不讲到国家。我们此地应该研究的问题，就是我们对政治史的偏心引导着我们专去叙述那些无关紧要的朝代史和军事史中的琐碎事实。……人类的活动不仅是当兵，做臣民，或做君主；国家也绝不是人类唯一关心的事情。……自古至今，人类的活动包括海上探险、开拓商业、建筑城市、设立大学、建筑宏伟的大礼拜堂、著书、绘画，并且还发明了许多东西。我们在历史里面应该包括这些人类活动，大家渐渐承认了；但是直到现今政治史仍然保持着它的至高无上的地位，一般人仍然把过去的政治事件，看作是历史的主要内容。①

鲁滨逊的意图，就是希望能扩大历史研究的范围，将之扩大到人类的所有活动，然后用综合的眼光来概括、分析和解释这些活动的过程和意义。他自认为已经发现了历史演进的一个规律，那就是"历史的连续性"，也就是历史的进化发展——现在是过去不断发展变化的产物。鲁滨逊指出，这种历史不断进化的观念，并不是历史学家的发现，而是动物学家和地质学家的功劳，因为前者证明了人类由猿人进化而来，而后者证明地球的历史远比以前想象的要长得多。与此相应，鲁滨逊认为历史研究的观念和方法也应改变，需要撷取社会科学的方法。为此他提倡思想史的研究，认为近代以来，人类历史发生了巨大的变化，但史家仍然专注于制度的变迁，而不探究这些制度变迁背后的思想和文化的渊源。更重要的是，鲁滨逊强调：

---

① 詹姆士·哈威·鲁滨逊：《新史学》，齐思和等译，北京：商务印书馆，1989，页 8—9。

> 在人类从事有意识的社会改革事业的过程中,思想史看起来应该起着很重要的作用,因为社会的变化一定伴随着情感的变化,并取决于思想的指导。思想史是一种消除成见和打破保守的最有力的手段之一。它不但通过对现在问题产生的经过进行说明来使我们明确我们的义务和责任;并且可以促进人类的学术自由,这是进步的根本条件。①

鲁滨逊提倡思想史,目的是敦促同行走出政治制度史的束缚,看到人类历史变化更为深层的因素。而其宗旨,就是希望历史能为社会和大众服务。《新史学》中有一章题为"为普通人的历史",其中鲁滨逊指出历史的研究是为了教育大众,因此其范围不能局限在帝王将相和政治制度,而要提供一些让一般人觉得有用的知识。② 所以鲁滨逊的思想史不仅仅是有关几个思想家而已,而是希望考察时代思潮的变化,使历史研究更符合社会的需要。

鲁滨逊的"新史学",与特纳的"边疆学说"一起,为美国史学史翻开了新的一页。他们的著作被视为美国"进步史学"的代表,是"民主史学的号召"。③ 的确,虽然鲁滨逊本人注重思想史,思想史的研究也在20世纪上半叶的美国史学中占据了重要的位置,但"进步史家"的主要意图,是扩展历史研究的视野,让历史能反映和解释社会的整体变动,因此就需要面对大众,眼光朝下。这种意图,与马克思主义史学有相近之处。

在美国的进步史家中,治史风格与方法最为接近马克思主义史学的人是查尔斯·比尔德。如前章所述,比尔德的历史训练与兰克学派亦有渊源,但他在美国哥伦比亚大学获得博士学位以后,其治史兴趣和途径都

---

① 鲁滨逊:《新史学》,页91;译文有所更动。
② 同上书,页92—105。中译本将该章的标题译为"普通人应该具有的历史知识",取其内容,但原标题是 History for the Common Man,所以可直接译为"为普通人的历史",以突出鲁滨逊的意图。
③ 见 Breisach, *Historiography: Ancient, Medieval & Modern*,页313—317。

与兰克学派颇为不同,而是更为接近鲁滨逊在《新史学》中所阐述的理念。比尔德是鲁滨逊的学生辈,后来又成为他的同事和朋友。在鲁滨逊的《新史学》问世两年后,比尔德出版了他的成名作《美国宪法的经济观》(*An Economic Interpretation of the Constitution of the United States*),其影响力绝不输于《新史学》。比尔德承认,他从制宪者的经济背景入手研究他们制宪的动机,并分析美国宪法的"阶级性",与马克思学说有关。但他还说道,考虑经济和阶级利益的研究方法并不仅仅来自于马克思主义。比尔德《美国宪法的经济观》研究扎实,资料充分,结论又惊人,引起激烈反响,并不奇怪。早期的美国史家如班克罗夫特等人认为美国的建国,几乎是神意的结果,体现了美利坚"民族所具有的特殊的精神禀赋"。而主张发掘美国立国精神中的"日耳曼根源"的学者,也同样希求在"天赋的种族气质上发现盎格鲁撒克逊世界的'自由'宪法发展的秘密"。① 但比尔德则不然;他采取的是社会科学的办法,调查制宪者的经济状况,然后考察他们制定的宪法如何反映他们的利益。

具体来看,比尔德的研究和所获得的结论可谓一目了然,直截了当。他发现在参加制宪会议的55人中有40人拥有公债券,14人是土地投机商,24人是高利贷者,15人是奴隶主,11人从事商业、制造业和航运业。换言之,这些制宪者都是经济上的成功人士;没有一个是小农或者手艺人,而后者却是当时美国人口的大部。然后比尔德又分析了宪法的条文,发现这些条文不但保护有产者,而且还力图保护拥有"动产"者的利益,而对"不动产"者(种植园主和农民)的利益,则相对不重视,因此,美国宪法的制定和通过,代表了东北部资产阶级对南方种植园主阶级的胜利。比尔德的这一说法,后来受到一些人的质疑,但其著作的价值主要在于改变了人们对宪法的看法。比尔德指出,以前的法学家和史学家都认为"宪法不但是全民的创制,而且不曾粘带一点派别斗争的痕迹"。但他的研究则清楚地挑明,这种认识是一种假象,因为宪法"不是所谓'全民'的产物,而

---

① 查尔斯·比尔德:《美国宪法的经济观》,何希奇译,北京:商务印书馆,1989,页13—14。

不过是希望从中获利的一个经济利益集团的产物"。① 比尔德在书中详细描述了宪法制定、讨论和投票通过的过程,向读者表明在制宪的过程中,各个经济利益集团如何相互角逐、争斗,而各派又如何阐发他们的政治理念,以求争取选票。比尔德对普通民众充满同情。他认为他们中的大部分人,在当时没有投票的权利,只能任人驱使,让一部代表有产者利益的宪法强加在他们头上。

比尔德的《美国宪法的经济观》是美国"进步史学"的代表著作。大致而言,"进步史学"的著作,不再将研究局限在政治制度的历史,而是希图从经济、社会、思想和文化各个方面,更为全面地把握和解释历史演进的脉动。比尔德本人的著作,就涉及经济、文化、外交和政治等各个方面。在《美国宪法的经济观》之外,他的《美国政府与政治》也一次次地再版。比尔德对于宪法和美国政治的研究,使他成功当选美国政治学会的主席,而后又被选为美国历史学会的主席。比尔德还与他的妻子玛丽·比尔德(Mary Beard,1876—1958)合作,于1927年出版了《美国文明的兴起》(*The Rise of American Civilization*)一书,不但在学界享有盛誉,也为一般读者所喜爱。《美国文明的兴起》覆盖面广泛,是一部文化史的著作。鲁滨逊倡导的思想史研究也是"进步史学"的一支重要脉络。如卡尔·贝克尔的《18世纪哲学家的天域》(*The Heavenly City of the Eighteenth-Century Philosophers*),探讨启蒙思想家的历史观念与犹太—基督教的宗教观念的内在联系;另一位"进步史家"弗农·帕林顿(Vernon Parrington,1871—1929)的《美国思想的主流》(*Main Currents in American Thought*)是思想史研究的奠基著作,影响深远。而后来为这些"进步史家"树碑立传,写有《进步史家》(*The Progressive Historians*)的理查德·霍夫斯塔特(Richard Hofstadter,1916—1970),也是思想史、政治史和文化史研究的多面手。总之,经过特纳、鲁滨逊等人的努力,美国史家自19世纪末以后,渐渐走出了兰克史学的模式。1930年代比尔

---

① 查尔斯·比尔德:《美国宪法的经济观》,页19、22。

德又和贝克尔联手,挑战兰克史学标榜的"客观性",对此我们将在后文详论。

第三节 战争与革命

兰克提倡如实直书,用历史主义的眼光重述人类的过去,归根结底反映的是欧洲人一种文化上的自信,认为以往的历史进程,证明神意的力量,让欧洲文明领先世界,因此值得大书特书,不加修饰。这种历史意识在 19 世纪受人欢迎,与那个世纪的历史进程相关。欧洲从中世纪一直到 18 世纪,各个领主国之间纷争不已。宗教改革以后更是战乱频仍、经久不息。这种纷乱随着民族国家的建立,表现尤为激烈。拿破仑战争便是一个证明。但值得注意的是,从 1814—1815 年拿破仑战争结束一直到 1914 年第一次世界大战爆发,这一百年中欧洲本土上没有大规模的战争(普法战争算是一个例外)。与此同时,凭借工业革命的成功,欧洲国家对外征服几乎所向披靡,击败了不少历史悠久的文明(包括中国)。如此事实,让相信泛神论的兰克觉得有必要如实直书,似乎也能让人理解。

但第一次世界大战的爆发,对欧洲人及其文明的高度自信产生了毁灭性的打击。工业革命的成功,也反映在武器的更新上。欧洲人用先进的武器,摧毁了世界各地以农业为主的文明,现在却搬起石头砸了自己的脚,因此而受创深重。更有甚者,第一次世界大战还带来了一场共产主义的革命,诞生了一个由苏维埃掌权的俄国。这些现象的出现,加上战争过程本身的残酷和持久,让欧洲许多思想家和政治家深感焦虑。第一次世界大战以后出现了不少哲学文化上的相对主义、怀疑主义和政治思想上的极端主义、激进主义的新思潮,便是这个道理。

以历史学而言,兰克史学成为历史学地位上升的一个坐标——19 世纪被誉为"历史学的世纪",其实反映出在那以前,历史学在西方文化中仅仅处于从属的地位(亚里士多德主张诗歌高于史学,在西方文化的传统中影响深远)。但历史学地位的改变,也引起了不少人的不满。前章提到尼采嘲讽、批评近代史学,便是一例。尼采的批评,集中在史家专注史料的整理、考证,缺乏创意和洞见,而相较那时刚刚勃兴的社会科学(如心理学、社会学等),历史研究的成果的确也显得有点贫乏、苍白,无法解答社会变动所产生的问题。美国"新史学"的兴起,力图纠正后者,而前述狄尔泰、文德尔班、李凯尔特强调历史是"精神科学",则有意回应前者。在一次大战之际,德国的奥斯瓦尔德·斯宾格勒(Oswald Spengler,1880—1936)也试图修正、补充历史研究的不足,特别是想为世人提供一些历史的洞见。他在战前构思、战后出版的《西方的没落》(*Untergang des Abendlandes*)一书,适逢其时,一时洛阳纸贵,在饱受战争创伤凌虐的欧洲学界产生了巨大的影响。

斯宾格勒承认,他写作《西方的没落》,受到了尼采的启发。像尼采一样,斯宾格勒对于历史学在近代的发展颇为不满,认为史学有误入歧途的危险。与兰克不同,斯宾格勒不认为近代民族国家的兴起和发展,为人类历史开辟了坦途。相反,他认为这一发展,将导致一场大的危机。而第一次世界大战的爆发,似乎正好印证了他的看法。不过,斯宾格勒的《西方的没落》内容丰富细致,绝不是应时之作,而是他多年深思熟虑的结果。比如他使用"没落"来形容西方文明在他那个时代的发展,并非耸人听闻,投一时之好,而是与他整个的历史思维相关。德文中的 Untergang 一词有"没落""终结"和"衰败"的意思,但如果用来形容天体——比如太阳——又有"日落"的含义,因此是一个必然发生、却又周而复始的现象。这后一层的意思似乎更符合斯宾格勒想表述的思想。他在书中指出,世界上的各种文明都会经历"青春、成长、成熟和衰败"的阶段。换言之,作为一个文明,西方世界也不会例外。斯宾格勒为《西方的没落》的第一版写序时交代:"书名是在 1912 年决定的,它十分详实地表达了本书的意图。本书的目的在于以古典时代的衰落为殷鉴,描述一个我们自身正在

第九章　历史主义的危机

进入的为时几个世纪的世界历史局面。"①

上述简单的说明,既表明《西方的没落》不是一时乘兴之作,也点出了斯宾格勒研究世界历史的意图。对于他来说,历史上的事物或现象可以分为两类:"已成的"和"方成的"——即现在进行时。人类世界与自然世界的不同,就在于它是"方成的"抑或正在变动中的。斯宾格勒这样写道,他希望"用一种截然不同的安排去检视"世界事物,"不是把它们放在一个无所不包的总图中,而是把它们放在一个生活的图景中,不是把它们看作已成的事物,而是把它们看作方成的事物"。② 他在1912年便决定为新著起名为《西方的没落》,就是想预测世界历史的未来走向,认定虽然西方世界在那时似乎一片繁荣,但其实已经危机四伏,进入了它的"冬季",所以难逃"夕阳西下"的命运。这种预测性的研究,正是斯宾格勒认定自己胜过兰克等近代史家的地方,因为后者只是想描述既成事实,而他却希图勾勒历史的未来走向。用斯宾格勒的话来形容就是:"我把世界历史看成一幅无止境地形成、无止境地变化的图景,看成一幅有机形式惊人地盈亏相继的图景。专业的历史家却相反,他们把世界历史看作绦虫一类的东西,勤敏地把历史时代一节节地往自己身上增加。"③

能在第一次世界大战爆发前就感到其即将来临,斯宾格勒的确有过人的眼光。但在当时也不仅仅是他一个人有此观点。比如他在书中多次提到的尼采,就同样对欧洲的近代文明持批评和悲观的态度,而另一位斯宾格勒没有特别注意的史家布克哈特,也曾为欧洲历史的前景,忧心忡忡。但是,他们都没有像斯宾格勒那样,对这种悲天悯人的历史观做细致、详尽的哲学分析。所以斯宾格勒虽然欣赏尼采的"创见",但也看到了后者的局限。斯宾格勒承认,对他启发最大的是歌德,因为歌德视历史为活生生的世界——歌德"描写他的人物的生活与发展,永远是生活与发

---

① 奥斯瓦尔德·斯宾格勒:《西方的没落》,齐世荣等译,北京:商务印书馆,1991,上卷,页3。
② 同上书,页17。
③ 同上书,页89。

展,描写方成的事物,而不是已成的事物"。① 这也是斯宾格勒自己的追求。

《西方的没落》洋洋大观,此处不可能详论,只能就其反映的历史观念做一简单评论。斯宾格勒的历史观大致具有两个特点。第一是他否认西方近代文明的先进性,认为这段时期的发展,充其量只是一个偶然的现象,而且充满潜在的危险。由此他反对自文艺复兴以来就盛行的"古代－中世纪－近代"的三段论历史分期观点。第二,斯宾格勒希图拓展史家的眼光,走出西方中心的世界观和历史观——他称之为史学上的"托勒密体系"。他希望自己和他的读者像哥白尼那样,用一种崭新的眼光重新检视或"发现"世界历史的演化。斯宾格勒认为,"古代－中世纪－近代"的历史分期和以西方为中心的史观有着内在的关联——正是因为西方史家认定自己文明在近代的先进,才有了这种三段论的历史划分,而做了这样的分期,便"把那短短几个世纪的、实际上限于西欧的'近代史',同那上下数千年的'古代史'相对立,而整堆希腊前的各种文化又都偶然性地堆积在那种'古代史'中"。斯宾格勒认为如此厚今薄古、自我中心的做法是"荒谬可笑"的。他举例指出,在西方人眼中重要的事件,在中国人眼中就不很重要,因此用西方中心的视角出发来建构世界史的体系,必然会有失误。而他自己的所谓"哥白尼发现",就是"不承认古典文化或西方文化比印度文化、巴比伦文化、中国文化、埃及文化、阿拉伯文化、墨西哥文化等占有任何优越地位——它们都是动态存在的个别世界,从分量看来,它们在历史中的一般图景中的地位和古典文化是一样的,从精神上的伟大和上升的力量看来,它们常常超过古典文化"。②

克服西方中心论,又抛弃了世界历史一线进步的观念,斯宾格勒得以将其所认知的世界各个文明,置于同一水平线上做比较研究。在他眼中,至他所生活的时代为止,世界上共有八个文明:巴比伦、埃及、印度、中国、

---

① 奥斯瓦尔德·斯宾格勒:《西方的没落》,上卷,页42、45。
② 同上书,页33—34。

墨西哥、希腊罗马、阿拉伯和西方（近代）文明。对于这些文明而言，生长、成熟和衰败是一个必经的过程。具体而言，一旦"文化"（Kultur）变成了"文明"（Zivilisation）、国家变成了帝国，衰落就将接踵而至、无可逃避。他在书中从宗教、城市、经济等各个方面，详细比较、论证了各个文化的诞生和成长：一旦一个文化进入了成熟期，比如建立了帝国，那么就成为文明，文明会向外扩张，于是便行将就木。斯宾格勒举埃及帝国、罗马帝国、中华帝国、印度帝国为例，但矛头所指则是西方文明。他的结论是：

> 一个单纯讲究广泛的效果、排斥巨大的艺术成就和形而上学成就的世纪——我们可以坦率地说，这是一个和世界城市的观念正相吻合的非宗教的时代——乃是一个没落的时代。……关于这种宿命，我们虽则可以欺瞒我们自己，但是我们逃避不了。谁不衷心承认这一点，谁就不能算是他的时代的人，就只是一个没有头脑的人、一个大言不惭的人、或者一个书呆子。①

斯宾格勒的结论，不但惊世骇俗，而且大言不惭。不过问题的确是，与他同时代的人中间，包括一些著名的博学之士，都无一例外地陶醉在西方文明对外征服所向披靡的"成功"中，却少有人觉察到其中的危险。第一次世界大战的爆发，表面上看似乎是偶然的（直接的导火线是奥匈帝国皇太子斐迪南大公在萨拉热窝遇刺），但实际上欧洲各国之间的关系在战前好几年就已经剑拔弩张，危机一触即发。但西方大多数知识分子，面对战争的危险，不但不想法阻止，反而积极支持政府的强硬立场。如同斯宾格勒所言，西方列强到了19世纪晚期，已经进入了帝国主义的时代——"强权即是真理"成为人们奉行的信条。为了证明自身强大，西方各国不但在各地扩充殖民地，而且也不惧铤而走险。

西方史家大都支持战争，这与他们所信奉和实践的民族国家史学，基

---

① 奥斯瓦尔德·斯宾格勒：《西方的没落》，上卷，页61、71。

于同样的理念。一个国家的兴起,几乎都以国力的强盛、军事上的胜利为标志,古今皆同。以描述自己民族成长为使命的民族史家,希求看到自己国家的凯旋,并不让人讶异。此处仅举几个例子。战争爆发的初期,各国政府组织各界支持,史学界出力尤多。英国牛津大学的近代史教师,出版了《我们为什么开战:大不列颠的解答》(Why We Are at War: Great Britain's Case)系列丛书,从历史上寻求和论证英国参战的必要性。美国参战较晚,但史家对战争的动员则毫不逊色。当时已经是美国总统的威尔逊得到了美国历史学会的全力支持,由政府出资、史家写作、出版了许多宣传战争的小册子。而为了论证德国和德意志民族的侵略性由来已久,鲁滨逊修改了他的中世纪和近代史的大学教科书。他这样做,也是迫于压力,因为在一战期间,不少美国教授因为发表不同意见而失去了教职,而且在数量上超过了欧洲各国。[1]

  法国的学界也做了类似的努力。涂尔干曾在德国求学,尊崇德国学术,但战争激发了他的民族主义情绪。他与著名史家、巴黎(索邦)大学的欧内斯特·拉维斯(Ernest Lavisse,1842—1922)一起,提出德意志民族和文化的侵略性,始自路德,后经霍亨索伦王朝的君主和俾斯麦执掌的第二帝国,再到特赖奇克等"普鲁士史家"推崇"强权"(Macht),不但由来已久,而且逐渐强化。在被德国占领的国家如比利时,参与抵抗运动的史家也不少。著名的比利时中世纪史专家亨利·皮朗(Henri Pirenne,1862—1935)就是一位。他曾与德国的兰普雷希特颇为交好,但战争期间,兰普雷希特去拜访他,却吃了闭门羹。

  兰普雷希特受到如此冷遇,也可谓"自作自受",因为像大多数德国史家和知识分子一样,他积极支持战争和德军占领比利时。而且像他这样的德国学者还不在少数。在占领比利时以后,德国有93位知名的学术界、科学界和艺术界人士署名支持政府的政策。那些不同意德国占领比

---

[1] 参见伊格尔斯、王晴佳:《全球史学史:从18世纪至当代》,杨豫译,北京:北京大学出版社,2011,页180—183。

第九章 历史主义的危机

利时的人如马克斯·韦伯,也支持德国开战(已经 50 岁的韦伯还入伍参加了第一次世界大战)。由于德国统一较晚,所以在对外扩张、争夺殖民地方面,德国输于英法等国。德国学界因此多方论证德意志文化的先进,以支持德国的扩张。比如著名文学家托马斯·曼(Thomas Mann,1875—1922)——1929 年获得诺贝尔文学奖——等人当时都公开表态支持开战。托马斯·曼也区分了"文化"和"文明",认为前者是向上的、理想主义的,而后者则过于理性、过于物性,缺少内在的活力。在他眼里,德意志文化仍处于上升期,而英法等文明已经走向腐败。① 以上这些例子,都显示民族主义对于学界,特别是史学界的深刻影响。

颇具讽刺意味的是,尽管政府和学界对于自己国家的胜利充满信心,但战争的进程却渐渐变得令人担忧。欧洲凭借工业革命的成功,革新了武器装备,并因此得以击败许多文明,但第一次世界大战的爆发却让其自食其果。由于机关枪的普遍使用,进攻方往往伤亡惨重。1915—1916 年在法国北部发生的几次战役便是如此。凡尔登等战役中,英法德三国的死亡人数超过了二百万,于是双方都转入战壕,不再、不敢进攻和冲锋,形成"西线无战事"的局面。而在东线,沙俄帝国虽然在初期获得了一些胜利,但之后便节节败退,最终导致其统治被苏维埃推翻。顺便提一下,在民族主义高歌猛进的时候,唯有马克思主义者和部分社会主义者敢于唱反调。马克思主义从普世的眼光检验、分析世界历史的演进,因此往往能跳出民族国家的框架来思考问题。第一次世界大战爆发之前,法国著名的社会主义思想家饶勒斯(Jean Jaurès,1859—1914)由于公开反战,被刺身亡。波兰裔的德国马克思主义者罗莎·卢森堡(Rosa Luxemburg,1871—1919)组织社团反战,被投入监狱,都是例子。而更著名的例子是列宁领导的苏维埃革命。列宁革命的与众不同在于,在战争中他不但不支持自己的国家,而且还竭力推翻其政府。当然,除了马克思主义者之外,也有人反对战争,如科学家爱因斯坦(Albert Einstein,1879—1955)和

---

① 参见伊格尔斯、王晴佳:《全球史学史:从 18 世纪至当代》,页 180—183。

哲学家罗素(Bertrand Russel,1872—1970)。他们对一战及以后发生的第二次世界大战,都持坚决反对的态度。但就总体而言,这些事例只是少数;信奉并推行民族主义的学者,在整个20世纪的世界都远多于其反对者。

总之,民族主义的势头在一战以前的西方世界,一路上扬。兰克认为民族国家的兴起及其互动,代表了近代历史的潮流,似乎颇有先见之明,民族国家自那时起也开始在非西方地区纷纷建立。但1886年去世的兰克没有看到,物极必反,民族国家之间不仅有外交关系,也会产生军事冲突,并引发危险的后果。第一次世界大战的爆发,就是一个显例。由于一战的悲惨激烈和扩日持久,民族主义思潮在西方世界的发展受到了遏制。与此相应,历史主义的思维方式也为人所质疑和批判。

第四节 扬弃历史主义

英国史家卡尔在《历史是什么?》中,形象地描绘了第一次世界大战对于近代历史和近代历史学的冲击。他这样写道:

> 19世纪对于西欧的知识分子来说,是个称心如意的时代,它洋溢着信心和乐观主义。这些事实,总地说来是令人满意的。对这些事实提出难题,并且要求解答的倾向也就相应地要弱一些。兰克虔诚地相信,如果他自己照管着事实,老天爷就会照管着历史的意义。……历史事实的本身就是一个至高无上的事实的明证,这就是朝更高的境界仁慈亲切地,而且显然是永无止境地向前迈进。①

这一形容,从一个侧面说明了兰克史学提倡"如实直书"而在19世纪受人欢迎的原因。但第一次世界大战之后,卡尔便指出:"事实向我们投过来

---

① 爱德华·卡尔:《历史是什么?》,页15—17。译文略有改动。

第九章　历史主义的危机

的笑脸没有 1914 年以前那些年那么慈祥了,因而我们便容易接受一种有意贬低事实的威望的哲学了。"①

这一贬低事实的哲学,其来有自。上节讨论的斯宾格勒所著的《西方的没落》,便是其中一个例子。而美国"新史学"学派的一些相关论述也十分重要,因为其在一战之后仍有重大的发展。譬如前面提到的美国史家贝克尔,比卡尔更早,在 1926 年宣读的一篇题为《什么是历史事实?》的文章中,对于以兰克学派为代表的近代史学,做了如下尖锐的批评:

> 十九世纪常被人们称为科学的时代,同时也被称为历史的时代。这两种说法是完全正确的。从 1814 年到 1914 年这以往的一百年中,人们进行了空前的、令人惊异的大量研究,研究伸展到了历史的每一个方面——研究是细致的、带批判性的、详尽的(甚至使人精疲力尽!)。我们的图书馆塞满了大量的这样积累起来的关于过去的知识。在此之前,从来没有这样多的关于人类经验的可靠知识供社会使用。……(但是),一百年专门的历史研究并未能防止世界大战(这是文明社会所干过的最荒唐的无理性的行径)。一些国家的政府和人民自始至终以愚昧、狂热以及自欺欺人的能力卷入了战争。我并不是说,历史研究要对这场世界大战负责,我是说,无论如何,历史研究对世界大战的影响太小,或者没有影响。②

其实,贝克尔远在第一次世界大战以前,便开始思考单纯排列历史事实是否有用、有益的问题。他在 1910 年就如此断言:"在历史学家创造历史事实之前,历史事实对于任何历史学家而言都是不存在的。"③战争之后的氛围使得批判兰克史学顿成风气。贝克尔在 1930 年代又与比尔德联手,

---

① 爱德华·卡尔:《历史是什么?》,页 18。
② 卡尔·贝克尔,"什么是历史事实?",收入何兆武、张文杰主编《现代西方历史哲学译文集》(上海:上海译文出版社,1984),页 241。
③ 爱德华·卡尔:《历史是什么?》,页 18。

共同批判兰克传统对于近代史学的遗产,对此我们将在下面再论。

贝克尔对"历史事实"的反思,既有他自己的深思熟虑,也受到了他人的启发,比如意大利思想家克罗齐(Benedetto Croce,1866—1952)便是一位。在斯宾格勒构思《西方的没落》的时候,克罗齐也敏锐地观察到历史学和历史哲学面临的问题,发表了一系列论著。一战的爆发,不但促成《西方的没落》的畅销,也让克罗齐的思想渐渐在英美学界产生了影响。克罗齐家境殷实,父母早故,留给他丰厚的遗产,让他得以专心向学。他的著作涉及哲学、史学和美学等各个领域,可以说是继黑格尔之后的一位思想大家。克罗齐也的确受到了黑格尔等德国学者的影响。就克罗齐有关历史的论述而言,他既吸收了黑格尔的辩证思维方式,又延续了文德尔班、李凯尔特等新康德主义者区分自然科学和人文科学的思索。在历史研究领域,克罗齐出版了多部著作,其中1916年出版的《历史学的理论和历史》(Teoria e storia della storiografia)一书影响最大。比如克罗齐在书中就"历史事实"做了如下阐述。他指出,近代史家常将历史事实区分为"历史的事实"和"非历史的事实";两者的区分是因为前者能为史家所用,而后者对于史家的工作无关紧要。但在克罗齐眼里,这两者之间的区别是多余的:史家写作历史,一定会对历史事实加以选择,而这种选择必然掺入了史家的思考。克罗齐如此写道:"一件非历史的事实将是一件没有被思想过的事实,因而是不存在的。"①换言之,历史学家的工作,必然与主观及价值有关,不可能完全"客观"。在这一点上,他的观点与李凯尔特等人相类,也和笛卡尔"我思故我在"的唯心主义传统相接。

克罗齐指出,所有的历史事实都是经过史家思考的事实,是为了说明他自己的发现,即"一切历史都是当代史";抑或"一切真历史都是当代史",因为克罗齐认为,那些博学家、考据家研究和呈现的历史,与现实生活无关,所以只是"假历史"。他的解释颇为尖刻:

---

① 克罗齐:《历史学的理论和实际》,傅任敢译,北京:商务印书馆,1986,页83。书名译为《历史学的理论和历史》更符作者原意,因为书中不少篇幅讨论西方史学史的进程。

第九章 历史主义的危机

把文献恢复过来、重现出来、加以描绘、加以排比,它们仍旧是文献,就是说,仍旧是无言的事物。……这类历史确乎具有一副尊严和科学的外貌,但不幸得很不充分,**没有精神上的连接**。归根结蒂,它们什么也不是,只是一些渊博的或非常渊博的"编年史",有时候为了查阅的目的是有用的,但是缺乏滋养及温暖人们的精神与心灵的字句(黑体为原作者所加)。①

克罗齐想说明的是,史家写作历史,必须而且必然会考虑现实生活,至于采取何种著述形式并不重要,重要的是内容是否展现精神和思想(这里显然有黑格尔哲学的影子)。除了提出"一切历史都是当代史"之外,克罗齐在书中还有一些让人印象深刻的说法。比如他说"编年史"其实并不先于"历史"。相反,"编年史"晚于"历史",因为即使史家整理史料,制作"编年史",也反映其内在的价值和思考,所以也是"历史"。而一旦这种价值和思考与现实生活脱离了关系,那么这种"历史"就成了"编年史",也即一堆无用的史料了。他写道:"历史是活的编年史,编年史是死的历史;历史是当前的历史,编年史是过去的历史;历史主要是一种思想的活动,编年史主要是一种意志的活动。"(这里所谓"编年史主要是一种意志的活动",指的是编辑、整理史料反映的是著者的意图或偏好)。由是,克罗齐将兰克学派的史学与没有思想内容的"编年史"相等同。而他所提倡的是活的、有思想的历史,这种思想与现在、现实相关,"因为,显而易见,只有现在生活中的兴趣方能使人去研究过去的事实。因此这种过去的事实只要和现在生活的一种兴趣打成一片,它就不是针对一种过去的兴趣而是针对一种现在的兴趣的"。②

克罗齐对于历史学性质的思考和对以往历史学形式的分析,在整个20世纪影响甚大。举例来说,英国史家卡尔在《历史是什么?》中就提出,

---

① 克罗齐:《历史学的理论和实际》,页 15—16。
② 同上书,页 1—9,引文在页 2 和页 8。

"历史是历史学家跟他的事实之间相互作用的连续不断的过程,是现在跟过去之间的永无止境的问答交谈"的著名说法,直至今天还为不少史家所认可。① 卡尔这种视历史写作为"现在和过去之间的对话"的提法,几乎是克罗齐思想的翻版。而在英国史家中,受到克罗齐思想影响更大的是柯林伍德(R. G. Collingwood,1889—1943),其遗著《历史的观念》(The Idea of History)于1946年出版,其中对克罗齐历史必须有思想内容的观点做了深入阐发,进一步提炼出"一切历史都是思想史"的观点。柯林伍德的说法,不是要抬高思想史的研究,而是像克罗齐一样,强调历史研究要有思想内容,需探究历史事件和进程背后的因素,而不仅仅是"如实直书"。

克罗齐的《历史学的理论和历史》一书在1921年便译成英文出版,因此不但在英国学界造成影响,而且也被正在寻求走出兰克史学模式的美国"新史学"史家,引为同道,并汲取其中的思想元素。譬如比尔德便承认,他在1930年代与贝克尔一同向兰克学派标榜的"客观史学"挑战,只是重复了克罗齐当年的作法。这场挑战,由贝克尔首先开炮。如上所述,贝克尔较早便开始探究兰克史学如此注重考订历史事实,是否对历史研究的进步有用的问题。1931年贝克尔成为美国历史学会的主席,他的演说题为《人人都是他自己的历史学家》(Everyman His Own Historian)。这个标题,既反映了"新史学"史家力图扩展历史研究的范围、面向大众的意图,又展现了贝克尔本人对于历史学性质的思考。值得一提的是,这里的"人人"(everyman),有"普通人""一般人"的意思(贝克尔在演说中使用"人人先生"——Mr. Everyman,更挑明了他的意思)。贝克尔的用词,与前述鲁滨逊"为普通人的历史"的提法有异曲同工之处。

贝克尔在演说中引用了克罗齐的名言"一切历史都是当代史",指出历史活生生地镶嵌在我们现实世界的表象中。但与克罗齐唯心主义的立场有所不同,贝克尔承认有客观发生过的历史事件。不过他笔锋一转,立

---

① 爱德华·卡尔:《历史是什么?》,页28。

即指出历史学家所展现的历史事实,只存在于记忆中,因此是一种知识。这种历史知识会由于现实的变更而不断重塑,在本质上与一般人的历史记忆并无根本的差异,因此"人人都是他自己的历史学家";历史就是"社会记忆的人为延伸"。贝克尔强调,受过专业训练的历史学家也是普通人,即"人人先生",所以他们写就的历史著作像一般人的历史记忆一样,仅仅"是真相和想象的一种便利的混合物——我们通常将前者称为'事实'而将后者称为'解释'"。①

贝克尔将历史定义为一种"社会记忆",而比尔德则将之界定为一种"历史学家的信仰"。"记忆"与"信仰"相较,后者的主观成分显然更浓一些。1933 年比尔德当选为美国历史学会的主席,他的演说题为《写就的历史是一种信仰的行为》(Written History is An Act of Faith),以后他又发表了《那个高尚的梦想》(That Nobel Dream)长文,更为激烈地反对兰克客观主义的治史传统。在比尔德看来,兰克学派考证史料、考订史实,以求历史的客观性和科学性,只是一个"高尚的梦想",可望而不可即。他的理由有十一条之多,但概括起来有四个方面:(1)历史学家必须通过史料来观察历史,因此他就无法像化学家那样从事客观的实验;(2)史料不可能全面反映历史的变动,而史家也无法掌握所有的史料;(3)历史学家研究历史,必然受到时间、地点、环境、利益、文化和偏见的束缚和影响;(4)兰克的"如实直书"存在内在的矛盾,因为史家的治史受到各种限制,根本无法企求展示"客观的真相"。② 所以比尔德的结论是,虽然有"事实的历史"(history as actuality),但"在最广泛和最通常的意义上,历史这个词指的是作为思想的历史,而不是指历史事实、历史记载抑或某项专门的知识"。换言之,真正相关的是"写就的历史"(written history),而"写就的历史"是史家通过思考,在选题、史料、编排和剪裁等一系列行为的产

---

① 见 Carl Becker, "Everyman His Own Historian", *American Historical Review*, V. 37, No. 2 (January 1932), pp. 221—236, 引文见页 232。

② Charles Beard, "That Noble Dream", *American Historical Review*, V. 41, No. 1 (October 1935), pp. 74—87。

物。像贝克尔一样,比尔德在上述两篇文章中也一再引述克罗齐的观点,将之视为当时历史思想新潮的代表。①

但值得重视的是,比尔德突出历史研究的主观和相对成分,并以此区分历史学与自然科学,不是一种退却,相反却是一种反击。他认为克罗齐、李凯尔特,甚至斯宾格勒等人的论述已经证明,历史学家不用在科学家面前低三下四,为自己的学问不够"科学"而感到不安和羞愧。相反,历史学家应该有这样的信仰,那就是"相信历史进程的真相在一定程度上是可知的。这一信念是一种主观的选择,而不是客观的发现"。② 总之,他和贝克尔都希望为美国的历史研究找到新的立足点,不再在兰克史学划定的圈子里打转。作为专业史家,他们对兰克史学的批判,针对性很强,态度上比克罗齐更为激烈。但其实从观念上看,他们都没有克罗齐激进。贝克尔和比尔德都承认有客观的历史或历史事实存在,而克罗齐则认为,只要能成为历史的,都是主观思想的产物;除此之外,一切都是死的,没有历史可言。这一立场,为后现代主义在1960年代以后的兴起,开启了端绪。

上述克罗齐、柯林伍德、贝克尔和比尔德等人所阐述的思想,代表了一种历史相对主义。但如上所述,这种相对主义在哲学观念上衡量似乎显得消极,但其实对于史家的工作而言,有不少积极的成分。克罗齐、比尔德等人批判兰克史学治史的方式,其实都是希望历史研究能更为紧密地与现实相连,成为生活的一个不可或缺的部分。卡尔指出历史应该是"过去和现在永无止境的对话",表达的也是这个意思。这里的"永无止境",就是希望历史学家能不断探究历史的奥秘、扩展历史的领域。出于考察第一次世界大战以后的世界局势的需要,西方史家产生这种急迫的心情,也似乎合情合理。他们无法还像在和平的19世纪那样,仍然蜗居于象牙塔中,从事细琐的饾饤之学,因为这样的研究,与已经变动的世界

---

① Charles Beard, "Written History as an Act of Faith", *American Historical Review*, V. 39, No. 2 (January 1934), pp. 219—231;引文见页219。

② Ibid., p.226.

第九章　历史主义的危机

的需要相距太远了。

更有甚者,兰克史学注重政治外交史,但第一次世界大战的爆发让人看到,正是这些政治家、外交家的幕后交易及军事家的莽撞、狂妄,使整个社会为此蒙难、承受创伤。要想走出兰克政治外交史的治史模式,大致有两条途径。一是像美国"新史学"史家所提倡的那样,写作"为普通人的历史",也即社会、文化史。二是吸收马克思主义和社会科学(社会学、经济学、人口学、地理学、心理学、人类学等)的研究方法,从更广阔的视角研究人与社会、人与自然的互动和变迁。后者以一战以后兴起的法国"年鉴学派"(Annales School)为代表。由于这一学派的兴盛和影响贯穿了整个20世纪,我们将在第十二章再述。

社会、文化史在20世纪初年的兴起,不但有美国史家参与,而且在整个西方学界都蔚为风气。荷兰史家约翰·赫伊津哈(Johan Huizinga,1872—1945)便是一位著名的倡导者。赫伊津哈的求学生涯有过一个较大的转折。他起先研习印度文化,掌握了梵文,并以印度文化中的"小丑"(jester)为题写作了博士论文。但后来他的兴趣转到了西方中世纪和早期近代的历史,并在荷兰的莱顿大学任教多年。这一兴趣在他早期的研究也有踪迹可寻,比如赫伊津哈一直对世俗文化抱有兴趣。他在1939年出版的《游戏的人:文化中游戏作用的探究》(*Homo Ludens: Versuch einer Bestimmung des Spielelements der Kultur*),便显然与他当年博士论文的选题有些关系,而在方法上,赫伊津哈则吸收了人类学的研究角度。此书的选题和方法都让人耳目一新。[①] 不过在思想认识上,赫伊津哈与斯宾格勒以及西班牙当时的历史思想家、哲学家荷塞·奥特加·加塞特(José Ortega y Gasset,1883—1955)更为接近。他们都对20世纪初年的历史发展,充满疑虑,在方法上都不满那种力图让历史研究靠拢自然科学,而无视历史学的人文因素的传统。他们认为,这种一味让历史学

[①] 此书有中译本。约翰·赫伊津哈:《游戏的人:关于文化的游戏成分的研究》,多人译,北京:中国美术学院出版社,1996。但副题的翻译不足表达原意,故本文略作了修改。

"科学化"的做法,已经让历史著述失去生命力了。

几乎与斯宾格勒《西方的没落》同时,赫伊津哈出版了他的成名作《中世纪的秋天》(Herfsttij der Middeleeuwen)。此书眼光朝下,用细致、生动的笔触,描绘14、15世纪法国与荷兰的文化、社会的各个方面。在人物上,既有王公贵族,也有普通平民;在内容上,既有轰动热烈的竞技、决斗、杀人场面,又有委婉曲折、缠绵动人的爱情故事;在思想上,它既指出中世纪文化总体上如何日薄西山,又描绘当时的人如何苦中作乐,在生活中尽量寻求刺激、欢乐,面对死亡既充满畏惧又略带憧憬(向往灵魂得救)的复杂心态。在这些看起来喧闹、庞杂的叙述中,赫伊津哈实际上想表述这样的中心思想:中世纪晚期的历史意义不是为文艺复兴的来临开辟道路,而是"中世纪思想生命历程的最后阶段";他将之比喻为"一株硕果满枝、充分成熟、发育完全的果树"。但正因为已经成熟,乃至瓜熟蒂落,其"思想宝藏"反而"逐渐干涸、走向僵化"。[①]

赫伊津哈《中世纪的秋天》其实还是反映出历史主义的思维,即承认中世纪的历史价值,但又指出其无可奈何花落去的趋势。此书于1919年出版以后,1924年就译成英文以《中世纪的衰微》(The Waning of the Middle Ages)为题出版。但1996年又有一个新的、更完整的英译本,题为《中世纪的秋天》,因为赫伊津哈自认他的意图,是把"历史时期比喻为四时节令",希图"捕捉住中世纪总体上的气氛"。[②] 他的这一意图显然与斯宾格勒的思想,颇有可比之处,即一个时代自有其生长、成熟、衰败的阶段,类似于自然现象。

在选题和方法上,赫伊津哈也走出了兰克史学的模式。他没有像贝克尔和比尔德那样尖锐地批判兰克;他之选择研究中世纪晚期和近代早期的历史,也似乎与兰克的兴趣相近。但他的关注点却与兰克几乎截然相反;他重视的是思想、文化、宗教,甚至情感的活动和表现。为此,赫伊

[①] 约翰·赫伊津哈:《中世纪的秋天:14世纪和15世纪法国与荷兰的生活、思想与艺术》,何道宽译,桂林:广西师范大学出版社,2008,英译本序,页25。

[②] 同上书,德译本序,页28—29。

第九章　历史主义的危机

津哈在史料的运用上，也与兰克不同——他对兰克尊崇的官方史料，颇为不屑。赫伊津哈这样评论：

> 依靠官方文献的中世纪历史学家有时成为受害者，他们之所以犯了危险的错误，那是因为官方文献的记述是不可靠的。这些文件几乎不能告诉我们，我们时代的风气和中世纪的风气有何不同之处。相反，这些文献使我们忘记中世纪生活的激情。那时的生活渗透着诸多富有特色的情绪，但司法文件一般只提到其中的两种：贪婪和喜欢争吵。①

所以，赫伊津哈的治史，是对历史主义的扬弃。换句话说，从思想层面考察，历史主义亦是一种相对主义：它否认历史的绝对进步，重视各个历史时代的内在价值。但自兰克史学成为一种治史的定式以后，这一思维逐渐僵化；历史主义成了政治制度决定历史过程的理论基础，却忽视了文化、社会和思想的层面。20世纪初年赫伊津哈和文化史家的作品及美国"新史学"的尝试，是对这一倾向的修正。而战争与革命的发生，更让人怀疑兰克认为历史自有其内在的发展逻辑、史家毋庸强作解人的立场，所以20世纪初年历史主义出现的危机，既有思想观念的层面——怀疑历史的不断进步，又包含在历史方法论上寻求突破兰克史学模式的愿望。

最后要提的是，这个时期的德国也出现了批评、反省历史主义的学者，如恩斯特·特洛尔奇（Ernst Troeltsch，1865—1923）和卡尔·霍伊西（Karl Heussi，1877—1961）——后者是兰普雷希特的学生，而兰克史学的传人如弗里德里希·梅尼克（Friedrich Meinecke，1862—1954），则希图对此回应，以求重振历史主义的传统。梅尼克早年问学期间深受兰克史学的熏陶，崇拜德罗伊森、西贝尔和特赖奇克。他在一战以前出版的

---

① 约翰·赫伊津哈：《中世纪的秋天：14世纪和15世纪法国与荷兰的生活、思想与艺术》，英译本序，页8。

《世界主义和民族国家:德国民族国家探源》(*Weltbürgertum und Nationalstaat: Studien zur Genesis des deutschen Nationalstaates*),是一部思想史的著作,但他考虑问题的角度则直接承继了兰克治史的方式,即从民族国家之间的互动来考察德国近代国家的兴起。在兰普雷希特引发德国学界的"方法论论争"中,梅尼克以兰克学派的正统代表自居,对兰普雷希特加以严厉批评。而梅尼克在战后写作、出版的《历史主义的兴起》(*Die Entstehung des Historismus*)一书,不但进一步深化思想史的研究,而且将历史主义的思维与维科、莱布尼茨和法国启蒙思想家相连,并十分推崇歌德。该书以歌德为结尾,强调历史主义的思想渊源和内在活力,可以视为德国学界对于批判历史主义的一个回应,但同时也是对之的一个修正。梅尼克本人倡导思想史,其弟子亦从事社会、文化史的研究,均表明德国史学在两次大战之间,已经渐渐出现了一些重要的变化。而在第二次世界大战以后,德国的惨败更让德国新一代史家希求走出兰克史学的传统,与西方其他国家的同行一起,寻求历史研究的新方法、新理论和新角度。

第十章

近代史学走向全球

如前章所示,以兰克史学为代表的西方近代史学在19世纪末、20世纪初,饱受批评。但吊诡的是,19世纪后期以降的时代,也正是西方近代史学模式大踏步走向全球、树立其地位的时代。由此缘故,非西方地区的史家在接受西方史学的时候,往往兼收并蓄,既接受兰克批判史学的形式,又吸收其批评者的观点(以近代中国史学为例,在兰克的名字为中国人知晓的时候,鲁滨逊的《新史学》也有了中文译本)。因此,非西方史家面对的所谓"西方近代史学",并不是一个笼统的观念,更不是一个统一体,而是已经出现了众多流派纷乱杂陈的现象。本章将简单描述世界几大文明的史家,如何应对西方近代史学的影响,并怎样从自身的传统出发,吸纳、撷取西方同行治史的不同方式和思想,以求更新自己的传统史学。

在近代以前,世界各地区的文明都在不同程度上,以不同的形式,对过往的事件和人物力图做选择性的保存。这就是历史意识的表现。当然,保存历史记忆的形式并不划一,有的采取口述的形式,而有的则诉诸文字。前者以便于吟颂的史诗为代表,而后者则更为多样,或者偏重人物故事,以传记为主,或者注重纪年,就有编年史书。这些历史类的作品,几乎在各个已知的文明中都可以找到例子,只是数量多寡稍有不同而已。西方近代史家常常认为,历史意识的存在是西方文明的独特表现,其实这只是西方中心论的偏见而已。从今天的眼光来看,这些不同体裁的历史类作品,并不一定比西方近代史家推广的叙述体史书,在留存和推广历史记忆方面,逊色多少。不少著名的史诗往往从古代流传至今,读来仍然朗朗上口;一些前人写作的篇章,也始终令人难以忘怀,便是很好的说明。

但环顾当今世界的史学园地,源自西方的叙述体风格和以民族兴衰为内容的作品,毕竟已经成了历史著述的主流。不过,这一现象的出现,并不是一个西方输出、其他地区接受那么简单的过程。一个有趣且重要的现象就是,尽管欧风美雨十分强劲,但各地区的文明都从自身的传统出发,在不同程度上与之互动、交流,选择性地接受,甚至改造了西方史学(因为后者本身就是一个含有不同成分的综合体),因此世界范围的史学近代化,既有共性,更有个性。由于各地区发展的差异,这一近代史学走向全球的过程,又有时间上的先后。本章的叙述大致按其顺序,依次分析。

第一节 中东伊斯兰史学的传统与更新

与其他地区相比,中东与欧洲在地理上最为接近。但有趣的是,中东史学在 18 世纪以前,对欧洲史学的传统几乎不屑一顾。这里或许有两个原因。一是与伊斯兰文明相比,欧洲中世纪的文明显得颇为落后,以致对于中东的学者来说,欧洲文化没有什么值得羡慕和效仿的地方——因为"信奉基督教的欧洲没有做出任何贡献",并且"显而易见地低人一等"。[①]二是与强大的波斯和奥斯曼帝国相比,欧洲的神圣罗马帝国在军事实力和控制地域上,均未免逊色。

中东地区的伊斯兰文明崛起于 7 世纪,以先知穆罕默德(约 570—632)的生平事业为核心。中东地区的史学,也与此紧密相关。譬如穆罕默德在 622 年从麦加到麦地那的圣迁,便是穆斯林历史纪年之基石,其重要性如同耶稣诞生之于西方的年历和中世纪史学。对于先知的崇拜,催

---

① Bernard Lewis, *Islam in History: Ideas, People and Events in the Middle East*, Chicago: Open Court, 1993, p.100.

生了穆斯林史学。像《圣经》一样,《古兰经》既是宗教教义,也是历史文献。但《古兰经》的独特之处,就在于它与穆罕默德有直接的关系,是穆斯林的上帝——安拉——通过穆罕默德给予所有信徒的神谕。这些神谕代代相传,以"传述世系"(isnad)的形式保留了穆罕默德及其早期门徒的解释。同时,记录穆罕默德和他弟子的《圣训》(hadith)以及记录他们业绩和事迹的传记作品,也成为穆斯林史学的源头。中东史学在8—9世纪进入了古典时代。除了上述这些宗教性特别强的体裁以外,还出现了注重纪年的"年代记"和"历史"(tarikh),其写作包含了尘世的内容。

就史观而言,穆斯林史学与基督教史学有不少相通之处,比如两者都是一神教,认定世界由一个上帝创造和主宰。以人与神的关系来看,两者都认为人间社会的演变,无非是展现、实现上帝的意愿,获得上帝的救赎。后者变得重要是因为基督教有原罪的观念,而伊斯兰教也相信,虽然穆斯林通过穆罕默德成为了上帝的子民,但后来又背约,因此向上帝赎罪是人生的意义,而人生的目的则是希望在来世灵魂能获得重生。受一神教信仰的影响,穆斯林史家也认为上帝的意志无所不在,所以历史记载一定是普世的。但由于他们的知识所限,中东史学的"普世史"著作其实还都是以阿拉伯人的世界为主。

随着波斯帝国的强大,中东史学在10世纪达到了一个盛期,不但著述题材多样,而且世俗的内容也大大增加。那时开始,被人称为"君主之鉴"的作品,大为增加,虽然它们的写作手法并不完全属于历史类,但其目的如同司马光的《资治通鉴》,以寻求历史教训、改进和延长统治为宗旨。同时,"普世"的观念依旧,由于蒙古人的征服和浩大无比的蒙古帝国的建立,这一观念进一步得到强化。13世纪的拉施特(Rashid al-Din,1247—1318)出面主持编写的《史集》(Jamie al-Tawarikh),视野宏阔,概括了从欧洲到东亚的整个地区,堪称第一部世界史。而后中东地区产生的杰出史家伊本·赫勒敦,也以眼光博大闻名于世。他的《历史绪论》(Muqaddimah)其实是他有意写作的一本世界通史的导言,讨论的内容并不以阿拉伯世界为限,而是希图呈现普遍的历史意义。

中东史家真正认识到全面认识世界的必要,还是要到18世纪之后。不过在这以前,中东地区已经产生了一系列政治变迁。由于波斯帝国的强盛,波斯语在蒙古帝国之后逐渐成为中东史家的首选,乃至到土耳其人崛起并建立奥斯曼帝国之后,仍然是知识人常用的语言。土耳其人的强盛以1453年攻陷君士但丁堡为标志,之后疆域更为扩大,成为横跨欧亚大陆的帝国。不过到了16、17世纪,奥斯曼帝国的扩张慢慢停滞,内部也出现了一些动乱。18世纪初年,奥斯曼帝国与俄罗斯和奥地利交战失利,不再对欧洲产生威胁。反过来,奥斯曼帝国的史家,不少是官方史家,开始意识到有必要研究欧洲的文化和历史,并在军事和技术上向欧洲学习。这一改变也体现在历史作品中——17世纪中期开始,中东史学开始包含不少有关欧洲的内容了。

欧洲的崛起带来了一系列的扩张,而地处近邻的中东,首当其冲。随着战事的失利,奥斯曼帝国的首脑开始寻求改革之路,其中包括教育制度和体系的改造。但这些改造,不但急功近利,而且成效不大,未能挽回帝国实力和地位逐渐下降的趋势。奥斯曼帝国的衰落,以其失去埃及为一个标志。原是奥斯曼军官的穆罕默德·阿里(Muhammad Ali,1769—1849)乘拿破仑入侵埃及之机,夺取了埃及的统治权,自封为"总督"(Khedive)。阿里看到了欧洲国家在制度上的优越性,为巩固自己的政权,锐意改革,在埃及推行近代化,后来被誉为"近代埃及之父"。在阿里统治时期,埃及出现了塔闳维(Rifa'a al-Tahtawi,1801—1873)这样的杰出学者。他不但是一位史家,同时还为埃及文化事业的近代化做出了卓越的贡献。塔闳维早年在埃及著名的传统学府——艾资哈尔(Al-Azhar)求学,浸淫于传统学术,之后又留学法国,成为阿里派出的早期留学生之一。塔闳维回国以后,既开创新闻事业,又翻译和写作了大量作品,包括一些历史著作。塔闳维是埃及文化走向西化、或者说法国化的主要推动者。但在同时,他所写作的历史著作如《埃及的故事》(al-Waquā'i' al-Misriyyah),又用新颖的笔法,歌颂埃及的历史和文化,成为中东地区最早的民族史学著作之一。但塔匢维对中东史学的最大贡献,还在于他提倡研究"前伊斯兰文明",也即伊斯兰教兴起之前的历史。对于埃及而言,这就意味着要研究古代埃及的历史。塔匢维有此兴趣,自然与他的法国教育背景有关,因为埃及学是西方"东方学"的一个重要组成部分。但同时,作为埃及人研究古埃及的历史,又与塔匢维民族主义史学的实践有关。如所周知,民族史学的写作通常都会将一个民族的历史,延伸到古代,以显示其文明之源远流长。

研究前伊斯兰时期的历史,更是中东史学走向世俗化的重要一步。如上所述,中东史学的传统与伊斯兰文明关系极为密切,几乎由其催产而生。一旦中东地区的史家走出这一范围,开始研究穆斯林文明之外、之前的历史,也就意味着中东的史学,开始迈入新的一页;和近代西方一样,民族的和世俗的史学渐渐成为历史研究的主体。但是,宗教的因素并没有完全消失,为了探寻民族精神,伊斯兰教的影响更无法回避和忽视,这就如同西方近代文明的成长无法完全脱离基督教的传统一样。

塔匢维的《埃及的故事》对于埃及民族史学的写作而言,有开创之功。在他笔下,埃及这一地区一直是人类文明的中心,不但是古代地中海文明的渊薮,而且在希腊和罗马文明崛起以后,仍然占据重要的地位,是古代学术的重镇(比如亚历山大里亚的图书馆)。但作为一个穆斯林,塔匢维特别赞美伊斯兰文明的荣光。他指出埃及的进一步发达,与伊斯兰文明的发展关系密切。这一虔诚的宗教热情也表现在他其他的著作中。到了晚年,塔匢维还殚精竭虑为先知穆罕默德写了一本新的传记。

在塔匢维之后,埃及史学进一步世俗化,其中阿里·穆巴拉克(Ali Mubarak,1823—1901)的作用值得一提。像塔匢维一样,穆巴拉克早年因为学习成绩优秀,为总督阿里选拔到法国留学。不过穆巴拉克是工程学出身,回国以后主要负责埃及的武器装备的改革。到了1850年,穆巴拉克出任教育部长,从此他的兴趣开始兼顾文史,成了埃及重要的近代教育家,为推动民族主义的历史研究和历史教育,做出了杰出的贡献。穆巴拉克于1870年在埃及建立了国家档案馆和图书馆,此举在非西方地区,可谓创举。他还在埃及的中学里面推行近代的历史教育,开设历史课程。穆巴拉克自己也写作历史著作,像塔闵维一样,提倡研究古代埃及的文明。在他的敦促下,埃及出现了一批比较著名的古埃及学者,其成就可以与西方的埃及学家对话。与塔闵维相反,穆巴拉克对于伊斯兰的传统没有那么热衷。他特别对艾资哈尔的教育体制表示了许多不满,认为这种传统教育已经过时,无法为近代埃及培养有用的人才。总之,在穆巴拉克出任教育部长时期,埃及史学的近代化和世俗化取得了长足的进展。

穆罕默德·阿里去世以后,他的继承者们没能继续维持统治,最终导致英国势力的界入,让埃及实际上成为英国的殖民地。这一状态直到第一次世界大战结束以后才有所改变;1922年埃及出现了一场革命,使埃及脱离英国的统治而走向独立。在这整个过程中,埃及的民族主义和民族史学都有了进一步的发展。也正是在埃及独立前后,一批在西方受过比较完整的历史教育的学者学成归来,更为积极地推动埃及史学的近代化。1908年埃及大学(现名开罗大学)建立,为这些学者提供了开展研究、传布知识的场地。与传统的艾资哈尔大学相比,埃及大学是一所"西化"的大学,在其建立初期聘用了不少欧洲学者。但其办学宗旨则是为了埃及近代民族国家的强盛。因此,当这些埃及学者能够独当一面的时候,埃及大学和其他埃及的高等教育机构便开始了"埃及化"的过程,其中包括逐渐由埃及人取代原来聘自西方的教授,同时充实对埃及文学和历史的研究。

20世纪的埃及史家有三位最为杰出,分别是穆罕默德·里法特(Muhammad Rif'at,1889—1975)、穆罕默德·沙菲克·古尔巴(Muhammad Shafiq Ghurbāl,1894—1961)和穆罕默德·易卜拉欣·萨布里(Muhammad Ibrahim Sabrī,1894—1978)。他们各自在法国和英国获得了博士学位(古尔巴曾在伦敦大学从学于英国20世纪的历史思想家阿诺德·汤因比,我们将在下章提及),回国以后又长期担任大学教职,因此是学院派史家。他们回国的时候,埃及正在经历一场所谓的"古埃及文艺复兴",其代表人物是塔哈·侯赛因(Tāhā Housein,1889—1973)。他是埃及学界的领袖人物,并出任教育部长多年。"古埃及文艺复兴"指的是推崇古埃及的文明,并以此与伊斯兰文明相对照,抨击埃及社会中的伊斯兰因素。在侯赛因执掌教育部期间,他大力推行民族主义教育,使得埃及成为中东地区最为世俗化的近代国家之一。

上述的学术氛围,有助于埃及史学的专业化和近代化。里法特、古尔巴和萨布里三人,虽然学术背景和兴趣略有差异,但他们的治史也有一些重要的共同点。第一就是比较注重研究近代以来埃及的历史变迁;第二是运用政府档案史料写作;第三是摈弃传统的韵文,而改用接近口语的散文写作。这些方面,显然体现了兰克史学影响的痕迹。而更重要的是,他们都是民族主义者。他们的著作研究扎实、资料详实,但民族主义的立场也显而易见。

埃及史学的变化,只是整个中东史学近代化的一个缩影。类似的过程,也在中东其他地区出现,特别是在临近欧洲的叙利亚、黎巴嫩等地。比如黎巴嫩就有美国传教士在19世纪中期建立的叙利亚新教学院,即今天著名的贝鲁特美国大学,其中的毕业生不但在叙利亚、黎巴嫩,而且在中东其他地区在近代化过程中,都扮演了重要的角色。黎巴嫩学者乔治·宰丹(Jurjī Zaydān,1861—1914)便是其中一位。宰丹像塔哈·侯赛因一样,是阿拉伯学界近代化的重要人物,不但帮助创办了埃及(开罗)大学,而且出版了许多有关伊斯兰文明和历史的著作,在中东及中东以外的地区都名闻遐迩。

但是像其他地区一样,民族主义情绪的增长和民族史学的写作,也带来了一些意想不到的问题。第一次世界大战的爆发就是一个极端的例子。其实,民族国家的兴起已经和必然会对以往的统治模式,如帝国,造成冲击。在中东地区,由土耳其人在15世纪建立的奥斯曼帝国,更是首当其冲。埃及的世俗化和近代化能领先于其他中东地区,或许是因为埃及较早便脱离了奥斯曼帝国的控制。虽然自18世纪后期以来,奥斯曼帝国的统治者中也不乏有意改革的开明者,但改革的步伐却时快时慢,成效也不太持久。因此对于那时的欧洲人来说,奥斯曼帝国成了一个"东方问题"(Eastern Question)。欧洲列强之间，就如何处理奥斯曼帝国的衰落所产生的一系列不安定因素，意见莫衷一是。虽然在一战中奥斯曼帝国走向崩溃，但也没有改变整个区域动荡不安的局势。

奥斯曼帝国成为一个"问题"，一个原因就是其多种族、多语言、多信仰的帝国特征，与民族国家的模式不相符合。对于奥斯曼帝国治下的知识分子而言，民族主义是抗衡西方列强势力入侵的有力武器。但如何将"帝国"改造成"国家"，却是一个难题。自19世纪之后，奥斯曼帝国几乎同时出现了"奥斯曼主义"和"土耳其主义"两种思潮，其主张都具有民族主义的特征，但前者显然意图拯救整个奥斯曼帝国，后者则想突出土耳其文化的传统，清除奥斯曼帝国中其他文化和民族的成分。更值得一提的是，虽然"奥斯曼主义"提倡世俗化、近代化，但其眼光仍是"普世的"，即以整个伊斯兰文明的复兴为基点。而"土耳其主义"，顾名思义，明确希望为土耳其人建国。最终"土耳其主义"取代了"奥斯曼主义"——由穆斯塔法·凯末尔(Mustafa Kemal, 1881—1938)领导的青年土耳其党取得了政权，于1923年建立了近代国家土耳其。

在建国伊始，凯末尔本人便深知民族国家的强盛，与提倡民族史学的写作须臾不可分开。他本人虽然没有撰写历史著作，但却直接推动了土耳其历史学会的创建，并指出土耳其所在的安纳托利亚，在古代就是东西方文明的发源地，而土耳其人的祖先与欧洲人属于同一种族，与亚洲人不同。凯末尔不但想切割土耳其与亚洲历史的关系，更想切割土耳其与奥斯曼帝国和伊斯兰宗教的紧密联系。他强调，在奥斯曼帝国建立之前，土耳其人就有悠久的历史，并希望史家朝此方向做出努力。在凯末尔的领导下，土耳其经历了一个全面的"世俗化"的过程，希求走出伊斯兰宗教的种种规范(包括妇女必须佩戴遮脸的希贾布等等)。这些政策在凯末尔去世以后，仍有持续，却也时有反复，体现了伊斯兰宗教的持久影响。而凯末尔提倡的民族主义史观，则基本主导了土耳其近现代史学的发展。20世纪著名的土耳其史家和政治家穆罕默德·福阿德·柯普吕律(Mehmet Fuat Köprülü, 1890—1966)，以研究土耳其的早期文明出名。受涂尔干社会学理论的影响,柯普吕律希图从整体出发,在土耳其的早期历史中发现和刻画所谓的"土耳其精神",因此其努力又与兰普雷希特试图突出德意志的"民族之魂",颇有可比之处。有趣的是,始自凯末尔的这种竭力让土耳其向西方靠拢的努力,至今在土耳其仍有迹可寻(比如土耳其一直努力申请加入欧盟)。与此同时,像其他中东史家一样,土耳其的史家又希望在接受西方近代文化的时候,继续保持自身的文化传统,其中包括继续伊斯兰的宗教信仰。这种世俗与宗教、传统与近代的交结,存在于埃及、土耳其和整个中东近现代史学发展的过程之中。

第二节　塑造印度的民族史

从中东我们转向南亚次大陆,这里有悠久的文明,但又经历了不少动荡起伏。一般而言,这一地区 20 世纪以前的历史大致可以划分为三个时期。一是以印度教为主体的早期文明,二是以伊斯兰教为主导的穆斯林统治时期,三是英国殖民统治的时期。以地理区域来看,印度历史久远,但从文化延续来看,其中又有明显的断裂,反而与欧洲文明的古代、中世纪和近代的三段论发展,有些可比之处。南亚与欧洲的另一个相似之处是,分裂的时期多于统一的时期,这使得印度文明具有多种族、多文化和多语言的特点。由是,印度文明与中国文明有明显的差别。中国历史虽然也常有断裂,但统一王朝的更替仍旧是主线。再则中国虽然也有众多的民族,但由于"书同文",即使王朝变更,王朝史的写作、文字及体裁大致依旧。

由于上述原因,南亚文明的历史意识表现形式颇为不同。印度的早期文明也即吠陀文化中,诗歌(包括史诗)和颂词、颂诗为主要书写体裁,较少有用散文形式写作的历史著作。西方人因此认为印度文明缺少历史意识。这种观念在近年受到学者的批判,不再像以往那样为人认可。比如当代印度史家罗米拉·沙帕尔(Romila Thapar)在她的近著中指出,虽然印度文明没有一以贯之的史学写作传统,但不少文学作品中却保留了许多历史意识,后来又有王室传记等的编写。因此,西方人认为印度文明没有历史意识,只能说明西方文化观的偏执和狭隘,将历史作品局限于散文的形式。①

除了文化上的偏见,将印度定义为无历史的文明还存在历史上的谬误。在 8 世纪以后,伊斯兰文明崛起,并开始渗入南亚次大陆。以波斯人为主的穆斯林,在印度建立统治达好几个世纪。13 世纪蒙古人征服欧亚大陆,冲击了穆斯林的统治。但时隔不久,蒙古帝国在中亚和南亚的君主都逐渐成了穆斯林。乃至 16 世纪莫卧儿帝国的建立,也在很大程度上承袭了穆斯林的文化。譬如,波斯语在莫卧儿帝国仍是主要的官方语言。与之相较,印度早期文明中的梵文则逐渐沦为地方语言。如同上节所述,伊斯兰文明具有历史写作的传统。穆斯林统治南亚,也便将这一历史编撰传统引入了印度文化。像波斯史学一样,穆斯林时期的印度存有不少"君主之鉴"的作品,同时还有王室传记、王朝纪年等作品,也保留了许多政府公文。因此,如果笼统地把印度文明称为无历史的文明,等于抹杀了这些重要的历史传承。

从字义上看,"印度"(India)是梵文"身毒"(Sindhu)的拉丁文写法,原意是指印度河与印度河流域。印度面积堪比欧洲,被称为南亚次大陆,居民成分多样,传统各异。印度成为一个民族国家的代称,严格说来只是 1947 年印度建国以后的事。西方人认为印度文明没有历史,还有一个原因就是因为印度史的写作,的确是在英国人建立殖民统治以后才出现的。但明眼人马上会发现,这种指责并没有道理,因为在近代以前,印度如同欧洲一样,没有确定的疆域,更不是政治上、经济上和文化上的统一体,因此印度人没有写作印度史,几乎是理所当然。譬如在 19 世纪以前,中国作为史学大国,也没有冠以"中国史"的通史出现。

16、17 世纪之交,东印度公司侵入了印度次大陆,并在以后的几十年

---

① Romila Thapar, *The Past Before Us: Historical Traditions of Early North India*, Cambridge MA: Harvard University Press, 2013.

中分而治之,帮助英国逐渐确立了其在印度的统治地位。为了了解印度文明及其历史,英国人开始视印度为一历史单位,为之撰写历史。詹姆斯·穆勒(James Mill,1773—1836)的《英属印度史》(*The History of British India*)出版于1818年,可以称为第一部印度史。如同书名所示,穆勒的著作对印度的过去兴趣索然,并且抱持明显的偏见和歧视。他所引用的史料,基本都是东印度公司收集的文献;他所注重的也是英国人如何"发现"、开发和发展印度,使之逐步摆脱停滞,慢慢步入近代。与此同时,英国学者也翻译、编辑和整理当地学者用波斯文写作的历史著作。不过他们虽然用力甚深,但偏见犹存。如19世纪中期出版的《印度史家笔下的印度史》(*The History of India as Told by Its Own Historians*),达八卷之多。但编者的意图,似乎只是为了树立一个反面教材,反衬英国学者历史作品的近代性和优越性。

由于印度传统文明中没有类似西方的史学写作传统,因此印度近代史家在接受和采用近代方式写作历史时,遇到的困难相对其他地区更多一些。不过,由于印度长期作为英国的殖民地,深受其害,因此相对其他地区的同行,印度史家又比较容易接受民族主义,并希求通过写作民族主义史学来声援其追求独立的抗争。近代民族史学的发展包含许多方面。一是写作民族史,增强民族自豪感,加强民族的凝聚力。二是通过建立近代的、新式的学校,从课程改造和历史教学入手,以求从小做起,教育民众,帮助培养民族认同感和自豪感。三是通过统一语言、文字等来克服、消弭区域文化的差异,弥补各个族群之间的隔阂和歧见,促进民众的国家认同意识。从这方面考察,印度次大陆多民族、多语言的文化传统和基于种姓、等级制度的社会结构,显然是不利因素。从某种程度来看,印度至今仍然没有完全克服这些历史和传统的因素。

可是,如上所述,18世纪以来,印度知识分子的民族主义情绪十分高昂。就在詹姆斯·穆勒等英国学人竭力贬低印度的传统文化,努力歌颂英国和西方文明的先进的同时,印度学者则反其道而行之,以历史著述为武器,驳斥英国学者的说法。他们一般都接受穆勒等英国学者的历史分期，认为印度次大陆的文明发展，经历了古代印度、穆斯林印度和近代印度，也即印度教、伊斯兰教和英国人统治的三大阶段。其次，他们也基本同意，在长达近一千年的穆斯林文化主导印度的时期，印度文明如果说没有衰落，至少后期也显得停滞不前。由此，他们中的一些人，比如拉金德拉拉尔·米特拉(Rajendralal Mitra, 1822—1891)也指出，印度文明中历史意识落后，即使有穆斯林的史学传统，整个印度地区的文化也很少有可信、确定的历史事实的记录。这一认识，实际上支持和延用了西方人认为印度没有历史的看法。这类近代史家与欧洲的东方学者一道，努力用近代的科学方法重新研究和叙述印度文明的历史。举例而言，英国东方学家威廉·琼斯爵士(Sir William Jones, 1746—1794)在印度创建了"亚洲学会"(The Asiatick Society)——1832年改名为"孟加拉亚洲学会"(The Asiatic Society of Bengal)——其宗旨是搜集民俗学、考古学、人类学和历史学等材料，以求重建印度的历史。米特拉在1885年便被选为该学会的第一任印度裔会长。

比米特拉更为出名的近代印度学者是R. G. 班达卡尔(Ramakrishna Gopal Bhandarkar, 1837—1935)。班达卡尔是印度最早建立的大学之一——孟买大学(1857)的第一期毕业生。他长期在印度的大学执教，并获得了德国哥廷根大学的博士学位。他的成就在于用近代科学的方法，以考订、核实的史料为基础，重建印度的政治制度史。班达卡尔不但是一位学者，也是一位教育家和社会活动家。他在晚年出任孟买大学的副校长(是英国统治下印度学者能获得的行政高位)，也曾担任英国统治下的印度议会的议员。作为一名社会改革家，班达卡尔呼吁破除种姓制度，消除寡妇陪葬、童养媳等旧习，提倡两性平等、自由人权等观念。他的这些做法，与他民族主义史学的实践，异曲同工，目的是增强印度人的民权意识、公民意识，为民族国家的建立和发展铺平道路。

近代印度民族史学发展的另一个动力，来自教科书的撰写和普及。印度次大陆虽有多民族、多语言的过去，但在英国的统治下，印度(被迫)成为了一个整体单位。由于统治的需要，殖民者在各地建立了近代学校，希图培养为帝国服务的文职人员。在这些学校中,印度历史的教育是核心课程之一。这些学校大多采用英国人撰写的教材,但也会用地方语言教学,因此也有由印度学者撰写的史书。后者在结构上也遵循穆勒等英国学者的三分法,但往往对古代印度看法迥然不同。为了提高民族自尊自信,这些由印度史家写作的史书,倾向于歌颂印度古代文明的先进和优越,为印度的历史塑造一个光荣的过去。如尼尔玛尼·巴沙克(Nilmani Basak)的三卷本《印度史》(*Bharatharsher Itihas*),便是一例。该书用孟加拉语写成,作者也对自己能熟练运用孟加拉语、继承孟加拉文学的成就,充满自豪感。另外如柯西罗德钱德拉·瑞恰杜里(Kshirodchandra Raychaudhuri)的印度史教科书,也同样以驳斥英国学者的观点为己任。这些著作都力求证明,与西方古典的希腊和罗马一样,印度也有辉煌的古典文明。比如法显(337—422)西行抵达的笈多王朝(约320—550),便代表了印度古代文明的一个黄金时代,其文学、艺术、宗教、科技、数学等方面的卓越成就,为近代印度史家啧啧称道,认为笈多帝国的繁荣和强盛,证明了印度古代文明的优越和先进。可是,他们也承认,在伊斯兰文明进入南亚以后,这一光辉的古典时代走向了终结。穆斯林的统治最终导致了印度的衰落。希瓦·普拉萨德(Shiva Prasad,1823—1895)的《结束黑暗的历史》(*Itihasa Timirnasak*)便以此为基本立场。他甚至对莫卧儿帝国也没有多少正面的评价,反而视其为近代印度所出现的问题的最终根源。普拉萨德的著作,用印地语写成,以后又以乌尔都语和英语多次再版,影响颇大。

贬斥穆斯林在印度的统治,也就多少会正面肯定英国的殖民主义。普拉萨德的《印度史》就有这一特点。此书的副题为"黑暗的终结者",意指穆斯林在印度的黑暗统治到英国统治时期走向了终结。但到了普拉萨德的学生辈,也即19世纪后期和20世纪初年,印度知识分子中开始出现批判英国殖民统治的声音。而其中影响最大的也许是罗梅西·昌德尔·达特(Romesh Chunder Dutt,1845—1909)。达特出身于书香门第,其父辈深谙孟加拉文学的优秀传统,达特同时又喜爱英语文学。如此的教育,使他从青年时代开始便在学业上出人头地,进入印度另一所最早建立的大学——加尔各答大学接受良好的高等教育。达特在大学期间便去了英国,毕业以后又到英国伦敦大学深造,为参加竞争激烈的英帝国文官考试做准备。最后他如愿以偿,成功进入英国在印度的殖民政府,成了一名官员。这在当时,实属不易,可谓凤毛麟角。

虽然为英国政府服务,但达特对英国的殖民政策持有不同的意见。如果说英国结束了穆斯林在印度的"黑暗"统治,那么印度的经济在英国的治理下,应该说有长足的、持续的进展。但达特的观察并非如此。他选择早早退休,投入了写作。他在20世纪初年出版的《印度经济史》(*The Economic History of India*),资料详实、证据确凿,用事实证明英国在印度的殖民统治吸干了印度的财富,造成了印度经济的落后。这本著作的出版,如同以后由印度民族主义政治家贾瓦哈拉尔·尼赫鲁(Javāharlāl Nehrū,1889—1964)写就的《印度的真相》(*The Discovery of India*),都是批判英国殖民主义的奠基之作,为唤起印度人的民族独立意识,做出了颇多贡献。达特本人是多产作家。就历史写作而言,他的第一本历史著作是于1897年出版的《英国和印度:百年进步录》(*England and India : A Record of Progress during One Hundred Years*)一书。达特以比较的方式,铺陈和分析英国在印度统治的多面性,让读者看到英国统治的负面作用。在出版了《印度经济史》以后,达特又写作了多部印度历史的著作。他对古代印度文明的成就充满兴趣和自豪。除了写作《印度古代史》(*A History of Civilization in Ancient India*)等历史作品以外,他还翻译了印度的著名史诗《摩诃婆罗多》和《罗摩衍那》,让西方读者能欣赏到梵文的文学成就。

达特的印度经济史研究,在那时有不少同道。像他们的前辈一样,他们都不满英国人对印度历史的解释,希望采用类似的方法,从印度民族主义的立场写作、重新构建印度的历史。除了他们以外,也有一些印度史家转而从事莫卧儿帝国历史的研究,希图为其正名,重现其光辉的一面。不过值得一提的是,虽然这些学者批评英国的殖民统治,但他们大致上仍然效忠英国。而在治学方法上,他们又崇拜兰克史学,主张历史就是要让事实说话,所以在19世纪下半期出版的历史著作,基本都采用了西方近代史学的方法,在核定、考证史料方面,用力甚深。1935年成立的印度历史学会(Indian History Congress),更提倡以事实为基础,采用客观方式写就历史。由此缘故,除了尼赫鲁的《印度的真相》以外,其他印度史家出版的印度史,至少在行文和修辞上,没有显现出很强的政治立场。但饶有趣味的是,在推进民族主义史学方面,这些著作的功绩却不可漠视。他们采用兰克史学的形式,用史料说话,修正和驳斥英国史家的历史叙述,可谓以其人之道还治其人之身。加上由于英国的长年统治,这些学者(譬如达特)英文水平均属上乘,因此他们都能自如地与西方学者交流、切磋和商榷。这一近代史学的实践,在1947年印度独立建国以后,更为普遍和深入,取得了令人瞩目的成果。

第三节 东亚史学的革新

这里讨论的东亚史学,囊括了中国之外的但又在不同程度上受到中华文明影响的地区,因此在地理上也包含了处于东南亚的越南,因为越南曾为中国统治了一千年之久,而其建立了独立王朝之后,也还受到中国文化持续的影响。与南亚的印度文明相比,东亚有着悠久的历史记录、写作的传统。西方学者对此无法否认,但又大致倾向认为,这一史学传统尚有根本的缺陷。用兰克和黑格尔的语言来形容,那就是东亚的传统史学其性质是一种"自然的历史",缺少反思、概括和解释。这种说法,显然带有明显的文化偏见,也反映出西方学者的无知和浅陋。

简单而言,近代西方学者之所以会对东亚的传统史学有如此批评,主要基于他们的宗教立场和文化传统。如同前几章所述,西方的历史观念深受犹太-基督教传统的影响,即使到了近代仍然如此。比如西方史家一般认为,人类的历史反映了上帝的意志和勾画,因此历史演进和变化具有方向性和一致性,也即所谓"宏大叙事"。如果以此作为标准,那么东亚史家的断代王朝史便似乎缺少这样的大勾画、大概括。其次,近代西方史家认为,由于东亚的传统史家注重史学的道德示范、训诲作用,因此不免有损对历史真实的追求。就后者而言,指责东亚史学其实没有什么道理,因为在17世纪以前的西方,史家同样重视在历史中汲取道德教训,所以东亚史学在这方面没有什么特别。而且,如同前述,西方近代史学虽然提倡考订事实,强调如实直书和标榜"中立、客观",但其主要形式民族国家史学仍然为政治力量和意识形态所左右。

王朝史是断代史,以中国汉代司马迁创立的纪传体为主要形式,以后为班固、陈寿和范晔等史家所采用,成为东亚地区传统史学的主要形式。纪传体是司马迁在编年体的基础上加以改造的结果。在纪传体成为王朝史学的"正统"体裁以后,编年史的写作在东亚仍在继续。司马迁、班固、陈寿和范晔等史家的著作,被誉为东亚史学的楷模,在汉代及汉以后逐步流向中国之外的区域。最早接触这些史书的是朝鲜和越南,而如果传说中将汉字和儒学传入日本的王仁真有其人,那么日本也在差不多同时接触了中国文化和语言。中国汉代灭亡以后,汉人的政权进入长江流域。在魏晋南北朝期间,南朝政权与朝鲜半岛的百济(公元前18年—公元660年)有颇多交流。据说王仁由百济进入日本,带去了汉籍。到了唐朝,中国文化对周边地区影响甚巨,形成了一个中华文化圈。唐朝的史家也记录了有关朝鲜、越南和日本的历史和文化。举例而言,李延寿编纂的《北史》中就有关于汉代史家的著作在朝鲜流传的记载。①

以史学编纂而言,唐代中国对周边的影响,大约以官方史馆的建立为主要特征。这一史馆的渊源,或许可以追溯到中国古代"左史记言,右史记事"的传统。到了唐代,史馆修史已经成了一个定制。朝鲜、日本和越南等地区也纷纷效仿。日本的古史书《古事记》和以后的"六国史"(即《日本书纪》《续日本纪》《日本后纪》《续日本后纪》《日本文德天皇实录》和《日本三代实录》),保留了东亚地区王朝修史的残余,也见证了唐代和唐以后

---

① 李延寿:《北史·高句丽传》,北京:中华书局,1974,卷94,页3115—3116页。

中华文化圈在东亚的广大影响。① 朝鲜半岛在汉代就受到中国文化的影响,其历史编纂的传统应该比日本和其他地区更早。但朝鲜地区的早期史书,如《旧三国史记》《新罗古记》《花郎世记》《海东古记》《高丽古记》《百济古记》和《三韩古记》等都已散失,只是在 12 世纪高丽王朝时金富轼(1075—1151)所纂的《三国史记》中有所提及。《三国史记》亦是朝鲜半岛现存最早的一部史书。从书名和内容来看,显然是中国纪传体史书的翻版。越南现存的早期史书、黎文休(1230—1322)所编的《大越史记》,也以纪传体的形式出现,但现已不存。以中国史学的影响而言,《春秋》等编年体的典籍也为东亚史家所重视。如金富轼在编写《三国史记》时,就受到中国编年史巨著——司马光《资治通鉴》的影响,以后朱熹的《资治通鉴纲目》,或"纲目体",也在东亚各地流传。而最主要的影响,是官方修史的传统。东亚各朝的史书,一般均由君主出面、聘请博学之士负责,承袭了中国官方修史的传统。

从中国史籍流传至东亚地区,到东亚史家独立编纂该地区和王朝的史书,经历了好几个世纪。其中原因或许是在朝鲜、越南和日本建立统一、稳固的政权以前,为本地区编写历史并非史家的主要兴趣所在。以朝鲜半岛而言,长期以来人们常以不知中国历史为耻,而对是否了解朝鲜的过去,则并不十分看重。举例而言,《三国史记》的编纂,在高丽王朝(918—1392)统一朝鲜半岛以后,而高丽王朝得以在当地建立长达五百年的统一稳固的统治,与中国唐朝的衰亡显然有关。同样,《大越史记》的出现,与越南在 10 世纪中期摆脱中国王朝对该地区长达千年的统治,建立自己独立的王朝,也有直接的关联。在这以后,越南又有吴士连(约1410—1490)等人编纂的、篇幅更大的《大越史记全书》,于 15 世纪开始问世,而朝鲜半岛则有郑麟趾(1396—1478)出面主持编纂的多卷本《高丽史》。日本于 17 世纪初年统一以后,也有多卷本纪传体《大日本史》的

---

① 覃启勋认为,《史记》大约在 7 世纪初传入日本,直接影响了《古事记》和《日本书纪》的写作。见氏著《论〈史记〉东渐扶桑的史学影响》,《湖北社会科学》,1988 年第 11 期。

编写。这些多部头史书的出现,反映了唐朝以后,中国王朝在东亚中华文化圈内政治影响力、统治力的衰落。譬如《大越史记全书》,便将中国王朝统治越南的时期统统列入"外纪",而其"本纪"则从越南人建立王朝开始。尽管如此,中国文化的影响力仍然存在和持久。上述这些官修史书,都还以中国史书为楷模,在形式上没有什么突破和创新。再以越南为例,直至19世纪中期,越南的阮朝(1802—1945)仍下令编纂《钦定越史通鉴纲目》,以编年史的体裁记录史实、汲取教训,是中国史学在东亚地区持久影响的最佳例证。

可是,西方势力入侵亚洲以后,这些传统体裁的史书便显得不敷需要了。在《钦定越史通鉴纲目》编成不久,阮朝便为法国所控制,越南也随之沦为殖民地。但是,历史教训仍然有用,问题在于用何种形式汲取历史教训。就东亚史学的革新而言,地处中华文化圈边缘的日本,步子最快,成绩也最大。1840年的鸦片战争,清朝为英国所败,此事件对整个东亚冲击很大,标志着中华文化圈到此时已危如累卵。日本对鸦片战争十分关注,并迅速收集了有关英国和欧洲的信息。如魏源(1794—1857)在那个时候编撰的《海国图志》就传入日本,并受到学界的重视。再者,与其他东亚地区相比,日本的"兰学"传统也使他们通过阅读和翻译荷兰文的著作,了解了欧洲列强的文化和历史。明治维新(1868)之后,日本迅速翻译了不少西方的历史著作。据统计,在1868—1878年之间,便有54种荷兰文和英文的历史著作在日本翻译出版。①

"兰学"的传统也使得日本在结束德川幕府的"锁国"政策以前,便出现了一些掌握西方文字的学者。如福泽谕吉(1835—1901)就是其中十分著名的人士。由于外语才能出众,福泽在明治之前便有机会游访、了解西方国家。他的《西洋事情》于1866年出版,一时洛阳纸贵,福泽也因此而暴得大名。德川幕府被推翻、明治政府建立以后,福泽谕吉大力提倡西学,写作了《文明论概略》和《劝学篇》等名闻遐迩的著作,成为当时流行的

---

① 酒井三郎:《日本西洋史学発達史》,東京:吉川弘文館,1969,页44—47。

"文明开化"运动的领袖。其实"文明开化"本是两个词语,都是英语"civilization"一词在日文中的译名。福泽在《文明论概略》一书中,接受并赞同当时欧洲人将人类的文明区分为"文明""半文明"和"野蛮"的三分法,认为东亚的文明落后于西方,处于"半文明"或"半开化"的阶段。这一认可,既主导了日本政府当时"全盘西化"的国策,也改造了日本人的历史观,而其中的核心,就是不再视中国为"中国",也即世界文明的中心了。

福泽谕吉提倡"文明开化",其中主要的一项工作就是通过普及教育来促进公民心、道德心。他自己身体力行,创办了庆应义塾,即今天日本著名的私立大学——庆应义塾大学的前身。普及教育自然也包括普及历史知识,编写通俗易懂的历史教科书,并写作不同于王朝史的"文明史"的著作。后者的特点是,希求扩大史学的内容,突破王朝史以王室为主的传统。福泽谕吉在《文明论概略》中指出:"直到目前为止,日本史书大都不外乎说明王室的体系,讨论君臣有司的得失……总而言之,没有日本国家的历史,只有日本政府的历史。"[1]福泽谕吉有此观察,得益于他所读到的法国史家基佐的《欧洲文明史》和英国史家巴克尔的《英国文明史》著作。福泽谕吉的追随者田口卯吉(1855—1905)在1877年出版了《日本开化小史》,从社会发展、文化演进的角度观察日本历史,希图揭示历史发展的"大理",成为"文明史学"的奠基之作。以后田口又编辑《史海》杂志,发表了一些普及性的历史文章。"文明史学"其实就是民族史学,其特点是从整个民族的发展着眼,考察其进步或衰败,并解释其中的原因。

"文明史学"或许是日本史学走向近代的一个标志,但这一史学近代化的过程,与其他近代化一样,必然带有传统的痕迹。明治政府建立之初,便沿袭了东亚王朝史学的传统,由天皇下令编辑一部新的日本通史,以求接续以前的《六国史》、修正德川时期所编的《大日本史》。为此,明治政府于1869年成立了修史馆,准备先编一部编年史。天皇的诏令是:"修史乃万世不朽之大典,祖宗之盛举",而修史的目的则是"正君臣名分之

---

[1] 福泽谕吉:《文明论概略》,北京:商务印书馆,1959,页137。

谊,明华夷内外之辨,以树立天下之纲常"。换言之,修史的目的是正本清源,帮助树立天皇的权威,根除幕府统治的政治传统。这与越南阮朝编修《钦定越史通鉴纲目》,希求巩固统治,在宗旨上并无二致。

不过,虽然明治维新的口号是尊王攘夷,但达到这一政治目的以后,明治政府便推行了一系列政治、社会和经济上的改革措施,推行近代化。修史馆的工作也同样有此变化。修史馆最初的成员中,既有理学家,也有考证学家,但最后以重野安绎(1827—1910)为首的考证学家占据上风。他们在为编修《大日本编年史》搜集、整理史料的时候,发现了不少错误,并决心以考订、批判史料为工作的重点。同时,当时日本翻译的西方历史著作,也对他们产生了不小的影响。如重野安绎便读过英国业余史家奥格斯特斯·蒙西(Augustus Henry Mounsey, 1834—1882)的《萨摩藩叛乱记》(The Satsuma Rebellion)。蒙西是外交官,曾游历各地。他的《萨摩藩叛乱记》是他在日本东京逗留期间,通过收集第一手的口述和文字资料写成。让重野安绎感兴趣的是,蒙西在书中没有表露明显的道德立场,而是用叙述的手法,平心静气地对明治维新的缘起及其主要人物做了叙述和分析,并努力检讨和解释了此事件发生的前因后果。这种著史的方式,与东亚史学希求扬善惩恶的传统做法在形式上有着显著不同,让重野安绎等人倍感兴趣。

于是修史馆的人员通过日本驻英史馆的帮助,约请了流亡英国的匈牙利业余史家乔治·策而菲(George Gustavus Zerffi, 1821—1892),为日本史家写作一部西方史学史的著作。策而菲于1879年完稿,提名为《历史科学》(The Science of History;日本学者译为《史学》),为日本学者勾勒了西方史学的进化历程。此书长达773页,厚古薄今,对希腊罗马史学的介绍远多于近代以来西方史学的发展。它对日本史学的影响,主要体现在两点,一是该书的第一章全面讨论了历史的性质、方法和目的,强调客观治史、公平评价。二是对德国史学评价甚高,认为它后来居上,超过了英法。其实,策而菲的《历史科学》只用了三十页不到的篇幅评述

18、19世纪的德意志史学,对兰克也一笔带过。① 但他的高度评价为日本史界所注意,兰克的年轻助手、当时尚无正式工作的路德维希·利斯(Ludwig Rieß,1861—1928)被邀请到日本任教,并于1887年出任东京大学的历史教授。1888年修史馆并入东京大学,重野安绎等人又成了利斯的同事。他们于1889年一同创建了日本史学会,编辑出版专业历史刊物《史学杂志》。如果历史研究的专业化是史学近代化的标志,那么日本史学之走向近代,并不落后于德英法等国,也比美国成立全国性的历史学会和出版《美国历史评论》更早。

策而菲《历史科学》对历史学定义、性质和方法的讨论,似乎对日本史家的影响更大。该书的第一章有54页,洋洋洒洒,仔细讲述了历史学如何进化、如何成为科学,甚至是"科学中之科学"(the science of sciences,日本学者译为"学问中的学问"),并着力强调写作历史必须不偏不倚,叙述文明的进化。② 在日本史学会成立以后,重野安绎提倡史家须有"大公无私"的精神,而他的同事久米邦武(1839—1931)则呼吁剔除"劝善惩恶"的旧习,认为这些传统都不符近代史学的要求。由此可见,策而菲的著作为西方近代史学进入日本,起了重要的桥梁作用。而重野安绎等考据家出身的史家,对史实考证原本便有兴趣,因此特别注重西方近代史学批判的方法和成绩,并心仪西方学者提倡"客观"治史的态度。而利斯在日本的教学更投其所好,进一步推广了兰克学派的实证研究方法。

值得注意的是,日本史学的近代化又与日本走向帝国几乎同步。在甲午战争中打败清朝之后,如何打造日本帝国,成为世界强国,便成了日本朝野共同关注的问题。为了提高民族凝聚力,历史教育显得十分重要。日本的神道主义者努力证明天皇为天神的直系后代及日本王室的"万世

---

① G. G. Zerffi, *The Science of History*, London, 1879,此书为非正式出版品,藏于美国国会图书馆。策而菲自746页开始评述德意志史学,直至该书结束(页773)。此举或许可以视为他把德意志史学看做近代西方史学的高峰。
② 同上书,页1—54;"科学中的科学"一语见页53。有关日本史家如何翻译、看待策而菲的著作,参见小泽荣一,《近代日本史学史の研究. 明治编:19世纪日本启蒙史学の研究》,東京:吉川弘文館,1968,页380—391。

一系",以强调日本民族优于其他亚洲民族,为征服亚洲做舆论准备。而重野安绎、久米邦武等人所从事的历史考证,不但揭示天皇的"万世一系"并不真确,而且神道主义也仅是古代日本人祭天习俗的变种,在当时受到极大的舆论压力。最后,久米邦武去职,重野安绎退休;日本的学院派史学起步维艰,颇受挫折。但值得注意的是,虽然以考证史实为代表的学院派史学在日本受阻,但重野安绎、久米邦武以及路德维希·利斯的学生辈,如长期任教于东京大学的白鸟库吉(1865—1942),则用同样的方法研究亚洲其他地区的古史,破除其神意、神话的色彩,希求还原历史的真实性。但他们的研究,却往往损伤了那些地区人民的民族自尊,为日本对外扩张做了舆论上的准备。

在日本以外,其他亚洲地区的史学虽然近代化脚步缓慢,但从19世纪末开始,也出现了一些明显的变化。面对日本的扩张,朝鲜首当其冲,而衰落的清朝又无法对之实施保护,因此朝鲜逐渐为日本所控,到1910年正式沦为其殖民地。如此惨痛的过程,令朝鲜史家痛定思痛,认识到历史写作和教育对于振兴民族的重要意义。朴殷植(1859—1925)写作了《朝鲜痛史》和《朝鲜独立运动之血史》等著作,希求唤起朝鲜人的民族历史感。被誉为朝鲜近代史学之父的申采浩(1880—1936)更是强调:"如果没有民族,便没有历史可言。"在近代朝鲜,申采浩是一位类似于中国梁启超式的人物,虽然其写作不以史学为限,但对朝鲜史学走向近代化有奠基之功。申采浩的历史认识,也受到梁启超的高度启发。他的《读史新论》(1908)在思想和内容上与梁启超的《新史学》(1902)类似,都对传统的王朝史学加以猛烈抨击,认为其已经不敷需要,必须彻底改造。

申采浩指出,为了推动民族史学的建设,历史的进程需展现"我"与"非我"的持续不断的斗争。以朝鲜而言,"我"就是朝鲜民族,而"非我"便是所有外族及其势力。这两者之间的冲突,使得历史不断变化,也使得"我"充分展现了自己。申采浩提出这一理论框架,有其特殊的原因。在朝鲜王朝(1392—1897/1910)统治期间,朝鲜朝野奉行"事大主义",尊中国王朝为主。比如那时王朝史的编写,虽然采用了纪传体,但没有"本纪",因为朝鲜史家自认只有中国的君主才有"本纪",而朝鲜的君主只能列入"世家"。而日本统治朝鲜以后,不但用"事大主义"批判朝鲜人缺乏民族性,而且还提出"日鲜同祖论",为日本控制朝鲜寻找历史和理论依据。申采浩提出"我"与"非我",就是希望朝鲜人能迅速提升民族意识,认识到自身与他者的不同,以求建立独立自主的国家。

申采浩还身体力行,在报纸上连载《朝鲜上古史》。针对朝鲜王朝期间流行的古代朝鲜由商朝遗臣箕子所建的说法,申采浩以神话人物檀君取而代之,并将古朝鲜的建国往前推至公元前2333年,以突出朝鲜历史的久远。申采浩还提出,朝鲜历史上的一些王朝如高句丽(公元前37年—公元668年),不但强盛独立,而且疆域辽阔,现属中国东北部的许多地区都为其控制。申采浩在日本统治朝鲜半岛期间提出檀君建国论,对孕育朝鲜民族主义,自有其重要意义。但他有关檀君的论述,出自13世纪末僧一然所编《三国遗事》一书。该书如志怪,为神话传说的汇集,并不以史实为据。如果古朝鲜真由檀君于公元前2333年所建,那么自那时起到中国汉代史家记录有关朝鲜的历史以前,长达两千余年的历史并无可靠文献史料的依据。但直至今天,檀君建立古朝鲜的说法,仍然流行于朝鲜半岛,并写入了两地的历史教科书。

申采浩有关檀君朝鲜的说法显然有些偏激,但他的论述所表露的民族主义史学倾向,则是东亚地区史学近代化的主要标志。更有必要一提的是,东亚地区民族史学的构建,又常常以如何突破中国传统王朝史学的框架为首要任务。就历史发展的进程而言,越南与朝鲜颇有类似之处。面对西方列强的入侵,中华文化圈束手无策,于是越南在1862年为法国所实际控制。越南史学之走向近代,与欧洲、特别是法国史学有直接的接触。陈南金(1882—1953)是法国殖民统治越南期间一位重要的史家。他早年接受了汉文教育,后来又到法国留学。他的《越南史略》(1917/1918)一书体现了近代史学的许多特征,十分注重历史事实的铺陈,不做诸如"太史公曰"之类的评语。上面已经说过,越南传统史家的著作其编撰本身就有对抗中国王朝(他们称之为"北朝")的类似民族主义的情绪。陈南金的《越南史略》,更是一部近代民族史学的代表作。他在序言中提到:"不管大人小孩,谁去上学都只学中国历史,而不学本国史。……国人把本国历史看成微不足道,认为知之无用。"[①]可见近代以前,越南像朝鲜一样,都奉中国历史为"正宗",而陈的写作,就是要突破这样的思维,为越南人写史。

陈南金的《越南史略》将越南历史的演变分为四个阶段:上古时代、北属时代、自主时代和近今时代。所谓"北属时代",就是指越南为中国王朝统治的一千年,而"自主时代"就是越南脱离中国王朝之后的历史,分为两个阶段。这一分期方法,又是为了凸显越南历史的进化、退化抑或停滞不前。因此,尽管陈南金的民族主义情绪十分强烈,在书中抨击中国王朝的统治,但他也承认,越南在文化教育上几乎完全接受中国文化,因此自身没有什么创造力,造成越南历史长期停滞不前,直到近今时代,也即阮朝慢慢接受法国和西方文化之后,才引起了一系列重要的变迁。陈著出版以后,再版多次,颇受欢迎,在越南史学界影响深远。

东亚史学近代化还有一个重要的特点,那就是东亚史家不但接受西方近代批判、实证史学,还受到马克思主义的重大影响。20世纪初年开始,不少东亚知识分子翻译、出版了马克思主义的史学理论。因此马克思主义史学是东亚史学近代化的一个重要分支。举例而言,越南除了陈南金的《越南史略》,还有陶维英(1904—1988)的《越南文化史纲》(1938)等,它们都是以马克思主义观点写就的越南历史。朝鲜虽然受到日本严厉的殖民统治,但在申采浩、崔南善(1890—1957)等民族主义史家以外,还有白南云(1895—1974)等马克思主义史家的出现。在第二次世界大战期间及战后,马克思主义史学在东亚各地均有更为长足的进展,我们将在下面再论。

---

① 陈南金:《越南通史》,戴可来译,北京:商务印书馆,1992,页1-2。译者说明,此书译为《越南通史》,是因为商务印书馆以前出过《越南史略》。

第四节 拉美和非洲史学

与其他地区相比,历史研究在拉美和非洲起步较晚,基本都是在西方强权入侵以后才逐渐成型。就文明发展而言,拉美和非洲都有灿烂的古代文明,其辉煌的遗迹和名胜,至今魅力犹存,让许多人迷恋和向往。就历史意识而言,拉美和非洲人都有口述历史的传统,可惜的是对历史的文字记载并不发达,而得以保留下来的则更少(玛雅文明尚存一些碑刻文字,记录了玛雅人在现今墨西哥所建城市的历史,也许是绝无仅有的例子)。因此我们讨论拉美和非洲的史学,基本只能从西方人发现美洲和殖民非洲以后开始。

虽然材料不多,但欧洲殖民者在16世纪征服了现今的墨西哥、巴西以后,天主教教士便立即着手收集资料,写作了多部编年史。以墨西哥为例,其史学发展大致可以分为三个阶段,即(1)古代文明时期;(2)西班牙统治时期;(3)墨西哥摆脱西班牙统治之后的民族国家时期。这一分期,也基本适用于拉美其他地区的史学。西方传教士所编写的编年史,数量众多,质量参差不齐,在此无法一一列举。其中有关玛雅文明和阿兹特克帝国的历史,在17世纪初年由胡安·德·托格马达(Huan de Torquemada, 约 1564—1624)所汇总的《印第安王朝》(*Monarquia indiana*, 1615)中有较好的呈现。托格马达在编写中,不但对前人所写的编年史做了细致的整理,还展现了自己的研究成果。更为可贵的是,他用公允的态度对印第安古代文明加以肯定,批驳了西班牙人将印第安文明视为敝屣的偏见。

像托格马达这样的史家并不少见。以秘鲁史家而言,伽希拉索·德·拉维嘉(Garcilaso de la Vega)也采取了比较中立的立场,在17世纪初年写作了两部有价值的著作,一部描述一度统治南美洲的印加帝国的历史,另一部则是秘鲁通史。拉维嘉是西班牙与印第安人混血的后代,其著述的目的就是要为印第安文明正名,指出它的优越。当然他并不否定西班牙的统治；他希望的是欧洲文明与印第安文明能够互补和交流，让拉美文明重现昔时的荣光。

从拉美的史学发展而言，17世纪是一个重要的转型期。虽然西班牙和葡萄牙的统治在那时仍然持续，但出生于拉美并在当地成长起来的史家逐渐开始写出重要的历史著作。比如出生于利马的安东尼奥·皮内罗（Antonio Rodriguez de Leon Pinelo）就是当时最重要的拉美史家之一。他花费毕生精力编著了一部巨著，题为《有关印第安人法律的意义、形式和机构的论述》（*Discurso sobre la importancia, forma y disposición dela recopilación de las leyes de Indias*），考证精湛、资料丰富，篇幅达一百二十多万字。重要的是，皮内罗的研究体现了近代史学的特点，重视档案，不但运用拉美当地的资料，也到南欧寻找各种相关文献。但直到19世纪拉美一些国家（譬如巴西）走向独立之前，传教士的历史论述仍然是拉美史学的重要部分。举例而言，生长于巴西的圣方济各教士文森特·萨尔瓦多（Frei Vincente do Salvador）写于1627年的《巴西通史》，在出版之后的两百年中一直是人们了解巴西历史的重要参考书。

进入19世纪以后，西班牙和葡萄牙的统治走向终结，拉美史学也随之走向了一个新的时期，其标志是民族史学的兴起。巴西和墨西哥是拉美最早摆脱殖民统治的地区，在1820年代取得了独立。巴西在1838年成立了史地研究所，并在次年出版了《史地学报》，有助于培养巴西自己的历史学家。被誉为"巴西史学之父"的法朗西斯科·瓦尔哈根（Francisco Adolfo de Varnhagen，1816—1878）便是其中之一。瓦尔哈根的《巴西通史》（*Notícia do Brasil*）大量运用了欧洲和巴西所保留的原始史料，并用平实的笔调叙述巴西的文明发展，是拉美史学走向近代化的一个显例。在秘鲁和智利等地，历史著述也渐多出自大学教授之手。与以往传教士作品的最大不同是，宗教人士不再占据历史叙述的主要位置，取而代之的是政治家、军事家和外交家的生涯和贡献。

像世界其他地区的民族史学一样，19世纪拉美的史学以自由主义、实证主义和民族主义为主导思想，力图勾勒拉美人民在摆脱西方的殖民统治之后,如何发展民族经济、建立宪政和推行民族主义的公民教育。从方法上而言,那时的大部分拉美史家提倡搜集档案并主要用档案史料写作。智利的史家胡塞·麦地那(José Toribio Medina)在这方面可为代表。他著述宏富,特别注重搜集和整理西班牙和梵蒂冈所存的相关史料,以此为基础写作了多部卷帙浩繁的史书。而从内容上而言,19世纪的拉美史家比较侧重拉美民族国家的兴起,即近代的历史。为此目的,他们对拉美古代的文明产生了一种新的认识,视其为民族独立的动力和源泉。比如墨西哥的史家卡洛斯·德·布斯达门特(Carlos Maria de Bustamente,1774—1848)以1810年墨西哥人反抗西班牙的独立战争为主题写作墨西哥的历史,并指出为墨西哥国家的建立与阿兹特克帝国的光荣传统相关。那时不但秘鲁、智利、巴西和墨西哥等大国都有自身的民族历史,而且委内瑞拉、甚至厄瓜多尔、乌拉圭等相对较小的国家,也出版了描述其自身民族演进的著作。这类民族史学著作加强了拉美读者的历史认知,增强了对自己国家的热爱,但这些著作同时也束缚了读者的视野,对拉美地区历史的相似性和共同性缺少有效的认识。

进入20世纪之后,拉美的历史研究出现了"修正主义"(revisionist)的学派,其主要原因是:虽然拉美大部分地区都获得了民族独立,也改造和建立了像墨西哥国立大学、智利大学和巴西圣保罗大学等全国性的高等教育机构,但经济上仍然依赖西方,政治上也不够稳定。这些"修正派"的史家认为,前代的民族史家诋毁殖民主义,突出民族主义,但却忽视了欧洲文明在拉美的深远影响,使得拉美人的历史观呈现一种不完整性,既不符合拉美历史的现实,也无助改善拉美社会的现状。因此他们强调,要真正了解拉美的历史,必须正视欧洲殖民主义的遗产,同时也注意拉美的古老文明,在欧洲与拉美文明融合的基础上,重新整合拉美人的历史认知。重要的是,虽然"修正派"史家希望正视欧洲文明的遗产,但他们并不以追随西方为宗旨。相反,这些"修正派"史家都不满欧洲和美国对拉美地区的深刻影响。他们的目的是想在充分体认拉美近代历史的特性和构成的基础上,从拉美人的立场出发,重建具有拉美特性的史学。这一"修正派"的史学至今仍在持续,而其意义,便是对民族史学的模式有所突破,既认可民族国家建立之必要,又重视拉美历史和史学的共性。

最后,我们要讨论一下非洲的史学。如上所述,非洲文明有着口述历史的悠久传统。在伊斯兰文明涉及的北非,又有历史写作的传统,如著名的伊本·赫勒敦就是突尼斯人。但长久以来,非洲一直被西方视为落后、野蛮的地区,也是一个没有"历史"的文明。欧洲殖民者进入非洲,引入近代史学,其宗旨之一便是论证非洲文明如何无法自救,必得需要欧洲先进文明的介入。法国统治下的阿尔及利亚于1856年出版了《非洲评论》(Revue Africaine)。法国也在当地建立了大学,推进学术研究。这些学术活动的主要目的,是帮助强化欧洲对非洲大陆的统治。因此,如何纠正西方史家的偏见,一直是近现代以来非洲史家孜孜以求的目标和研究动力。

非洲史学的近代发展,与非洲历史的变化密切相连。就民族史学的演进而言,南非走在了其他地区的前面。1899—1902年的布尔战争,让南非人走出了英国统治。1910年独立以后,南非便产生了一些民族史的著作,描写、称颂南非人的独特历史进程,反驳原来欧洲史家认为非洲一无是处、唯有亦步亦趋、唯欧洲马首是瞻的观点。第二次世界大战以后,非洲进入了一个"非殖民"(decolonization)或"后殖民"(post-colonization)的时代,其主要特征就是民族史学逐渐成为非洲史学的主流,至今仍然如此。举例来说,阿尔及利亚的民族史学就是在1954—1962年的阿尔及利亚独立革命中诞生的,而阿尔及利亚独立建国以后,法国殖民统治的遗产仍然是一个重要且复杂的课题。一方面来说,法国的统治为阿尔及利亚带来了不少近代的因素,而在另一方面,殖民统治又在很大程度上破坏了当地的经济结构,乃至阻碍了阿尔及利亚建国以后的健康发展。如何在后殖民时代探索阿尔及利亚人及非洲人的新认同,是摆在所有非洲史家面前的共同任务。

作为非洲人口最多的国家,尼日利亚的历史研究在非洲也最为发达。第二次世界大战以后,尼日利亚建立了以伊巴丹大学(University of

Ibadan)为首的一批高等院校。同样的近代教育也在肯尼亚、喀麦隆、加纳、扎伊尔、塞内加尔等国家出现。这些新兴的院校都十分重视历史教育,也建立了非洲历史研究的专门机构。于是,自1960年代开始,一批非洲"自己的"史家开始出现。他们一般在本国接受中学和大学教育,然后到欧洲深造,完成博士学位。如尼日利亚的肯尼斯·戴克(Kenneth Onwuka Dike,1917—1983)就是其中著名的一位。戴克在英国伦敦大学完成了研究生教育,其成名作《尼日尔河三角洲的贸易和政治》(*Trade and Politics in the Niger Delta*)于1956年出版,资料详尽,论述平实,这本书使他成为非洲近代史家的代表性人物之一。戴克还培养了一大批弟子,并推动建立了尼日利亚国家档案馆和尼日利亚博物馆。伊巴丹大学的非洲研究所也由他帮助创立。由戴克和他弟子组成的所谓"伊巴丹学派",曾在1970年代以前主导尼日利亚的史学界,其影响至今犹存。

东非的肯尼亚史家阿伦·奥戈特(Allan Bethwell Ogot,1929—)与尼日利亚的戴克一样,是肯尼亚历史学家和非洲历史学家中重量级的人物。他也在伦敦大学完成博士学业,之后长期在肯尼亚的内罗毕大学任教,培养了大量人才。1964年开始,他与其他著名的非洲史家合作,为联合国教科文组织编辑《非洲通史》(*General History of Africa*)。这部多卷本的著作,是非洲史家合力编写、着力体现他们研究成果的重要作品,希求反映"非洲学者对于自己文明的看法"。

值得一提的是,这部《非洲通史》的第一卷题为"方法论和非洲前史"(Methodology and African Prehistory),着重讨论如何以非洲的史料为主,结合欧洲人所搜集的文献和材料,重写非洲的历史。该卷由布基纳法索史家约瑟夫·基·泽尔博(Joseph Ki-Zerbo,1922—2006)所写。戴克和奥戈特在英国接受了历史训练,而泽尔博则在法国接受了大学和研究生的教育,并一度在法国任教,成为非洲史家中的佼佼者。后来泽尔博回国,活跃于政坛,并致力于非洲各国和各地区的联合和共同发展。《非洲通史》的另一位参与者是塞内加尔的史家契克·安塔·迪奥普(Cheikh Anta Diop,1923—1986)。迪奥普在法国接受了多样的学术训练,以历史学和人类学为主。他回国以后既从事教育，又积极从政，成为塞内加尔的知名人物。在他去世以后，该国最大的、学生数达六万人的达卡大学，改名为契克·安塔·迪奥普大学，可见迪奥普的声望。迪奥普的主要史学贡献，是强调古埃及文明中的非洲因素，并指出古埃及人其实就是非洲人，以此来反驳欧洲学者视古埃及文明为西方文明源泉的观点。

的确，对于非洲史家而言，想要有力地拓展非洲史学，必须在著述内容和研究方法上都走出自己的道路。以内容而言，虽然非洲之走向近代与欧洲殖民者的统治无法分割，但如何反映非洲人的活动，让其成为非洲历史的主角，显然更为必要。在方法上，非洲史家也必须走出欧美近代史学的模式，不以文献为主，而以口述史料为其主要依据，真正让非洲人说话，以非洲人的立场重构历史。一言以蔽之，非洲史家的工作就是，与"无历史的非洲文明"的说法相对，通过口述传统的研究，深入发掘非洲人的历史意识及其实践。上面提到的《非洲通史》就是这方面成果的集中体现。

由此，非洲史学与拉美史学虽然有不少相似之处（譬如都必须面对欧洲殖民主义的政治文化和经济传统），但各自又有其独特之处。举例而言，与拉美民族史学的强盛不同，非洲史家在接受民族史学的同时，亦能从宏观的、非洲的视角出发，考察历史的演变。而其相同之处在于，由于这两大洲的经济大致都受到西方强权的控制，处于世界经济的边缘和依赖位置，因此马克思主义对西方资本主义的批判，在拉美和非洲史学界影响颇大。近年，随着后现代主义和后殖民主义思潮的冲击和洗涤，拉美和非洲的史家与其他地区的同道一起，为探究如何突破欧洲近代史学的模式，做出了日益重要的贡献。

第十一章

年鉴学派及其影响

在20世纪乃至当代世界,如果要举出一个影响卓著深远而自身又不断推陈出新的历史学派,那无疑就是法国的"年鉴学派"。2014年美国著名史家林·亨特(Lynn Hunt)出版了《全球时代的历史学》(*Writing History in the Global Age*),对世界范围的历史研究做了精练的回顾和前瞻。她认为自19世纪末以来,历史研究的领域为四大思潮或学派所笼罩,即"马克思主义、年鉴学派、现代化理论和认同政治(以美国为主)"。① 亨特本人治法国史出身,她对年鉴学派如此看重,似乎理所当然。但其实远在1970年代,"年鉴学派"便已经开始受人瞩目,为其树碑立传者不绝如缕。1975年史学史专家盖尔格·伊格尔斯(Georg Iggers)的《欧洲史学的新方向》(*New Directions in European Historiography*),便专辟一章讨论年鉴学派。翌年美国史家斯托亚诺维奇(T. Stoianovich)则以《法国历史方法:年鉴学派的范式》(*French Historical Method: The Annales Paradigm*)为题,出版了英文世界第一部比较详尽的有关年鉴学派的专著。1990年,英国的杰出史家、与"年鉴学派"多有交集的彼得·伯克(Peter Burke)也写作了一部专著——《法国史学革命:年鉴学派,1929—1989》(*The French Historical Revolution: The Annales School, 1929—1989*),虽然篇幅不大,但言简意赅,而且标题醒目,因而读

---

① Lynn Hunt, *Writing History in the Global Age*, New York: W. W. Norton, 2014, p. 13.

者甚多。有关"年鉴学派"的论文更是层出不穷。仅从这些书籍的出版亦能看出"年鉴学派"的地位和影响。自 20 世纪后期以来,这一地位逐步攀升,而亨特的最新认可,更说明其在 21 世纪,仍然受到重视。

如同前两章所述,近代历史研究的模式以德国兰克学派的兴起为典型,并在 19 世纪下半期开始,逐步推广到全球的范围。但物极必反,兰克学派之走向全球,也孕育了不少批评者和反对者。如果说,非西方地区的史家对兰克史学的治史模式,从自身的传统出发不停地加以引进、取舍和改造,那么欧美的史家则常常直截了当,对其进行批评、挑战。第九章所述德国的"方法论的论争"和美国的"新史学",都是例子。而在法国,亨利·贝尔所编的《历史综合杂志》(*Revue de synthèse*)更被伊格尔斯视为"年鉴学派"的前身。① 的确,"年鉴学派"的创始者吕西安·费弗尔(Lucien Febvre, 1878—1956)和马克·布洛赫(Marc Bloch, 1886—1944)都曾与贝尔合作,参与编辑和推广该杂志。换言之,"年鉴学派"的命名,取自费弗尔和布洛赫两人在 1929 年创办的《社会经济史年鉴》(*Annales d'histoire économique et sociale*),但该学派的产生则有更深的思想、学术渊源。②

如果要追溯这些渊源,还必须从兰克史学的影响说起。兰克本人是叙述史大师,其著述有很强的可读性、甚至戏剧性。③ 同时,兰克主张民族国家的兴起勾勒了近代历史的主线,因此必须重点论述,而民族国家建设以后所搜集、提供的档案资料,更让其治史带上了"科学"的色彩。于是,用档案材料写作历史,用经过考证、核实的史料来描述和分析民族国家形成的政治演化,成为兰克学派的特色。用伯克的话来形容,这一特色

---

① Georg Iggers, *New Directions in European Historiography*, Middletown CT: Wesleyan University Press, 1984, p. 51.

② 年鉴学派的第三代核心人物勒高夫以"新史学"为题,对该学派的起源做了比较详尽的描述,见 J. 勒高夫、P. 诺拉、R. 夏蒂埃、J. 勒维尔主编的《新史学》,姚蒙编译,上海:上海译文出版社,1989,页 7—16。

③ 参见 Peter Gay, *Style in History*, New York: McGraw-Hill, 1974, pp. 57—94, esp. p. 62。

第十一章　年鉴学派及其影响

的发扬"使得前代史家写作的社会、文化史,变得几乎像附庸风雅的休闲作品了"。伯克接着又说,"与大师本人相比,兰克的追随者的视角更为狭隘。在那个历史研究走向专业化的时代,非政治史的研究被排除在历史专业之外"。① 这也就是说,19世纪后期的专业史家均以政治、外交和军事史为主业。

不过,一个模式定型的时候,也就是它走向僵化乃至即将被分解的时候——或许僵化就是分解的前提。兰克学派虽然影响广大,但接受程度仍然带有地方的特色。比如在法国,加布里尔·莫诺主办了历史专业杂志——《历史评论》,推崇和推广兰克治学的模式。但他本人却很欣赏米什莱的文采并为其做传。与兰克学派强调档案的运用相反,米什莱的写作风格热情洋溢,并不斤斤计较于历史事件的描述,而是希望从历史演化表象的背后发现和呈现其精神。这种做法,与德国的兰普勒希特挑战兰克学派,颇有可比之处。莫诺也推崇基佐的文明史写作,也即认为历史写作不只是要描述一些重大的历史事件,还要描述、解释一个民族和文明演化的过程及其原因。因此安德烈·比尔吉艾尔(André Burguière)这样描述莫诺,认为他所看重的历史著述需要有精细的考证研究,但也需呈现哲学眼光。比尔吉艾尔长期(1969—1981)在《年鉴》杂志工作,以行内人的视角描述年鉴学派的兴起,其观察值得重视。换言之,在产生了孔德这样的实证主义大师的法国,学术文化有其自身的特色。即使如兰克追随者莫诺,也不像兰克的德国弟子那样,以政治事件的描述为主旨。②

就年鉴学派的产生而言,那时社会学的领军人物涂尔干(Émile Durkheim, 1858—1917)的影响,颇为直接。费弗尔与布洛赫创办《社会经济史年鉴》,不免让人想到涂尔干在1898年创办的《社会学年鉴》(L'Année Sociologique)。涂尔干提倡研究社会的结构性演化,批评了兰克

---

① Peter Burke, *The French Historical Revolution: the Annales School, 1929—1989*, Cambridge: Polity Press, 1990, p. 7.

② André Burguière, *The Annales School: An Intellectual History*, trans. Jane M. Todd, Ithaca: Cornell University Press, 2009, p. 64.

弟子专注史料考证而描述个别事件的做法。在涂尔干眼里，这些史家缺少宏观的眼光，其学问无异于"饾饤之学"。而他坚信，只有将事件置于社会结构之中才能真正理解其意义。涂尔干的这一信念，亦为马克·布洛赫所信奉和坚持。① 而说到宏观眼光，马克思的影响也同样不可忽视。不过年鉴学派虽然重视经济基础，但并不认为它就是历史变化的根本原因；年鉴学派的史家还想从其他方面（特别是地理环境）来寻找和解释历史发展的动因。有人会说，这种"修正"和"补充"马克思主义的动机，恰恰就是年鉴学派受到马克思主义影响的证据。总之，像其他任何学派一样，年鉴学派的诞生有多种渊源，必须综合考虑。

第一节 斯特拉斯堡大学与"年鉴精神"的孕育

年鉴学派的诞生，需从费弗尔和布洛赫的交谊谈起。而他们的这一交谊，又从斯特拉斯堡大学开始，于是斯特拉斯堡独特的人文环境是一个值得重视的因素。斯特拉斯堡居于法德之间，1870年普法战争以前属于法国，但战后为普鲁士占据，直到一次大战以后法国才得以将之收回。对于斯特拉斯堡的居民来说，战争给他们带来了不少创伤。但斯特拉斯堡大学却由于经历了法德的轮番统治，成为法国学者了解德国学术发展的重要窗口。就历史研究和教学而言，德国的大学在19世纪领先于其他国家，斯特拉斯堡大学于是在法国学界居有独特的重要性，成为法国学者吸收德国学问并进而与德国同行抗衡竞争的场所。我们在第八章中已经提到，普法战争爆发以前，法国史家古朗治便在斯特拉斯堡大学任教。法国的战败让他失去了教职，转而到巴黎任教。古朗治与德国史家孟森就古代高卢的文化性质和传承所进行的激烈辩论，是一个让人印象深刻的例子。

1920—1933年，费弗尔和布洛赫同在斯特拉斯堡大学任职。两人的

---

① 见 Georg Iggers, *New Directions in European Historiography*, Middletown: Wesleyan University Press, 1984, pp. 49—50。

第十一章　年鉴学派及其影响

办公室彼此相邻,于是二人从相识到朋友,很快就变得形影不离,常在一同喝咖啡和用午餐,几乎无话不谈。除了他们俩之外,当时在该校任教的还有几位教授,如社会心理学家查理·布隆代尔(Charles Blondel, 1876—1939)和社会学家莫里斯·阿布瓦赫(Marice Halbwachs, 1877—1945),后者后来成为"集体记忆"研究的首创者。他们也常与费弗尔和布洛赫一同讨论如何在学术上创新。费弗尔与布洛赫的学术专攻略有不同,前者以16世纪的研究见长,而后者则注意更早一些的、中世纪时代的历史。但他们又有共同的兴趣,那就是探索如何采纳和运用新兴社会科学的方法和手段,革新历史研究的方法。的确,社会学和心理学都是在19世纪和20世纪之交的时候才逐渐兴起的。与之相较,受19世纪德国兰克学派的影响,那时许多史家的治史还主要关注政治事件的来龙去脉,未免眼光狭窄。斯特拉斯堡大学的氛围,也许对他们的治学兴趣产生了重要的影响。像前辈古朗治一样,费弗尔和布洛赫也希望突破德国学术的藩篱,自创新路。

但关于如何突破,费弗尔和布洛赫的著作中显现出不同的路向。我们先看一下费弗尔。他曾参加了亨利·贝尔《历史综合杂志》的编辑工作,并希望布洛赫也能参与进来。受社会科学的影响,他的主要兴趣是如何在历史研究和写作中将眼光从个人和局部扩大到集体和全部,也即如何"综合"地展现历史的变动。1922年费弗尔出版了《地理环境与人类演化》(*La Terre et l'évolution humaine*;英译为 *A Geographical Introduction to History*[《历史学的地理学导论》])一书,由贝尔作序。费弗尔在书中既反对地理环境决定论,又认为地理环境是人类演化的场地,必须加以高度重视。换言之,费弗尔希图考察人类活动与地理环境之间的互动关系,即人类如何在受到地理环境的约束时发挥自主性,改变自然界。在自然与人类之间,费弗尔不认为哪个方面起着决定的作用,而是认为必须加以具体分析和描述。之后,他将此信念推而广之,认为处理历史的变化必须全盘考虑,不能将某个因素(政治、经济、宗教、地理或其他)绝对化,因此,费弗尔的研究兴趣已经开始向"全体史"(histoire totale;

total history）的方向在发展。

　　费弗尔的这一研究取向，在他以后的著述中逐步强化。他在斯特拉斯堡大学期间研究了 16 世纪的重要人物马丁·路德。其写作还带有传统史学的特点，以马丁·路德的个人生活和思想信仰为重点。在 1929 年创办了《年鉴杂志》并在 1933 年离开斯特拉斯堡大学到巴黎任教之后，费弗尔转向研究 16 世纪另一位重要人物拉伯雷（François Rabelais，1494—1553）。而他的研究也显著地改变了路径。如果说马丁·路德是个虔诚的教士，那么拉伯雷则是当时著名的无神论者。费弗尔的研究没有专注解答为什么拉伯雷会做这样的选择。他的研究取向是，探讨在拉伯雷所处的 16 世纪，一个无神论者会遭遇什么境遇，他所处的宗教和文化氛围又是如何。为从事这样的研究，费弗尔必须搜寻、考证和解读现存的文献史料，但为了更好地重构当时的社会氛围，他又力求透过这些文献深入细致地描绘当时基督教和希腊人文主义哲学、神学和自然科学之间纵横交错的情景。由此，费弗尔通过考察拉伯雷，其实开创了对"集体心理"的研究，后来这一研究手段成为年鉴学派的重要标志之一。虽然费弗尔正式撰写拉伯雷的专著是在离开斯特拉斯堡大学之后，但他关注的角度，除了亨利·贝尔的影响之外，显然也受到了布隆代尔和阿布瓦赫的启发。

　　同样，布洛赫的研究生涯及其对年鉴学派的贡献也与他在斯特拉斯堡大学任教，息息相关。布洛赫的第一部著作一般译为《国王神迹》（Les Rois thaumaturges），研究的是自中世纪以降一直到 18 世纪流行于法国和英国的一种信仰，即相信国王的抚摸可以治愈罹患瘰疬（淋巴结核）的病人。他选择研究这样的题目，在当时让许多人不解，因为这看上去似乎是一个微不足道的课题。但布洛赫认为，所谓"国王的触摸"显然是一种神话，但这一神话能流传如此之久，反映了中世纪时期王权的逐步强化，乃至向绝对君权主义的发展。换言之，他希望以小见大，从一个独特的角度研究政治史。英国史家彼得·伯克在他的《法国史学革命》一书中，从三个方面对布洛赫《国王神迹》的意义做了精辟的总结。首先，布洛赫的研究横跨整个中世纪和近代早期，开创了后来成为年鉴学派标志的"长时段"（longue durée）研究样式。其次,布洛赫虽然以国王的行为为主题,但其实探讨的重点则是社会和宗教心理的形成和演化,因此可以算是一种"心态史"的研究。再次,布洛赫虽然以法国和英国为主要考察对象,但又适时地引入了比较的方法,将视野扩展到了欧洲其他国家、甚至欧洲以外的地区。①

1929 年,费弗尔和布洛赫创办了《社会经济史年鉴》。如上所述,这一杂志的名称,与涂尔干所建立的《社会学年鉴》杂志相类。除此以外,地理学家保罗·威德尔·德·拉·布拉歇(Paul Vidal de la Blache, 1845—1918)主办的《地理学年鉴》(*Annales de Géographie*),显然也对两人有重要的影响。费弗尔注重地理环境与人类行为之间的互动关系,其实是继承并发扬了威德尔·德·拉·布拉歇的理念。与费弗尔相比,布洛赫对历史演进的结构性变化兴趣更浓,因此也更加注意地理环境的作用。在《年鉴》杂志的创刊号上,费弗尔和布洛赫点出了他们办刊的宗旨,那就是希望历史学能与其他社会科学联手,借鉴它们的方法和路径,扩大研究的视野,更新研究的角度。《年鉴》杂志编委的组成,也充分展示了这一路向。除威德尔·德·拉·布拉歇的弟子以外,他们还邀请了另一位地理学家、一位经济学家及前面提到的他们在斯特拉斯堡大学的同事、社会学家阿布瓦赫。这一编委会的组成,显然与《年鉴》杂志的宗旨充分一致。简而言之,费弗尔和布洛赫希望借鉴和引进所有新兴社会科学的方法,来革新历史学的研究。他们对各类社会科学没有明显的偏向,却有一个共同的改革对象,那就是挑战和超越以兰克学派为代表的、以政治事件的叙述为主体的史学模式。

正是这一所谓的"年鉴精神"(l'esprit des Annales),让年鉴学派慢慢成形;以《年鉴》杂志为基点,费弗尔和布洛赫慢慢集合了一群志同道合的学者。从严格意义上说,他们并不属于一个严格的"学派",因为他们个人的研究及其所采用的社会科学方法各有千秋,个个不同。费弗尔和布洛赫志同道合,但研究取径仍有差异。《年鉴》杂志的编辑工作,前期主要

---

① Burke, *The French Historical Revolution*, pp. 17—19.

由费弗尔和布洛赫两人共同负责。如前所述,费弗尔个人的研究以思想史为主体,集中在16世纪的重要人物上面,因此我们可以说他的研究兴趣还是以"精英人物"为主,尽管他的研究方法已经突破了陈规,力图采用社会学和心理学的方法,重建那些人物活动的所有场景和整体氛围。与之相较,布洛赫对下层社会和人物关注更多,也更加注意一个社会整个结构和层面的变化,因此视野更为广阔,并常常用比较的手段加以研究。他在《年鉴》杂志创办之后,主要从事两个方面的研究,其一是写作法国乡村史,其二是对中世纪的封建主义做概括总结。在这两个研究中,他都注意到了地理环境的重要,而他的写作目的则是希望从整体的角度,重构法国的乡村文化,展现其结构和基础。对于封建主义,他不但从经济的角度,更从社会心理和大众记忆等方面入手,考察封建社会的特点,其中有纵向比较,也有横向比较。布洛赫的这些研究,充分体现了年鉴学派的宗旨,也为以后年鉴学派的发展提供了重要的样板。

1933年费弗尔应邀成为《法国大百科全书》的编委会主席,离开斯特拉斯堡大学到著名的法兰西公学院(Le Collège de France)任教授。[①] 他到了巴黎以后,立即着手帮助布洛赫也到该院任教,不过没有成功。1936年,布洛赫才终于回到了巴黎,受聘成为巴黎大学(索邦)的经济史教授。《年鉴》杂志也搬到了巴黎出版。不过,编辑《法国大百科全书》让费弗尔颇费心力,无法像以前那样尽心编辑杂志。两人之间的关系,也因此产生了一些龃龉。[②]

第二节 布罗代尔与年鉴学派的划时代成就

第二次世界大战的爆发,让年鉴学派的开展抹上了一层阴影。战争

[①] 法兰西公学院建于1530年,是法国最老的高等教育机构,性质独特。它在各学科设有一位教授,但其宗旨是普及知识,对外开放,不发文凭,是一个结合了研究与教学的公开大学。在法国学界,担任法兰西公学院的教授是一项很高的荣誉。

[②] Buguière, *The Annales School*, pp. 40—43.

第十一章　年鉴学派及其影响

开始之后,希特勒德国以闪电般的速度迅速攻占了欧洲不少地区,法国也在抵抗了几周之后沦陷。战争开始以后,费弗尔和布洛赫的反应有所不同。费弗尔当然也反对德国的侵略,但他的做法是潜心学术,继续教学和编辑《法国大百科全书》。而犹太裔的布洛赫则采取了更为积极的行动,反对希特勒德国的扩张。布洛赫 1939 年要求入伍保卫法国。未能如愿之后,他投身于地下抵抗运动,并从一个历史学家的角度,批判、审视法国的战败,写作了《奇怪的失败》(*L'Étrange Défaite*)一书。同时,他还反省历史学的发展和变化,撰写了后来影响甚大的《历史学家的技艺》(*Apologie pour l'histoire ou métier d'historien*)。然而不幸的是,1944 年他为德军拘捕,最后被处以死刑。

布洛赫的英年早逝,让费弗尔独自一人承担起了编辑《年鉴》杂志的重任。他不负众望,推动了不少研究项目,从经济史、心态史和社会史等各个方面,拓展历史研究的领域。更重要的是,他培养了年鉴学派第二代掌门人费尔南·布罗代尔（Fernand Braudel, 1902—1985),使得年鉴学派在费弗尔 1956 年去世之后,更上一层楼,在布罗代尔的接替领导下,成为世界史坛的一支生力军。

的确,第二次世界大战虽然让欧洲重创,但却给年鉴学派的继续发展提供了一个契机。1929 年《年鉴》杂志创刊的时候,布罗代尔还只是一个三十不到的年轻人。战前他在巴黎大学(索邦)受教以后,一边在法国殖民地阿尔及利亚做中学老师,一边准备博士论文,在各地搜集了不少研究资料。1934 年巴西创办圣保罗大学,布罗代尔应邀于次年去那里帮助建设其历史系,并在那里度过了他自谓"一生最幸福的岁月"。这些海外教学的经历,让布罗代尔眼界开阔,更有意从宏观的角度研究历史。从巴西回国,又让他有幸与费弗尔结识,成了后者的"学术养子"(un enfant de la maison)。费弗尔对布罗代尔也十分欣赏。布罗代尔当时决定以西班牙菲利普二世统治地中海为博士论文的题目,费弗尔建议,应该将重心颠倒一下,以地中海为主题而不是背景来描述这段历史。布罗代尔对此十分折服。但战争很快爆发,布罗代尔应征入伍却很快被俘。在德军的战俘营中,他凭借惊人的记忆力和一个小的地方图书馆,继续博士论文的写作,并将写好的草稿逐章寄给费弗尔,请他指正和保存。

布洛赫在《奇怪的失败》一书中就曾从法国战败出发,严厉批评法国学术界的传统。第二次世界大战以后,法国学术界经历了一系列的改革,费弗尔的声誉日隆、地位显赫。1947年他在法国高等研究院(École pratique des hautes études)建立了"第六系",由他主持。同年他也将《年鉴》杂志改名为《经济、社会、文明年鉴》,表明他打算大张旗鼓地改造历史学,将之与社会科学融为一体。费弗尔领导的第六系,不但有历史学家,更有许多其他学科的学者如克劳德·列维·施特劳斯(Claude Lévi-Strauss)、罗兰·巴特(Roland Barthes)和皮埃尔·布尔迪厄(Pierre Bourdieu),均为一时之选。

1949年布罗代尔出版了他的博士论文《地中海与菲利普二世时代的地中海世界》(La Méditerranée et le Monde Méditerranéen à l'époque de Philippe II)。这部划时代的巨著代表年鉴学派进入了一个新的阶段。如书名所示,布罗代尔接受了费弗尔的建议,将地中海作为他研究和写作的主题,这在当时是一个十分大胆而又崭新的举动。而在同时,他又青出于蓝,突破了费弗尔心态史研究的路数,将研究重点从社会和心理构成转移到了更为恒久的自然环境及其对人类活动的终极影响。如上所述,费弗尔和布洛赫建立年鉴学派,其意图就是扩大历史学家的视野,重视人和自然、地理环境之间的互动,而在布罗代尔那里,这一互动过程得到了空前的强化,让人耳目一新。

布罗代尔的《地中海与菲利普二世时代的地中海世界》成为一部杰作,其最大的原因是它能推陈出新。① 该书卷帙浩繁,有60多万字,共分三卷。布罗代尔的写作引用了大量经过考证的档案史料,足证他可以像兰克学派所要求的那样,写作一部传统的政治史。但他的第二卷,则从政

---

① 费弗尔曾为布罗代尔的《地中海与菲利普二世时代的地中海世界》写作书评,称赞该书"为我们开辟了新的视野,它在某种意义上是革命性的"。见前引J. 勒高夫等,《新史学》,页16—17。

第十一章 年鉴学派及其影响

治事件转向了经济制度、民族国家、社会结构和文明演化。他似乎同意兰克的观察,即在16世纪以后,政治国家的兴起勾勒了历史的走向。但与兰克不同的是,布罗代尔不认为可以将这一兴起孤立起来看待,而是希望从社会变化和文明演进的角度向读者揭示,政治层面的变化终究受控于更为持久的因素。那时的地中海世界,不但有西班牙、意大利等欧洲国家,更有奥斯曼帝国和其他穆斯林政权。后者虽然没有经历与欧洲国家相似的民族国家的兴起,但其社会结构的发展,特别是阶级之间的分化,却与欧洲国家有大量可比之处。其实在第三卷中,布罗代尔虽然写作政治史和军事史,他也已经不时地向读者提示,这些政治事件和伟人的作为,终究不过是肤浅的表面,转瞬即逝。

《地中海与菲利普二世时代的地中海世界》的第一卷是全书的重点。布罗代尔用浓重、迟缓的笔调,细细勾勒了地中海的自然环境——山麓和平原、海岸和岛屿、气候的特征和陆海路交通的差异。而他的新颖之处是讲述人和自然之间的互动,而不是自然本身。譬如他在描述山麓和平原的时候,写到山民社会的构成及其生活方式,将之与生活在平原上的人及其社会与生活做对比,并解释了两者之间为什么无法平和自如地融合与交流,而是时有矛盾冲突发生。在描写地中海的时候,他又强调指出这一海洋环境如何超越宗教、文化和政治的隔阂,让所有居住在其中的人们具有相似的生活态度、质量和方式。

《地中海与菲利普二世时代的地中海世界》出版以后,好评如潮,一时洛阳纸贵,这也让布罗代尔声名鹊起,被认可为费弗尔的当然接班人。的确,在费弗尔之后,布罗代尔不但接班成了法兰西公学院的历史学教授,也接管了法国高等研究院第六系。师生之间惺惺相惜,但若细细比较,二人彼此间的差别还是颇为明显的。布罗代尔的著作,从书名到结构,都显示他希图重构地中海世界的全貌。这种"全体史"的研究路向,正是费弗尔所提倡的。可有趣的是,布罗代尔的叙述虽然全面,但却独缺对精神面貌、社会心理和宗教信仰(包括人们的荣誉感、羞耻感及对两性差异和男人味的态度等)等上层建筑方面的描述,凸显出他与费弗尔的不同。① 作为年鉴学派新的领军人物,布罗代尔的主要贡献在于清楚地区分了不同的历史时间及其影响。他强调人与自然环境的互动是"长时段"的,对历史进程起了关键的作用。在这之下的是社会、经济的变动趋势,最次的则是政治事件即伟人的作为。布罗代尔承认伟人的丰功伟绩,读者对之充满兴趣,也是传统史学的根基。但他认为,从长远来看,伟人的行为对历史进程的影响力微乎其微、不足称道。费弗尔有关心理素质的构成及其影响的研究,想来应该在布罗代尔所划分的第二层次的时间段中起作用。但布罗代尔个人一直没有对此加以深入的探讨。

布罗代尔的接班人,也即年鉴学派的第三代领袖之一的埃马纽埃尔·勒华拉杜里(Emmanuel Le Roy Ladurie)在回顾学派发展的时候,曾将1945年第二次世界大战的结束视为一个转折点,而转向的基本特点,在他看来就是从质的结构分析到量化方法的采用。采用量化方法,其目的是勾勒历史演进的趋势或趋向(conjonctures)。② 换言之,如果在费弗尔、布洛赫时代的年鉴学派,借鉴更多的是地理学、心理学和社会学的角度和方法,那么布罗代尔领导的年鉴学派第二代学者,则对经济学、人口学等采用、分析数据的学科,兴趣更浓,同时也没有放弃对地理环境和社会心理的重视。

布罗代尔本人的研究也多少展现了这个倾向。在出版了《地中海和菲利普二世时代的地中海世界》之后,布罗代尔与费弗尔合作,以资本主义的兴起为重点。希图探讨近代早期时期的历史。两人各有分工,费弗尔注重研究"思想和信仰"的变化,而布罗代尔则从物质生活的角度进行考察。费弗尔的部分在他生前没有完成,但自1967年开始,布罗代尔相继出版了《物质文明、经济和资本主义:15至18世纪》(*Civilisation Matérielle, Économie et Capitalisme, XVe-XVIIIe*)的三卷巨著。该书

---

① 参见 Iggers, *New Directions in European Historiography*, pp. 58—59; Burke, *The French Historical Revolution*, p. 39。

② Ibid., p. 56。

的第一卷用详细的笔触,仔细描写了前近代欧洲和世界其他地区的日常生活。布罗代尔充分展示他之所长,在这部分的叙述中,从地理和生态环境来考察人类生活的构成及其不同。譬如他指出,欧洲人食麦文化和亚洲人食稻文化的形成,与所处的自然环境息息相关,而这两种经济的形成,又造成欧洲人和亚洲人生活态度和社会行为的种种不同等等。该书第二卷以资本主义商品经济的兴起为中心。布罗代尔的研究受到了马克思等前辈学者的启发,而他希望创新的地方是深入展现经济基础与上层建筑之间的互动关系。第三卷从探究资本主义兴起的原因转向其过程。布罗代尔结合宏观和微观的方法,既揭示历史发展的趋势,又深入描述其中的个案,充分展示了他作为一个杰出史家,其研究、著述方法与一般经济学论著之差别。

从以上的简单描述可以看出,布罗代尔的《物质文明、经济和资本主义》没有以计量统计为唯一的方法;他在第二卷的写作中,适时地提供了图表和数据分析,但并不以此为主。但布罗代尔显然是对计量方法持有兴趣。在1966年修订出版《地中海与菲利普二世时代的地中海世界》一书时,他也补充加入了一些数据分析。布罗代尔对计量和其他科学方法的倡导,主要体现在他对后辈的提携和扶持。在这方面,比布罗代尔年长两岁的马克思主义经济史家恩斯特·拉布罗瑟(Ernest Labrousse)的作用也不可小觑。作为马克思主义史家,拉布罗瑟对经济基础的作用十分重视,由此引发了他对计量方法的兴趣,而他本人对于后辈,常常呵护备至、鼓励有嘉。布罗代尔与拉布罗瑟一同,让年鉴学派在战后进入了一个发展的盛期。①

第三节 从计量史学到(新)文化史

年鉴学派在1950年代以后开展的一系列研究项目展示出,该学派学

---

① 参见 Burke, *The French Historical Revolution*, p. 54。

者从物质生活、经济结构、人口变迁等方面入手,全面开花,成果丰硕。这些系列史的研究,包括了诸如"港口、道路和交通""货币、价格和趋势""物与人""人类活动与地理环境"和"社会与文明"等题目。在这些新颖的视角下,年鉴学派年轻一辈的学者勤奋耕耘、各有所长,此处无法一一列举。不过勒华拉杜里的《朗格多克的农民》(Les paysans de Languedoc)一书,值得稍加详述,因为该书体现了年鉴学派对计量方法的重视,而勒华拉杜里本人的治学也能代表年鉴学派的发展。如上所述,勒华拉杜里为布罗代尔所欣赏。像布罗代尔和他的老师费弗尔一样,勒华拉杜里后来也成为法兰西公学院的教授。

《朗格多克的农民》是勒华拉杜里的博士论文,于1966年出版,指导老师除了布罗代尔,还有拉布罗瑟等人。年轻的勒华拉杜里也曾是一名共产党员,但在1956年匈牙利事件发生之后,逐渐脱离了党的活动。勒华拉杜里写作此书的目的是想揭示历史变动、抑或不变的缓慢过程,亦即用"长时段"的眼光考察历史。该书跨越了好几个世纪,描述朗格多克农民的生活及其人口变化,为此勒华拉杜里分析了影响他们生活和人口升降的因素,诸如什一税、工资、租金、税率等数据,制成图表详细说明。勒华拉杜里的基本论点是,朗格多克的农民及其人口像树的年轮一样,每年因季节冷暖有所不同,而什一税、工资、价格等变化的趋势,也在表面上对他们的生活产生了些微的影响。但就总体而言,这一地区人们的生活数百年中没有产生根本的变化,因为他们的生活方式、态度和精神面貌一仍其旧、亘古不变。

不但勒华拉杜里的论旨与布罗代尔的史学观点如出一辙,而且他的《朗格多克的农民》在结构上也分成三个部分。但与布罗代尔的《地中海》不同的是,勒华拉杜里不是按"时段"而是按年代顺序,循序渐进地叙述该地区农民的生活。采用这种叙述手段,可能是为了让读者对他最希望展露的深层的、不变的历史结构,有一种感同身受的理解。在勒华拉杜里眼里,不但政治事件的影响转瞬即逝,而且他所描述的经济层面的因素,也无法对历史的深层结构形成质的影响。但需要一提的是,《朗格多克的农

第十一章 年鉴学派及其影响

民》篇幅宏大,其中不但有大量数据,也有对具体历史场景的描述。换言之,勒华拉杜里本人的治学兴趣并非一成不变。在1975年,也即出版《朗格多克的农民》九年之后,勒华拉杜里出版了《蒙塔尤》(*Montaillou, village occitan de 1294 à 1324*),不但篇幅较小,时间跨度仅30年,而且侧重点不同。《蒙塔尤》一书的取材,仍然在朗格多克地区——蒙塔尤是其中的一个小村落。但勒华拉杜里所注重的不是该村庄"不变"的历史结构,而是该村人民(牧民)生活的方方面面,从日常起居、信仰礼拜到两性、家庭关系等,应有尽有。他所依据的是时任该地主教的审判档案,以村民的口述、口供为主,穿插了勒华拉杜里的解读、分析和描述。

从《朗格多克的农民》到《蒙塔尤》,勒华拉杜里的研究发生了一个明显的转向,而这一转向也正好印证了年鉴学派的多样性、多面性。在年鉴学派的倡导下,1970年代见证了计量史学的繁荣,在欧美学界乃至其他地区,均有不少这方面的尝试。譬如,在1970年代中期,也即计量史学走向顶峰的时候,年鉴学派的10位同仁出版了一本历史方法论集,题为《历史的构成》(*Faire de l'histoire*),其中《历史的计量方法》列为首篇,反映了当时的风气。《历史的计量方法》由马克思主义史家弗朗索瓦·弗雷(François Furet)执笔,勒华拉杜里则从自己写作《朗格多克的农民》的经验出发,撰写了《气候史》一章,介绍如何从气候的变迁来解释历史。该书译成英文之后,牛津大学的考林·卢克斯(Colin Lucas)教授写了一篇序言,提到当时年鉴学派史家对于计量方法的热衷,说勒华拉杜里曾经希望历史工作者能像电脑编程员那样,对待史料像对待数据那样做系统的统计、归纳和分析,而安德烈·比尔吉艾尔则在评述经济史方法的一章中指出,将来有一天,史家能对原先以为不可测量的人类行为加以精确的测量,从而得出明确的结论。①

重要的是,虽然年鉴学派的史家那时注重历史研究的科学化和计量

---

① 此书英译本为 *Constructing the Past: Essays in Historical Methodology*, Cambridge: Cambridge University Press, 1985, p. 9.

化,但他们却没有以此为限,画地成牢,而是百花齐放,进行多种"新史学"的尝试。① 《历史的构成》一书以计量方法、经济史为开首两章,而在这之下,其他年鉴学派的史家探讨了各种历史研究的途径,从马克思主义、气候、人口和宗教到社会史、大众心理、节日(嘉年华)和书籍印刷史,均有系统介绍。此书的编者是雅克·勒高夫(Jacques Le Goff)和皮埃尔·诺拉(Pierre Nora)。他们与勒华拉杜里一样,是第三代年鉴学派的领军人物。简言之,布罗代尔以后,年鉴学派走向了多元化,其领导人物也各领风骚。如勒华拉杜里出任法国公学院的教授,而勒高夫则接替布罗代尔负责法国高等研究院的史学研究。诺拉也是一位出色的学者,于2001年当选法兰西学院院士,同时也是一位有作为的出版家。他在与勒高夫一同编辑了《历史的构成》的论文集之后,又负责编辑出版了许多年鉴学派的历史著作,为扩大年鉴学派的国际影响做出了卓越的贡献。

更值得一提的是,勒高夫和诺拉的研究兴趣与勒华拉杜里颇为不同。勒高夫为《历史的构成》撰写的是有关大众心理史或心态史(L'histoire des mentalités)的文章,而他本人也的确在该领域辛勤耕作多年,成果硕丰。因此,勒高夫的研究继承了年鉴学派第一代史家费弗尔的风格,可见第三代的年鉴史家虽然尊崇布罗代尔,但同时又注意结合并发扬第一代年鉴学派治学的经验。勒高夫认为,心态史的研究,亦是探讨"长时段"中的历史变动因素的良策。像民俗学家一样,心态史家"希图揭示社会存在中最稳固持久和最永恒不变的层面"。他引用拉布罗瑟的话来形容,"社会变化比经济变化更慢,而公众心态的变化则又比社会变化还慢"。② 在研究方法上,心态史家除了要参照民俗学家的经验,同时也要结合社会心理学的研究。因为心态史是为了揭橥社会结构的"长时段"因素,因此经济史、社会史的研究也有重要的辅助作用。总之,勒高夫指出,心态史的研究有助探究历史变动中的多种因素和层面,比如个人与团体、偶然与必

---

① 前引姚蒙编译,J. 勒高夫等人主编的《新史学》一书,呈现了年鉴学派多元化的路向,值得中文读者参考。

② *Constructing the Past: Essays in Historical Methodology*, p. 167.

第十一章　年鉴学派及其影响

然、有意与无意、长时段与短期性等关系的相互作用。

诺拉没有为《历史的构成》写作,不过从他之后的研究和编著活动来看,他与勒高夫两人共同编写此书,表现出两人之间颇有惺惺相惜之感。如果说勒高夫专注的是大众心理,那么诺拉则注重大众记忆的构成、特征和影响。他在 1984—1992 年间,与人合编了"记忆的场域"(Les Lieux de mémoire)丛书,自下而上,从大众的历史记忆出发探究和展露法国人历史和文化认同观念的变迁。在丛书出版数年之后,美国芝加哥大学出版社便将之译成英文出版。该丛书的编辑对世界范围内历史和记忆研究(memory studies)的开展,起了一个十分重要的推动作用。而对法国历史研究而言,"记忆的场域"丛书从几个方面颠覆了原有的历史观念。首先,诺拉编辑该丛书的目的是重构 19 世纪实证史家欧内斯特·拉维斯(Ernest Lavisse, 1842—1922)对法国历史的构建。与拉维斯用政府档案写作法国历史的做法截然相反,"记忆的场域"不但关注历史人物,而且更注重历史的场所,如凡尔赛宫、埃菲尔铁塔等著名地标,也有对街名、街道变更的研究,还包括了法国宗教、文学和艺术界的人物,因为诸如这些都对法国人的文化认同产生了重要的影响。其次,与拉维斯强调法国人历史、民族和文化认同的单一性相对照,诺拉强调法国认同的多元性——原书的"法国"用的是复数。换言之,诺拉意图指出,其实法国人的认同并不能以民族国家这一概念来涵括,由此,"记忆的场域"丛书从观念上也突破了兰克史学的藩篱,产生了国际的影响。

的确,年鉴学派自第三代开始,其治学的路径及影响已经走出了法国,对欧洲乃至整个世界的历史研究都产生了一种示范性的作用。这一成绩的取得,与勒高夫和诺兰两人的推动,有密切的关系。在很大程度上,他们是法国乃至世界史坛"新史学"的倡导者。[①] 这一"新史学"的特征,就是眼光朝下,不以精英人物的行为和思想为研究重点,而是关注社

---

① 前引《新史学》和弗朗索瓦·多斯《碎片化的历史学》这两本介绍法国史学的书,不约而同都以"从《年鉴》到'新史学'"为副标题。

会底层的大众心理与集体行为。例如,勒高夫本人的成名作之一是《中世纪的时间、劳动和文化》(Time, Work, & Culture in the Middle Ages)。如书名所示,此书的描述重点是一般人的日常生活。之后勒高夫又撰有《历史与记忆》(Histoire et mémoire)论文集,其中不但倡导记忆的研究,而且还以此出发,对历史研究的性质及其变化提出了自己的见解。

以大众心理和公众记忆为视角来展现社会下层的生活,自然是一个绝佳的途径。但还不止如此。在《历史的构成》一书中,罗杰·夏蒂埃(Roger Chartier)和达尼埃尔·罗什(Daniel Roche)也提供了一章,探讨书籍史的写作。他们两人相差十岁,后者还是前者的老师,不过在那时都相对年轻,出道不久。此后他们不但著述宏富,而且手法新颖,成为了年鉴学派第三代和第四代的代表人物。他们在《书籍史》一章中指出,史家对文献和书籍的爱好,由来有自,但计量方法和科学统计的流行,使得书籍史、印刷史渐渐成为了一个新的研究领域,因为这些手段能对书籍的印制、流通和销售,做出相对精确的统计分析,从而发现大众阅读文化的形成、特点和变化。换言之,他们研究书籍史,不是像以往的传统史家那样,专注讨论书籍的内容及其作者的思想。相反,他们眼光朝下,研究的是一般大众对书籍的需求及其阅读习惯的形成,因此他们的书籍史研究有助于揭示上层精英文化和下层大众文化之间的互动关系。1970年代以后,由于包括他们二人在内的诸多学者的努力,书籍史研究已经成为当代史坛的新兴学问,并且不断有所进步。

除了推进书籍史的研究,罗什和夏蒂埃两人还开拓了其他领域,但就大体而言,他们的努力方向是社会文化史的研究。具体而言,他们试图沟通社会史和文化史,既从社会的角度考察文化的演变,同时又将文化层面的题材引入社会史的研究领域。举例而言,在合作写作《书籍史》一章后不久,罗什出版了他以博士论文改写的成名作《启蒙运动地方史》(Le Siècle des Lumières en Province),将启蒙运动的研究重心从巴黎移到了边缘、从闻名遐迩的思想家移到了名不见经传的小人物。然后他又写作了《巴黎人》(Le Peuple de Paris),重现18世纪巴黎一般人的生活。因为他的研究对象是普通大众,所以常规的文献史料相对缺乏,但罗什另辟蹊径,从遗产登录、拍卖记录等材料入手,重构一般巴黎人的生活。同时,他还注意运用实物史料,譬如餐具、家具等,尝试物质文化史的研究。后来罗什又更上一层楼,出版了《服饰文化史》(La Culture des Apparences),重构法国大革命以前的商业活动及其社会影响。罗什这些研究在当时都具有开创性的意义,其成就至今仍有启发性。

与他的老师罗什相比,夏蒂埃的研究相对比较集中,但他著述勤奋,成绩傲人。夏蒂埃从书籍史出发,研究了一系列与印刷文化相关的题材,而且近年常常用英文写作出版,由此成为了当今史坛"新文化史"的代表人物(有关"新文化史"的兴起和影响,我们将在以后的章节详论)。具体而言,夏蒂埃的研究以作者、文本、书籍和读者这四个方面为主。前两项似乎与传统的思想史研究相像,但夏蒂埃的研究对象不是文化界精英,而是普通知识人。后两项则是书籍史的核心,即如何从书籍的印刷、流通和销售着手,探究知识文化的传播渠道及其被读者接受的程度,由此来描述和分析某个时代文化的总体特征及其各个层面。比如夏蒂埃在《早期近代法国的印刷文化》(The Cultural Use of Print in Early Modern France)一书中,力求通过对书籍流传和阅读的研究,考察旧制度下法国社会各阶层之间的关系。他所注意的层面十分新颖,比如他有一章讨论印刷书籍的着色技术,看起来似乎很带技术性,但他的出发点显然是想考察书籍印刷与其流通之间的关系,因为显而易见,着色的书有助于销售。他也考究书籍的内容,如描述有关社交礼仪的书如何在法国社会上流通,沟通上下层阶级和文化。总之,此书牵涉范围很广,其讨论的深度和广度足以窥见夏蒂埃在书籍史和印刷文化研究上的精湛造诣。

年鉴学派第四代学者的治学兴趣和成就比前三代更为多元、多样。如果借用弗朗索瓦·多斯(François Dosse)的概括,年鉴学派的近年发展以"碎片化"为标志。他所指的"碎片化",包含两层含义,一是观念上的变迁,二是方法上的多样。从布洛赫、费弗尔到布罗代尔,均大致希望以对过去的研究,来揭示历史走向近代的过程。因此,他们对世界历史的理解，建立在启蒙运动所建立的历史进步观念的基础之上。但在第二次世界大战之后，世界各地的种种变化已经对这种进步观念及近代一定超越以往的看法，提出了质疑和挑战。这一观念的变化，使得年鉴学派的第三和第四代史家开始注重前近代、亦即中世纪的历史。多斯在《碎片化的历史学》一书中引用第三代史家菲利普·阿里耶斯（Philippe Ariès）的话"一种迹象令我鼓舞：进步主义已行将就木"，便是这种心态变化的写照。阿里耶斯本人的研究，以法国大革命之前的历史为重，是儿童史和家庭史研究的倡导人。由于摆脱了进步主义观念的束缚，年鉴学派的史家开始尝试各种不同的学科方法，特别是人类学、人种学的方法，对文化现象进行研究。上述罗什和夏蒂埃的论著，便是一个显例。罗什本人为之定位为"社会文化史"（在英语世界则被称为"新文化史"），而在多斯眼里，社会文化史标志着"一种新的历史学"的诞生。[①] 这一"新史学"的宗旨，与前两代的年鉴史家不同，不以探寻历史的走向为主要目的，而是以怀旧的情绪、感伤的笔调，为读者重构前近代历史的种种面貌。他们的目的不仅仅是在社会和文化之间，突出文化的重要，而且还有意强调文化其实能创造社会性，并以文化来取代社会。多斯对历史学"碎片化"的成因有这样的总结："投身当代政治成为过时的举动，我们的社会陷于南北矛盾和东西矛盾的夹缝中。无奈之下，它便只能满足于赞美个人价值，从大众记忆中寻求前人的闲情逸致，在无视未来并毫无意义的人种学和文化史中乞求安慰了。"[②]他的话语略显尖刻，但所揭露的事实却十分重要，因为年鉴学派几代史家的变化，也正是欧美史学在近现代变化的缩影和写照。

[①] 多斯：《碎片化的历史学》，页 154。
[②] 同上书，页 165。译文稍有更动。

第十二章

战后史学的多样发展

如同上章所述,法国年鉴学派几代学者的治史兴趣,发生了显著的变化。在很大程度上,这些变化成了 20 世纪欧洲史学乃至国际史学发展的一个写照。以时段而言,1970 年代所出现变化,特别值得注意。前章已经提到,勒华拉杜里曾自诩《朗格多克的农民》为一部"没有人物的历史",因为勒华拉杜里力求以计量的科学手段对该地区的历史做"长时段"的结构性考察,而不以政治人物和事件的描述为中心。但伊格尔斯教授在《二十世纪的历史学》中观察到一个吊诡的现象,那就是勒华拉杜里《朗格多克的农民》一书一方面推行史学写作的科学化,另一方面又对"心态史"(l'histoire des mentalités)有所探索——作者对朗格多克地区的"长时段"观察,目的是深入发掘和展示大众的心理和精神世界。[①] 为此目的,史家需要扩大视野,不再将眼光锁住在政治和社会的精英身上。他们这一尝试和努力的过程和结果,便是本章探讨的主要内容。

第一节 从结构史到叙述史

1975 年,也即在《朗格多克的农民》出版之后的第九个年头,勒华拉杜里又出版了《蒙塔尤》一书,部分地利用了他为前书写作所收集的材料,

---

① Georg Iggers, *Historiography in the Twentieth Century: From Scientific Objectivity to the Postmodern Challenge*, Hannover, NH: Wesleyan University Press, 1997, p. 61.

以朗格多克地区的蒙塔尤这个小村庄为重点,多方面展现了一般民众日常和私密的生活。在同一个勒华拉杜里的笔下,历史又变得生动起来,人物的描述再次回到了叙述的中心。用勒华拉杜里的话来说就是,虽然有关旧制度下法兰西乡村的原始史料已经有所发现,但阅读之后又使他"产生出一种欲望:继续深入这种调查,寻找关于有血有肉的农民更加详细和具有内省性的资料"。[①]《蒙塔尤》一书,从该地的生态环境讲起,以此解释村民心态的形成,然后再从村民的婚姻和性生活讲到家庭关系,以及宗教和社会行为,描绘和展现法兰西农民的种种心态。书中不但有人物——如雅克·富尼埃(Jacques Fournier)等——更有细致生动的叙述。当然更重要的是,勒华拉杜里从重构蒙塔尤的"全体史"出发,将视角从富尼埃这样的贵族移到了一般民众。《蒙塔尤》一书于是就成了 20 世纪下半叶史家视角下移、写作"自下而上"的历史的一本开拓性著作。

《蒙塔尤》问世的翌年,意大利史家卡洛·金兹伯格(Carlo Ginzburg)出版了此后同样闻名遐迩的《奶酪与虫子:一个十六世纪磨坊主的宇宙观》(*Il formaggio e i vermi*)。此书的标题独特新颖,叙述生动,阅读性强,出版之后,像《蒙塔尤》一样迅速成为一本畅销书,并被译成多种文字,其成功为专业史家作品中所少见。从史学史的发展来看,《奶酪与虫子》的出版具有多重的意义,一般以为此书是"微观史学"的先驱著作,而从史家视角下移的角度来看,此书又是"自下而上"历史的代表作之一。《奶酪与虫子》的主人公名叫多莫尼科·斯堪德拉(Domeneico Scandella),在 16 世纪意大利北部弗留利(Friuli)地区的小山城蒙特瑞阿勒(Montereale)经营一座磨坊,当地人习惯称他为麦诺齐奥(Menocchio)。故事就围绕麦诺奇奥这位名不见经传的小人物展开。在金兹伯格笔下的麦诺奇奥,行为有些怪异,喜欢读书,好发议论,于是招来了麻烦。16 世纪正逢欧洲的宗教改革,天主教廷遇到了一系列挑战。为了应对这些挑战,天主教会的宗教裁判所对新教和其他异端思想和行为

---

① 勒华拉杜里:《蒙塔尤》,许明龙、马胜利译,北京:商务印书馆,1997,页 1。

第十二章　战后史学的多样发展

不但十分警惕,而且竭力压制。这一风波也波及了蒙特瑞阿勒这样的小地方。麦诺奇奥的种种议论让他成为审判的对象,而他在法庭上却不惧权威,侃侃而谈,留下了丰富的记录。这些材料不但构成此书写作的基础,也让读者窥视到当时一般人的宗教观和知识面。《奶酪与虫子》的成功之处就在于,金兹伯格以小见大、自下而上,为现代读者重构了宗教改革时期意大利普通人的思想和宗教观念。麦诺奇奥的一些"乖舛"议论,反映出即使像他这样粗通文墨的小人物,也已经对教会宣扬的一套宇宙观产生了许多怀疑。比如他"妄言"道:宇宙的构成,如同牛奶中生成的奶酪,而从奶酪中滋生出的虫子,则是人类和天使,还包括上帝。这种对上帝和教会近同"亵渎"的言论,自然为宗教裁判所所不容,因此麦诺奇奥最终被处以火刑。他对教会宇宙观的质疑,与哥白尼、伽利略等人从科学实验的角度挑战中世纪的宇宙观,颇有异曲同工之妙,让现代人对那时欧洲思想界、宗教界翻天覆地的变化有一种感同身受的理解。

《蒙塔尤》和《奶酪与虫子》这两本著作还有一个重要的共同点,那就是它们销量极好,而且经久不衰。勒华拉杜里在中文版的序言中戏言道:"无心插柳柳成荫,我意外撰写出版了一本畅销书,这给我既带来了好处,也造成了坏处。坏处是它难免引起同事乃至朋友们的嫉妒。"① 戏言归戏言,这两本书的成功至少有一点是相同的,那就是两位作者"讲故事"的技艺高超。换言之,他们都是叙述史的高手。其实,注重叙述本来就是西方史学自古希腊以来的特征,即使在中世纪这一传统也没有中断。近代科学史学诞生之后,被尊为"科学史学之父"的兰克也是当时人公认的叙述高手。② 但是在兰克之后,历史的专业化逐步确立,史家不但在大学和研究机构供职,也逐渐只为同行写作,因此风格和笔调都逐渐变得单一和拘谨,以显示其冷静、客观的立场。如此结果,便使得历史著作与普通大众愈来愈远,失去了原来的社会功用。而史家(如年鉴学派的前两代学者)

---

① 勒华拉杜里:《蒙塔尤》,页5。
② Gay, *Style of History*, pp.59—66.

追求历史研究和写作的科学性,希求解释和分析社会整体的和结构性的变化,更让他们所写作的历史成为"没有人物的历史"。但《蒙塔尤》和《奶酪与虫子》二书的问世,则在很大程度上改变了这一刻意"科学化"的趋向。对于勒华拉杜里本人而言,这一转折格外引人注目,因为他在1970年代早期曾断言"历史学如果不采用计量方法,那就称不上是科学的"。①

简而言之,如果史家希望视角下移,那么就必须注重其著述的可读性,增强叙述的效果,以此来激发读者的兴趣。在1970年代走向终结的时候,时任美国普林斯顿大学教授的英国史家劳伦斯·斯通（Lawrence Stone）在英国的左翼杂志《过去与现在》(Past and Present)上发表了一篇引人注目的文章,题为"叙述的复兴:对一种新的旧史学的反思",对自1960年代以来欧洲史学界发生的变化,做了一个敏锐又及时的观察。斯通指出,自20世纪初年以来,历史研究以科学化为目标,产生了三种"科学史学",取代了19世纪兰克学派所代表的以考订、批判史料为特征的科学史学。这三种"科学史学"分别是寻求发现和说明历史演进规律的马克思主义学派、注重生态环境和人口变化以解释历史的年鉴学派和特别盛行于美国的计量史学。据斯通的考察,这三种"科学史学"治史的取径各异,但又有一个共同的特点,那就是从以往史学注重回答"什么"（what）和"如何"（how）转向解答"为什么"（why）。换言之,这些科学史家希望分析和解释历史现象的发生和渊源,而对描述历史现象和人物行为兴味索然。一言以蔽之,斯通认为这些具有"科学史学"特征的"结构的历史"（structural history）,与传统的"叙述的历史"（narrative history）取径截然不同。②

不过斯通指出,1970年代以来上述"结构性的历史"似乎逐渐失去了其原有的吸引力。他承认年鉴史家布罗代尔、皮埃尔·古贝尔（Pierre

---

① E. Le Roy Ladurie, *The Territory of the Historian*, trans. B & S. Reynolds, Hassocks, 1979, p. 15.

② Lawrence Stone, "The Revival of Narrative: Reflections on A New Old History", *Past and Present*, 85 (1979), pp. 4—8.

Goubert)和勒华拉杜里的著作可以"位居有史以来最杰出史著的行列",但他们这种对历史演进的结构性考察也有一个明显的缺点,就是这些史家过于注重历史在"长时段"中不变的常态,无视在政治、文化和意识形态上的明显变化。譬如勒华拉杜里曾断言,14 至 18 世纪之间的历史是"静止的历史"(l'histoire immobile),因为在这五百年中,决定欧洲社会和历史的生态环境和人口因素,一仍其旧,毫无变化。这一结论显然过于偏激。斯通的批评是,如此看法不但无视诸如文艺复兴、宗教改革、启蒙运动和民族国家兴起等重大事件,也将那段时期文学、艺术、建筑、教育、宗教、法律、军事、制度等领域出现的一系列显著变化,视若敝屣(其实即使从人口学的角度考察,欧洲在 15 世纪以后人口出现大幅度的增长,变动也十分显著——笔者按)。①

饶有趣味的是,正是这些热衷"结构性的历史"的史家,在 1960 年代末之后尝试了新的历史写作形式,也即"叙述的历史"。勒华拉杜里自然是其中一位,但斯通文中提到的是勒华拉杜里的另一本著作——《罗芒狂欢节》(Le carnaval de Romans),出版于 1979 年。此书依据两位目击者的口述,加之一些其他数据资料,生动地再现了发生在法兰西一个小镇(罗芒)年度嘉年华上出现的屠杀惨案,在斗殴中有 20 人丧生。勒华拉杜里希求以小见大,再现 16 世纪下半叶法兰西乡村的社会、政治和宗教冲突。此书与金兹伯格的《奶酪与虫子》一样,被誉为"微观史学"的开山之作。而在斯通看来,意大利经济史家卡洛·齐博拉(Carlo M. Cipolla,1922—2000)的变化同样具有典型的转折意义,因为齐博拉在 1977 年用英文出版了《17 世纪托斯卡尼的信仰、理性和瘟疫》(Faith, Reason, and the Plague in Seventeenth-Century Tuscany)一书,"讲了一个故事",而在这以前,齐博拉的治史以经济、人口数据为主,特别注重历史的结构性变迁。那时尝试"叙述的历史"的史家还有不少,包括 E. P. 汤普森、娜塔

---

① 参见 Lawrence Stone, "The Revival of Narrative: Reflections on A New Old History", *Past and Present*, 85 (1979), pp. 7–8.

莉·泽曼·戴维斯（Natalie Zeman Davis）、罗伯特·达恩顿（Robert Darnton）、吉斯·汤姆斯（Keith Thomas）和斯通自己。斯通概括道，这些著作有五大特点，一是研究对象不是精英人物，而是处于社会底层的小人物或普通大众；二是虽然进行分析、解释，但又注重叙述描绘；三是采用以前忽视的史料，如法庭审判记录等等；四是在对史实叙述的时候，不满足于平铺直叙，而是在现代小说和弗洛伊德心理学的启发下，力求发掘史实背后的象征性意义；五是在讲故事的时候，注意展现当时社会和历史内部存在的种种关系。① 简而言之，这些史家的尝试与"结构的历史"已经渐行渐远，转而向"叙述的历史"靠拢，而叙述本身是西方史学的传统，因此斯通指出这一貌似"新史学"的倾向，其实是一种"复兴"、一种回归，形成了"新的旧史学"（a new old history）。

第二节　马克思主义与新社会史

斯通的文章在 1979 年发表以后被许多史学史家所征引，因为他的观察不但及时，而且准确。在论文的后半部分，斯通指出这一"叙述的复兴"，来自于对心态史的兴趣。由此来看，他把这一"新的旧史学"的产生主要归因于年鉴学派的新发展，因为心态史由年鉴学派第三、四代史家所倡导（对此上章有所涉及且亦将在下面详论）。可如果就史家眼光朝下、以小人物为关注点的倾向而言，也与马克思主义的影响颇有关联。其实，最早提出"自下而上的历史"（history from below）这个称呼的或许正是英国马克思主义史家 E. P. 汤普森。1963 年，汤普森的名著《英国工人阶级的形成》一书出版，他开宗明义地强调，写作此书是因为"我想将那些穷苦的织袜工、卢德派的剪绒工、'落伍的'手织工、'乌托邦式的'手艺人，乃至受骗上当而跟着乔安娜·索斯科特跑的人都从后世的不屑一顾中解救

---

① Lawrence Stone, "The Revival of Narrative: Reflections on A New Old History", *Past and Present*, 85 (1979), pp. 15—19.

出来"。① 1966 年,汤普森又发表了一篇短文,提出史家要注重撰写"自下而上的历史"。② 当然,在马克思主义史学兴起以前,也有史家注意写作大众的历史。英国"自下而上的历史"的另一位倡导者拉斐尔·萨缪尔(Raphael Samuel)指出,其实几乎各个时代都有人乐意从民众的角度写作历史,譬如 19 世纪英国的约翰·格林(John Richard Green,1837—1883)就以《英国人民史》而留名于世。③ 但萨缪尔此处显然有点自谦,因为作为英国"历史工作坊"(History Workshop)的主要发起人,他和他的同事的马克思主义倾向,显然有力地推动了"自下而上的历史"的运动。毫无疑问,马克思主义的历史观注重阶级斗争,因此必然会将眼光移到原来为人忽视的下层阶级和民众身上。英国以外的马克思主义史家也有类似的治史取径。举例而言,二战以后东德的史家就开发了"前工业化时代中农民和手艺人的经济、社会条件,工业化时期工人阶级的状况和工人协会、罢工和社会抗议运动,以及'帝国主义'时代经济利益在形成内外政策中的作用"等课题。④ 而在法国大革命的研究中,法国的马克思主义史家如乔治·勒费弗尔和阿尔贝·索布尔等人,也较早地将眼光移向了下层阶级,讨论农民和城市平民,如无套裤汉在革命中的作用。同时,英国研究法国大革命的马克思主义史家如理查德·科布(Richard Cobb),也同样对法国下层民众如何在革命期间和之后所进行的一系列抗议示威活动做了深入的探讨。

E. P. 汤普森不但倡导"自下而上的历史",而且身体力行,写出了名著《英国工人阶级的形成》。此书篇幅宏大,研究精湛,叙述详细,因此读

---

① E. P. 汤普森:《英国工人阶级的形成》,钱乘旦等译,南京:译林出版社,2001,上卷,页 5。
② 参见 Jim Sharpe, "History from Below", Peter Burke ed., *New Perspectives on Historical Writing*, University Park, PA: Pennsylvania State University Press, 2001, pp. 25—42, esp. p. 28。
③ Raphael Samuel ed., *People's History and Socialist Theory*, London, 1981, pp. xv—xvi.
④ 乔治·伊格尔斯:《欧洲史学的新方向》,赵世玲、赵世瑜译,北京:华夏出版社,1989,页 152。

者往往望而生畏。但自出版以来，此书一直是世界范围内历史系学生必读的要籍之一，无疑是一部经典作品。此书的成功，至少有两个方面的原因，一是汤普森眼光朝下的视角，二是他对"阶级"这一马克思主义概念的创新解读和阐释。汤普森这部著作由两部分组成，概括了自1780年至1832年的史事。第一部分主要以18、19世纪之交的历史为重点，第二部分则重点描述19世纪二三十年代的历史。汤普森的基本观点是，英国工业化的完成并不代表工人阶级已经形成，后者的"形成"不是被动的、自然的，抑或"被造的"过程。相反，它是一个工人阶级"自造的"过程，而他写作的重点，就是描述这一"自造的"过程。为此目的，他在书的第一部分中用很多事例来展现工人的劳动、日常、宗教和政治的生活和活动。而且在这些描述中，他不是将工人阶级的生活孤立于其他事件之外，相反，他力图将工人的活动与当时英国历史所经历的种种变化联系起来考察。同样在书的第二部分中，汤普森也以对种种事例的描述来证明，在19世纪的初叶，工人阶级已经自成了一个阶级，具有比较自主的意识。

对于《英国工人阶级的形成》一书的宗旨，汤普森有十分明确的表述：

> 阶级是一种历史现象，它把一批各各相异、看来完全不相干的事结合在一起，它既包括在原始的经历中，又包括在思想觉悟里。我强调阶级是一种历史现象，而不把它看成一种"结构"，更不是一个"范畴"，我把它看成是在人与人的相互关系中确实发生（而且证明已经发生）的某种东西。①

换言之，作为一个史家，汤普森注重的是描述英国工人阶级的"经历"，然后展示这些"经历"如何让他们最终觉悟，意识到自己作为一个阶级的存在。而他这部著作的长处，正是因为他的写作有力地落实和展现了上述意图，体现了汤普森作为史家的独特之处。在出版了这部成名作

---

① 汤普森：《英国工人阶级的形成》，上卷，页1。

之后,汤普森又发表了其他一些论著,均以工人或下层阶级及其他们的活动、抗争为重点。其中比较出名的、被劳伦斯·斯通亦视为"叙述的历史"之一的是他的《辉格党人与猎人》(Whigs and Hunters)。此书出版于1971年,以18世纪的偷猎行为所引起的冲突为叙述主题,突出了平民与贵族之间的斗争。①

E. P. 汤普森是一位马克思主义史家,在剑桥大学求学期间加入了英国共产党,并且是"共产党历史学家小组"的重要成员。这个小组的其他成员还包括上面提到的拉斐尔·萨缪尔、克里斯托弗·希尔(Christopher Hill)、埃瑞克·霍布斯鲍姆(Eric Hobsbawm)和乔治·鲁德(George Rudé)等,均是英国乃至西方世界马克思主义史学的重要人物。但在1956年匈牙利事件之后,不少成员(包括汤普森)退出了这个小组,但他们的治史兴趣未有大的改变,仍然以下层社会的活动以及阶级之间的抗争为研究主题。

"共产党历史学家小组"成员虽然各分东西,但马克思主义史学在英国经过一番周折,到1960年代又开始重振,以汤普森《英国工人阶级的形成》的出版和萨缪尔组织的"历史工作坊"为标志。萨缪尔自1962年开始在牛津大学的罗斯金学院任教,该学院以工人学生为主,目的是培训他们,让他们接受高等教育。萨缪尔在该学院建立了"历史工作坊",希望让工人自己研究、写作自己的历史,在学院派的路数之外,走出自己独特的路径。经过十多年的实践,这一目的有所实现。1976年《历史工作坊杂志》(History Workshop Journal)正式出版,是此种努力走向成熟的标志,而在这前后,历史工作坊的成员还出版了一系列丛书,以"乡村生活与劳工""矿工、采石工和盐工""人民的历史与社会主义理论""文化、意识形态和政治"以及"妇女史中的性别和阶级"等为主题。同时,为了实践让学术走出象牙塔的宗旨,他们还出版了许多小册子,组织了各种文化活动,让学院之外的业余人员参与其中,与专业史家互动交流。

---

① Stone,"Revival of Narrative",p. 18.

如上所述,19世纪以来历史研究走向专业化以后,史家的写作与社会逐渐脱离,变得高高在上,有损历史作品的社会影响力。英国"历史工作坊"的活动,正是想对此现象加以矫正,不但写作、呈现"自下而上的历史",也用自下而上的手段研究历史。首先,历史工作坊的活动与兰克倡导的学院中的"研讨班"(Seminar)形式不同,参加者各色各样、各抒己见,气氛活跃,甚至唾沫四溅、烟雾腾腾。其次,因为研究的对象是下层的、没文化的工人,因此史料上就必须有所突破,以口述史料为主。历史工作坊的活动后来成为口述历史研究的先驱。复次,与专业史家标榜客观研究相对照,历史工作坊的参加者不掩饰自己的意识形态。他们指出并强调真理并不客观,而是受到了阶级、种族和性别等因素的影响。在《历史工作坊杂志》出版之初,就有一个明确的副标题——《一份社会主义史学家的杂志》。1982—1994年,该杂志的副标题又改为《一份社会主义和女性主义史学家的杂志》,可谓旗帜鲜明。值得一提的是,之所以加上"女性主义",其目的也是为了挑战学院派的史学传统,因为这一传统忽视女性在历史中的地位和作用。在女性主义史家眼里,如果历史研究和写作无视或忽视妇女,也即世界上一半的人口,那么这种历史学有何"客观"之处?与此相类似,马克思主义和左翼史家也认为,兰克以来的专业史学,往往论证和肯定资本主义社会和民族国家的正当性和合理性,因此也称不上"客观"。马克思主义和女性主义史家携手共进,因此有其共同的认识论基础。

E. P. 汤普森和英国"历史工作坊"等人的治史兴趣,因其侧重社会和阶级而被视为社会史。更精确一点说,他们所从事的是"新社会史",因为在他们之前,也有人提倡写作社会史,譬如剑桥大学的钦定教授乔治·马考莱·屈威廉(George Macaulay Trevelyan,1876—1962)。屈威廉对社会史的定义很简单,那就是"去除了政治的一种人民史"(the history of a people with politics left out)。显而易见,汤普森等人的历史写作与屈威廉的兴趣大为不同。有人如此形容"新社会史":"这种新社会史在第二次世界大战之后兴起,为民主化的呼求所推动。它不认为精英人物(政治家、外交家和企业家)的决定和决策能主宰千万人的命运,而是希望发现普通人的行迹、经验和作用。"① 由此,至少在新社会史兴起的初期,其推动和参与者均为左翼或马克思主义学者。在汤普森和拉斐尔·萨缪尔以外,20 世纪另一位著名的马克思主义史家埃瑞克·霍布斯鲍姆的作用也值得一提。就对马克思主义的信仰来说,霍布斯鲍姆似乎比汤普森、萨缪尔等人更为坚定。在后者于 1950 年代后期脱党之后,霍布斯鲍姆仍然留在英国共产党内。他对下层民众的重视也相对更早。他在 1959 年和 1969 年分别出版了《初始的反叛者》(*Primitive Rebels*)和《盗匪》(*Bandits*)二书,前者从比较的角度,描述了资本主义兴起初期欧洲各地掀起的民众抗争和反叛活动,后者则切入在当权者看来是"盗匪"之流的日常生活,重现他们的立场和作为。

正是由于这些马克思主义学者的有力推动和成功尝试,新社会史逐渐受到了学界的重视。英国左翼学者哈罗德·珀金(Harold Perkin, 1926—2004)描述道:在 1960 年代,新社会史是英国学界的"辛德瑞拉",抑或一只丑小鸭,没有专任教授,没有专门的杂志,亦没有落脚的学术单位。但饶有趣味的是,随着人们重视程度和兴趣的增加,新社会史在 1970 年代有了长足的发展。以珀金本人的经历而言,他出身工人家庭,靠奖学金进入剑桥大学学习。凭借在新社会史研究上的成就(出版了受人赞誉的《近代英国社会的起源》[*The Origins of Modern English Society*]),珀金于 1967 年成为兰卡斯特大学的社会史教授,并于 1976 年创建了"社会史学会",出任首任会长。在《历史工作坊杂志》出版的 1976 年,《社会史》(*Social History*)也在英国问世。② 这些成绩都表明,新社会史的研究在英国,已经登堂入室,成为历史学的重要分支了。

更有必要一提的是,自 1960 年代以来,新社会史足以代表国际史学界的新潮,至今仍然富有生命力。在大西洋彼岸的美国,《社会史杂志》

---

① Brian Lewis, "Social History: A New Kind of History", *The Sage Handbook of Historical Theory*, eds. Nancy Partner & Sarah Foot, Los Angeles: Sage, 2013, p.94.

② Ibid., pp.98—99.

(*Journal of Social History*)于 1967 年便创刊问世,迄今仍是美国史学界的重要刊物之一。从兴起的背景和时机来看,美国的新社会史与英国的新社会史颇有相似之处。举例而言,两者都受到马克思主义和年鉴学派的启发,因此相互影响、促进。美国新社会史的兴起虽然似乎略早于英国,但其实受到英国马克思主义学者如汤普森、霍布斯鲍姆等人影响甚深。从研究对象来看,英、美新社会史彼此更为接近;两者都希望重构劳工阶级或社会底层的历史,重现不入以往学院派史家青眼的那另一半人(the other half)的历史,譬如劳工、移民、印第安人和妇女等处于美国主流社会边缘的团体。与英国相比,美国是一个多族群的社会,社会矛盾相对更为复杂。这种复杂性对于社会史家而言,也就意味着他们的研究题材可以更为丰富多样。自 1970 年代以来,美国的新社会史家在人口史、移民史、族群史、性别史、城市史等诸多领域,都建树颇多。

1995 年,美国三位出色的女史学家乔伊斯·艾坡比(Joyce Appleby)、林·亨特和玛格丽特·雅各布(Margaret Jacob)出版了《讲述历史的真相》(*Telling the Truth about History*)一书,采用社会史的眼光勾勒美国史学界在 20 世纪以来的变化。他们指出新社会史的兴起与美国高等教育在战后的蓬勃发展相关。一大批劳工家庭的子弟由此进入高等学府,希望走出一条与原来专注精英不同的治史路径。三位史家用生动的笔调描绘了新社会史所取得的成就:

> 新社会史并不仅仅是反对歌功颂德价值的弹药库。这里面是有生命的——爱尔兰的、意大利的、犹太的移民在面对着不同的邻人,重建各自聚居街区的文化;边疆拓荒妇女在日记中倾吐与亲人分离之苦;甫获自由的奴隶在解放刚实施的高潮期奇迹般地与离散的家人重聚;波兰妇女利用在新大陆所获得的诸多机会来对抗丈夫的妇女地位观念。长久掩盖在奴隶标签之下的美国黑人也是有活力的,他们被视为自己种族文化的坚守者或不屈不挠的自我解放者(这个

词会刺激读者去看看主人的语言如何控制了劳动者的意识)。①

由此可见,新社会史的兴起勾勒了英美史学的崭新风景。

第三节 从社会科学史到日常生活史

第二次世界大战之后新社会史的兴起,蔚为一个国际潮流,因为在英美国家之外,联邦德国的史学界那时也开始出现了社会史研究的新潮。但是,与英、美新社会史颇为不同的是,西德史家的社会史研究,具有其独特的政治和学术背景,由此其研究理念和方法也显得独具一格。的确,由于兰克学派的长久影响,德国史学界在20世纪上半叶变化不大。当然,兰普勒希特等人在世纪之初就发起了向兰克学派的挑战,并在国际上产生了深远的影响。不过在德国国内,以档案材料为主写就的政治、外交事件史,仍然具有持久的吸引力。因此,与其他欧美国家相较,德国史家对社会科学方法产生兴趣,时间上相对较迟,大致要到第二次世界大战之后才形成热潮。

对于德国人来说,第二次世界大战的经历,沉痛之至,记忆犹新。而且德国在这之前还被视为发动了第一次世界大战。如此的历史经验,让许多战后成长起来的年轻学子百思不得其解,激发了他们探究其原因的好奇心和积极性。如所周知,战后德国一分为二,东德史家用马克思主义的观点对近代德国的历史严加批判。由于冷战的政治背景,西德史家不会公开采用马克思主义的观点,但他们受到法兰克福学派的影响,也倾向对德国近代史采取一种批评和反省的态度。由此,战后的西德史学界展开了一场关于"独特道路"(Sonderweg)的辩论。所谓"独特道路",基于

---

① 此处译文参考了薛绚的中文译本《历史的真相》,台北:正中书局,1996,页139。译者将此书的书名译为《历史的真相》,简洁有力。但笔者认为《讲述历史的真相》更为精确,因为三位史家用"讲述"(telling)一词,其实有意表明在她们眼里,真理或真相(truth)并不是不言而喻的,而是受限于史家的文字和口头表达,隐含有一种后现代的思维。

一个理论假设的前提,即认为德国的近代化走了一条与众不同的道路,偏离了英美所树立的"正常"经验或模式,因此才会给欧洲和世界以及德国本身,带来两次世界大战的灾难。

"独特道路"辩论的起始,与 1961 年弗里茨·费歇尔(Fritz Fischer)出版的一部著作有关。该书名为《第一次世界大战中德国的战争目的》(*Griff nach der Weltmacht：Die Kriegzielpolitik des kaiserlichen Deutschland 1914—1918*),其中指出德国在 20 世纪初年,其外交政策具有很强的进攻性和侵略性,而这种特性,又可以回溯到威廉一世皇帝所建立的德意志帝国。费歇尔的治史风格还是兰克式的,以政府档案为主要的史料依据。但他提出的问题,则在那些有意检讨德国近代历史的年轻史家中产生了共鸣。他们从书中看到,其实德国在近代以来就沿着一条"独特的道路"发展。这些年轻的史家采用了马克斯·韦伯的理论,力图从德国社会结构的构成和特点来分析和解释这一"独特道路"的形成和不良结果。

这些年轻史家的代表人物有两位:汉斯-乌尔里希·维勒(Hans-Ulrich Wehler, 1931—2014)和于尔根·科卡(Jürgen Kocka),他们从 1970 年代初期开始在德国比勒菲尔德(Bielefeld)大学任教。维勒特别坚持"独特道路"的立场,并毕其一生写作了大量著作来论证德国近代化存在一个基本的矛盾或张力,那就是经济社会的现代化与政治体制的落后之间的脱节,由此造成德国政治、外交政策的侵略性,以致引发了两次世界大战。1987 年开始,维勒写作了五卷本的《德国社会史》(*Deutsche Gesellschaftsgeschichte*),试图全面地重构 18—20 世纪德国的历史,用大量的事实和事例来对德国的社会结构做整体性的分析。他的结论一仍其旧,那就是德国虽然在这段历史时期内获得了经济上的长足发展,但政治体制、社会阶层、思维模式和生活习惯没有根本的改变,由此孕育了纳粹主义的温床,导致希特勒的上台及其所带来的巨大灾难。

维勒和科卡任教的比勒菲尔德大学是 1969 年才新建的一所大学。正因为如此,这两位年轻的史家得以不受太多行政束缚,在他们周围集合一批志同道合的人士，如思想史、概念史专家莱因哈特·科赛列克（Reinhart Koselleck，1923—2006）和其接班人约恩·吕森（Jörn Rüsen），并在该校建立了"跨学科研究中心"（Zentrum für interdisziplinäre Forschung），大力实践和推行他们的治史理念和方法。与维勒相比，科卡不但年轻，而且比较愿意跟上时代的变化，因此他至今仍是德国乃至国际史坛的活跃人物。科卡早年希求采用社会科学的方法，对德国近代企业（如西门子公司）中白领雇员的思维习惯进行深入的探究。他的意图是揭橥这些近代企业的雇员，如何受制于和受控于封建社会的思维模式，以致他们在纳粹主义抬头的时候，倾向于支持希特勒的极端民族主义和扩张主义政策。同样，科赛列克也注意德国社会和文化中的"落后因素"。譬如他在《批评和危机：启蒙运动和近代社会的病因》（Kritik und Krise. Ein Beitrag zur Pathogenese der bürgerlichen Welt）一书中指出，在18世纪启蒙运动中，普鲁士和德意志社会没有产生思想上的突变，而是出现了一种虚假和虚伪的文化现象。

比勒菲尔德学派的史家特别强调历史学与社会科学结盟。用维勒稍稍有些极端的话来说，他想创立的不仅是"科学的社会史学"，而是"历史的社会科学"（Historische Sozialwissenschaft），并以此来向兰克的传统作别。1975年维勒和科卡等人创建了一份新杂志——《历史与社会》（Geschite und Gessellschaft），其地位类似于法国的《年鉴》杂志和英国的《过去与现在》，都是广义上"新史学"的代表刊物。当然，与法国和英国的杂志相比，《历史与社会》具有明显的不同。至少在创办的早期，其发表的论著集中探讨近代工业社会的各个层面，而其他两个杂志则比较注重中世纪和近代早期的历史。《历史与社会》至今仍是德国史学界的重量级刊物，地位甚至超过了老牌的《历史杂志》（Historische Zeitschrift）。

上述这些事例似乎表明，比勒菲尔德学派在1970年代的西德史学界如日中天。但其实不然，因为也正是在这个年代，其挑战者出现了。这一挑战者就是"日常生活史"（Alltagsgeschichte）的倡导者，以汉斯·麦迪克（Hans Medick）和阿尔夫·吕德克（Alf Lüditke）为首。在政治理念和态度上,麦迪克和吕德克等人与维勒和科卡颇为相似,都认为对纳粹德国的历史根源必须深刻反省,也认为作为历史学家,他们有责任通过自己的研究来帮助民众检讨过去。但他们治史的观念和方法则颇为不同。麦迪克和吕德克等人不满比勒菲尔德学派的社会结构分析路径,认为这类研究手段让他们只注意"大的结构、大的过程和大的比较",[①]忽视或无视普通民众的日常生活。与此取径相反,麦迪克在他的一篇论文中借用了一句俗语,"小的就是美的",主张历史学家应致力于重构和重现普通人的生活。吕德克则指出,维勒和科卡等人的研究注重结构性的分析,以求对历史运动做出"一种"解释,但却忽视了历史变化的多样性和个别性。再者,日常生活史派的学者指责维勒和科卡等人强调结构性的分析,像布罗代尔和勒华拉杜里早期那样,将一般民众的生活视为一成不变,因此不免精英主义和本质主义的特征。对他们来说,解释和分析"为什么"自然重要,但如果一味强调解释而不做深入的描述,对历史事件和人物行为便很难获取"感同身受的理解"(Einfühlen),那么这种解释就必然显得有点高高在上,脱离了具体的、活生生的历史现实。[②]

从思想渊源上来看,西德日常生活史学派的兴起,与欧美其他国家和地区的历史研究在那时产生的变化,息息相关。在提出日常生活史研究之重要时,吕德克和麦迪克引证了国际史坛上"自下而上的历史"的一些著名例子,譬如卡洛·金兹伯格和娜塔莉·泽曼·戴维斯等人的著作,拉

[①] 这是美国德国史专家杰尔夫·艾利(Geoff Eley)用美国社会学家查尔斯·梯利(Charles Tilly)一本书的标题对比勒菲尔德学派治史风格的形容。梯利的著作是:*Big Structures*, *Large Processes*, *Huge Comparisons* (New York: 1984)。见艾利为吕德克所编日常生活史的序言,Alf Lüdtke, *The History of Everyday Life: Reconstructing Historical Experiences and Ways of Life*, trans. William Templer, Princeton: Princeton University Press, 1995, p. vii.

[②] 参见 Hans Medick, "'Missionaries in the Rowboat?' Ethnological Ways of Knowing as a Challenge to Social History"; Alf Lüdtke, "Introduction: What Is the History of Everyday Life and Who are Its Practitioners?" *The History of Everyday Life*, pp. 41—71, 3—40.

斐尔·萨缪尔的努力和劳伦斯·斯通《叙述的复兴》这篇观察性的论文。① 显然，西德的日常生活史研究，是那时兴起的"自下而上的历史"这一国际史学思潮的重要分支。吕德克和麦迪克两人都在哥廷根的马克斯·普朗克研究所工作，并以此为基地扩充人马，招徕同道者。他们在1993年又出版了自己的杂志，名为《历史人类学：文化、社会和日常》（*Historische Anthropologie. Kulture, Gesellschaft, Alltag*），试图与维勒和科卡所创办的《历史与社会》杂志相竞争。

《历史人类学》这一杂志的名称，其实也展露了日常生活史派学者在方法论上的取向。与比勒菲尔德学派借助社会学和经济学的方法相对照，日常生活史派从描述和理解的目的出发，对人类学的方法更感兴趣。麦迪克指出，他们的目的是促成从社会史到文化和社会人类学的转向，走出精英主义的线性历史发展观，将历史研究的重心从中心转到边缘，以"民俗文化、妇女史、性别关系史、家庭史、日常生活史和工人阶级史"为主要对象。他进而指出，这些新的研究对象在传统史家和社会科学史家眼里，都是作为不熟悉的"他者"或"陌生者"存在的，因此要对他们的历史展开研究，需要和必须采用人类学（文化人类学和比较人类学）的方法。他认为，人类学家克利福德·吉尔茨（Clifford Geertz，1926—2006）的理论，有直接的借鉴意义，因为吉尔茨强调，要想对"他者"的行为获得"理性的理解"（Verstehen），必须先对他们有一种"感性的理解"（Einfühlen）。由此观念出发，吉尔茨提出了"深度描述"（thick description，有人译作"厚叙述"）的重要性，也即要求研究者在妄作解释和分析之前，深入"他者"的生活圈，发现其行为的思想的文化意涵，然后将之视为文本而做细致的描述和解读。于是，像斯通所观察到的那样，西德日常生活史的学者希望将注意力从分析转向叙述。但是，麦迪克不认为这是向传统史学的简单回归，而是强调两者之间的互动和互补。他的希望是，摒弃那种将结

---

① 参见 Hans Medick, "'Missionaries in the Rowboat?' Ethnological Ways of Knowing as a Challenge to Social History"; Alf Lüdtke, "Introduction: What Is the History of Everyday Life and Who are Its Practitioners?" *The History of Everyday Life*, pp. 41—71, 3—40。

构史和叙述史对立的想法,因为在他看来,前者注意的"客观的、物质的、结构的和制度的因素"与后者注重的"主观的、文化的、象征的和情感的因素"之间并不决然相对,而是存在一种相互依赖和补充的关系。因此在这个意义上,日常生活史的学者又希图在英美史家"新社会史"的模式上,有所突破和创新。①

日常生活史学者强调结构和叙述、解释和描述之间的互补,也体现在他们沟通妇女史和日常生活史的努力之中。在多萝西·魏尔灵(Dorothee Wierling)看来,妇女史和日常生活史之间,几乎有一种天然的联系,因为在传统史家的眼里,妇女和下层民众都是作为"他者"存在的。而探究日常生活史,就不得不注意到妇女在其中扮演的角色。同时她又强调,以前的妇女史只注意为杰出的妇女树碑立传,但从妇女史到性别史的转变,已经让许多研究者看到,要真正理解妇女的历史地位,就必须将其放在当时的文化和社会环境中考察。换言之,解释和描述同样重要。②

多萝西·魏尔灵还有一个有意思的观察。她指出德国的日常生活史,与微观史相类似,都希望对某种特定条件下的一个或数个具体人物及其与他人的关系,做深入的探究和描述。③ 的确,她本人关注的是妇女,写作了有关家庭女佣的论著,其他日常生活史的学者也同样以小见大、自下而上地呈现具体的历史个案,如麦迪克对近代化之前德意志西南地区手艺人和农民日常生活的重构,沃夫冈·卡舒巴(Wolfgang Kaschuba)对19世纪乡村生活和农民与其他下层民众抗争活动的描述,卢茨·尼特哈梅尔(Lutz Niethammer)对第二次世界大战之后德国工人日常生活的研究等等,均是微观史的佳例。

---

① Medick, "'Missionaries in the Rowboat'", esp. pp. 50, 60—61.
② Dorothee Wierling, "The History of Everyday Life and Gender Relations: On Historical and Historiographical Relationships", pp. 149—168.
③ Ibid., p. 157ff.

第四节　心态史和微观史

在描述法国年鉴学派自 1970 年代以后的变迁时,弗朗索瓦·多斯有一段很形象的描述:

> 从 20 世纪 70 年代起,经济的发展和增长进入长期乏力阶段,严重的世界性危机令工业社会陷入衰退、失业和通货膨胀。因此,研究的重点也转向了社会的停滞和平衡状态。西方人重新发现了往日的含蓄魅力,他们要找回逝去的黄金时代和美好年华。历史学家开始借用人类学的分析工具和密码来再现逝去的时代。昔日被遗弃的事物重现光彩,历史学家对一切都表现出好奇,他们把注意力转向社会边缘、公认价值的负面、疯人、巫师、离经叛道者……①

多斯这里虽然形容的是法国史学的变化,但他的形容显然也适用描述德国史学从社会科学史到日常生活史的转变。换言之,1970 年代以来出现的史学变化,俨然是一个国际性的潮流。这一潮流有以下三个特点。在写作风格上,一如劳伦斯·斯通所言,代表了叙述史学的复兴,从取材上看,则以前近代的历史为对象,不再注重历史如何走向近代的问题。而在内容上,又以微观史为主,其作品的主人公往往是名不见经传的(个别)小人物。本章的第一节所举的勒华拉杜里的《蒙塔尤》和金兹伯格的《奶酪与虫子》二书,已经展现了上述的特点。现在让我们再看几本比较有名的著作,以求对此现象获得一种更为贴切的认知。

1982 年美国史家娜塔莉·泽曼·戴维斯用法文出版了《马丁·盖尔归来》(*Le Retour de Martin Guerre*)一书,次年其英文版也在美国问世。此书的影响力,可以与《蒙塔尤》和《奶酪与虫子》媲美,是拓展上述史学新

---

① 多斯:《碎片化的历史学》,页 154。

潮的开山之作。有趣的是,此书所描述的故事,也发生在法国的朗格多克地区,时间为16世纪40年代。故事讲述一位家境不错的男子马丁·盖尔,抛妻离子,从军入伍,多年不回。几年之后,一位冒名顶替者来到了该村庄,不仅骗过了盖尔的家人,居然还骗过了他的妻子贝特朗·德罗尔斯(Bertrande de Rols)。这位冒充者——真名为阿诺·迪蒂尔(Arnaud du Tilh)——与贝特朗生活了三年之久,却由于财产的问题和盖尔的叔父皮埃尔·盖尔(Pierre Guerre)发生了争执。皮埃尔一怒之下,将他告上了法庭,说他根本就不是他的侄子,无权处理他们家的财产问题。在法庭处理该案的过程中,贝特朗的证词自然十分关键,因为一般的常理是,如果这位马丁·盖尔是假冒的,他的妻子一定知道。不过贝特朗却一再在法庭上为假冒者作证,说他就是她常年不归的丈夫。可是,正在法庭倾向于做出对这一对露水夫妻有利的判决时,真正的马丁·盖尔却辗转回家了。于是案情大逆转,贝特朗也翻供说她为阿诺·迪蒂尔所骗。最后迪蒂尔被处以死刑,故事本身到此结束。

但有关这个故事的文本,却远远没有结束。由于故事情节的曲折离奇,法官让·德科拉斯(Jean de Coras)写了《难忘的判决》(*Arrest Memorable*),而得以近距离观察审判的律师纪尧姆·勒叙厄尔(Guillaume Le Sueur)也记录了《奇妙的故事》(*Historia*),此外还有不少人的口述和回忆,使得这个故事在这之后的几个世纪中,不断被反复重述,添油加醋,成了不少人想象和谈话的题材。戴维斯本人也是在偶然看到《难忘的判决》之后,先将这个故事推荐拍成电影(她本人也在其中担任了角色),然后才写成书出版。

有关这个故事的文本虽然不少,但戴维斯主要依据的是法庭的审判记录,也就是原告和被告的口供。这些口供由于是旁人所录,因此必然有不少悬而未决的疑问,而其中最关键的就是贝特朗为何作伪,为假冒者辩护。特别是她为什么会在一开始遇到这位假冒者的时候,便决定接纳他。戴维斯先这样设问:"贝特朗又是如何呢?她是否知道新马丁并不是八年前遗弃她的男人呢?"然后她自己回答道:贝特朗不是一个"容易上当受骗的女人","等到她在床上接纳他时,她定然已意识到个中的不同"。但"通过开诚布公或是心照不宣的协议,她帮他成为了她的丈夫。有了新马丁,贝特朗的梦想成真了。这是个她可以平和(以 16 世纪的价值观来说)、友善而带着感情与其一起生活的男人"。① 简而言之,戴维斯认为,接纳假冒者并在以后为他辩护、以求维持他们的关系是贝特朗这位 16 世纪的法兰西村妇自己的决定。

但这只是一个假设,如何证明这个假设呢? 戴维斯在书中没有用分析、论证的常用手段,而是通过叙述的编排和似乎不经意的提及,让读者觉得她的假设是言之成理的。譬如她在第二章中提到,在马丁·盖尔与贝特朗结婚之后,他"被施了咒语",以致阳痿。而作为家里的长子,他又承受不小的压力,于是决定从军入伍,远走他乡了。而那时的贝特朗只有 22 岁,并开始有点春心荡漾。然而,戴维斯又在第三章中指出,教会对婚姻的约束此时却愈加严苛,以致离婚或再婚几无可能。"在丈夫不在场的情况下,不管多少岁月流逝,妻子都没有再婚的自由,除非她握有他死亡的某些证据"。如此种种,使得贝特朗在自己丈夫离家出走、丧失音信八年之久以后,不但接纳了从天而降的体贴男人迪蒂尔,而且还感到"梦想成真",希求重建自己的婚姻生活了。②

可是对于此书的某些读者来说,这种编排和证明仍然存在"过分解读"之嫌。有人指出,戴维斯的写作,是用 20 世纪女性主义的观点解读了一位 16 世纪的村妇的心理。③ 但与批评者相较,欣赏此书的读者还是占了多数,并且随着时间的推移,后者的人数愈益增多。戴维斯在这之后,又写出了不少颇具创意的作品,学术地位蒸蒸日上。1987 年她被选为美国历史学会的主席,成为该会历史上第二位女性主席,便是一例。而她在

---

① 娜塔莉·泽蒙·戴维斯:《马丁·盖尔的归来》,刘永华译,北京:北京大学出版社,2015,页 70—71。
② 同上书,引文见页 55—56。
③ 见 Robert Finlay, "The Refashioning of Martin Guerre", *American Historical Review*, 93:3 (June 1988), pp. 553—571。戴维斯对此也有回应,见 "On the Lame", pp. 572—603。

这前后获得的其他学术荣誉,更是不计其数。戴维斯《马丁·盖尔归来》的成功,在于它的多重影响。从题材上看,这是一部妇女史的著作。从内容来看,它是一部自下而上的历史(以一个农妇及其她周围的几个人物为主)。从写法来看,则是微观史,没有对社会结构变化的整体分析。而从分析解读的角度衡量,又是一部心态史,以重建贝特朗和她两任丈夫的心理为重点。

在美国史学界,另一本能与戴维斯《马丁·盖尔归来》相媲美的著作就是罗伯特·达恩顿的《屠猫记:法国文化史钩沉》(The Great Car Massacre: And Other Episodes in French Cultural History)。达恩顿写作《屠猫记》时,是普林斯顿大学的历史教授,戴维斯此时则在附近的普林斯顿高等研究院任职,与历史人类学家克利福德·吉尔茨同事。而达恩顿在写作《屠猫记》的时候,则自承是与吉尔茨一同在普林斯顿大学开始历史学与人类学的课程的结果。《屠猫记》一书,是达恩顿采用人类学的方法,对中世纪法国文化做的一个心态史的探索,而其对象则是普通民众。这是一部论文集,但其中第二章围绕一个好笑的故事展开,那就是在18世纪的巴黎,一群印刷作坊的学徒因为被主人养的猫吵得睡不好觉,因此组织了一支猎猫队,抓住了这些猫,并对它们加以模拟审讯,然后再将它们处死。这些学徒做了这些事之后,自己也感觉好笑,似乎情绪得到了宣泄。

那么,这是什么样的情绪呢?达恩顿对此有丰富的想象,并提出了详尽的解读。他首先指出,猫在欧洲社会和文化里常常作为虐待、泄愤的对象,因为它的行为(与狗和马相比)相对诡异一些。其次,猫又常为女人所爱,成为女人的宠物,尤其是得到女巫的钟爱,因此在猎巫运动中,往往首当其冲,成为攻击的对象。再者,由于猫与女人的亲密关系,猫又成了性的象征——如英语里的"猫咪"(pussy)一词亦可指女人的性器官抑或女人本身。在做了这些分析之后,达恩顿对学徒屠猫这个事件提出了多重解读,认为这一事件不但可以视为阶级矛盾的结果,更是学徒对师父压榨、欺压的不满而又觊觎师母美貌的表现。他们之所以在屠猫之后觉得如此好笑,是因为他们觉得屠宰师母的宠物其实也就是变相"欺负"了师母,为师父戴上了"绿帽",从而达到了双重的目的。①

让我们再举一例,看一下心态史、微观史和"自下而上"的历史的研究在近年的开展。1990年,时任美国新汉普歇尔大学的教授劳瑞尔·撒切尔·乌尔里希(Laurel Thatcher Ulrich)出版了《一个接生婆的日记:接生婆玛莎·巴拉德的日记和生平,1785—1812》(*A Midwife's Tale: The Life of Martha Ballard Based on Her diary, 1785—1812*)。这不是她的第一本著作,玛莎·巴拉德以前也有人注意过。但乌尔里希的写作,以巴拉德的日记为基础,力图从各个方面重构美国新英格兰地区的社会、家庭、宗教和两性关系。像戴维斯和达恩顿一样,她在写作中不但对日记提供的简单记载做了充分的说明,也依据这些资料和她本人的研究,发挥想象,对那时的美国社会,特别是下层民众的日常生活,提出了多种解读,从中发现了不少以前为人忽视的方面。此书出版以后,好评如潮,不但获得了美国历史学会的班克罗夫特奖,也获得了美国出版界的普利策奖,其他奖项更是接踵而至。乌尔里希因此也名声鹊起,从新汉普歇尔大学转任哈佛大学至今,还于2009年出任美国历史学会的主席。

自1970年代以来,类似于上述这些著作的作品层出不穷。限于篇幅,此处无法一一详述。但我们以这些著作为例(包括本周前面几节所讨论的其他作品),或许可以总结几个共同的特点。首先是它们都视角朝下,以普通人的生活为聚焦点,由此来勾勒当时社会和文化的一个侧面。其次,除了达恩顿的《屠猫记》描绘的是一群人之外,其他著作都以个别小人物为叙述的中心。作者不再写宏观的、分析社会结构变迁却"没有人物的历史",而是相反采取微观的角度,希求拉近与读者的距离,亲切地再现某几个古人的生活。复次,这些作品涉及的范围广泛,无法用传统的概念如政治史、外交史或思想史来概括;它们既是社会史、文化史和日常生活

---

① 罗伯特·达恩顿:《屠猫记:法国文化史钩沉》,吕健忠译,北京:新星出版社,2006,页77—108。

史,又是心态史、妇女史和性别史。最后,这些著作所采取的方法,虽然有社会学、人口学甚至经济学的痕迹,但主要的则是人类学以及相关的文学理论。这些史家将"过去"视为一个有待发现和重现的"他者",希望通过解读各种残存的史料,像解读文本那样,对之做深入的考察,然后再加入想象来揭橥其中错综复杂的关系,最后再用生动感人的叙述手段加以重述和再现,以飨当代读者。

第五节 妇女史和(社会)性别史

上面几节的讨论可见,新社会史、日常生活史、心态史、微观史等新兴史学流派的发展,涉及了妇女史和性别史的领域,而娜塔丽·戴维斯《马丁·盖尔归来》这样的著作,常常被视作妇女史的经典作品,影响甚广。的确,二战之后的史学发展,流派纷呈,而妇女史、性别史研究的开展,为其中特别兴盛、引人瞩目的一例。

在人类历史的发展长河中,妇女的角色不可或缺,至为重要。但各传统文明的历史书写中,却往往忽视甚至无视女性。当然,近代以前的历史作品也时有女性的角色,但除了神话中的诸位女神和教会推崇的圣母玛利亚,尘世上的妇女往往不入史家之眼。即便像圣女贞德(Joan of Arc,约 1412—1431)这样在历史上扮演了重要角色的女性,有关她的描述也是传说多于事实,连她的生卒年月都不确定。不过值得一提的是,在圣女贞德所浴血捍卫的法国,国王查理六世(Charles Ⅵ, 1368—1422)有一个宫廷作家,名叫克莉丝汀·德·皮桑(Christine de Pizan, 1364—1430?)。她是意大利人,早年随父亲到了巴黎,之后以其文闻名,被聘为宫廷作家,其夫婿也在宫廷任职,两人育有三个孩子。不幸的是,皮桑的丈夫死于瘟疫,她只能鬻文为生,养活一家。皮桑的诸多作品中,最著名的是《妇女城》及其续篇《三德之书》(直译为《妇女城的瑰宝》)。她在《妇女城》中虚构了一个"妇女城"或女儿国,描述了历史上的杰出妇女,指出女性在历史上的诸多贡献,而在《三德之书》中,她强调了让女性受教育的重要性。在她临终之时,她又为圣女贞德写作了长诗,歌颂她对守护法国所做的壮烈牺牲。

皮桑是欧洲历史上第一个以文为生的女性作家。她为提升女性的地位、争取社会认可的立场,使她被誉为第一位女性主义者。但在她之后,她的事业无人为继,一直要到18世纪美国和法国革命的时候,希望提升女性权益的呼声才再次出现,出现了几位值得一提的女性人物。实际上,在美国和法国革命中,女性的角色十分重要、不容忽视。比如在美国革命中,女性不但持枪作战,而且据称美国的国旗还是由贝翠·罗斯(Betsy Ross,1752—1836)最先设计和制作的。但尽管如此,女性还是受到不同程度的歧视,没有被平等的对待。比如法国1791年公布的宪法,就沿袭旧制度,还是将女性视作"被动的"性别,而在拿破仑治下,女性更是被认定为"二等公民"。针对这一男权持续的现象,奥兰普·德古热(Olympe de Gouges,1748—1793)写作了《女性与女性公民权宣言》,指出大革命中通过的《人权宣言》虽然号称人人平等,但却歧视、忽略了女性的权益,因此她将该宣言中的"人"都改成"女人"或"女人和男人",以突出大革命的不彻底。另一位在大革命中扮演重要角色的女性是罗兰夫人(Madam Roland,1754—1793),她在革命期间辅助丈夫,主持沙龙,一度声名鹊起,尽管她自己并非是一个现代意义上的女性主义者。遗憾的是,在雅各宾派的红色恐怖之下,德古热和罗兰夫人先后被送上了断头台,为革命献出了生命。

但毫无疑问,那个革命浪潮席卷欧美的时代为现代女性主义的兴起揭开了新的一页。英国的玛丽·沃斯通克拉夫特(Mary Wollstonecraft,1759—1797),便在法国大革命如火如荼的时候写作了《女权辩护》。她在其中指出,女性尽管貌似愚昧、肤浅,但其实是男权横行,不让女子受教育之故。她的《女权辩护》于是成为女性主义哲学的先声。沃斯通克拉夫特目睹了法国革命的爆发和发展,还为之撰写了史书,记录这一革命的时代。而比她略早,还有两位值得一提的女性史家。一位是经历了美国独立战争并写作了三卷《美国革命史》的摩茜·奥蒂斯·沃伦(Mercy Otis

Warren,1728—1814),另一位是处于大西洋对岸的英国史家凯瑟琳·麦考莱(Catharine Macaulay,1731—1791),以写作了八卷本的《英国史》而名闻遐迩。沃伦和麦考莱虽然身处两地,美国革命还推翻了英国的殖民统治,但她们的信念相似,都信奉共和主义,因此互通款曲,惺惺相惜。沃伦对麦考莱毫不隐瞒她的革命态度,曾在一封给对方的信中说道:"美国用决断和美德武装自己;但她仍然不愿意对她的祖国拔剑相向。然而,英国就像一位非亲生的母亲,准备将她的匕首插入她深爱的后代的怀中。"① 而麦考莱不以为忤,在晚年还造访美国,与沃伦谋面。两人相见恨晚,倾慕不已。

上述这些杰出女性的作为,为第一波女性主义的兴起,做了思想上的准备。第一次世界大战爆发时,敌对的双方都没有预料到战争之血腥和持久。由于男性奔赴战场,欧美女性走出了家门,一反19世纪男主外、女主内,男性挣钱养家、女性甘为贤妻良母的传统。战争终于在1918年结束之后,不少女性不愿回归传统,而是提出了在政治上与男性平等的要求。她们所开展的"选举权"(suffrage)的运动,便是这一波女性主义的主流,并首先在英国和美国获得了胜利。英国通过的1918年《人民代表法令》,首先给予30岁以上并有财产的女性选举权。到了1928年,所有21岁以上的英国妇女都有了选举权。美国则在1919年通过了宪法第十九条修正案,全体成年女性均因此获得了选举权。当然,这一争取女性选举权的运动,并非一蹴而就,而是经历了长期的抗争;一战只是为其最终胜利提供了一个有利的契机。这一胜利也在一定程度上推动了妇女史研究的萌芽,比如玛丽·比尔德(Mary Beard,1876—1958)便是当时出现的一位有影响的女性史家,同时也积极参与了为妇女争取选举权的运动。

---

① 引自 Elizabeth F. Ellet, "The Women of the American Revolution: Mercy Warren", http://threerivershms.com/amwomenmwarr.htm. 访问日期:2022年12月10日。有关沃伦和麦考莱的交往、学术成就和时代影响,参见 Kate Davies, *Catharine Macaulay and Mercy Otis Warren: The Revolutionary Atlantic and the Politics of Gender*, Oxford: Oxford University Press, 2011.

玛丽与丈夫查尔斯·比尔德一起写作了七部著作,其中以1927年出版的《美国文明的兴起》最为著名。但从妇女史研究的角度衡量,她的《论理解女性》《从女性看美国》和《作为历史动力的妇女:传统和现实》等著作,意义或许更为深远。

不过,欧美女性虽然自那时之后可以投票和外出工作,但在经济、社会和文化的层面上,仍然受到歧视对待。第二次世界大战之后,特别是在20世纪60年代,女性主义掀起了第二波高潮,其宗旨是批判父权制,挑战男性中心主义的传统,改造积习已久的文化习俗,由此涉及了更为广泛的议题,诸如:性、家庭、家务、工作场所、生育权利、事实上的不平等和官方的法律不平等。从思想层面上而言,西蒙·波伏娃(Simone de Beauvoir,1908—1986)的《第二性》(*Le Deuxième Sexe*)影响甚巨,具有极大的启发和推动作用。波伏娃从文学、历史、医学、心理学、人类学和社会学等角度探讨女性长久以来成为"第二性",以致不少女性自己也认同"第二性"的原因,并指出女性解放的途径,就是要掌握生育权以及接受教育与外出工作,也即让女性自己掌控自己的身体,并争取在社会上获得与男性平等的地位。在很大程度上,第二波女性主义的诉求仍然在今天持续,因为女性受到的歧视依然俯拾皆是、随处可见。

妇女史作为一个史学流派的兴起,与第二波女性主义所营造的氛围息息相关。随着60年代女性主义运动的蓬勃开展,欧美各国出现了不少女性团体(例如1966年美国成立了"全国妇女组织"[National Organization of Women]),她们不满近代史学中女性缺席的现象,自发地搜寻资料,努力写就"她史"(her-story,相对于history或his-story),为历史上的女性发声,树立女性的历史地位。同时,史学界也出现了妇女史研究的先驱学者,譬如出生于奥地利一个犹太家庭,在二战中随全家逃亡到美国的戈尔达·勒娜(Gerda Lerner,1920—2013)。她是全国妇女组织的创始成员,在大学本科求学期间就尝试开设了"美国历史上的杰出妇女"的大学课程,开北美妇女史研究之先声。之后勒娜又与同在纽约任教的琼·凯利(Joan Kelly,1928—1982)一同,在沙拉·劳伦斯大学建立了全美第一个妇女史研究的硕士班。凯利出生在纽约,在哥伦比亚大学获得博士学位,与勒娜是校友。她以文艺复兴为主攻,1976年写出了一篇影响深远的论文,题为《妇女有文艺复兴吗?》。凯利在文中指出,文艺复兴向来被视作欧洲近代史乃至世界近代史的一个开端,但如果从妇女史的视角考察,则大有疑问,因为与中世纪的妇女地位相较,文艺复兴时期的妇女地位不升反降。她的理由是,文艺复兴时期推崇文化,特别是上层的宫廷文化(那时的确有比如《廷臣论》的流行),由此而注重在婚姻、家庭中妇女行为举止的被动和贞洁,造成了妇女社会经济地位实质上的下降。① 此文的重要性更在于,凯利质疑了长期以来约定俗成的历史发展"三段论"(古代、中世纪和近现代)的进步观念,突出了妇女史研究在挑战和改造近代史学观念方面的巨大潜力。

欧美战后妇女史的大踏步发展,与那时兴盛的社会史研究有着密切的关联。20世纪60年代是欧美社会文化经历巨大变迁的时代,不仅有女性主义运动,而且还有反战运动、民权运动和"反文化"(Counter-culture)和"性革命"(sex revolution)的开展。这些新兴的文化思潮,促使史家眼光朝下,关注下层和边缘的人群,因此妇女史在此时的发展,与整个社会的转型交相互动,形成了有机的联系。不少妇女史家都是做劳工史出身,如长期在戈尔达·勒娜的母校、纽约社会研究新学院(New School for Social Research)任教的路易丝·蒂利(Louise Tilly, 1930—2018)和出生于纽约、后来因提倡社会性别史而名闻遐迩的琼·W.斯科特(Joan Wallach Scott),便是典型人物。而前面提到的娜塔丽·戴维斯,其学术生涯也以关注法国的下层社会开始。1971年戴维斯开始收集欧洲近代早期女性的资料及其作品,并借助人类学的方法,尝试重现家庭和社会中的各类女性(少女、寡妇和更为边缘的女佣和风尘女子等)的生活。戴维斯的《马丁·盖尔归来》,是她多年研究法国下层妇女的一个结晶,之

---

① 凯利的《妇女有文艺复兴吗?》("Did Women Have a Renaissance?") 收入其身后出版的论文集:Joan Kelly, *Women, History, and Theory: The Essays of Joan Kelly*, Chicago: University of Chicago Press, 1984, pp. 19—50。

后她还著有《档案中的虚构》等著作,突出了妇女在历史上的不同角色。而蒂利和斯科特则从阶级分析出发,采用统计学的方法,在1978年合著了《妇女、工作和家庭》,突出了妇女作为劳工在欧美历史上所扮演的不同角色。她们写道:在前近代的社会,妇女是家庭经济的重要支柱;工业革命开始之后,许多下层妇女外出像男人一样打工,加入了劳工队伍;而二战之后,妇女不但工作,而且还成为消费经济的助力。① 此书影响甚大,不但多次再版,而且还被译成多种文字,可谓劳工史和妇女史结合的一个典范作品。

20世纪70—80年代妇女史研究的蓬勃发展,除了出现了这些引领一时风气的代表作之外,还表现在两个方面。一是对历史上杰出妇女的研究,比如上面提到的皮桑、沃斯通克拉夫特和沃伦等人,成了许多专著的研究对象。二是各种妇女史专门刊物的涌现,如《性别和历史》(Gender and History)、《妇女史杂志》(Journal of Women's History)、《女性主义研究》(Feminist Studies)、《克莱奥:妇女、性别、历史》(Clio: Women, Gender, History)、《标志:文化和社会中的妇女》(Signs: Journal of Women in Culture and Society)等。

而那个时代最重要的发展,也许以社会性别史的兴起为主要。1986年琼·W. 斯科特在《美国历史评论》上发表了《社会性别:一个有用的历史研究范畴》一文,试图尝试将妇女史抑或"她史"的研究转向社会性别史,其目的是将妇女史的研究与其他学派汇流。在西方文字中,"性"(sex)代表了一个生物属性——男女的不同在于身体构造的不同,与生俱来。而"社会性别"(gender)则将男女的差别视为一种社会的构建,超越了男女生理上的不同,突出了社会文化对两性差异的重大影响。② 作为史学流派,妇女史和社会性别史之间呈现出明显的不同,前者专注妇女的作为,也即"她史"的写作,固然对近代史学的传统产生有纠偏的作用,但

---

① Louise Tilly and Joan Wallach Scott, *Women, Work and Family*, New York: Holt, Reinhart and Winston, 1978.

② Joan Wallach Scott, *Gender and the Politics of History*, New York: Columbia University Press, 1999, pp. 28—52.

同时又有自我孤立、孤芳自赏的不足。后者突出两性差异的社会性,强调男女的不同虽然源自生理学,但实际上更多受制于社会文化的影响,因此丰富了有关两性关系的历史认识。事实上,无论过去和现在,都有在举止行为上对常规的性别规范有所突破的男女,譬如世界上的许多文字中均有类似"假小子"(tomboy)和"娘娘腔"(sissy)的表述,便是一个映照。换言之,男女之间的不同,既是先天的,又是后天的;如果说妇女史研究的是女性,那么社会性别史分析的是性别差异和关系的历史性和社会性。开展社会性别史研究的意义在于改变了历史研究的对象,从研究男人和女人,变为探究"女性气质"(femininity)和"男性气概"(masculinity)的形成和特点。显而易见,后者的形成和发展,并不为与生俱来的生理器官所限,而是反映了社会、文化、经济、政治、心理和情感的综合影响。①

社会性别史的开展,带动了一些新的史学流派的兴起,比如体育史和家庭史,因为社会性别的养成,往往与家庭教育和学校活动切切相关。而近年更有男性史的流行,在妇女史学界引发了一定的争议。如前所述,妇女史在欧美战后勃兴,以挑战近代史学无视、忽视妇女为主要目的。妇女史到社会性别史的转变,促进了妇女史研究与史学界其他流派之间的交流,而男性史的兴盛,有点改变了开展妇女史研究的初衷,因此引起了一些女性史家的忧虑和不满。② 但就总体而言,妇女史、社会性别史的研究,与其他史学流派联手,进一步挑战了兰克史学,改造了近代史学的传统。③ 其积极意义不但在于扩展历史研究的领域,撼动了民族史的主流地位,而且还挑战了旧有的历史观念,更新了史学方法。随着当今史学界女性从业者的不断增多,妇女史、社会性别史及其相关领域的发展前景,更是不可限量。

---

① 参见 Sonya Ross, *What is Gender History*? London: Polity, 2010。中文论著可见蔡一平、杜芳琴主编:《妇女与社会性别史的理论与方法》,长沙:湖南大学出版社,2016。
② 参见林漫:《男性史:当代美国性别史的新视角》,《史学月刊》,2021 年第 5 期。
③ 美国史家芭妮·史密斯从妇女史的视角,揭示兰克史学"客观性"的虚伪和不实,颇有贡献,见 Bonnie Smith, *The Gender of History: Men, Women, and Historical Practice*, Cambridge MA: Harvard University Press, 1998。

第十三章

后现代、后殖民主义与现代史学

如果说1970年代出现了历史研究的转折性动向,那么这一转折不仅体现在历史方法上,还表现在历史学的观念上。美国思想史家海登·怀特(Hayden White)在1973年出版的《元史学:19世纪欧洲的历史想象》(*Metahistory: The Historical Imagination in Nineteenth Century Europe*)一书,便是后者的一个重要标志。在很大程度上,此书对于史家的治史观念以及学界对历史本身的理解的冲击,在当时具有革命性和颠覆性的意义。

第一节 海登·怀特的"革命"

怀特在《元史学》的起始,便开宗明义、毫不迟疑地指出,历史写作究其根本是一种"历史想象",也就是后人对历史过程所做的想象性的构建,因此历史学家和历史哲学家之间没有本质上的区别,他们的著作也没有什么好坏(哪位作者更忠于历史事实等等)之分。在建立了这个前提之后,怀特又挑明了他写作的宗旨,那就是对这些构建的历史想象做深层次的分析。他称自己是一位"形式主义者"(formalist),也就是他对19世纪的人物采取何种形式表现他们的历史想象充满兴趣,也希望通过自己的写作与读者分享他的发现和心得。他的主要发现是,历史学家和历史哲学家构建、解释过去,无非有三种形式:(1)正面阐述一个论点;(2)设置或编排情节(emplotment)来讲述一个故事;(3)通过历史来展现一种意识形态倾向(ideological implication)。而因为怀特自己是一个"形式主义者",所以他对第二种表现形式最有兴趣。怀特指出:历史学家和历史哲学家都采撷一些历史事实,用一些理论概念来加以解释,然后再将一些他们认为重要的历史事实编串起来,通过一种叙述的结构加以展现,以此来呈现他们所构建的一个过往的历史时期。所以历史写作虽然采用的是散文的笔调,但其叙述的话语结构则是诗学的(poetic)和语言学的(linguistic)。而这一叙述结构会为作者不假思索的采用,因此无所不在,不为其著作所用史料的多寡、论证的好坏所决定,因此是"形而上的"也即他书名采用的"元"(meta)的意思。如此,怀特又重申了他的初始论点,就是历史学家和历史哲学家处理历史,内容、方法和立场均有不同,但他们有一个共同点,那就是他们都得采用一种叙述的"形式"来表达,而后者才是怀特研究的重点。①

从上述前提出发,怀特《元史学》一书选择研究的对象是下面八位作者:米什莱、兰克、托克维尔、布克哈特、黑格尔、马克思、尼采和克罗齐。前面四位可以说是史学家,而后面四位是哲学家。怀特别出心裁、不加区别地将他们并列处理,体现了他认为在构建、解释历史方面,史学家与哲学家的工作无异的主张。然后他将他们的著作根据他提出的三种形式做了如下的分列。在历史观点的构建上,有形式论、机械论、有机论和情景论四种。而从情节的设置和编排考量,则有浪漫剧、悲剧、喜剧和反讽剧四类。最后在意识形态的表述上,又有无政府主义、激进主义、保守主义和自由主义之区分。他在《元史学》书中,将上述八位作者大致做了归类,比如米什莱有无政府主义的倾向,马克思显然是激进主义,兰克倾向保守主义,而克罗齐属自由主义。在阐述这些不同类型或形式的时候,怀特的

---

① Hayden White, *Metahistory: The Historical Imagination in Nineteenth Century Europe*, Baltimore: The Johns Hopkins University Press, 1973, Prepace and Introduction, pp. ix—x;1—5. 有关此书的译名,已经有不少讨论,比如有台湾学者认为 metahistory 应为"后设历史学",可如果 metaphysics 通常被译为"形而上学",那么"形而上的"或许意思更为明确,但用"元"来指出其根本的、无所不在的性质,也是不错的选择。另外,也有人指出此书或许应该译为"元历史",而不是"元史学",笔者认为怀特主要分析的是有关历史的著作,所以"史学"更好。

研究对象其实远远超出了上述这八位,而是涉及19世纪的许多重要人物,因此他的《元史学》长达400多页,是一部研究19世纪欧洲思想史的巨作。

不过,怀特《元史学》的重要,显然不在于其篇幅宏伟,而是其观察角度的新颖。如上所述,他的真正兴趣是希望将这些作者和作品,从诗学的和语言学的角度来做崭新的考察。由此来看,他在上面归纳的三种类型,其实不是他的主要兴趣,因为他在具体的讨论中已经指出,这八位和其他作者,如果仅从意识形态和历史观点这两方面来考察,都无法完全置于一种类型或形式底下。可是,从文学形式也即情节设置和编排的角度来看,他则认为他们的区别相对比较明显。比如米什莱的作品是浪漫剧的、兰克是喜剧的、托克维尔是悲剧的、布克哈特是反讽剧的。更进一步,因为怀特强调历史的叙述话语本质上是诗学的,因此他认为应该也可以用欣赏、分析诗歌的方法来加以归纳、分类。写作诗歌首先是运用想象,其次是用修辞学中的转义或比喻(trope)手法将之展现。在怀特看来,转义的手法大致有四种:隐喻(metaphor)、提喻(synecdoche)、转喻(metonymy)和讽喻(irony)。从转义的角度观察,怀特认为黑格尔作品有提喻的特点,马克思的作品是转喻的,尼采的是隐喻的而克罗齐的则是讽喻的。怀特的主张简单归纳起来就是:作者在收集了事实并开始写作的时候,固然希求提出一个正式的论点,也无可避免地显示出某种意识形态的倾向,但最后在他们写作的过程中,还受到一种更深层次结构的制约,那就是叙述的转义形式——或者采用隐喻和提喻,或者采用转喻和讽喻(当然交叉使用的也不少见)。这就是怀特所谓"元史学"中的"元"的层次。

怀特在《元史学》中对这些转义的形式及其不同做了相当详细的阐述。但限于篇幅,我们不再做深入的讨论,而是希望对怀特其人和其书写作的背景略作介绍,由此而帮助了解他作品的意义。怀特出生于美国南部田纳西州的一个工人家庭。由于1929年经济危机,他的父亲带着全家离开南部到汽车之都底特律找到了一份工作,因此怀特主要在北部长大,在底特律接受了大学教育,并在邻近的密歇根大学获取了博士学位。怀特攻读博士的时候,以中世纪教会史为专攻,但在大学任教之后,逐渐将兴趣转向了近代,以思想史为主业,并编辑出版了相关的著作。怀特开始任教的年代,正是美国社会风起云涌的 1960 年代。大学师生积极参加了反越战、争民权的运动,怀特也不例外。在这一锐意革新传统、反对陈规旧习的文化氛围之下,怀特对当时历史学的传统从文学和哲学的角度做了深入的反思。他自承受意大利思想家克罗齐影响甚大,而克罗齐也是他在《元史学》中考察的一个重要对象。在《元史学》问世之前,怀特并没有将其主要观点以出版的形式透露,因此《元史学》可谓一鸣惊人。但他在 1966 年应《历史与理论》杂志所邀写作的《历史学的重负》(The Burden of History)一文中,却展现了他写作《元史学》之前的一些思考。怀特在文中带讽刺意味地指出,长期以来历史学家常常自傲地认为,历史写作介于科学与艺术之间,并能沟通两者,有其独特的功用。但怀特在文中却用许多事例证明,20 世纪的史家其实对文学和艺术界出现的大量新成果漠然无视,只是一味地追求历史研究的科学化,以致丢失了原来史书写作的本色,让历史学变得生硬僵化、魅力尽失。他文章标题中的"重负"一词,还有"任务"的含义。怀特其实希望他们这一代史家,能卸去传统的重负,以革新传统为己任,创造新的历史研究范式。[①] 他的《元史学》一书,便是一个大胆的尝试。

怀特《元史学》之所以能够一鸣惊人,主要得益于它呈现的独特视角和革命性的结论。大致而言,该书的新颖之处体现在以下几个方面。首先是他从文学和艺术的角度检查历史写作的方法。怀特整本书建立在一个理论前提上,那就是由于史书多以叙述的形式出现,因此必然可与文学作品做类比分析。他一开始就认定"文史不分家",并毫不迟疑地以此为立足点展开论述。这种做法对于读者来说,导致了两种反应:一是跌破眼

---

① Hayden White, *Tropics of Discourse: Essays in Cultural Criticism*, Baltimore: The Johns Hopkins University Press, 1986, pp. 27—50.

第十三章　后现代、后殖民主义与现代史学

镜;二是眼睛一亮。虽然反应截然不同,但无不为怀特的大胆无畏感到震撼。当然,西方在古典时期,文史之间的界限也并非十分明确,但到了近代,历史学的长足进展已经将史学和文学、虚构与事实之间的区分视为理所当然的了。而怀特一反常规,甚至是一反常识,再度沟通了文学与史学。

其次,有关史家写作是否客观的问题,前人已经有了不少探讨。譬如美国的查尔斯·比尔德和卡尔·贝克尔在1930年代就指出,兰克的客观史学,无异于痴人说梦。但怀特为此问题提供了崭新的观察角度。他指出历史学家和历史哲学家都有意识形态的倾向或立场,不过如何表现(抑或克制)这一立场,则无法为作者所控制,因为作者的写作其实受控于其所采用的语言和叙述形式(浪漫剧、悲剧、喜剧、反讽剧或隐喻、提喻、转喻和讽喻等),这些层面才是历史写作更深层次的"元"因素。

复次,怀特不但希图打通文学与史学,也想抹去历史学和历史哲学、也即常规的历史研究和思辨的历史思考之间的界限。这一做法与他沟通文学与史学有异曲同工之妙,因为虽然兰克的客观史学时常受人质疑,但历史学从业者还是倾向认为他们是从事实出发构建历史的,与哲学家撷取事实构筑自己的理论体系不同。而怀特却将两者并列对待,认为史家看似在平铺直叙,其实也无非是阐明一个先入为主的体系。因此,重建事实与建构理论之间,也即"史学"与"元史学"之间,没有根本的区别。他在《元史学》中将历史学家和历史哲学家视为同类,也拒绝对他们作品的优劣做出评论,便是这一看法的反映。

值得注意的是,怀特的《元史学》在1973年出版之后,上述大胆、新颖和革命性的观点,在之后的近二十年中没有在史学界引起多大反响。1979年,美国历史思想家路易斯·明克(Louis Mink)对以往的历史哲学和史学理论研究做了一个回顾,在最后提到了怀特的论著,将之努力概括为"一种新的修辞相对论"。明克曾是怀特的同事和朋友,但他仅用寥寥数语简单概括了《元史学》。① 时隔近二十年之后的 1998 年,怀特的老友、美国《历史与思想》的编辑理查德·范恩(Richard Vann)通过一些数据对学界如何看待怀特及其论著做了考察。范恩的结论是,怀特的著作虽然被译成多种文字,对此发表评论的杂志也涉及行政科学、人类学、艺术史、生物学、新闻学、电影研究、地理学、法学、心理分析和戏剧学等多种学科,但在这些评论者中间,历史学家连百分之十五都不到。因此范恩说"怀特的论著在他的学科之外影响巨大,使他也许成为当代被引述最多的史家"。范恩此处仍然视怀特为一位史家,但同时也承认,怀特的影响在史学之外。怀特从加州大学退休之后,被斯坦福大学比较文学系聘为讲座教授,亦是一例,显示了他在西方文学批评界的重要地位。②

第二节 后现代主义的批评浪潮

如上所言,海登·怀特在发表《元史学》之后,长期以来一直孤军作战,处于历史学界的边缘,俨然是史学界中的"异类"。但理查德·范恩在 1998 年撰文回顾怀特论著的反响,虽然结论并不乐观,却是一个信号,反映出那时的史学界已经看到怀特的重要性了。的确,自 1980 年代开始,一向默守陈规的史学界也开始对语言学、哲学、文学界出现的一些新思潮,有所关注。在怀特《元史学》出版之后,陆续也有一些史学界的人士对其发表评论,如思想史专家多米尼克·拉卡普拉(Dominick LaCapra)、斯蒂芬·巴恩(Stephen Bann)、莱诺·高斯曼(Lionel Gossman)等,而阿瑟·丹托(Arthur Danto)和汉斯·凯尔纳(Hans Kellner)则是哲学和文学系的教授。这些人自己也写作了相关论著,希求重新检视历史的

---

① 见路易斯·明克:《历史的哲学和原理》,收入《历史研究国际手册》,格奥尔格·伊格尔斯,哈罗德·帕克主编,陈海宏等人译,北京:华夏出版社,1989,页 30。

② Richard Vann, "The Reception of Hayden White", *History and Theory*, 37:2 (May 1998), pp. 143—161. 顺便提一下,中国学术界对怀特的兴趣,也从文学批评界开始,如盛宁、王岳川等人。另见《海登·怀特:后现代历史叙事学》,陈永国、张万娟译,北京:中国社会科学出版社,2003。

第十三章　后现代、后殖民主义与现代史学

性质和历史研究的观念和方法。不过 1960 年代以后,思想史的研究在西方史学界已经逐渐失宠,因此像怀特一样,他们的论著及观点代表了史学界的少数派,不太受到史学界主流人士的注意。

可是,1989 年荷兰思想史教授弗兰克·安克斯密特(Frank Ankersmit)在美国《历史与理论》杂志上发表的《历史学与后现代主义》(Historiography and Postmodernism)一文,则似乎不同凡响,引起了史学界对后现代主义批评的重视。其中的原因或许与该文的题目有关,因为它直接点出:怀特等人对近代史学传统的批评,其实代表了一种新的、后现代的思潮。而在文中,安克斯密特不但指出这一后现代主义的立场值得史家重视,而且还认为历史研究的发展已经迫使史家接受新的观念和方法了。他在文中起始便直言,当代历史研究已经生产过剩,出版的著作汗牛充栋,令历史工作者应接不暇。其结果就是,历史工作者在从事任何一个课题的研究时,必须首先消化前人的成果,然后才能自己发掘、发现史料,通过研究来建立自己的论述,与现有的成果相较量。这种较量、交流,与其说是比研究的深度、对史料的掌握,不如说是比思辨和写作能力,因此语言的使用就变得十分重要,史学与文学应该结盟。安克斯密特的结论是,以前的历史研究往纵深切入,希望发掘史料,建构史实,而现在的研究则是横向运动,史家必须注意与同行的观点进行互动和交流。更有意思的是,安克斯密特还以卡洛·金兹伯格、罗伯特·达恩顿和娜塔莉·泽曼·戴维斯的著作为例,指出他所总结的史学新潮,已经体现在一些当代史家的实践中了。①

安克斯密特的文章发表以后,《历史与理论》在次年又发表了佩雷斯·扎格林(Perez Zagorin)对他的批评和安克斯密特的答辩。之后史学史专家格奥尔格·伊格尔斯也在该刊撰文批评安克斯密特,而安克斯

---

① 参见 Frank Ankersmit, "Historiography and Postmodernism", *History and Theory*, 1989, 28(2), pp. 121—139.

密特也有回应。① 这些争辩一方面揭示出安克斯密特的观察有所偏颇和极端,但另一方面又有助于提高安克斯密特文章的影响力,让史学界的不少人士看到,后现代主义已经蔚然成风,迫使史学界做出相应的反应了。从文章本身来看,安克斯密特的观察和论述或许有夸张的地方,但像怀特一样,他的目的是挑起争论,促使史家考虑新的立场和方法,重新审视历史学科的建设,突破已经习以为常的治史传统。安克斯密特在1995年与汉斯·凯尔纳一起主编了《新历史哲学》(*A New Philosophy of History*)一书,从各个角度检讨近代史学传统的缺失和落伍,提倡用新的理念、方法和手段研究历史。安克斯密特本人在这方面亦有不少新的论著和探索,使其成为在怀特之外提倡后现代主义史学批评的又一位重要的理论家。

如果说后现代主义对近代史学的批评在1990年代逐渐形成风气,那么这正是一些激进人士加以竭力推广的结果。英国的吉斯·詹金斯(Keith Jenkins)便是其中十分活跃的一位。詹金斯在1991年出版了一本小册子,名为《历史的再思考》(*Rethinking History*),目的是取代爱德华·卡尔的《历史是什么?》。卡尔的《历史是什么?》虽然出版于1961年,但因其言简意赅、立论平实,长期以来一直是英美大学历史系讲授诸如史学概论、史学方法论课程的主要教材,影响甚巨。詹金斯强调,卡尔的书从立论到方法均已过时,因为后现代主义的理论冲击,历史学的性质、立场、理念和方法都必须而且已经经过了一番新的洗礼。譬如卡尔虽然承认历史研究呈现出主观和客观之间的互动,是"过去和现在之间永无止境的对话",但他还是重视史学必须从搜集史料、重建事实出发。在詹金斯

---

① 参见 Perez Zagorin, "Historiography and Postmodernism: Reconsiderations", *History and Theory*, 29:3 (Oct. 1990), pp. 263—274;另见 F. R. Ankersmit, "Historicism: An Atternpt at Synthesis", *History and Theory*, Vol. 34, No. 3 (Oct., 1995), pp. 143—161; Georg G. Iggers, "Comments on F. R. Ankersmit's Paper, 'Historicism: An Attempt at Synthesis'", *History and Theory*, Vol. 34, No. 3 (Oct., 1995), pp. 162—167 及 F. R. Ankersmit, "Reply to Professor Iggers", *History and Theory*, Vol. 34, No. 3 (Oct., 1995), pp. 168—173。

第十三章 后现代、后殖民主义与现代史学

眼里,卡尔的问题在于他忽视了历史叙述的层面,没有看到史家在获得了所谓历史事实之后,在写作中仍然受制于其所运用的语言和叙述方式。1995年詹金斯又出版了《论"历史是什么?"——从卡尔、埃尔顿到罗蒂与怀特》(*On 'What is History?': From Carr, Elton to Rorty and White*)一书。1997年,他又主编了《后现代主义史学读本》(*The Postmodern History Reader*),大力提倡、宣传从后现代主义的立场研究历史的重要性和必要性。由于这些著作,不但怀特、安克斯密特等人的名字为历史工作者所熟知,而且也大大提高了他们对后现代主义史学观念的兴趣。

詹金斯《论"历史是什么?"》一书,其目的是用具体案例阐明当代史学从现代到后现代的转变。他以爱德华·卡尔和杰弗里·埃尔顿(Geoffrey Elton,1921—1994)代表现代史学,而让理查德·罗蒂(Richard Rorty,1931—2007)和海登·怀特代表后现代史学。卡尔和埃尔顿都是外交、政治史家,然而两者对于史学的性质意见颇为不同。在卡尔《历史是什么?》出版之后,埃尔顿曾出版《历史学的实践》(*The Practice of History*)作为抗衡,反对卡尔的相对主义立场。埃尔顿坚持认为,只要史家从档案史料出发,坚持不偏不倚的立场,便能重现历史的真相。罗蒂是著名的美国哲学家,提倡相对主义认识论,挑战哲学是"自然之镜"、也即客观之反映的传统观念。在他们四人中间,詹金斯显然更钟情罗蒂和怀特,认为他们开创了思考历史学的新路。为了突出现代史学与后现代史学的对立,詹金斯在书中对怀特的观点做了如下归纳:(1)历史解释与其说是对事实的发现,不如说是一种建构发明;(2)由于历史学有虚构、想象的成分,所以真实的历史并不存在——历史的真相也不是被发现的;(3)史学即元史学,因为历史的叙述必须采用修辞学、转义学的手法。① 这一简单归纳,或许怀特本人也不会完全同意。然而詹金斯的特点就在于用简洁明了的语言,不无夸张地突出怀特和罗蒂的历史相对主义立场。在出版了上述著作之后,詹金斯又编辑和写作了不少论著,竭

---

① Keith Jenkins, *On "What is History?"*, p. 19.

力推广后现代主义的史学观念。但他的多产也使其著作缺乏理论深度和原创性,主要以强化、宣传怀特等人的理论为己任。

詹金斯也有其追随者,那就是其英国同胞艾伦·蒙斯洛(Alun Munslow)和贝佛利·索斯盖特(Beverley Southgate)。他们像詹金斯一样在普通大学任教,对后现代主义挑战近代史学的正统充满兴趣。而且他们也像詹金斯一样,不但创作多产,而且写作风格明快,力图用后现代的思维颠覆近代史学的根基,同时尝试用新的方法研究历史。蒙斯洛在这方面用力很深,特色比较明显。1997年他与任教于美国加州理工学院的罗伯特·罗森斯通(Robert A. Rosenstone)等人一起,创办了《历史的再思考:历史与实践杂志》(*Rethinking History: The Journal of Theory and Practice*)。2004年他又与后者将杂志上发表的论文挑选出版,主编了《历史再思考的实验》(*Experiments in Rethinking History*),展示他们将后现代思维诉诸实践的成果。同年蒙斯洛又与吉斯·詹金斯主编了《历史学性质读本》(*The Nature of History Reader*),希图呈现经过后现代主义冲击之后历史学的改变。总之,蒙斯洛是当今国际史坛推广后现代主义的一位主要人物。他与其他同道者的尝试,代表了当代史学的一个走向,我们将在下一章详论。

1970年代以来史学界出现的从理论到方法、从观念到兴趣的转变,自然有其政治、经济和文化的背景。1979年劳伦斯·斯通提出用"叙述的复兴"来对之加以总结的时候,同时也指出了其中的一些背景因素。比如斯通说与战前相比,第二次世界大战之后的史家开始普遍对探索历史发展的经济基础和规律产生怀疑,于是便又将眼光转向了个人的作为(当然这些个人,已经不再是精英,而多数是一般人物)。换言之,他说"史家的研究重点,已经对考虑大的、为什么的问题兴味索然",因为总体而言,西方知识分子的"意识形态立场"(ideological commitment)有明显的弱化。[①] 斯通的表述有点语焉不详,但他的读者应该理解。简单而言,二战

---

① Lawrence Stone, "The Revival of Narrative", *Past and Present*, 85(1978), p.84.

第十三章 后现代、后殖民主义与现代史学

之后整个世界一分为二(以后又随着第三世界的崛起而一分为三),共产世界和自由世界之间长期处于冷战,与战前,特别是 19 世纪西方独霸世界形成天壤之别。斯通说西方知识分子的意识形态立场有所削弱,其实就是指他们对西方文明的总体信心不再像以前那样十足了。

的确,17 世纪科学革命、工业革命以来,西方近代文明显得高人一等。启蒙思想家强调人应该而且可以解放思想,充分运用其天赋的理性来认识、解释和改造世界。他们提出这一观念的前提就是,认知有主观、客观之分:世界、自然或历史是客观的;而人的认知是主观的,与客观相分离。因此认识世界也就是主观和客观之融为一体,如此便获取了"事实",揭示了"真相"。但战后世界局势的变化,以及文学、哲学、语言学、电影、艺术和建筑上出现的种种新潮,使得人们开始强烈怀疑这一西方认识论的前提。这一怀疑主要集中在三点:(1)脱离了主观的客观是否存在?(2)即使有这样的客观存在,那么主观是否能(通过语言的建构和表述)将之重现?(3)即使能达到主观和客观的统一,那么这些"真相"和"事实"是否放之四海而皆准、具有普遍的意义?换言之,这些怀疑开始对启蒙运动以来从西方到整个世界所普遍接受的理念,提出有力的挑战。

当然,在 1970 年代以前、甚至早在 19 世纪末 20 世纪初,尼采、维特根斯坦(Ludwig Wittgenstein, 1889—1951)等思想家已经设问,是否有纯粹的、脱离了经验的事实存在。而在那一时期出现的法国印象派和之后的巴勃罗·毕加索(Pablo Picasso, 1881—1973)、萨尔瓦多·达利(Salvador Dali, 1904—1989)等人的立体主义、超现实主义的艺术探索,也让人看到真实的多重性和表现真实的多种手法。可是,在第二次世界大战之后,特别是经过 1960 年代欧洲学生运动、美国的反越战和民权运动,以及遍及西方世界的女性主义运动等激进思潮的冲击和洗礼,这些以前零碎的思想火花和零星的前卫尝试,渐渐形成一股思潮。这一思潮质疑了启蒙运动所树立的基本信念,而由于这些启蒙思想是西方(近)现代化的根基,因此也就被人笼统称为"后现代主义",因其特点是要批判地检视现代性(modernity)的特质、特性乃至其必要性、普遍性和合理性。

后现代主义是一种思潮、一场运动,但不是一种意识形态,如马克思主义、自由主义或保守主义,更不是一种社会形态,如封建主义、资本主义或社会主义。后现代主义批判现代性,因而对资本主义的现状持批评态度,又因其标榜相对性和不确定性,所以一个后现代主义者可以同时是一个马克思主义者、女性主义者或环境保护主义者。他们也有意识形态的倾向,比如对在资本主义社会中司空见惯的阶级区分、种族歧视和性别歧视等持有强烈的批评立场。同时后现代主义者也有道德的关怀,譬如对资本主义发展所造成的对自然环境的破坏以及西方世界对亚非拉地区的剥削也时常加以批评。① 不过必须要指出的是,上述概括也适用于世界范围的许多知识分子,并不为后现代主义者所独有。

因此,要想真正概括后现代主义的特点,必须注意其认识论上的立场。如同上述,后现代主义希图模糊认识论中主观和客观之间的区别,也不同意认识就是主观对客观的反映。在这方面,下面几位人士值得重视。首先是雅克·德里达(Jacques Derrida,1930—2004),以解构主义闻名。20世纪初年瑞典语言学家费迪南·索绪尔(Ferdinand de Saussure,1857—1913),开创了结构主义语言学,用"能指"(signifier)和"所指"(signified)来描述语言如何反映现实,并指出其实两者之间并不等同,因为"能指"想表现"所指",必须视其为一个结构。以后法国的罗兰·巴特(Roland Barthes,1915—1980)发展出后结构主义语言学,强调"所指"其实无非是一种"符号"(sign),并且先于结构存在。德里达则更进一步地指出,除了符号和文本(text),现实并不真正存在,于是客观与主观的区别甚至客观本身,都被彻底解构了。上述学者在语言学上的研究,让人耳目一新,看到人在认识世界的过程中,并无法"我心写我手",而是受控于语言本身的结构和限制。顺便说一句,1973年海登·怀特出版《元史学》之后,被视为史学界"语言学的转向"(linguistic turn)的开始,因为怀特

---

① 参见 Callum G. Brown, *Postmodernism for Historians*, London: Pearson/Longman, 2005, pp.6—11;王晴佳、古伟瀛:《后现代与历史学:中西比较》,济南:山东大学出版社,2003,导论。

指出史家写史,不得不采用叙述的各种转义形式。①

然后是法国思想家、史学家米歇尔·福柯(Michel Foucault,1926—1984)。福柯认可结构主义和后结构主义语言学的突破,认为"知识"(episteme)无非是一个时代的文化和社会建构,也即没有放之四海而皆准的知识或真理。他还更进一步举例说明,18世纪以来西方知识界对世界的认知,其实是西方强权的反映,根本没有客观性可言。因此如果弗朗西斯·培根说"知识是权力/力量"(knowledge is power),福柯则反其道而行之,指出"权力是知识"(power is knowledge),也即权力制造了知识,而他揭橥这一点来指出重新认识和批判现代性的必要。同时他还身体力行,用《疯癫与文明》(*Folie et Déraison: Histoire de la folie à l'âge classique*)和《规训与惩罚》(*Surveiller et punir: Naissance de la prison*)等著作来展露现代性的虚伪和不合理之处。

在上述人士之外,让-弗朗索瓦·里欧塔(Jean-François Lyotard,1925—1998)、让·鲍德里亚(Jean Baudrillard,1929—2007)和詹明信(Frederic Jameson)等都从思想、文化、经济和社会等方面,对后现代主义的产生、背景和特征做了梳理。比如里欧塔指出,启蒙运动的理念其实形成了近代社会的"元叙述"(metanarrative),其重要者如理性主义、科学方法,甚至白人至上,而战后社会的发展已经构成了一种"后现代的条件",使得这些"元叙述"相形见拙、落伍过时了。鲍德里亚和詹明信也持有类似的立场,指出西方后工业和消费社会的降临,已经使得世界呈现给人们的形式发生了明显的变化。与以前相比,后工业社会的人接触更多的是通过电视、媒体和网络手段制作的广告,也即鲍德里亚所谓的"拟象"(simulation)或"拟真"(hyper-reality),或詹明信所谓的"再现"(representation)。这些形象让人眼花缭乱、目不暇接,根本就无暇考虑现实本身,反而为它们吞没、被它们"异化"。其表现之一就是现代人购物常

---

① 见 Richard T. Vann, "Turning Linguistic: History and Theory, 1960—1975", *A New Philosophy of History*, pp.40—69。

常不是出于需要,而是出于对一种流行的时尚和生活方式的认可和追求。①

综上所述,这些西方思想界在战后的种种变化,或许能帮助我们理解为什么"语言学的转向"集中体现了后现代主义的史学批评。以后现代主义的立场来看,既然客观与主观没有明确的界限,主观也无法反映客观(因为后者或许根本就不存在),那么近代史学认为通过史料的整理、考订便能反映历史真实,乃至发现历史规律的想法便成了无源之水、无本之木了。不过需要指出的是,后现代主义希图完全抹杀事实与虚构、历史与文学的不同,也正是它让不少史学界人士诟病和不满的地方。举例而言,意大利史家卡洛·金兹堡以《奶酪与虫子》一书闻名于世,也被后现代理论家安克斯密特视为"后现代"史学的一个代表。但金兹堡本人对怀特和安克斯密特模糊事实与虚构的做法,却提出激烈的反对意见。金兹堡认为,混淆事实与虚构本质上就是混淆了是非,从而可以让人胡说八道,比如抵赖希特勒"屠犹"(Holocaust)等关键问题。金兹堡对怀特的批评,并不一定全面,但也代表了许多史家的看法。②

第三节 《东方学》与后殖民主义批评

1970年代作为现代史学的一个重要转折阶段,不仅有海登·怀特的《元史学》开启了后现代主义的批评,还有爱德华·赛义德(Edward Said, 1935—2003)的《东方学》(*Orientalism*)在1978年的问世,引发了

---

① 有关后现代主义对历史学的影响,有兴趣的读者可以参看 M. C. Lemon, *Philosophy of History: A Guide for Students*, London: Routledge, 2003, pp. 359—369 的相关章节,比较简明扼要。

② 参见 Carlo Ginzburg, "Just One Witness", 收入 Saul Friedlander ed., *Probing the Limits of Representation: Nazism and the "Final Solution"*, Cambridge MA: Harvard University Press, 1992, pp. 82—96。此书收入的论文中有不少对怀特等人的后现代主义提出了批评。怀特也做了答辩。有关这些争论,亦可参见 Herman Paul, *Hayden White: The Historical Imagination*, London: Polity, 2011, pp. 121—124。

第十三章 后现代、后殖民主义与现代史学

后殖民主义的讨论。赛义德出生在巴勒斯坦,在埃及长大,然后在美国接受了良好的高等教育,写作此书的时候为哥伦比亚大学的文学系教授。《东方学》一书顾名思义,是回顾和检讨西方自19世纪以来对"东方"的态度和认知,也即考察西方近代学术渊源和特点的一个案例研究。赛义德首先指出,所谓东西方的区别,只是一种知识上的建构,没有确定的意义。他在书的起始便指出,对于英国和法国人而言,"东方"主要指中东和印度,而美国人还会包括"远东",也即东亚。因此,"东方并非一种自然的存在。它不仅仅存在于自然之中,正如西方也并不仅仅存在于自然之中一样"。而"作为一个地理的和文化的——更不用说历史的——实体,'东方''西方'这样的地方和地理区域都是人为建构起来的"。① 赛义德提出这样的观点,一般人乍一看可能不会感觉十分突兀,但其实他的说法已经采纳了我们上面讨论的后现代思维的特征,也即认为知识并不是客观世界的反映,而是人的主观意识的产物。在此意义上,赛义德虽然不是一位历史学家,但他的论点已经有效地挑战了近代历史学(也包括近代认识论)的根基。

那么,西方学人为什么要建立"东方学",充实和建构他们对"东方"的认识和理解呢?赛义德的回答是,"东方学"的起源和发展本身就是西方霸权的反映,与其殖民主义和帝国主义的政策息息相关。他直言不讳地指出:"西方与东方之间存在着一种权力关系、支配关系、霸权关系。"更有甚者,西方(主要是欧洲)认识东方、塑造出一个东方的形象,是因为东方与欧洲毗邻,"是欧洲最强大、最富裕、最古老的殖民地,是欧洲文明和语言之源,是欧洲文化的竞争者"。而同时,欧洲人又着意将东方塑造成一个"他者"(the other),以求凸显东西方的对立。用赛义德的话来说,就是"欧洲文化通过将自己与东方对立,视后者为一种代用品和缄默的自我,增强了自身的力量和认同"。②

---

① 爱德华·赛义德:《东方学》,王宇根译,北京:三联书店,1999,页6—7。
② 同上书,页8、2、5。译文有所更动,参见 Edward Said, *Orientalism*, New York: Vintage, 1979, pp. 5, 1, 3。

因此，所谓"东方"是西方人想象、建构的结果。但赛义德又强调指出，认为仅仅揭穿这一点这一想象物就会烟消云散，以至于一个真实的东方便能显现的想法也是不切实际的。赛义德受到福柯的启发，认为知识本质上就是权力——纯粹的知识并不存在。以东西方的关系来说，只要西方仍然处于强权的地位，那么这一东方学的传统就会持续。同时他又借用意大利马克思主义思想家安东尼奥·葛兰西（Antonio Gramsci, 1891—1937）的"文化霸权"理论来说明："要了解工业化西方的文化生活，霸权这一概念是必不可少的。正是霸权，或者是文化霸权，赋予东方学以我一直在讨论的那种持久的耐力和力量。"[①] 顺便提一下，葛兰西在第一次世界大战之后由于从事共产主义活动而入狱，在狱中写作了《狱中札记》，思考马克思主义及其阶级斗争的理论。他指出资产阶级在掌控社会时，不但运用国家机器，而且还营造了一种文化氛围或"霸权"（hegemony），由此来控制整个社会。葛兰西的这一理论思考对战后西方马克思主义和马克思主义史学，影响甚大。而从经济基础转到文化的层面来考察社会的变动，在前章所谈 E. P. 汤普森的《英国工人阶级的形成》一书，已经有所体现，呈现了战后西方学界的一种重要思想倾向。

赛义德《东方学》的影响，不仅仅在于他运用了福柯、葛兰西等人的理论探索，更重要的是他以精炼的文笔、多样的例子，充分展现和证明了他所认定的西方东方学的特征和弊端。比如他在书的扉页，引用了马克思和英国政治家本杰明·迪斯累利（Benjamin Disraeli, 1804—1881）的两句话，从两个方面对西方人如何看待东方做了高度概括：西方人一方面将东方人看做是一个缄默的他者，另一方面又视东方为他们的谋生之道。因为东方无法表达自己，所以只有通过西方人来为其代言，而这种代言构造了一个虚幻的东方形象，由此服务于西方的各种利益并证明其合理性。在说明西方人如何根据自己的一厢情愿塑造东方的形象时，赛义德举了许多近代文豪的例子，如法国作家福楼拜对他的埃及艳遇的形象描绘，而

---

① 爱德华·赛义德：《东方学》，页 9—10。

第十三章　后现代、后殖民主义与现代史学

在论证西方如何为东方代言时,他的例子是英国政治家亚瑟·詹姆斯·贝尔福(Arthur James Balfour,1848—1930),因为贝尔福坚定地认为,虽然埃及的历史远比欧洲悠久,但只有欧洲人才真正了解埃及和东方。贝尔福的主要论据是,西方文明一开始便懂得如何自理、自治,而东方却从来没有学会:

> 我们可以看一看那些经常被人们宽泛地称作"东方"的民族的整个历史,然而你却根本找不到自我治理的痕迹。他们历史上所有的辉煌时代——他们的历史确实一直很辉煌——都是在专制、绝对的统治下度过的。他们对人类的伟大贡献——他们确实对人类的文明做出了伟大的贡献——都是在这一专制统治下做出的。征服紧接着征服;统治紧接着统治;但在所有那些与其命运生死相关的革命中,我们从来没有发现有哪个民族曾经确立过我们西方人所说的那种自治。这是事实。这不是优劣与否的问题。①

贝尔福的这种自信和自傲,与黑格尔对世界历史的哲学思考颇有可比之处。但赛义德更想强调的是,这种对东方的歧视和轻视在当今西方世界仍然存在,而且还颇有市场。他的《东方学》有三个部分,分别是"东方学的范围""东方学的结构和再结构"以及"东方学的现状"。在第三部分中,赛义德将矛头指向那些东方学专家,特别是出生于英国,但长期在美国普林斯顿大学任教的中东史专家伯纳德·刘易斯(Bernard Lewis)。赛义德的观察是,刘易斯虽然名重士林,但他对中东文明的看法,与19世纪的西方人没有本质差异,都认为穆斯林文明一成不变,没有改变自身的能力。赛义德不无讽刺地写道:"穆斯林人和阿拉伯人不能做到客观公正,只有像刘易斯这样书写穆斯林人和阿拉伯人的东方学家才能做到客观公正,因为这是他们的本性,是他们所受的训练、他们作为西方人这一简单

---

① 爱德华·赛义德:《东方学》,页40—41。

的事实所致。"① 换言之,东方的历史即使在当今世界,仍然必须由西方人来代言。

由上所述,我们可以讨论一下赛义德此书对于后殖民主义批评的价值和意义了。首先,赛义德用种种事实揭穿了西方学术虚伪的客观性,它们不过是称霸世界的话语和文本,并不具有真实性,因此需要对之进行批判的反思。其次,他在书中既追溯、回顾东方学的生成和发展,同时又对当代东方学研究的现状提出批评。他的这一做法,无疑是为了强调,虽然二战之后西方殖民主义走向了终结,整个世界进入了一个后殖民的时代,但殖民主义的遗产仍然盘根错节,在当代世界阴魂不散。这两个方面,成为后殖民主义批评西方近代学术的主要论点。而从方法论上来看,赛义德的研究采用了跨学科的办法,虽然以分析文学作品为主,但又涉及了其他学科的作品以及政治家、外交家、旅行家的讲话和记录。更有启发性的是,他认为西方构造东方的形象,还通过了艺术、电影和媒体等多种手段。这为后来的相关研究提供了有益的范例。赛义德本人在《东方学》之后,又出版了《文化与帝国主义》(Culture and Imperialism),进一步阐述西方文化与其帝国主义政策的紧密联系。与他的学术立场相应,他本人也积极支持穆斯林世界反对西方霸权、争取独立的斗争,终生不懈。他还努力支持其他批判殖民主义和西方学术霸权的活动,我们会在后面加以讨论。

就批评殖民主义这一点而言,当然不是从赛义德才开始。非裔法国作家、心理学家弗朗茨·法农(Frantz Fanon, 1925—1961)被公认为是这一领域的重要先驱。法农以行医为业,但写作了诸如《黑皮肤,白面具》(Peau noire, masques blancs)、《大地上的受苦者》(Les damnés de la terreh)等重要著作。法农在《黑皮肤,白面具》中仔细分析了殖民地人民的心理状态和白人殖民者对他们的态度。比如,黑人在与白人打交道的时候,运用一种语言,而在与其他黑人讲话的时候,则采用另一种语言。

---

① 同上书,页 406—411;引文在页 411。

而白人见到黑人,即使对方讲的是标准的欧洲语言,还是会采用洋泾浜式的语言与黑人讲话,因为他们认为这是黑人应该使用的语言。作为被殖民者,黑人还遭受性别歧视。《黑皮肤,白面具》中有一章题为"有色男人和白种女人",详细描绘了黑人对于白种女人既羡又惧的矛盾心理。值得一提的是,他没有写"有色女人与白种男人",或许在这组关系中,白种男人凌驾于有色女人之上几乎不言而喻,无需矛盾心理的分析。法农的另一本著作《大地上的受苦者》则从另一个角度批判殖民主义。他在书中称赞民族主义和民族独立,但同时也指出殖民地的人民在推翻殖民统治、独立建国之后,还面临不少新的挑战和有待解决的难题(比如农民和原住民的问题、民族主义者在建立政权之后如何尝试新的统治形式等等)。

法农和赛义德的论著揭示,西方殖民主义的影响在其殖民统治结束之后远远没有结束,而是在文化、心理、制度和社会等层面长期滞留,需要对之加以认真对待和研究。而其必要性更在于,许多后殖民时代所暴露的问题并没有受到之前的思想家的重视,因此是前所未有的。举例而言,马克思对资本主义进行了严厉的批判,但这一批判主要集中在经济的层面。而殖民主义结束之后,西方与非西方之间仍然存在多种不平等的关系;除了经济上仍然依赖西方之外,还有种族、族群的不平等,性别之间的不平等,文化、心理上的不平等和语言、学术的不平等等诸多方面。

第四节 下层研究、大写历史和小写历史

世界上许多国家都有被殖民的经历,其中包括当今的强权大国美国,因此后殖民主义的讨论,具有很强的现实意义。而在所有被殖民的国家中,印度显得特别重要,因为它不但幅员辽阔,而且被英国殖民统治了三百年,直到1947年才宣告独立。因此印度人民追求民族独立的历程可谓艰苦卓绝,其中,甘地、尼赫鲁的功绩为全世界所知晓、所赞赏。印度建国前后,有关印度的历史研究主要出现了两种叙述,首先是主要由英国史家所建立的殖民主义史观,主张英国对印度的统治给印度带来了诸多好处:

如实现了南亚次大陆的统一,建立了现代工业、现代法制社会和教育制度以及民族主义的观念。与之相对立的是印度民族主义史观,强调英国殖民统治的种种弊端。他们指出,即使民族主义的思想产自西方,印度民族主义的兴起也是印度有识之士奋起抗争英国殖民主义的产物。1960年代,以阿尼尔·希尔(Anil Seal)和约翰·盖勒格尔(John Andrew Gallagher)为代表的"剑桥学派"基本上是殖民主义史观的代表,而由毕攀·昌德拉(Bipan Chandra)为首的史家则与之针锋相对。

饶有趣味的是,虽然两派的立场水火不容,但他们有一个共同的倾向,那就是注重精英人物的历史作用。希尔和盖勒格尔认为,印度对英国的反抗与其说是直接针对殖民主义,不如说是一批服务于英国的印度人士侵犯了其他本土精英的利益,引起后者不满的结果。而昌德拉则强调甘地和尼赫鲁等人的杰出贡献,认为他们运用民族主义来动员群众,发起了民族独立运动并最终获取了胜利。不过之后的研究表明,在英国殖民统治期间和统治结束前后,占印度人口大多数的农民曾进行持续不断的反抗,而且这些反抗与民族主义者的抗争不但关系不大,还常常为后者所不容。换言之,印度的农民和下层民众并没有成为印度民族独立运动的一个组成部分。

于是,如何看待这些农民起义和下层的反抗,便成为一些年轻史家主要思考的问题。他们既受到马克思主义的熏陶,产生了自下而上考察历史的兴趣,又对毛泽东的思想充满了兴趣,因为像印度一样,中国不但存在人数众多的农民阶级,而且这一阶级还在1949年的共产革命中发挥了主要的作用。1962年中印战争的结果也有一定的刺激作用:印度的知识分子看到了中国的强大和毛泽东思想的成功。与之相对照,印度独立是资产阶级的作为,没有与广大的民众相结合。因此在1982年,任教于英国苏塞克斯大学(University of Sussex)的拉纳吉特·古哈(Ranajit Guha)发起了"下层研究",创办了《下层研究:南亚历史和社会论集》(*Subaltern Stuides: Writings on South Asian History and Society*)杂志。这些学者的意图,是为农民反抗在历史上正名,反对剑桥学派和印度

第十三章　后现代、后殖民主义与现代史学

民族主义学派精英主义的治史观念和方法。曾为印共党员的古哈强调，如果无视或忽视广大下层民众的活动，那么这种历史研究本质上就是"非历史的史学"（un-historical historiography）。①

古哈等人为下层说话的激进立场，自然与马克思主义的影响有关。"下层"（subaltern）这个词便取自西方马克思主义者葛兰西的著述。如所周知，葛兰西提出了著名的"文化霸权"概念，指出资产阶级对社会的掌控并不局限于经济的层面；通过"文化霸权"，资产阶级使得社会大众从属于它——"subaltern"这个词本来有"下属""臣服"的意思。不过，印度这些开展下层研究的学者注重农民阶级的做法，同时也对马克思主义有所扬弃，因为在正统的马克思主义者眼里，农民不是社会主义革命的先锋和先进阶级，反而是旧时代的代表，需要在社会转型的过程中经历一番彻底的改造。比如马克思主义史家埃瑞克·霍布斯鲍姆就指出，农民的反抗古已有之，因此是前近代的产物；他们的政治行为因此是"前政治的"（pre-political），并不代表先进的生产力，也无助社会形态的更新。②

但问题的关键是，在许多脱离了殖民统治的国家，均有大量的农民存在。如何处理这些农民与其他阶级的关系，使得农民成为民族国家的有机组成部分，是后殖民主义讨论的关注点，在弗朗茨·法农的论著中，其重要性已经有所体现。而这个问题所反映的则是民族国家的形式是否适合欧美以外地区的"大历史"问题。简单而言，民族国家首先在西欧兴起，之后逐步走向了全球，并成为非西方地区人民反抗西方强权的一个重要手段。但吊诡的是，如果非西方地区的人民在摆脱了殖民主义之后，仍然照搬民族国家的形式，那么就会如爱德华·赛义德所指出的那样，"东方"永远在西方面前低人一头，殖民主义的政治、文化遗产因此也就依旧存在，无法轻易挣脱，如此后殖民主义时代这个"后"字（也即走出殖民主义

---

① Ranajit Guha ed., *Subaltern Studies: Writings on South Asian History and Society*, Delhi: Oxford University Press, 1982, pp. 1-8.
② 参见 Dipesh Chakrabarty, *Habitations of Modernity*, Chicago: University of Chicago Press, 2002, pp. 1-19。

的时代)也就无从谈起了。值得一提的是,拉纳吉特·古哈等人在1988年将《下层研究》杂志选编出版的时候,赛义德特意写了序言,推荐和推崇他们在历史研究上另辟新路的做法。①

所谓"另辟新路",也就是尝试如何摆脱启蒙思想家所建立的有关人类历史进程演进的"宏大叙事"(grand narrative)或"元叙述"(metanarrative),后者为里欧塔所特别重视。这种"宏大叙事"其实就是认定人类历史会不断进步,而且进步的道路是一线的,有百川归海的态势。后殖民的学者倾向将这种对历史的理解称为"大写的历史"(History),以区别于"小写的历史"(history),也即历史学家从整理、批判和归纳史料到写作史书的常规工作。更具体一点说,"大写历史"所勾画的历史进步,自然是以西方为主导的,因为西方的兴起将历史的演变带入了近代和现代。而西方兴起的主要标志就是将民族国家确立为人类组合的主要、甚至必要形式,取代以往的帝国、王朝、城市和宗社等形式。当然,即使在西方,民族国家的形式仍然多样。比如在政府的组织上可以有君主立宪和民主制等的不同。但这些差异与"东方"相比,则显得微不足道,由于历史经验和文化传统的巨大差异,在"东方"要建立像西方那样有效的民族国家往往困难重重。

以印度为例,南亚历史上曾出现过几大强盛的帝国,但帝国的统治没有像民族国家那样强调语言、宗教和文化的统一和政治认同的一致,因此印度一直是一个多民族、多语言、多信仰的地区,又由于其长期实行种姓制度,因此要在印度人中培养一种国家公民意识,比在像日本那样的岛国,难度加倍而不止。换句话说,印度民族主义运动艰苦卓绝,其原因在于"印度"对许多印度人来说,本身是一个杜撰的概念,是殖民统治的产物。英国的詹姆斯·穆勒撰写了《英属印度史》(*History of British India*),首次描述印度这个"地区"的历史,就是一个显例。1983年,美国

---

① 参见 Ranajit Guha & Gayatri Spivak ed., *Selected Subaltern Studies*, New York: Oxford University Press, 1988, Preface/Introduction.

第十三章　后现代、后殖民主义与现代史学

学者本尼迪克特·安德森（Benedict Anderson, 1936—2015）出版了著名的《想象的共同体：反思民族主义的起源和传播》（*Imagined Communities: Reflections on the Origin and Spread of Nationalism*）一书，检讨民族主义在走向全球的过程中所遇到的尴尬和困境，与"下层研究"的推动者反思、挑战民族主义的思维与民族国家的形式，有异曲同工之妙。譬如《下层研究》的主要撰稿人帕沙·查特杰（Partha Chatterjee）便受到安德森的启发，同时又与之商榷，写作了不少批评民族主义的论著。查特杰指出，在"东方"的场景中，民族主义与殖民主义的概念和前提均有不少暗合之处，甚至是后者的延伸。其中的原因也不难理解，因为民族主义和殖民主义都与西方所树立的"大写的历史"相连，反映的是启蒙思想家的线性历史进步观念：西方领导了近代历史的前行，因此其殖民行为也相应地有了正当性，因为它有助在非西方的"落后"地区建立诸如西方民族国家等在内的"现代性"模式。

在帕沙·查特杰之外，另一位质疑"大写的历史"的印度学者是任教于美国芝加哥大学的迪皮希·查克拉巴蒂（Dipesh Chakrabarty）。查克拉巴蒂早年也是"下层研究"的成员，后在澳洲任教。他在 2000 年出版了《让欧洲区域化：后殖民思想和历史的差异》（*Provincializing Europe: Postcolonial Thought and Historican Difference*）一书，名声鹊起，成为当今后殖民主义批评的主要代表之一。查克拉巴蒂的论点如同他的书名所示，主张反思欧洲启蒙思想的传统，特别是其普遍性的思维。他指出，近代以来的史学（他称之为"历史主义"）将启蒙思想家揭櫫的历史进步观念视为世界历史发展的必经之路，而因为西方最早实现了民族国家的形式，西方便成了世界历史的中心，并通过殖民主义将其经验（比如民族主义）推广到全球。查克拉巴蒂挑战这种普遍的历史意识，指出欧洲的经验虽有其价值，但并不能代表世界文明发展的总体走向。

以《下层研究》为代表的后殖民主义批评不但质疑"大写的历史"，而且也对"小写的历史"，亦即历史研究本身提出改造的必要。如同前述，他们主张历史研究必须走出精英路线，看到下层民众在推进历史方面的作用。此种态度与第二次世界大战之后"自下而上的历史"思潮的开展相一致。但困难的是,近代史学注重文献的整理和考订,而下层民众因为处于社会的底层,如果仅用常规史料几乎无法开展研究。拉纳吉特·古哈撰有《反暴动的表述》一文,着力探讨如何采用新的手段来展现下层民众的政治意识。他的尝试为他的同仁所赞许,但也受到另一位后殖民主义批评家盖娅崔丽·斯皮瓦克(Gayatri C. Spivak)善意的质疑。后者熟稔后结构主义理论,曾将德里达的著作译成英文。斯皮瓦克写作了《下层能说话吗?》一文,强调要想恢复和再现下层的声音,必须走出近代史学的传统做法,不把下层视作考察的对象,而是尽可能地深入其内,超越"表述者"与"接受者"之间的关系,如此方能有所收获。

斯皮瓦克的论述,其意图是超越西方近代学术传统中主观与客观的二元对立,从新的认识论角度来重构学术传统。在这个意义上,后殖民主义批评和后现代主义之间便有了许多交接,因为两者都希图走出启蒙运动所建立的思维模式,也即走出西方的学术霸权。出生于印度、现在哈佛大学任教的霍米·巴巴(Homi Bhabha)在这方面有比较重要的贡献。像斯皮瓦克一样,巴巴对西方近代学术的理解和掌握,可谓游刃有余,但同时又不断尝试新的研究途径。他曾编有《民族与叙述》(*Nation and Narration*)一书,对民族主义的兴起及其在世界的影响做了批判性的解读,而他的专著《文化的定位》(*The Location of Culture*)则探讨了如何从新的角度看待西方学术的长处与短处。所谓文化的"定位",其实就是希望读者注意到在文化转移和普及的过程中,有一种空间的因素需要考虑,也即文化所处的位置会导致其特质的不同。

霍米·巴巴提出了几个著名的概念,对当今世界影响颇大。一是"文化杂交"(hybridity)的概念,他认为要了解西方学术的传统,就必须走出将西方与东方相互对立的立场,看到在西方文化走向世界的时候,其本身也经历了许多变化,或许从来就没有那么纯粹。换言之,西方文化在改造其他文化的同时,它自己其实也经历了一番改造。二是"拟态"(mimicry)的概念。巴巴指出,在西方文化统治非西方地区的时候,会培养一些当地人士为他们服务,而这些人在接受并掌握了西方的文化之后,又并不完全与殖民者相认同——他们对西方文化常常保持一定的距离,甚至带着一种戏谑的眼光看待西方("拟态"一词本身指的是一种并不发自内心的模仿行为)。上述两个概念,比较贴切地形容了日益走向多元化、全球化的当今世界的状况:随着全球化经济的日益扩大,西方的制度与文化似乎为各地所接受,但接受者又不完全被动,而是常常从自身的定位出发撷取西方文化的因素,并与之不断协商、互动和改造。上述变化的一个结果就是,人与人之间、文化与文化之间的交流日益频繁,导致人的自我认同因此也走向多元,呈现你中有我、我中有你的现象。巴巴的"文化杂交"和"拟态"理论,给予当代学者不小的启发。

综上所述,从当今世界的变动出发,后殖民主义试图对近代以来的史学传统加以改造和批判,并获得了一定的成绩。他们对当代世界在文化上的特征也有高度、精炼的概括。但在展现这些成绩的背后,也同时显现出了他们的短处,那就是后殖民主义虽然力图批判地检讨西方殖民主义的遗产,但他们注重文化、学术层面的做法,却会让人忽视资本主义的西方对全球经济的持久控制,使人觉得似乎当今各地的文化均在互相借鉴,走向融合和互补,因此世界最终会走向大同。这一印象的形成,虽然不是后殖民主义批评的初衷,但却无疑是其重要的短处,值得读者注意。

第十四章

当代史学的走向

在《旧约·圣经》中,保留了一篇《士师记》(Book of Judges),据考成书于公元前11世纪。该书曾对当时以色列人的行为做了这样的观察:"那个时代的以色列没有国王,各人自行其事、自以为是。"如果用这段话来描述当今史坛的状况,似乎颇为合适。当然,任何比喻都是有限的、有条件的。从世界范围史坛的发展趋势来看,自战后,特别是1970年代以来,还是有一整体演化的趋势,那就是原来占据主导地位的民族国家历史的模式,正在逐渐为其他史学研究模式所替代。我们用"以色列没有国王"来形容当今史坛,主要指的是当今史家在超越、扬弃民族国家史学之后,还没有出现一个史学流派或一种史学思潮,能独领风骚,在当今史坛占据统治的地位。①

可是,尽管当今史坛似乎没有一个主流的思潮,但从各个流派的发生、发展来看,还是呈现出一种大致的倾向,那就是逐渐走出民族国家史学的研究模式。换言之,第二次世界大战以来,特别是1970年代之后出现了不少新兴的史学流派,它们治史的取径各异,但都不以民族国家为主要的考察对象。比如社会史的兴盛,从1960年代以来,可以说是方兴未艾、绵延不绝,一直保持着很大的吸引力和生命力。而从关注国家到关注社会,本身就是一个研究视角的巨大转变。自1980年代以来,新文化史

---

① 参见王晴佳:《"以色列没有国王"——当代史学的多元趋势》,《社会科学报》,2011年2月17日。

又崭露头角,成为国际史界的"新宠"。新文化史注重微观描述,无意勾勒民族国家的进步演化。而 1990 年代开始兴起的全球史研究,更强调从地方、区域、环境乃至地球和宇宙等视角,考察人类历史的变化及各种文化之间的互动、碰撞和交流。不过上述现象,主要指的是职业史家的兴趣和论著。以民族国家为单位考察历史的写作依然存在,比如各国的历史教育,虽然也有世界史的内容,但常常以本民族的历史演变为主体。

第一节 后现代观念的深化和内化

现代职业史家力图走出民族国家考察历史的藩篱,其实就是从根本上摒弃了近代史学的兰克学派模式。这一趋向的形成,首先是由于历史和史学观念的转变。因此本章需要先行交待一下历史哲学和理论界的一些新变化。如同上章所述,后现代主义和后殖民主义对近代史学的批评,促成了现代史学在观念上的一个重要转折,促使史家对其领域进行不同程度的反思。进入 21 世纪以来,这些批评仍然在继续、深化,并未出现衰退的现象。的确,当今学界有人指出"走出后现代"或"超越后现代"的需要,但这些说法和讨论本身其实也表现出后现代主义批评的活力。更需要指出的是,后现代主义和后殖民主义主要是对现代性的反思。它们的产生有其社会基础和文化背景,但又并不强调时代之间(如从现代到后现代)的更替。相反,后现代和后殖民的理论家非常强调现代性的根深蒂固,并以此来论证他们对其批评的必要。下面我们将以几个主要的思想家为例简单讨论当今史学界的理论走向。

海登·怀特在 1973 年出版了《元史学》,在掀起了后现代史学批评的思潮之后,又笔耕不辍,继续出版了许多论著,其中《形象的现实主义》(*Figural Realism*,1999) 和《实用的过去》(*The Practical Past*,2014) 为两本较新的论文集。怀特的兴趣和基本立场未变,仍然想从历史认识论入手,探讨史家如何展现过去。对他而言,历史写作以叙述为主,而一旦采用叙述的方式,史家就不可能对历史现实加以简单重构和再现,而是必然受到叙述这一形式的制约。叙述因此一直是怀特论著所关注的中心，晚年的怀特亦无不同。他的基本主张是，近代以来的史家采用叙述体裁写作历史，便不免让史学与文学同流合污。所以对怀特而言，兰克学派指出史家能客观写作历史，无异于痴人说梦。

但值得注意的是，怀特的后期论著，更多地表现了他对叙述所抱持的一种批判态度。我们甚至可以这样认为，在怀特眼里，史学在本质上无异于文学，并不是一件大好事，而只是一种无法避免的现象。可他的激进之处在于，他认为这一现象的存在使得我们无从发现和构建历史的现实。换言之，过去对于史家而言是无从知晓的。历史本身也不会存在意义；如果历史有意义，那也只是史家臆造出来或强加给过去的。当然，怀特并不是一个彻头彻尾的虚无主义者。他认为历史无从知晓、过去没有意义，其罪魁祸首是近代史学的传统。这一传统强调用散文（而不是诗歌）来叙述，注重叙述的完整一致，又主张史家不偏不倚，让历史学失去了生命力，也让读者无从体验过去、无法领略过去的意义。如此看来，怀特还是认同的确有一个过去存在，只是近代史学的写作方式让我们无法接近它、体验它和展现它。

于是怀特晚年的论述，便体现出一个根本的企图，那就是寻找更好的展现过去的替代方式。他的《形象的现实主义》所收入的论文，体现了他朝这一方向所做的努力。简单而言，怀特认为在近代以前史家其实采取了更为"形象"的写作方式构建过去。这些方式在近代和现代的史家眼里，其叙述方式似乎不够完整和一致，但怀特则认为恰好相反，因为近代以来的历史叙述虽然看起来文通字顺、描述平实，但其实是史家介入的结果，而这一结果也许正好歪曲了过去，因为历史的现实并非如此整齐划一、波澜不惊。怀特指出，在近代以前，史家写作比较注重描写"奇迹""怪诞"和"乌托邦"的现象。这一传统在近代史学诞生之后便渐渐淡出了历史叙述。如此一来，读者其实是为史家的叙述所左右，而与历史的现实、或实在的过去渐行渐远了。怀特希望恢复和重振"形象"的描述传统，因而比较欣赏"现代主义的文学"，因为这一文学流派模糊了主观和客观，不认为文学创作是为了反映现实,也不注重情节的构建,而更希望展现主、客观之间的交流和作家的想象与意念。一言以蔽之,怀特指出诉诸文字来叙述历史,本身即有致命的缺陷。在他于 1987 年出版的论文集《形式的内容》(*The Content of the Form*)中,他已经借用"崇高"(sublime)这一美学概念来说明,对于类似崇高这样的感受——譬如人们在壮观的自然景色面前所产生的种种情绪——语言的描述往往是苍白无力的。[①]

怀特对叙述的批评并不是到此为止。他认为近代史学采用平实的叙述描写历史的进程,还有一个更为致命的问题,那就是让人觉得历史的演变都是顺理成章或理所当然的。因此在怀特眼里,兰克学派所代表的史学有为西方资本主义鸣锣开道的作用,而兰克史学在方法论上强调客观治史,其实也让史家忽视了自己的道德责任,使得历史研究与社会现实脱离。怀特在 2014 年出版的《实用的过去》一书中集中讨论了如何改造近代史学的传统。"实用的过去"这一说法,借自英国哲学家迈克尔·奥克肖特(Michael Oakeshott,1901—1990),与"历史的过去"(historical past)相对。奥克肖特著有《论历史学》(*On History*)一书,出版于 1983 年。奥克肖特在书中区分了"历史的过去"和"实用的过去",指出前者为专业史家所追求,以恢复和重建历史的真相为最终目的,而"实用的过去"则强调了历史研究的社会功用。怀特显然认为,"实用的过去"更为重要,因为这一过去提供了对社会有用并值得保存的理念、理想、先例和记忆。从这一点来说,怀特指出史家应该追求"实用的过去",与中国传统史家希求"以史为鉴、鉴往知来"的立场相似。但怀特又进一步指出,史家如果想要建立一个"实用的过去",也许需要采取更为形象的方法,而不是平铺直叙。因此他对图像、影视等文字以外的方法特别感兴趣,认为这些视觉的形式比文字叙述更能让读者、观者获得对过去真切的认识。总之,怀特对于近代史学的传统,持有强烈的批评态度,并希望寻求其他表现形式来展

---

① Hayden White, *The Content of the Form*, Baltimore: The Johns Hopkins University Press, 1987, pp. 58—82.

现过去,重振历史学的社会功用。

　　以目前而言,怀特显然是当今西方历史哲学界的重要人物,研究他的论著层出不穷。2011 年赫尔曼·保罗(Herman Paul)出版了专著《海登·怀特:历史的想象》(*Hayden White:The Historical Imagaination*),系统地分析和描述了怀特的学术生涯。另外弗兰克·安克斯密特、艾娃·多曼斯卡(Ewa Domanska)、汉斯·凯尔纳和罗伯特·铎然(Robert Doran)等人也编辑了如《海登·怀特再认识》和《海登·怀特之后的历史哲学》等论文集,希图总结怀特对历史哲学界的影响和贡献。① 这些著作都从一个侧面展示了怀特的地位。澳洲学者玛尼·休斯-瓦林顿(Marnie Hughes-Warrington)更将怀特列为历史上 50 位最重要的历史思想家。她的名单从希罗多德、修昔底德和司马迁开始,一直延续到当代,包括了怀特、娜塔莉·泽曼·戴维斯和埃曼纽尔·勒华拉杜里等学者。② 由此看来,如果要描述世界范围的历史哲学现状,怀特的著作便无可或缺。

　　在怀特之外,另一位值得重视的当代历史思想家是荷兰学者弗兰克·安克斯密特。如同上章所述,安克斯密特推崇怀特的治学,其《历史学与后现代主义》一文在《历史和理论》杂志上发表以后,激起了史学界的反响,安克斯密特也被誉为"欧洲的怀特"。当然,追随并推广怀特的后现代主义史学批评的学者,除了安克斯密特之外还有如吉斯·詹金斯和艾伦·蒙斯洛等。他们或者努力著述,或者编辑杂志(如蒙斯洛所编的《历史学再思考》[*Rethinking History*]),将后现代主义的史学理论付诸实践,发表用后现代思维写作的历史论文。但与詹金斯和蒙斯洛相比,安克斯密特更注意创新,希图建立自己的理论。换言之,安克斯密特将怀特的尝试视为后现代主义对史学的挑战,而他自己还想尝试更进一步,从另外

---

① Frank Ankersmit, Ewa Domanska and Hans Kellner ed., *Re-figuring Hayden White*, Stanford: Stanford University Press, 2009; Robert Doran ed., *Philosophy of History after Hayden White*, New York: Bloomsbury Academic, 2013; Kuisma Korhonen ed., *Tropes for the Past: Hayden White and the History/Literature Debate*, Amsterdam: Rodopi, 2006.

② 见 Marnie Hughes-Warrington, *Fifty Key Thinkers on History*, London: Routledge, 2000。

的角度考察和重建历史写作和过去之间的复杂关系。

2005年安克斯密特出版的《崇高的历史经验》(*Sublime Historical Experience*)一书便是一例。如前所述,怀特对"崇高"这样的美学概念也十分欣赏。安克斯密特将"崇高"一词嵌入书名,亦可看出他与怀特有相同的关怀和兴趣。他们两人都认为,其实近代史学的叙述方式并无法重构和再现实在的过去。怀特指出了解过去不是靠听故事而是靠自身体验,而安克斯密特也认为,了解过去靠的是"经验",说明他同意怀特的看法。安克斯密特的《崇高的历史经验》一书,集中讨论的就是"经验"在历史认识中的作用。他指出历史学的功用还是为了再现过去,因此与文学虚构性质不同。但为此目的,史家不能只是克制、泯灭自我,采取不偏不倚的立场,用一清如水的笔调写作。相反,史家需要通过自我的经验来与过去沟通。因此安克斯密特提倡一种新的、"思想的经验主义"(intellectual empiricism)。譬如他说,"再现"历史首先要"经验"或者"体验"过去,这一"经验"同时包含两个方面:对过去的"发现"(discovery)和对过去的"复元"(recovery)。这一提法,乍看起来并无新意,其实不然。安克斯密特所界定的"经验",与其说是一种历史经验,不如说是一种"美学经验"。他说道,既然想"发现"过去,也就意味着过去与现在之间已经存在一条明显的差别,甚至产生了鸿沟。于是这种"发现"过去的历史经验,首先是一种对"失去"的体验。而为了要"复元"过去,又必须经历一种"期望"乃至"热爱"。于是,历史经验同时交织了"失去"(loss)和"热爱"(love),抑或"痛苦"(pain)和"快乐"(pleasure)的交替经验。显然,安克斯密特的史学理论已经将历史研究放在美学的层次上加以分析了。用他的话来说,史家研究历史,不仅仅是为了认知过去,也是为了"感觉""感受"过去;后者与前者相比,同样重要。[①] 2012年安克斯密特又出版了《意义、真实、引证与历史再现》(*Meaning, Truth and Reference in*

[①] Frank Ankersmit, *Sublime Historical Experience*, Stanford: Stanford University Press, 2005. 参见王晴佳:《从历史思辨、历史认识到历史再现:当代西方历史哲学的转向与趋向》,《山东社会科学》,4(2008),页11—23,特别是页21—22。

Historical Representation)一书,从史学史发展的角度重申"经验"在历史研究和写作中的作用和价值。

安克斯密特的上述两部著作被视为他个人学术生涯的一个转折。他从叙述的问题入手,检讨了近代史学的弊病,支持了海登·怀特的后现代主义理论,认为在叙述之外,历史真实其实无从谈起。而通过探究"经验",他又试图走出历史学的"语言学转向",改用经验来重建历史学再现过去的功能。安克斯密特的这一转折,后现代主义的支持者和批评者都注意到了,但有所意外的是,两者都不是特别看好他的这一转变。以前者而言,他们视安克斯密特的这一转变为一种"退却",乃至认为他放弃了后现代主义的立场,回归到了19世纪的浪漫主义。而后现代主义的批评者又认为安克斯密特还是一仍其旧,对近代史学的传统过于苛刻,甚至缺乏深入的理解。而他重建历史学的企图则还流于抽象,并无实际的效用。[①]不过,安克斯密特强调应该"感受"历史的观点,还是对当代的历史研究有所影响,我们将在下面详述。总之,在当今的史学界,对近代史学的批评仍然在持续,1990年代以来活跃的后现代、后殖民主义批评家仍然受到关注,不仅他们自己不断希求创新,而且他们的立场也逐渐渗透到历史研究中,显现出深化和内化的现象。

第二节 从理性到感性:情感史的研究

安克斯密特指出了经验在再现过去中的作用,而经验很难排除个人

[①] 詹金斯的学生彼得·艾克(Peter Icke)著有《弗兰克·安克斯密特失败的史学事业:从叙述到经验》(*Frank Ankersmit's Lost Historical Cause: A Journey from Narrative to Experience*, London: Routledge, 2011),对安克斯密特的转变进行猛烈批评。艾娃·多曼斯卡的《弗兰克·安克斯密特:从叙述到经验》(Frank Ankersmit: "From Narrative to Experience", *Rethinking History*, 13:2 [2009], pp.175—195)一文,也持有相似的立场。他们都认为安克斯密特从后现代立场退却了。而伊格尔斯对安克斯密特《意义、真实、引证与历史再现》一书的书评(刊于 *American Historical Review*, 118:2 [2013], pp.473—474),也承认安克斯密特的变化,但认为他的后现代立场没有实质改变,亦不看好他的努力。

的情感，与近代史学强调的客观治史产生了距离，那么当代史家是否会接受这样的立场呢？自然，在史学界中像安克斯密特那样从理论角度探究这一课题的史家并不多见，但就实践层面而言，当代史学已经出现了重视情感的趋向。以外交史这一兰克史学的重镇为例，1990年代以来已经出现了"文化的转向"，这一转向为哈佛大学入江昭等多人提倡和实践，强调文化的因素对外交政策的影响。具体而言，他们指出外交政策的制定其实与国内的文化氛围、思维传统和公众情绪息息相关，这些因素被他们统称为"文化的空间"（cultural space）。① 而新近的研究更指出，外交家在谈判舞台上的表现，还受到其他因素的影响，比如外交家交往间的个人好恶、情绪波动及由于文化、习俗不同所造成的偏见、成见，也会影响谈判、签约的过程。换言之，各国外交家之间的樽俎折冲、谈判协商及最后条约、合约的签订，并不都是他们理性考量国家利益的结果。这些外交条约的最后签订、国家之间关系的调和，也许还需考察理性因素之外的感性作用。

在近代以前，感性和情感方面的因素曾是历史写作的内容之一。如上所述，海登·怀特已经注意到，怪诞、奇迹等现象曾为古代史家所青睐。但自近代以来，这一做法开始受到排斥，史家写作历史主要考察的是理性的思考和行为。但其实这是一种偏向，因为历史上的许多现象和人们的许多行为，并不纯粹是理性考量的结果。年鉴学派的第一代史家吕西安·费弗尔便在1941年指出，史家应该注意情感的历史作用。他的提法，或许与目睹法西斯主义在1930年代的勃兴有关。希特勒、墨索里尼对大众情感的操纵，显然让当时的许多欧洲人印象深刻。不过，费弗尔本人对情感史没有深入研究；他指出研究情感的重要，与他提倡心态史的研究相关，因为心态不仅仅停留在理性的层面。心态史的研究后来成为年鉴学派的一个重要领域，间接地让人注意到情感与理性的互动作用。

---

① 相关论文不少，比较简练的一篇是 Brenda Gayle Plummer, "The Changing Face of Diplomatic History: A Literature Review", *The History Teacher*, 38:3 (May 2005), pp. 385—400。

1980年代中期,美国社会史家彼得·斯特恩斯(Peter Stearns)与其妻子凯萝·斯特恩斯(Carol Stearns)在《美国历史评论》上提出了"情感学"(emotionology)研究的必要。① 所谓"情感学"一词是斯特恩斯夫妇自造的词汇,指的是情感表达的社会性,也即一个社会在某一时期情感表现比较一致和认可的方式。的确,情感史研究的直接渊源,与1960年代以来社会史的蓬勃开展相关。更确切的说,与历史学家相比,社会学家更早注意研究情感。譬如德国社会学家诺贝尔特·埃利亚斯(Norbert Elias, 1897—1990)便是情感研究的先驱。他的名著《文明的进程》(*The Civilizing Process*)出版于1939年,描述近代人如何在社交场合逐步学会了控制自己的情绪,因此而发展出一套套礼仪,规范和调整自己的行为举止,使其符合"文明"的标准。我们在第十章中提到的荷兰史家约翰·赫伊津哈是史学界中最早注意到情感的学者之一。他的《中世纪的秋天》描绘了中世纪社会的绚丽多彩和人声鼎沸,让读者感受到在那个时代,人们的情感宣泄十分直接、粗糙。

但1980年代以来的情感史研究,却倾向于指出和突破埃利亚斯和赫伊津哈视野的局限,因为他们将传统与现代、中世纪与近代社会视为对立的两极,过于极端。而且如果将近代社会的建立视为情感表达的一个新阶段,那么又容易掉入西方中心论的窠臼,似乎主张人们重视情感,视其为人生的某种必要,只是现代化或西方化的产物。以上面提到的爱情与婚姻的关系这一情感史研究为例,以爱情为基础的婚姻,的确大致上是近代以后才出现的现象(在西方之外的地区更晚,如日本直到第二次世界大战之后才有"恋爱结婚"这一词汇的流行)。有的研究指出:19世纪的欧洲文化开始称颂浪漫爱情,有助妇女(妻子)地位的改善,虽然那时的法律仍然是以男性为中心的。但也有人指出,以爱为基础的婚姻,或许表现为

---

① Peter & Carol Stearns, "Emotionology: Clarifying the History of Emotions and Emotional Standards", *American Historical Review*, 90 (October 1985), pp. 813—836. 以下有关情感史研究的开展,参见王晴佳:《当代史学的情感转向——第22届国际历史科学大会和情感史的研究》,《史学理论研究》,4(2015)。

一种现代性,但也需看到纯粹以爱情以基础的婚姻,或许体现了某种优越性,但与以往的婚姻形式相比则显得更为短暂多变。

当前情感史的研究特点是,不再视情感为现代的产物,而是更注意采用人类学的方法,深入某种文化,对其进行"深度描写"(thick description),发现和重现其中的特定文化意涵,而不是居高临下、评头论足。换言之,当代情感史的研究者不想受传统的历史分期(古代、中世纪和近现代)所制约,相反努力挑战这种历史意识。举例来说,澳大利亚学者菲丽葩·麦顿(Philippa Maddern,1952—2012)在2011年创建了全国性的"情感史研究中心:1100—1800的欧洲",涵盖了她自己任教的西澳大利亚大学。他们的研究以中世纪和近代早期为主,也即近代化、工业化之前的欧洲。麦顿本人是中世纪史专家,亦是情感史研究的先行者,颇受尊重。2015年在济南举行的第22届国际历史科学大会上,情感史研究便是大会的四大主题之一。在大会第一场的发言中,我们也可看出这种挑战传统历史分期的意向。如来自法国的劳伦斯·丰丹(Launrence Fontaine)讨论了中世纪晚期的"情感经济",指出在市场经济渐渐兴起以后,贵族曾用各种形式表示他们的愤怒,如莎士比亚的《威尼斯商人》所示,而社会也似乎认可他们的行为。英国的安娜·格尔茨(Anna Geurts)则研究了工业化以前的"压力"(stress),强调其实在工厂制度建立之前,"压力"也已经到处可见,甚至休闲生活也不例外。换句话说,"压力"并非现代社会独有的现象。而来自德国的安妮·施密特(Anne Schimidt)则分析了商家如何用广告调动购物者的情感,改变他们的购物习惯——从出于需要购物到为了心理满足、追求时尚乃至情绪发泄而去商场消费。

除了挑战传统的历史分期,情感史研究者也多具国际、全球眼光。情感史讨论的第二场题为"情感和'他者'的塑造",三位论文发表者分别就西方人在美洲和亚洲的经验为例,分析情感(惧怕、新奇、同情和感动)在文化传播、碰撞和殖民统治中所扮演的不同角色。比如西澳大利亚大学的日裔学者高尾诚(Makoto Harris Takao)指出耶稣会士在日本传教的时候,经常通过营造悲天悯人的气氛,让听众深受感动而皈依天主教。由于菲丽葩·麦顿的领导,西澳大利亚大学拥有不少情感史研究的学者。此外德国的"马克斯·普朗克人类发展研究所"也是一个情感史研究的重镇(这次大会上情感史主场的主持人乌特·佛雷佛特[Ute Frevert]便是该所情感史研究中心的主任)。欧洲其他的大学如伦敦大学、牛津大学、柏林自由大学和马德里大学等,都有情感史的研究室和研究群。①

情感史的研究多姿多彩,目前已经蔚为一个国际史学潮流。出生于德国、在美国受教育而现任教于英国伦敦大学的伊彦·普兰普尔(Jan Plamper)尝试提出,当代史学中已经出现了一个"情感的转向"(emotional turn)。2010年,普兰普尔在美国的《历史与理论》杂志上对情感史研究的几位专家做了一个采访,对情感史研究的现状和特点做了细致的归纳,提出了"情感的转向"这样的观点,得到了受访者的基本认可。② 这些受访者包括上面提到的彼得·斯特恩斯。美国史学界尚未设立情感史的研究中心,但斯特恩斯曾主编相关的丛书,推动了情感史研究的开展。在斯特恩斯之外,美国还有几位情感史研究的重要史家。2012年,《美国历史评论》邀请伊彦·普兰普尔在内的六位情感史学者,组织了一场情感史的专题论坛,参与讨论的学者各有专长,涉及中世纪史、近代欧洲史、非洲史、美国史、中国史和苏俄史等领域。他们一致认为,情感史的研究虽然从西方起步,但鉴于情感的普遍性和跨文化的特征,均希望该项研究能有助走出西方中心论的藩篱,注意到各个文化中情感表达的特点。譬如任教于哥伦比亚大学的林郁沁(Eugenia Lean)强调,中文学界的明清史专家早就开展了有关"情""欲"的研究,成果多样,而对情感的重视,古代的荀子便有不少论述。③

参与这组讨论的学者还各自介绍了自己从事情感史研究的学术道

---

① Jan Plamper, *The History of Emotions: An Introduction*, trans. Keith Tribe, Oxford: Oxford University Press, 2015, p. 30.

② Jan Plamper, "The History of Emotions: Interview with William Reddy, Barbara Rosenwein, Peter Stearns", *History and Theory*, 49:2 (May 2010), pp. 237—265.

③ "AHR Conversation: The Historical Study of Emotions", *American Historical Review*, 117:5 (Dec. 2012), pp. 1487—1531.

路,有助我们了解情感史研究的缘起及其与其他学派的关系。如杜克大学的威廉·瑞迪(William Reddy)研究欧洲近代社会文化史,让他注意到该时期"感伤主义"(sentimentalism)颇为流行,由此而投入情感史的研究。而芝加哥罗耀拉大学的芭芭拉·罗森宛恩(Barbara Rosenwein)则是中世纪史专家,由妇女史、性别史、家庭史转入情感史。这两位学者也参与了上述"情感的转向"的讨论,认为这一转向与史学界之前的"语言学的转向"(linguistic turn)颇有关联,因为如果要揭示情感表述的历史性,必须研究文本产生的语境和社会文化背景。纽约大学的妮可·尤斯特斯(Nicole Eustace)从早期美国史转入情感史,她特别举例证明情感研究中文本解读的重要:18世纪弗吉尼亚有一位富有的奴隶主不幸丧子,但他在日记中对此只是简单地提了一句,让人感到那时的家长似乎不像现在那样充分表露对孩子的爱。但细致研读就会发现,他的日记还记录在儿子死去之后,他曾有剧烈的胃痛、胃痉挛,可见他的伤痛至深。[①] 或许,"男儿有泪不轻弹"是一种跨文化的现象。

上面的例子其实触及到情感史研究的一个关键:那就是情感的生成和表露方式是先天还是后天(nature vs. culture)、普遍还是特殊的问题。情感史研究的一个渊源是科学家,特别是神经医学研究者对人类情感研究的最新成果。普兰普尔著有《情感史导论》一书,其中对神经科学家的相关研究做了详细的讨论。[②] 这些研究的主要目的是发现人类情感的共性,甚至其表露方式的普遍特征,如探测悲伤和兴奋的时候,人的脑部活动有何不同等等。在史学领域,科学史、医疗史在近年的长足发展也有力地带动了情感史的研究。饶有趣味的是,如果科学家是"普遍主义者"(universalist),希求发现人类情感的奥秘,获取医治的良效,那么社会科学家则多是"建构主义者"(constructionist),相对注重情感的历史性,也即其生成和表现背后的社会、文化背景。比如人类学家已经发现,虽然笑

---

① "AHR Conversation: The Historical Study of Emotions", *American Historical Review*, 117:5 (Dec. 2012), pp. 1487—1531.

② Plamper, *The History of Emotions: An Introduction*.

是人类的普遍行为,但笑的方式却个个不同,更遑论笑所对应的愉悦、欢欣的不同程度了。人们流露情感还受控于一个因素,那就是所处的场景:比如一般人不会在严肃的场合上高声狂笑。芭芭拉·罗森宛恩提出了"情感的团体"(emotional communities)的概念,强调人们在家庭、教会、学校和单位等场合,情感表现颇为不同。这些表现自然还受到性别和文化教养等因素的影响。但是威廉·瑞迪则相对比较注意情感表露的共性。他的《感情研究指南:情感史的框架》(*The Navigation of Feeling: A Framework for the History of Emotions*)出版于2001年,是英文学界中情感史研究的开山之作。瑞迪在其中借鉴了心理学和神经医学的成果,试图找出"情感的规则"(emotinal regime),也即一定场合下人们行为的共性(比如不分贫富,人们在酒吧的行为相对划一)。罗森宛恩和瑞迪两人的研究虽然强调的重点不同,但都重视情感表现中的社会因素。

　　情感史研究的开展改造和更新了史学的观念和方法。彼得·斯特恩斯(Peter Stearns)指出,情感史的研究首次将历史研究的重心从理性转到了感性的层面,代表了历史学的"一个崭新方向"。[①] 同时,情感史研究者还带动了史学方法上的创新。参与《美国历史评论》情感史研究讨论的朱莉·利文斯顿(Julie Livingston)专长非洲史。她在发言中指出,非洲史研究向来重视口述史料,她在进行口述采访的时候,往往为叙述者的情感所深深感染,但一旦将录音诉诸文字,一种苍白感便油然而生。[②] 因此情感史的开展也让人思索如何在史学方法上有所突破,不再以文字表述作为唯一的手段。比如悉尼大学的艾伦·麦道科斯(Alan Maddox)在此次国际历史大会上的发言,就让听众聆听了两段清唱,让他们感受欧洲教堂音乐如何从单调刻板变得激情四溢。总之,情感史给历史研究带来了不少新意和刺激,将研究重点从理性转到了感性的各个层面,开辟了一个崭新和广阔的天地。

[①] Susan J. Matt & Peter Stearns, eds. *Doing Emotions History*, Urbana-Champaign: University of Illinois Press, 2014, p. 1.

[②] 上引"AHR Conversation: The Historical Study of Emotions"。

第三节 "新史学"的扩展：新文化史和记忆研究的兴盛

情感史研究在史学观念和方法上的创新，使其成为"新史学"的一个代表。所谓"新史学"有广义和狭义两种，但都与兰克学派为代表的近代史学相关，可以视为是后者的对立面。广义的新史学可以追溯到19世纪末20世纪初：德国卡尔·兰普勒希特对兰克学派的挑战和美国詹姆士·哈维·鲁滨逊所提倡的"新史学"，均是比较有名的例子（参见本书第十章）。而狭义的新史学则与法国年鉴学派的近年发展相关。鲁滨逊在1911年出版了《新史学》，阐述了他们对兰克史学的反对立场。无独有偶，法国年鉴学派的雅克·勒高夫等人也在1978年编辑了《新史学》（参见第十二章）。他们所强调的"新"，自然有很大不同，但都意图革新兰克学派为代表的近代史学传统。就关注文化这一点来看，文化史的研究不为兰克学派所重视。彼得·伯克这样写道："利奥波德·冯·兰克的追随者将文化史斥之为末流，或业余爱好，因为文化史所依据的不是档案馆里所保存的国家文件，它也无助于完成建立民族国家的重任。"[①]

不过20世纪初的"新史学"虽然强调史学领域扩大的必要，却并没有放弃政治、外交史的研究，亦没有减少对近代历史的重视程度。而从政治史的角度考察民族国家的兴起如何使得历史走向近代，正是兰克本人及其追随者的治史重心。与之相比，年鉴学派不但强调总体的历史，而且还将治史的重心从近代转到了中世纪。的确，对于大多数的年鉴史家而言，人类历史如何走向近代，实现现代化，并无特别大的重要性。于是弗朗索瓦·多斯在其《碎片化的历史学》中指出，"对政治的否定"和"法国大革命［研究］的结束"，是年鉴学派近年发展的重要标志。[②]

无需赘言，"文化的转向"的一个直接结果就是"新文化史"的兴起。

[①] 彼得·伯克：《什么是文化史？》，北京：北京大学出版社，2009，页8。
[②] 多斯：《碎片化的历史学》，第八、九章。

文化史的研究本是历史研究的一个重要方面,自古皆然,在近代亦不例外。伏尔泰曾撰写过著名的文化史著作,而兰克曾属意的弟子雅克布·布克哈特,更是文化史的大家,以其《意大利文艺复兴时期的文化》而享誉世界。但他们的著述希图展现一个时代的整体文化面相,因此比较注重精英人物的成就,也倾向于认为文化是时代风貌的一个表现。而"新文化史"之"新",其中一个特点就是自下而上的角度和以小人物为中心的论述。我们在第十三章中提到的卡洛·金兹堡和娜塔莉·泽曼·戴维斯,他们的著作既是微观史的先例,也是新文化史的最早尝试,便是这个道理。新文化史的另外一个特点是强调文化本身的自主性,不把文化看做是某个时代社会关系和经济活动的反映或表现。E. P. 汤普森的《英国工人阶级的形成》一书,较早在这方面做了尝试,因为汤普森看到并指出了文化在工人阶级意识的孕育和形成过程中的重要作用。人类学家克利福德·吉尔茨主张,文化是一个自主的、交错的网络,学者的任务不是强作解人,而是应该从事"深度描述"(thick description;有人译作"厚叙述"),即深入其内发现和展现文化独特和复杂的内涵。吉尔茨的理论在方法上对新文化史的研究影响至深。而在史学观念上,新文化史也因此形成了一个新的特点,那就是不重视探究和揭橥历史现象的因果关系,也不认为历史活动有其根本的一致性(如历史会走向进步等等)。美国史家林·亨特和维多利亚·博内尔(Victoria Bonnell)在 1999 年主编了《超越文化的转向》(Beyond the Cultural Turn)一书,对新文化史的发展做了鉴定和总结。她们在导言中开门见山地指出,1973 年出版的两本书——海登·怀特的《元史学》和克利福德·吉尔茨的《文化的解释》(The Interpretation of Cultures)为新文化史的开展提供了理论的指导。①

---

① Victoria Bonnell & Lynn Hunt ed., *Beyond the Cultural Turn: New Directions in the Study of Society and Culture*, Berkeley: University of California Press, 1999, p. 2. 有关新文化史在史学观念和实践上的特点,参见 Allan Megill, "Coherence and Incoherence in Historical Studies: From the *Annales* School to the New Cultural History", *New Literary History*, 35 (2004), pp. 207—231. 亦可参考周兵:《新文化史:历史学的"文化转向"》,上编,上海:复旦大学出版社,2012。

美国史家林·亨特以法国史为业,又是新文化史的主要倡导者。如上所述,新文化史具有"非政治"的倾向;亨特本人的治学路径为此提供了一个很好的说明。她在 1978 年出版了题为《法国行省的革命和城市政治》(Revolution and Urban Politics in Provincial France)的第一本著作,以法国大革命在巴黎之外的影响为主体内容,所以是比较典型的法国政治史的著作。亨特在 1984 年则有第二本著作《法国大革命的政治、文化和阶级》(Politics, Culture and Class in the French Revolution),内容虽然还是以革命为主,但加入了文化的层面,并考察了阶级。从书的书名和结构来看,亨特的研究显然受到了 E. P. 汤普森的影响。亨特自己写道,她眼中的文化,不是经济基础或社会关系的简单反映,而是具有塑造社会关系的功用。具体言之,她指出在法国大革命中政治人物发表的许多言论,不仅仅反映了他们的政治诉求或阶级利益。相反,他们这些言论本身为构建法国的近代民族文化起到了一个关键的作用。[①] 1992 年,亨特又出版了《法国大革命时期的家庭罗曼史》(The Family Romance of the French Revolution)一书,从政治史彻底地转向了文化史,希求从文化心理的角度考察法国大革命的发生。她的基本观点是,旧制度下的法国人对王室有一种类似对待父母的心理,而在 1789 年革命前发生的一系列事件,让他们对王室——抑或他们的"父母"——极度失望,由此而采取了激烈的行动。亨特的研究借用了弗洛伊德的心理分析理论,又以大众心理为对象,考察的均是上层建筑的层面。此书出版之后,毁誉参半。以新文化史的标准来衡量,此书并不特别典型,因为她关注的仍然是革命这样的政治题材。但亨特的研究重点,已经从革命本身转到了革命前旧制度下的社会、文化和心理。总之,亨特以上三本专著的内容变化,让我们窥一斑而见全豹,看到了新文化史兴起的一个过程。而她在 1989 年主编的《新文化史》(The New Cultural History)以及十年后与博内尔合编的

[①] 参见 Lynn Hunt ed., *The New Cultural History*, Berkeley: University of California Press, 1989, Introduction, p. 17。

《超越文化的转向》,更从多个方面展现了新文化史的特点和成果。

如上所述,新文化史的兴起与年鉴学派的发展变化息息相关。在亨特所编的《新文化史》的论文集中,第四代年鉴学派史家罗杰·夏蒂埃提供了一篇论文,题为《文本、印刷、阅读》,细致地讨论了采用印刷术之后法国和欧洲文化的显著变迁,强调指出在旧制度的社会中,由于文本的流通,各个社会阶层产生了较为频繁的互动,这些互动又带动产生了权力关系的变化。① 夏蒂埃出版宏富,但很少以法国大革命本身作为研究的对象,他更有兴趣的是探究近代社会以前的文化,由此而提倡书籍史和阅读史的研究。年鉴学派对文化层面的重视,与第一代史家吕西安·费弗尔提倡"心态史"的研究有关。但夏蒂埃更进一步指出,"心态"抑或"文化"并不是社会关系的产物,而是社会现实的基本组成部分和决定因素。② 英国当代史家彼得·伯克与年鉴学派关系密切,他不但在《法国史学革命》中称赞年鉴学派的成就,而且身体力行,写作了许多新文化史的论著。伯克在1992年出版的《制造路易十四》(The Fabrication of Louis XIV)一书,特别值得一提。路易十四以"太阳王"著称,是法国历史上最具威名的君主。在他统治时期,宫廷文化也日趋繁复。伯克认同克利福德·吉尔茨的观点,指出这些宫廷礼仪不仅仅是君主权力的表现,而是代表了权力本身。易言之,"宫廷礼仪不是一种手段,更不是什么骗局,实际上是目的",因为"权力用以尽情炫耀,而不是炫耀用以尽显权力"。③ 伯克像夏蒂埃一样,指出文化可以是历史活动的"因"而不仅仅是"果"。他们的这些观点,体现了新文化史对近代史学观念的改造。

新文化史在近年已经成为一个国际性的潮流,所获成果也层出不穷、琳琅满目,大大扩展了历史研究的范围。由于篇幅所限,这里仅以墨西哥

---

① 参见 Lynn Hunt ed. , *The New Cultural History*, Introduction, pp. 154—175。

② Ibid. , pp. 7. 另见 Roger Chartier, "Intellectual History or Sociocultural History? The French Trajectories",收入 Dominick LaCapra & Stephen L. Kaplan ed. , *Modern European Intellectual History: Reappraisals and New Perspectives*, Ithaca: Cornell University Press, 1982, p. 30。

③ 彼得·伯克:《制作路易十四》,郝明玮译,北京:商务印书馆,2007,页14。

的新文化史研究为例,简单概括一下该学派的国际影响。拉美国家的历史研究,与欧美史学界甚为密切。如法国年鉴学派大师费尔南·布罗代尔在巴黎获得教职以前,就曾在巴西任教。但拉美国家的近代历史又显然与欧美大为不同,因此其历史研究也颇具特色。拉美的新文化史研究亦是如此。如上所言,新文化史的研究在观念上受到后现代主义和后结构主义的影响,对文本、语言及其所代表的象征意义,十分重视。而与此同时,拉美史家还吸纳了后殖民主义的批评理论,对知识与权力之间的关系特别关注。以墨西哥为例,拉美地区新文化史研究的开展具有下列三个特色。第一是采撷和借用欧美史家的方法,运用欧洲殖民主义者搜集的档案资料,如宗教裁判所的审判记录等等,探究墨西哥原住民的心理和文化,特别是那些被欧洲人视为疯癫、奇特的行为和习俗,如再婚仪式、婚姻关系和家庭生活等等。第二是超越原来的历史分期,不再视欧洲人的殖民活动为墨西哥历史的主体,而是采用"下层研究"的方法,将视角移向原住民的历史,关注他们文化认同观念的内涵和变化,试图让下层的原住民说话,展现他们的声音和视角。第三是深入探讨欧洲殖民者入侵拉美之后与土著居民之间的关系,走出殖民与被殖民、统治与被统治以及压迫与反抗的二元对立思维,重现那段历史的多重面相。① 与传统的政治史、军事史角度相比,这些新文化史的研究找到了为读者更好地展现拉美历史的视角,不再视其为近代欧美国家的"依附",而是凸显出拉美历史自身的主体性。

年鉴学派提倡的"心态史"研究,是新文化史兴起的一个渊源,而它也在很大程度上带动了记忆研究的兴盛。史学与记忆的关系,可谓复杂深远。许多古代文明在口述传闻之外,也有结绳记事的传统。西方史学之父希罗多德写作《历史》,目的之一就是帮助保存记忆。但近代史学重视档案史料并强调对史料的严格考证,又造成了排斥记忆的倾向,因为相对

---

① 参见 Eric Van Young, "The New Cultural History Comes to Old Mexico"; Stephen Haber, "Anything Goes: Mexico's 'New' Cultural History", *Hispanic American Historical Review*, 79:2 (1999), pp. 211—247, pp. 309—330。

于文献,口述史料不太确定,让人有口说无凭的感觉。英国史学理论家R. G. 科林武德曾就记忆与史学的差别做了这样的比方:如果某人说"我上周写信给某某",这只是一个记忆的表述,而不是历史的表述。但如果这个人又说:"我没有记错,因为这里有对方的回信"的话,那就变成一个历史的表述了。① 科林武德这一比方,反映了近代史家对文献史料的偏好,而这一偏好,与兰克史学注重政治、外交史的倾向一致,因为如果史家关注的是精英人物,那么就会较少遇上缺乏史料的问题。

可是,一旦史家的视角下移,从上层精英转向下层民众,那么如何发现和运用史料便是一个挑战。前一章已经提到,后殖民理论家盖娅崔丽·斯皮瓦克写有著名的《下层能说话吗?》的论文,尖锐地指出超越近代史学观念的必要。后现代主义理论的先驱,法国思想家米歇尔·福柯也对文献史料的"客观"性质颇表怀疑:"文献就是纪念碑",并不是"原始的、客观的、中肯的材料",而是"过去社会的权力意志在回忆和未来中的体现"。法国年鉴学派史家雅克·勒高夫不但引证上述福柯的话来提倡记忆研究,他甚至指出:"回忆比历史更真切、更'真实'","而历史才更像是杜撰的;回忆倚重的是对记忆进行加工,而历史实际上是对过去的一种编排,是按照社会结构、意识形态、政治来进行的一种编排,历史学家的责任便是在此"。② 上述这些论述证明,第二次世界大战以后史学界所发生的一系列变化,让记忆与史学的关系发生了根本的变化。在1980年代以后,记忆研究逐渐为史家所重视,成为当代史学的一个热点,由此当代史学出现了一个"记忆转向"(mnemonic turn)。1989年《历史与记忆》(History and Memory)杂志的出版可以看出,历史研究已经与记忆研究正式结盟了。

福柯"文献就是纪念碑"的说法,不但让人反省文献史料的性质,同时也使人看到,文献记载在反映史实方面,其实并不高于其他史料(如影像、

---

① R. G. Collingwood, The Idea of History, Oxford: Clarendon Press, 1961, pp. 252–253.

② 雅克·勒高夫:《历史与记忆》,方仁杰、倪复生译,北京:中国人民大学出版社,2010,法文版序言,页3;意大利文版序言,页2。

画作、宣传品、广告)。在记忆研究中,实体的建筑,包括纪念碑以及各种纪念仪式,均成为研究者十分重要的研究对象,因为如果不采用这些史料,研究便往往无法进行。我们在第十三章中已经提到,吕西安·费弗尔和马克·布洛赫对"心态史"的兴趣,受到了法国社会学家莫里斯·阿布瓦赫的启发,后者是他们在斯特拉斯堡大学的同事,以提倡"集体记忆"而闻名。"集体记忆"就是大众或公众的历史记忆,一般不会在传统的档案文献中找到许多线索。如同雅克·勒高夫所言:"集体记忆"不再是在事件中,"寻找这种记忆也不再是在文本中,而是在话语、图像、手势、仪式和节日中,这是历史视角的一种转换"。① 当代史家转向研究记忆,扩充史料运用的范围,体现了历史研究方法论上的突破。

史家从事记忆研究,同时也反映了史学观念上的更新:如果说新文化史家指出,文化不仅仅是社会现实的反映,而是塑造社会的一种力量,那么记忆研究的学者也不认为记忆只是社会现实的反映;相反,他们认为记忆既是历史活动的产物和映照,同时也影响和形塑了历史和社会。更有必要一提的是,就记忆的生成而言,一般人对自己经历过的日常生活,自然会留下记忆,但这些记忆往往与个别的事情相连,并不是一成不变地循环往复。而某些突发、突变性的事件(如战争、灾难、屠杀等),则更会给人们留下深刻的记忆,因此这些题材常常成为记忆研究的重心。如此一来,记忆研究的开展又走出了近代史学那种平铺直叙,将历史的演变视为理所当然的传统。近代史学以"如实直书"为标榜,突出了历史的连续性,而因为记忆的上述特点,史家从事记忆研究则更为注重历史的变化,特别是突变和断裂(rupture)。在这个意义上,记忆研究的兴盛也是对近代史学"宏大叙事"的一种否定。

举例而言,近年记忆研究的兴盛,与希特勒屠犹(holocaust,亦有人译作"浩劫")这一灾难事件有很大关系。人类历史上出现过不少屠杀事件,但希特勒德国对犹太人的屠杀,不但规模甚大(据统计大约有六百万

---

① 雅克·勒高夫:《历史与记忆》,法文版序言,页3;意大利文版序言,页108。

犹太人丧生),而且因其发生时间较近而让人印象深刻。值得一提的是,有关这一事件的官方文件并不多见,甚至也没有找到希特勒下令屠犹的命令。因此,这一事件受到许多重视多亏诸多幸存者的回忆。基于这些回忆,文学工作者首先开始重现这段历史,创作了许多反响很大的作品,如奥斯卡获奖电影《辛德勒的名单》等等。1980年代以后,这些有关屠犹作品的问世也与幸存者渐渐老去,保存他们的记忆变得十分急迫的情形有关。

自古以来,战争一直是历史学的主题之一。希罗多德、修昔底德的史书都以战争为主要内容。不过史家写作战争史,通常比较重视探讨战争的起源,近代史学更是如此,因为研究战争起源的资料基本都能在档案中找到。而由于社会史和新文化史的兴起,史家的视角发生下移,从发动、指挥战争的政治家和军事家转向一般民众,记忆研究的开展则又开辟了新的研究方向,那就是战争如何塑造人们的记忆和后人如何经由前人的记忆、回忆来了解战争。比如英国的第一次世界大战研究,近年就出现了一个"记忆的转向"(mnemonic turn),不但从原来注重战争的责任问题和政治层面的后果转向研究战争如何重组英国的社会结构(如女性参政),还从社会的层面进一步转向文化层面,即从记忆的角度重新探究一次大战对英国政治、社会和文化的重塑。研究者指出,英国人对一次大战的记忆本身就是一个值得重视的历史因素,甚或就是一种历史。这一历史随着20世纪英国社会、政治和认同的变化而时刻变化,并同时与上述这些因素产生积极的互动。总之,由于这一"记忆的转向",有关战争的研究从上层人物转向了大众,其重点是探究公众的战争记忆及媒体、文学等手段如何帮助建构、展现这些集体记忆。①

记忆研究所呈现的"历史",又与近代史学展现的历史有一个重要的不同,那就是后者所呈现的过去往往是单一的、单线的,凸显一个基调或主旋律——比如一个民族如何克服困难、走向未来。一个例子就是对于苏联卫

---

① 见 Stephen Heathorn, "The Mnemonic Turn in the Cultural Historiography of Britain's Great War", *The Historical Journal*, 48:4 (2005), pp.1103—1124。

国战争的研究,史书所描绘的往往是可歌可泣、壮烈卓绝的英雄事迹。但如果通过记忆来回顾这场战争,那么就会出现许多不同,因为对于普通人来说,那场战争给他们带来的是许多不堪回首的惨痛记忆,如丧失家园、妻离子散、骨肉分离、饥肠辘辘、惨遭凌辱等等。不仅战争的记忆是如此,民族的记忆也是如此。比如在 20 世纪初年的澳大利亚,不少原住民儿童被强行与他们的家庭和社区分开,目的是让他们尽快变成"白人",因为当时的澳大利亚政府刻意向西方世界看齐。而澳洲学者对这些儿童的记忆研究则充分展现了民族记忆的多重性,恢复了原来被故意压制而听不到的声音。①

最后值得一提的是,近年记忆研究的开展显然与自下而上史学的进展和新文化史的兴起密切相关,甚至是它们的有机组成部分。但记忆研究又让人看到政治权力的无处不在(表现为纪念馆的建立和公共纪念仪式的组织);记忆的形成、变化和记忆多重性、矛盾性的特点,亦往往与政治权力的操弄有关。因此记忆研究的深入,又导致一个吊诡现象的出现,那就是政治史的回归,这似乎与战后史学发展的总趋势有所背离。② 不过这一现象的出现也充分印证了本章开始时的观察,那就是当今史坛已呈现出百花齐放的状态,各种学派交叉发展,并无一个历史学的"霸主"。

第四节 走向"大历史":全球史和环境史

历史学出现的百家争鸣现状引起了一些史家的担忧。当今史学是否一如弗朗索瓦·多斯所言,已经走向"碎片化"了呢?对于这个问题的答案,可以说既是肯定的也是否定的。从肯定的一面来说,第二次世界大战之后的史学总趋势便是挑战近代史学的传统,力图走出其"宏大叙事"的

---

① 见 Geoffrey Cubitt, *History and Memory*, Manchester: Manchester University Press, 2007, pp. 232—242。

② 参见 Alon Confino 的相关批评,"Collective Memory and Cultural History: Problems of Method", *American Historical Review*, 102:5 (Dec. 1997), pp. 1386—1403。另见王晴佳:《记忆研究和政治史的复兴:当代史学发展的一个悖论》,《史学理论研究》,2019 年第 4 期。

架构,因而呈现貌似"碎片"的现象。但这主要指的是西方史学的发展。荷兰历史思想家弗兰克·安克斯密特在《历史学与后现代主义》一文中,曾经就此趋势做过一个形象的比喻,值得我们引用。他说近代以来的历史就像是一颗大树,有其"宏大叙事"作为躯干,史家的工作以论证、充实大树之躯干为主体,因为他们认为这颗大树代表了整个人类的历史。但从20世纪下半叶开始,人们已经从研究大树的躯干转而研究其树枝和树叶,因为他们已经认识到,这颗植根于西方文化的大树并不具有全球和普遍的意义。对此安克斯密特的解释是,西方史学已经进入了秋天,秋风萧瑟、落叶缤纷,让史家看到这颗大树背后的森林,也即西方历史的局部性。[①] 安克斯密特的比喻和解释,与后殖民主义理论家迪皮希·查克拉巴蒂的名著《让欧洲区域化》的主旨相似,都指出了走出西方中心论的必要。

  由此,我们也可以对当今史学走向"碎片化"这一命题提出否定的意见,那就是所谓"史学的碎片化",主要指的是西方史学独霸天下的局面已经分崩离析,无法持续了。而这一局面的形成,正好为历史研究走出西方中心论的藩篱提供了绝佳的时机。最近几十年全球史研究的兴起,便是史家挑战西方中心论,力图从新的角度考察历史变化的佳例。全球范围内史家对全球史的兴趣,自然与近年全球化的蓬勃开展有关。关于全球化的特征及其发生的原因,有关论述相当之多,此处由于篇幅所限,不再赘述。[②] 有必要指出的是,全球史虽然在很大程度上是全球化的产物,但需要强调的是,史家从事宏观的历史考察,由来已久。在历史研究的领域,全球史有其前身,那就是世界史(world history)和普世史(universal history;ecumenical history)。前者又分两种,一是以往史家对已知世界的描述,其历史十分悠久。如古代中国的司马迁、古希腊的希罗多德、西

---

  ① Frank Ankersmit,"Historiography and Postmodernism",*History and Theory*,28:2(1989),pp. 149—150.
  ② 参见 Jerry Bentley," Globalizing History and Historicizing Globalization ",*Globalizations*,1:1 (September 2004), pp. 69—81; Michael Geyer & Charles Bright,"World History in a Global Age",*American Historical Review*,100:4 (Oct. 1995),pp. 1034—1060.

欧中世纪的奥托·弗莱辛和伊斯兰世界的塔巴里（al-Tabari）、伊本·赫勒敦，都是比较有名的例子。二是近世以来建立在地理大发现基础上尝试写作的世界史，以18世纪英国史家集体写作的普世史和德国哥廷根大学史家写作的世界史为典型，虽然后者对前者多有批评。前者的写作，基本上以史家自己生活的世界为中心，然后拓展出去描述周围的世界，因此比较注意划分自身与他者、文明与野蛮抑或"蛮夷"之分。而后者的眼界相对博大，希求用比较平等的态度展现世界各文明的进展，体现了一种"普世史"的立场。

19世纪中叶之后，兰克学派的兴起改变了前一个世纪的"普世史"传统。兰克强调民族—国家的兴起及其互动勾勒了世界历史发展的主线，因此国别史成了历史著述的主要形式。但兰克本人既然认可民族—国家之间的互动、竞争推动了历史的演进，那么他在晚年试图写作一部世界史，也顺理成章。可惜天不假年，他临终前未能完成。不过重要的是，从当代史学进一步发展的视角来看，如果史家以民族—国家作为考察历史的基本视角，那么历史研究就无法避免西方中心论，因为民族—国家首先在西欧兴起，然后逐渐走向世界各地，成为现代世界政府构成的基本形式。

近代世界历史的这一走向似乎印证了兰克的观察，也即民族—国家的建立及其相互之间的互动将指引历史的前行。不过兰克没有预见到的是，民族—国家之间的互动，不但充满竞争，而且常常剑拔弩张、冲突四起。第一次世界大战的爆发，便是一个显例。当代世界史家、全球史的先驱威廉·麦克尼尔（William McNeill）曾如此形容："一次大战与自由主义历史观格格不入。19世纪史家颂扬的自由主义，变成了在敌对的战壕里选择生死的自由，完全出乎他们的意料。"[①]麦克尼尔所谓的"自由主义史观"，指的是英国近代史家阿克顿勋爵主编的《剑桥近代史》中所抱持的观点——阿克顿认为近代历史是进步的，其标志是自由在整个世界的不断扩张。但阿克顿像兰克一样，没能看到一次大战的爆发及其对西方文

---

① William McNeill, "The Changing Shape of World History", *History and Theory*, 94:2 (1995), p.12.

明的颠覆性影响。而德国思想家奥斯瓦尔德·斯宾格勒在1918年出版的《西方的没落》似乎更贴切地揭橥了当时欧洲人的心态。

第一次世界大战的爆发因此演发成了一个近代历史学的危机。这一危机形成的关键原因在于,如果民族—国家的兴起和发展是近代历史的主流,那么为什么这一趋向会导致第一次世界大战,民族—国家间相互残杀以及如此沉重的灾难呢?第一次世界和第二次世界大战以后,全世界、特别是西方世界都在寻求国家间的合作以及建立国际调和组织,如国联(League of Nations)和以后联合国(United Nations)的成立等。这为世界史写作的重振,创造了生机。不过这一重振,仍然是一个渐进的过程。以美国为例,美国在一次大战以后,逐渐开设和强化欧洲史和西方文明史的研究和教学,而世界史的教学和研究,则要在1960年代以后才真正开始。1960年代席卷欧美世界的左翼思潮和学生运动,为史学界中世界史的兴起创造了一个契机。在西欧各国本来已有的对非西方文明的研究,得到了强化和深化,而在美国许多高校,则逐渐建立了"区域研究"(area studies)的部门和单位,对西方世界之外的文明和历史进行深入的研究。1982年美国成立了"世界史学会"(World History Association),迄今已有四十年了。这一学会的建立,正反映了当时区域研究的成果以及美国中学和大学对于世界史教学的需要。学会的人员构成,既包括大学教授,也有中小学教师。[①] 学会的几任会长中,也有不少是中学老师。可见对于世界史的兴趣,存在于各个层面,在教育界有广泛的需求,也反映出历史观的变迁广泛而深远。[②]

---

① 见 http://www.thewha.org/happy_birthday_25.php, Maggie Favretti 为世界史学会成立二十五周年写的贺文。
② 有关美国中等教育中的世界史教学,参见 Deborah Smith Johnson, "World History Education", *Palgrave Advances in World Histories*, ed., Marnie Hughes-Warrington, Houndmills: Palgrave Macmillan, 2005, 206—278。而相关美国高等教育中世界史教学的状况,参见 Eckhardt Fuchs, "Curriculum Matters: Teaching World History in the US in the Twentieth Century", Q. Edward Wang & Franz L. Fillafer ed., *The Many Faces of Clio: Cross-Cultural Approaches to Historiography*, *Essays in Honor of Georg G. Iggers*, New York: Berghahn Books, 2007, pp. 279—292.

第十四章 当代史学的走向

1970 和 1980 年代世界史的重振，为近年全球史的兴起开辟了道路，后者是前者的延伸和发展。或许我们可以用麦克尼尔的一系列著作来加以说明。麦克尼尔的成名作是 1963 年出版的《西方的兴起》（The Rise of the West）一书。从他的书名便可看出，该书的写作与斯宾格勒的《西方的没落》颇有关联。如所周知，斯宾格勒的著作对英国历史思想家阿诺德·汤因比（Arnold J. Toynbee，1889—1975），影响甚大。汤因比在战后的西方学界，声誉卓著，其名著《历史研究》（A Study of History）卷帙浩繁、体大思精，是宏观考察、比较和检讨文明兴衰的重要著作。麦克尼尔一度崇拜汤因比，并与后者有过两年的密切接触。但慢慢地麦克尼尔逐渐看出了汤因比体系的缺陷，走出了自己的路子。他的《西方的兴起》一书，虽然题目上似乎与斯宾格勒反其道而行之，但其实并不只是以颂扬西方文明为主旨。他在书中指出，自远古至大约 1500 年，中东地区是欧亚大陆文明的核心，其他如印度、中国和希腊都属于边缘文明。但在 1000 年与 1500 年之间，欧亚的农业文明遭遇游牧民族的沉重打击，以蒙古征服欧亚大陆为高峰。1500 年之后，没有受到蒙古人铁蹄践踏的"远西"（Far West，即西欧）和日本等地区崛起，并以西欧为主力，形成了主宰世界的力量，重建了世界的秩序。[①] 麦克尼尔的这些观察，有他自己的创见。他与斯宾格勒和汤因比不同之处在于，他强调文明之间的互动和影响，不像后者那样孤立地考察文明的兴衰。而在冷战期间出版这本题为《西方的兴起》的著作，也有鼓舞西方人士气的作用，因此好评如潮。1964 年，该书赢得了美国全国图书奖，可见其受欢迎的程度。

麦克尼尔于 1976 年出版的《瘟疫与人类》（Plagues and Peoples），侧重点不同，但似乎更重视人类之间的联系，虽然他选择了以瘟疫的传播这

---

① William McNeill, The Rise of the West: A History of the Human Community, Chicago: University of Chicago Press, 1963. 另见 William McNeill, The Pursuit of Truth: A Historian's Memoir, Lexington, KY: University Press of Kentucky, 2005。

样略显负面的角度来进行观察。① 不过,重视瘟疫的作用,必然会联系到人类生活的环境,因此此书也成为环境史的先驱作品。此后麦克尼尔继续努力,突出人类文明之间的互动。他最新的一本世界史著作是与他的儿子约翰·麦克尼尔(John R. McNeill)合作的《人类之网:鸟瞰世界历史》(*The Human Web: A Bird's Eye View of World History*)。从其书名便可看出,这是一部注重描述、分析人类各群体之间交流、联系的历史著作。更值得一提的是,麦克尼尔父子在此书中,竭力跳出西方中心的框架,不但重视16世纪以前中国等文明的地位和影响,还试图将西方兴起之后的近代历史,看作是与其他文明相互交流的结果。②

麦克尼尔的变化从一个侧面反映了当代世界史、全球史书写的两个特点:一是强调文明之间的种种联系(冲突抑或互惠的交流等等);二是走出西方中心的框架,淡化近现代历史的重要性(西方的兴起是近代之后的现象,因此要走出西方中心必须走出美化、重视现代性的做法),从更广阔的视角考察人类历史的总体演变及其与自然环境乃至整个宇宙之间的关系。这两个特点的强化,也有助于促成从世界史到全球史的转变;前者是民族国家历史的总合,而后者则突破了民族国家的视角,突出了区域文明之间的交流和碰撞。在麦克尼尔之外,较早提倡全球史观的是斯塔夫里阿诺斯(L. S. Stavrianos),其主编的《全球通史》(*A Global History of Man*)初版于1962年,之后不断更新修订再版。斯塔夫里阿诺斯一直提倡一种全球史观,就如同从月亮上看地球,突出西方与非西方并没有差别,在文明发展上亦无分轩轾。③ 近年来,杰里·本特利(Jerry Bentley)

---

① William McNeill, *Plagues and Peoples*, New York: Bantam Doubleday Dell, 1976. 值得注意的是,书名中的"人类"用的是复数。此书中文版见威廉·麦克尼尔:《瘟疫与人》,北京:中国环境出版社,2010。

② J. R. McNeill & William McNeill, *The Human Web: A Bird's-eye View of World History*, New York: W. W. Norton, 2003. 中文版见 J. R. 麦克尼尔,威廉·麦克尼尔:《人类之网:鸟瞰世界历史》,北京:北京大学出版社,2011。

③ 斯塔夫里阿诺斯:《全球通史》,吴象婴、梁赤民译,上海:上海社会科学出版社,1999,上、下卷。

和赫伯特·齐格勒(Herbert Ziegler)所著的《新全球史》则更注重文明的多元传统和相互之间的碰撞与互动。该书的原名为《传统与碰撞》(*Traditions and Encounters*),就直截了当地表达了这一主题,指出文明的多元性(因此用复数),是为了摆脱以西方文明、或某一个文明为中心的观点,而"碰撞"一词,则强调文明或地区之间的交流。① 以上两本全球史,都试图超越民族—国家史学,从"文明"(civilization)、"区域"(region)等不同的角度来考察世界历史的演化和走向。它们不但在美国畅销,而且也被译成各种文字(譬如中文),在世界各地都有反响。② 以"文明"为单位考察历史的变化,也为塞缪尔·亨廷顿(Samuel Huntingdon)在其名著《文明的冲突》(*The Clash of Civilizations*)中采用,成为当今学界考察世界局势发展变化的一个重要角度。

就全球史如何突破西方中心论,弱化西方崛起的近代意义而言,彭慕兰(Kenneth Pomeranz)在2000年出版的《大分流:中国、欧洲和近代世界经济的形成》(*The Great Divergence: China, Europe, and the Making of the Modern World Economy*)是一本代表性的著作。此书的考察角度,与1970年代伊曼纽尔·沃勒斯坦(Immanuel Wallerstein)的《现代世界体系》(*Modern World System*)一书和1998年安德烈·贡德·弗兰克(André Gunder Frank,1929—2005)的《白银资本:重视经济全球化中的东方》(*ReOrient: Global Economy in the Asian Age*)有可比之处,但取径和结论颇为不同。沃勒斯坦的论著,勾勒了西方资本主义兴起之后与全球其他地区的联系,以"中心"和"边缘"的两极分化为主要思路,认为非西方地区处于世界体系的边缘,作为西方资本主义的依附而存在。当然,沃勒斯坦对此现象持有批评的态度。弗兰克的《白银资本》则淡化了西方兴起的历史意义,认为明清中国的商业经济已经在当时建立了一个

---

① Jerry H. Bentley, "Cross-cultural Interaction and Periodization in World History", *American Historical Review*, 101:3 (June 1996), pp. 749—770.

② 杰里·本特利,赫伯特·齐格勒,《新全球史》,魏凤莲等译,北京:北京大学出版社,2014,全三册。

世界体系。可是不管怎样,西方的兴起及其在全球的主宰地位仍然是一个无法否认的现象。彭慕兰的著作对此做了深入的探究,提出了一个新颖的看法。他认为在1750年以前,西欧和英国与中国江南相比,在经济发展上并无特色,商品经济的发展带来了人口的膨胀,经济的进一步发展由此受到了阻碍。但侥幸的是,北美殖民地的开发使英国和西欧得以突破传统商品经济发展的瓶颈,不但有了能源,而且有了劳力(非洲黑奴),所以能继续长足发展,进而逐步形成了一个新的世界资本主义体系。由此,英国与以中国江南为代表的传统经济分道扬镳。彭慕兰的研究,不但对西方资本主义的兴起做出了新的解释,而且他以江南而不是中国为单位与西欧做比较,也突破了民族国家视角的近代史学传统。《大分流》出版之后,彭慕兰声名鹊起,2014年转任芝加哥大学讲座教授,成为当今全球史领域首屈一指的一位学者。

  总之,全球史的兴起标志了学界历史观、世界观的重要变迁。它借助全球化的动力(欧盟的成立及其欧洲各国边境的开放,即为一例),从一个在战后少人青睐的领域,一跃成为当今国际史学界的"显学"之一。2000年在奥斯陆召开的、有历史学界"奥林匹克"之称的国际历史科学大会的主题之一,就是研讨全球化下的历史学变化。① 这一主题在2005年悉尼召开的第20届国际历史科学大会上,再次得到重申和进一步的深化。② 上面提到的世界史学会,虽然成立于美国,但在近年却选择在世界各地召开年会(2011年的年会在北京召开,与首都师范大学协办,便是一例),其参加的人数也逐年增多。③ 除了该学会在1990年出版的《世界史杂志》(*Journal of World History*,由杰里·本特利任主编直至他于2012年去世)以外,另一份《全球史杂志》(*Journal of Global History*)也在2006年问世,2007年又有《新全球研究》(*New Global Studies*)的出版。2009年

---

  ① 钱乘旦:《探寻"全球史"的理念:第十九届国际历史科学大会记》,《史学月刊》,2(2001)。
  ② 王晴佳:《文明比较、区域研究和全球化:第20届国际历史科学大会所见之史学新潮》,《山东社会科学》,1(2006)。
  ③ 参见 http://www.thewha.org/future_wha_conferences.php。

在纽约召开的美国历史学会年会,主题是"让历史著述全球化"(Globalizing Historiography),由本特利等人拟定。① 时任美国历史学会主席盖布瑞尔·斯皮格尔(Gabrielle Spiegel)做了相关的主题发言,号召史家重新检视经过后现代主义洗礼的历史阵地,让历史研究与社会现实产生更多的互动。②

2014年美国当代著名史家林·亨特出版了《全球时代的历史书写》,认可全球化已经成为世界历史的一个新的走向,当代史家需要在全球化的背景下研究、写作历史。2015年剑桥大学出版社出版了七卷本的《剑桥世界史》(The Cambridge World History),由梅里·威斯纳-汉克斯(Merry Wiesner-Hanks)任总主编,本特利、彭慕兰等全球史的著名学者出任分卷主编。此书的编纂,其主要宗旨是取代阿克顿勋爵在19世纪末编写的《剑桥近代史》(The Cambrdge Modern History)及二战之后的《剑桥新近代史》(New Cambridge Modern History)。后两本书从书名和内容来看,突出的是近代以来的历史,也即西方如何领先世界以及非西方地区如何效仿西方而走向近代的过程。而《剑桥世界史》则与之迥然不同,其意图和架构都试图突破西方中心观和以民族国家为视角的传统,以区域(regional)、主题(topical)和比较(comparative)为取径,参以部分个案研究,作为全书的主要内容。③

全球史发展的一个重要结果就是,史家逐渐对人类历史活动与自然环境之间的关系,产生了浓厚的兴趣。近年,这一兴趣日益增长,不但表现为环境史、"大历史"等流派的长足发展,而且还有动物史的蓬勃兴起,探讨历史上人类与其他生物及植物之间的互动和依赖关系。的确,如果历史研究从注重民族国家等政治层面的内容转向比较区域和文明之间的差异,那么人类生活环境的不同及其影响便自然成了一个有益的视角。

---

① 参见 http://www.historians.org/Perspectives/issues/2007/0709/0709ann5.cfm。
② 参见 http://www.historians.org/Perspectives/issues/2008/0812/0812pre1.cfm。
③ 见 Merry Wiesner-Hanks, *The Cambridge World History*, Cambridge: Cambridge University Press, 2015, Vol. 1, Introduction, p. xvi.

1972年美国历史地理学者阿尔弗雷德·克劳斯比（Alfred Crosby）写作了《哥伦布大交换：1492年之后生物和文化的变化》(The Columbian Exchange: Biological and Cultural Consequences of 1492)一书，描述了欧洲人发现美洲之后，人与自然环境如何产生了巨大的变化，其中包括美洲植物如番薯、玉米和土豆等如何促进欧亚人口的巨幅增长，以及欧亚传染病如何造成美洲人口的大幅减少等。1986年克劳斯比又出版了《生态帝国主义》(Ecological Imperialsim)一书，指出欧洲殖民主义之所以能够遍布全球，与欧亚大陆的植被、动物和疾病有密切的关系，因为其他地区的人类（亚洲在某种程度上算个例外）无法适应这些生态环境的变化。克劳斯比的观察角度，与杰瑞德·戴蒙德（Jared Diamond）于1997年出版的名著《枪炮、细菌和钢铁》(Guns, Germs and Steel)十分类似。戴蒙德也指出，西方人主宰了现代世界，是因为欧亚大陆的环境相对"优越"，比如有比较容易驯服的马和狗等动物以及相对容易培植的粮食作物等，同时由于欧亚人经历了多次瘟疫产生了抗体，使得他们对疾病的抵抗力比其他地区的原住民强了不少。这些由自然环境所造成的人类之间的差异影响了世界历史的演变。

克劳斯比、戴蒙德等人的考察角度，显然已经不为政治层面的因素所限，而是扩大到从人类与自然环境的互动关系来考察世界历史的演化。这种"大历史"的取径，使得全球史与环境史产生了紧密的联系。以上面提到的《剑桥世界史》而言，其架构和章节充分体现了史家希图在环境中描述、解释世界历史变化的努力。该书的第一卷讨论史前时代，自然环境与新石器时代人类迁徙之间的关系便自然成为一个重点。第二卷以农业的开展为中心，农业与环境的关系亦贯穿其中。第三卷以古代城市的兴起为主要内容，不少作者也注意到了城市与地形之间的关系。第四卷描述国家、帝国的兴起，环境的内容相对少了一些，但第五卷讨论帝国、文明之间的扩张，环境的因素再度成为一个重要观察视角。第六、七卷以近代以来世界的形成和演变为中心，其与环境的关系成为一个重要的研究课题。一句话，全球史的写作与环境史研究的开展已经形成一种相辅相成、互惠互利的关系,其中原因在于两者都突破了国别史的框架。

环境史和全球史关系如此紧密,于是不少学者结合两者写作了一些全球环境史的著作。安东尼·培纳(Anthony Penna)的《人类的足迹:全球环境史》(The Human Footprint: A Global Environmental History)就是一例。培纳在书中开宗明义,指出全球史和环境史的兴起,在两个方面颠覆了近代以来的史学传统,一是走出西方中心论,二是采用跨学科的方法。① 其他类似的作品还有罗伯特·马克斯(Robert B. Marks)的《近代世界的起源:15至21世纪的全球环境史》(The Origins of the Modern World: A Global and Environmental Narrative from the Fifteenth to the Twenty-first Century),该作者还写过《中国环境史》(China: Its Environment and History),在环境史领域著述甚丰。在全球史的教科书中,也出现了从环境的视角勾勒人类历史演化的尝试,如罗伯特·布利艾特(Robert Bulliet)、柯娇燕(Pamela Crossley)、丹尼尔·赫德里克(Daniel Headrick)、斯蒂芬·荷西(Steven Hirsh)、莱曼·约翰森(Lyman Johnson)一起编写了多卷本的《地球与它的人类:一部全球史》(The Earth and Its Peoples: A Global History),自1997年出版以后不断再版。布利艾特是中东史专家,柯娇燕专长中国史,赫德里克是科技史专家,而荷西专攻古典世界,约翰森则专治拉美史。这种多方专家通力合作的现象,在世界史、全球史教科书的写作中比较普遍。更有必要一提的是,这本书的几位作者除了荷西之外,都不是以研究欧美历史出身,而荷西也不是欧美近代史的专家。如上所述,全球史的著述淡化了近代西方的历史意义,此书作者的组合充分显示了这一特点。

显而易见,通力合作是写作全球史的一个办法,但也有像安东尼·培纳那样的学者,以一人之力写作全球的,甚至宇宙的通史,还有大卫·克里斯蒂安(David Christian)、弗雷德·斯皮尔(Fred Spier)和辛西娅·布

---

① Anthony Penna, *The Human Footprint: A Global Environmental History*, Malden: Wiley-Blackwell, 2010, pp. 1—3.

朗（Cynthia S. Brown）等人。"大历史"一词，由克里斯蒂安提出。他于 2004 年出版了《时间地图：大历史导论》(*Maps of Time :An Introduction to Big History*)一书，用 600 页的篇幅勾勒了自宇宙生成以来的历史，其视角之博大，叙述之宏富，让读者印象深刻。此书由威廉·麦克尼尔作序，是当代全球史著述中颇有特色的一本。此书的写作，吸收了上述全球史论著的成果，如强调人类之间的网络联系、欧亚大陆环境的"生物圈"（biosphere）优势等等，而它尤其突出之处是宏观的立场和将人类史与自然史综合考察的取径。克里斯蒂安指出，人类的起源和早期人类的历史形成的是多个世界。而通过人类团体之间的不断互动、交流，网络联系逐渐加强，因此多个世界变成几个世界，最终在近现代形成了一个世界。[①]

大卫·克里斯蒂安的观点，显然是一家之言，其新颖之处是他从人与宇宙的关系来指出人类历史的这一走向。更有意思的是，他在书的最后一章还尝试预测"多种未来"，即近期的未来（100 年左右）、中期的未来（1000 年上下）和远期的未来（太阳系、银河系和整个宇宙的演变）。[②] 弗雷德·斯皮尔和辛西娅·布朗的著作，也有类似的架构——前者著有《大历史与人类的未来》(*Big History and the Future of Humanity*)，后者写有《大历史：从宇宙大爆炸到当代》(*Big History：From the Big Bang to the Present*)。他们这种宏观解释人类历史的企图，显现出当代全球史的突出特点，也体现了历史观念的明显转向。

第五节 史学流派的消失和融合

自 2019 年开始，新冠肺炎疫情袭卷全球，其影响至今仍然存在。比如由于疫情的影响，本来每五年召开一次的国际历史科学大会，2020 年

[①] David Christian, *Maps of Time：An Introduction to Big History*, Berkeley：University of California Press, 2004. 此书中文版见大卫·克里斯蒂安：《时间地图：大历史导论》，晏可佳等译，上海：上海社会科学出版社，2006。

[②] 见上引中文版，页 503—528。

未能如约举行,而是推迟到了 2022 年 8 月才在波兰的波兹南市召开,其规模也有明显的缩减。疫情的发生自然对全球范围的历史研究都造成了显著的影响,但我们在上面讨论的历史学新趋势,均在近年有了进一步的发展。这次国际历史科学大会的组织安排和发言内容,有助我们窥一斑而见全豹,蠡测当代史学演变的新趋向。

如往常的安排一样,这次国际历史科学大会的讨论安排了四个层次:主题发言、专题发言、圆桌会议和附属学会所组织的专场讨论。主题发言安排了三场,第一场是"动物史和人类史的交互演进"(Intertwined Pathways: Animals and Human Histories);第二场是"记忆、考古、认同:对远古时代的认同建构"(Memory-Archeology-Identity: The Construction of Identity on the Antiquities);第三场是"走向平衡的历史知识:比较视角中的国家和民族——研究、叙述和阐释的范式"(Toward a Balanced Historical Knowledge: State and Nation in a Comparative Perspective—Paradigms of Investigation, Narratives, Explications)。与之前大会将主题发言的时间均衡安排的做法不同,这次大会似乎将第一场视为重中之重,安排了两个整天的讨论,而第二场和第三场则只安排了两个半天。从考察史学潮流的角度衡量,第一场主题发言检讨动物与人类在历史上的密切互动,反映了当代史学的一个明显的趋向,那就是希图走出长久以来历史书写一直以人类活动为中心的传统。顺便提一下,有关动物史的研究,中文学界也已经出现了相关的论著。[①] 本场的主题发言,由四个方面组成,分别是"动物的主体性""人类记录中的动物""动物的展现"和"野生和家养动物的管理",照顾到了动物史研究的主要方面,比较充分地展示了动物史研究的现状和特点。[②]

---

① 参见陈怀宇:《动物与中古政治宗教秩序》,上海:上海古籍出版社,2020 年。《史学月刊》在 2019 年第 3 期也发表了陈怀宇、沈宇斌两人有关动物史的文章。有关走出人类中心的历史研究趋势,参见王晴佳:《人写的历史必须是人的历史吗?西方史学二十论》,上海:上海人民出版社,2020 年。

② "Program", XXIII International Congress of Historical Sciences, Poznań 2020/2022, 28—29.

动物史、环境史和地球史抑或"大历史",其研究分享一个共同的前提,即希望看到在历史的演进过程中,人类并非主宰一切、统辖一切,而是与所处的环境和其他生物产生了密切的关联。而它们在方法论上也有一个共同的特点,那就是这些新兴的史学流派,纵横交错,水乳交融,没有明确的界限。譬如上面提到的动物史研究的主题发言,其"动物的展现"和"野生和家养动物的管理"的论文,便十分关注动物生长的环境(天然环境和人工建造的动物园等等)及其变化。同时,如何展现和管理动物,又牵涉政治、经济和社会的层面,而探讨动物的"主体性"(agency),希望探究人对动物的态度和观念的变迁,显然亦是一个思想史的课题。因此,如同本节的标题所示,兼而有之已经成为当代历史研究的总体趋向;我们已经无法用之前的学派划分来概括某人或某项研究了。

如果说兼而有之是当代史学的总体趋向,那么从另一个角度来理解和表述的话,也就是表明现代学术的跨学科趋势已经在历史研究的领域生根开花,成为当代历史著述的一个主要趋向。从上面提到的动物史、环境史和"大历史"的流行来看,历史研究自20世纪初开始的"科学化"潮流,虽在20世纪末期由于后现代主义的冲击,经历了一段短期的消退,但在最近的十余年内,又重振旗鼓,势头更为强劲。因为上述这些新兴学派将"科学化"从历史学与社会科学的结合,扩展到历史学与自然科学的联手。显而易见,对人和动物、人和自然关系的研究,单靠人文、社会科学的理论和方法显然不够。本届大会的第二场主题发言,有助反映这一多种学派之间互动、融合的新趋势。如上所述,第二场的主题是"记忆、考古、认同:对远古时代的认同建构",也即从多学科、多方面来展现全球范围的"古典时代"。以多学科而言,这场发表的论文显然并不都由单纯的历史学家所写,譬如台湾的人类学者王明珂就提交了有关四川三星堆遗址的论文,另一位来自阿根廷布宜诺斯艾利斯的人类学者蒂亚戈·维拉尔(Diego Villar)则研究了玻利维亚境内、亚马逊森林所流传的蒸汽船故事,而来自荷兰的学者蜜尔燕姆·霍廷克(Mirjam Hoijtink)则讲述了19世纪的荷兰考古学家卡斯帕·流文斯(Caspar Reuvens,1793—1835)研究古希腊帕特农神庙大理石雕像(Elgin Marbles)并将之运到荷兰展览的事迹。同时,这场讨论也充分显示了全球史的影响;不少论文关注的远古时代,并不局限于西方,而是涉及了北非、北美、西亚和东亚。再者,参加本场讨论的学者关注的重点是后代人如何看待、发现和呈现远古的时代,而不是对远古时代本身的研究,因此从方法的层面考量,这场讨论又展现了记忆研究与历史研究的深度结合。[1]

本次大会的第三场主题发言,题为"走向平衡的历史知识:比较视角中的国家和民族——研究、叙述和阐释的范式",在一定程度上也反映了当代史学希望新旧折中、平衡全球史和国别史的倾向。的确,从该场发言的设计和发表的论文来看,组织者有兼顾民族国家史和全球史的意图。从其副题来看,民族国家无疑是考察的重点,但参与者的论文则具有全球的视野:既有欧洲(侧重中欧和东欧)的例子,也涵盖东亚(日本)、南亚和中东等地区。该场主题发言的组织者有三位:波兰学者托马斯·施拉姆(Tomasz Schramm)、捷克学者雅罗斯拉夫·帕尼克(Jaroslav Pánek)和匈牙利学者阿提拉·帕克(Attila Pòk)。[2] 施拉姆是位于波兹南市的亚当·密茨凯维奇(Adam Mickiewicz)大学历史系的外交史荣休教授,也是本次国际历史科学大会筹备委员会的成员,而亚当·密茨凯维奇大学是本次国际历史科学大会的举办方,在人文学科的研究方面享有声誉。本场发言的欧洲部分侧重中欧和东欧,与这三位学者的背景不无关系。换言之,民族国家史在世界各地的发展程度和趋向并不一致。比如在西欧之外的地区,民族主义的思潮和民族国家史的书写直至今天,一直保持着颇为强盛的生命力和吸引力。

事实上,上述这些汇合新旧、融合学派的当代史学走向,在主题发言之外的其他场次,也有明显的表现。从各个层次的发言、讨论来看,全球史/比较史、女性/性别史、环境史和记忆研究已经成为各国、各地史家研

---

[1] "Program", XXIII International Congress of Historical Sciences, Poznań 2020/2022, 30.
[2] Ibid., 31.

究历史时所乐意采用的取径。但饶有趣味的是,参会者发表的研究论文并不为一种理念和方法所限,而是常常兼而有之,体现本节所概括的当今史学流派"消失和融合"的总体趋向。下面稍举几例用作说明,以结束本节的讨论。在专题发言讨论的第十二场,法语国家的学者讨论了"个词在政治和社会词汇中的历史"(L'histoire du mot dans le vocabulaire politique et social),结合了概念史、思想史、政治史和社会史,考察"民族主义"这一词语的历史。第十八场讨论题为"移民和社会—政治革新:历史实例比较研究"(Migration and Socio-political Innovation. Comparing Historical Case Studies),将移民史的研究与政治史、社会史相结合,并采取了全球比较的视角。第二十三场讨论题为"共享的空间、冲突的记忆? 跨宗教的记忆之场"(Shared Space, Conflicting Memories? Interreligious lieux de mémoire),第二十六场则是"跨越大洋:西班牙北美帝国与物品、人群和思想的循环"(Through the Ocean: the Ibero-American Empires and the Circulation of Goods, People and Ideas),前者结合了记忆史和宗教史,后者则从全球史的视角研究海洋史和帝国史,并兼涉思想史、商品史和移民史。①

与专题发言相比,圆桌讨论的本意是围绕一个主题进行讨论,因此在具体做法上略有区别。在本次大会的圆桌讨论中,对史学理论和方法的探究相对多一些,比如圆桌讨论的第五场题为"碰撞和共生:全球史理论和方法的革新和进步"(Encounters and Concurrences: New Theoretical and Methodological Developments in Global History),第七场题为"从性别作为一个有用的范畴到反性别主义"(From Gender as an Useful Category to Anti-Genderism),第十七场题为"重估历史方法论:经验在历史知识中的价值"(Reassessing Historical Methodology: the Value of Experience in Historical Knowledge),分别就全球史、性别史和史学理论

---

① "Program", XXIII International Congress of Historical Sciences, Poznań 2020/2022, 44, 50, 54, 57.

第十四章　当代史学的走向

的发展方向进行探讨。① 第十七场的圆桌讨论由史学史、史学理论委员会的成员组织,其设计受到了荷兰史学理论家弗兰克·安克斯密特相关理论的启发,并在其基础上深化讨论。史学史、史学理论委员会在大会还组织了一场有关史学方法论的专场讨论,题为"东亚和欧洲史学方法论的渊源"(Sources of Historiographical Methodology in East Asia and Europe),采用了东西比较历史文化的视角。②

圆桌讨论和附属学会所安排的专场讨论,也同样反映史学流派交叉、融合的趋向。譬如圆桌讨论有"圣座和19、20世纪的革命"(The Holy See and the Revolutions of the 19th and 20th Centuries)、"妇女和全球移民"(The Woman and Global Migration),前者结合了欧洲教会史和政治革命史,后者则突出了全球移民历史中的女性角色,呈现了多重视角。专场讨论"战争中的平民:一战东线上的妇女、儿童、难民和战俘"(Civilians in the War. Women, Children, Refugees and Prisoners of War on the Eastern Front)、"家庭记忆和过去的跨代传承"(Family Memory and Intergenerational Transmission of the Past)、"革命民族主义的全球视角"(Revolutionary Nationalism in a Global Perspective)中发表的论文也综合了近年新兴史学流派的不同视角和取径,譬如战争史、记忆史、妇女史、家庭史、儿童史、全球史等等。③ 总之,当代史学的发展大致呈现了一个多元化的走向,并没有一个流派能占据压倒一切的地位。一个新兴史学流派的勃兴,往往需要兼顾其他相关的研究兴趣,同时又要与历史学这一学科关注的主体对象相联系。④

作为本书的总结,我们或许可以做这样的概括,启蒙时代以来的历史观,以普遍性为特征,但这一普遍性,其实是西方思维模式的扩展。因此

---

① "Program", XXIII International Congress of Historical Sciences, Poznań 2020/2022, 63, 65, 75.
② Ibid., 91.
③ Ibid., 83, 85, 90.
④ 参见王晴佳:《情感史的兴盛及其特征》,《光明日报》理论版,2020年9月7日。

20世纪以来，不断有人对之提出质疑。而到了二次大战之后，后现代主义和后殖民主义的讨论，更挑战了近代史学赖以为基础的"宏大叙事"，使之土崩瓦解、无复重建。新文化史、记忆研究、性别史、情感史和动物史等学派的兴起，都从各个方面证明了作为近代史学主流的、以民族国家的兴起为主题的历史"宏大叙事"，已经不再独步天下（尽管民族国家作为一种统治形式，在当今世界仍然生命力未减），而是为历史的多元化趋势所取代，其表现为当代史家不但眼光朝下，写作"自下而上"（history from below）的历史，而且也探讨"由内而外"（history from within）的历史现象。他们在考察研究社会（society）的同时，也深入剖析自我（self）——情感史、神经史（neurohistory）、"深历史"（deep history）等最新的探究，便是例证。①

但是，全球史、环境史、"大历史"等流派及其所展现的对人与自然关系的新思考，似乎又指向了一个新的趋向，那就是试图在新的思考基础上重写"大写历史"，对人类历史的总体走向再度提出宏观的看法和解释。这些宏观历史的尝试，必须突破近代史学建立的规则，如仅仅采用原始、原文的史料等等，因为史家显然不可能掌握所有的文字和语言，更无法穷尽所有相关的史料。于是，当代史学似乎又回到了希罗多德、圣奥古斯丁的时代。不过，这显然不是古代的再现，而是更高层次上的回归，因为当代史家治史的手段已经今非昔比了。"数字/数位史学"（digital history）便是科技革新手段的一个显例，在很大程度上有助于史家的宏观概括，而情感史、神经史和动物史等学派的研究，又推动了历史研究与自然科学的联手。总而言之，历史书写是人类记忆的延伸和记录，这些记录的目的是总结过去、解释现在和展望未来，体现了一种不断创新、日新月异的努力。古代是如此，今天亦是如此。

---

① 有关这些新兴流派，参见 Marek Tamm & Peter Burke, eds., *Debating New Approaches to History* (London: Bloomsbury Academic, 2019)。

推荐阅读书目

这里开列的书单,其目的在各章后面的注释以外,再为读者提供一些简要的、有关史学的传统及其在当代变化的著作。换句话说,前面各章的注释里已经征引的书,在这里就不重复出现了。

(一) 史学参考书

Maryanne Cline Horowitz, ed., *New Dictionary of the History of Ideas* (Farmington Hills, MI, 2005)

Daniel Woolf, ed., *A Global Encyclopedia of Historical Writing*, 2 vols. (New York, 1998)

Kelly Boyd, ed., *Encyclopedia of Historians and Historical Writing* (London, 1999)

Daniel Woolf, ed., *The Oxford History of Historical Writing* (Oxford, 2015), 5 vols.

(二) 历史哲学与史学理论

Allan Megill, *Historical Knowledge, Historical Error: A Contemporary Guide to Practice* with contributions by Steven Shepard and Phillipp Honenberger (Chicago, 2007)

Aviezer Tucker, *Our Knowledge of the West: A Philosophy of Historiography* (Cambridge, 2004)

Frank Ankersmit & Hans Kellner, eds., *A New Philosophy of History* (Chicago, 1995)

Lloyd Kramer & Sara Maza, *A Companion to Western Historical*

Thought (Oxford, 2006)

Prasenjit Duara, Viren Murthy, Andrew Sartori, *A Companion to Global Historical Thought* (Malden, 2014)

(三) 史学史通论

Georg G. Iggers, Q. Edward Wang, Supriya Mukherjee, *A Global History of Modern Historiography* (London, 2017)

Donald R. Kelley, *Faces of History: Histrorical Inquiry from Herodotus to Herder* (New Haven, 1998)

Donald R. Kelley, *Fortunes of History: Historical Inquiry from Herder to Huizinga* (New Haven, 2003)

Donald R. Kelley, *Frontiers of History: Historical Inquiry in the Twentieth Century* (New Haven, 2006)

Daniel Woolf, *A Global History of History* (Cambridge, 2011)

格奥尔格·伊格尔斯、王晴佳:《全球史学史:从18世纪至当代》(北京, 2013)

Ernst Breisach, *Historiography: Ancient, Medieval, Modern* (Chicago, 1984)

(四) 古代、中世纪史学

Walter A. Goffart, *The Narrators of Barbarian History (A. D. 550—800): Jordanes, Gregory of Tours, Bede, and Palu the Deacon* (Princeton, 1988)

Jason König and Greg Woolf eds., *Encyclopaedism from Antiquity to the Renaissance* (Cambridge, 2013)

Jessica Priestley and Vasiliki Zali eds., *Brill's Companion to the Reception of Herodotus in Antiquity and Beyond* (Leiden, 2016)

Davi Rohrbacher, *The Historians of Late Antiquity* (Routledge, 2002)

Chase Robinson, *Islamic Historiography* (Cambridge, 2003)

Gabrielle M. Spiegel, *The Past as Text: the Theory and Practice of Medieval Historiography*, (Baltimore and London, 1997)

A. J. Woodman, *Rhetoric in Classical Historiography* (Routledge, 1988)

(五) 后现代主义与史学

Ernst Breisach, *On the Future of History: The Postmodernist Challenge and Its Aftermath* (Chicago, 2003)

Keith Jenkins, ed., *The Postmodern History Reader* (London, 1997)

Richard Evans, *In Defence of History* (London, 1997)

Frank Ankersmit, *Meaning, Truth and Reference in Historical Representation* (Ithaca, 2012)(中译本：弗兰克·安克斯密特：《历史表现中的意义、真理和指称》，译林出版社，2015)

Robert Doran, ed., *Philosophy of History after Hayden White* (London, 2013)

(六) 后殖民主义与史学

Prasenjit Duara, ed., *Decolonization: Perspectives from Now and Then* (London, 2003)

Bill Ashcroft, Gareth Griffiths, Helen Tiffin, eds., *The Empire Writes Back: Theory and Practice in Post-Colonial Literature* (London, 1989)

Bill Ashcroft, Gareth Griffiths, Helen Tiffin, eds., *The Post-Colonial Studies Reader* (London, 1999)

Homi Bhabha, ed., *Nation and Narration* (London, 1990)

Robert Young, *White Mythologies: Writing History and the West* (London, 2004)

(七) 新文化史

Peter Burke, ed., *New Perspectives on Historical Writing* (University Park, 2001)

彼得·伯克,《什么是文化史?》(北京,2014)

Lynn Hunt, ed., *The New Cultural History* (Berkeley, 1989)(中译本:林·亨特主编,《新文化史》,华东师范大学出版社,2011)

Victoria Bonnell, Lynn Hunt, ed., *Beyond the Cultural Turn: New Directions in the Study of Society and Culture* (Berkeley, 1999)(中译本:理查德·比尔纳等主编,《超越文化转向》,南京大学出版社,2008)

Mark Poster, *Cultural History and Postmodernity: Disciplinary Readings and Challenges* (New York, 1997)

Roger Chartier, *Cultural History: Between Practices and Representations* (Cambridge, 1988)

彼得·伯克,《文化史的风景》(北京,2013)

(八) 妇女史、性别史

Gerda Lerner, *The Majority Finds Its Past: Placing Women in History* (New York, 1979)

Joan Scott, *Gender and the Politics of History* (New York, 1988)

Laura L. Downs, *Writing Gender History* (London, 2004)

Kathleen Canning, *Gender History in Practice: Historical Perspectives on Bodies, Class and Citizenship* (Ithaca, 2006)

(九) 民族史学

Ernest Gellner, *Nations and Nationalism* (Oxford, 1983)(中译本:厄内斯特·盖尔纳:《民族与民族主义》,中央编译出版社,2002)

Eric J. Hobsbawm, *Nations and Nationalism since 1780* (Cambridge,

1990)(中译本:埃里克·霍布斯鲍姆:《民族与民族主义》,上海人民出版社,2006)

Homi Bhabha, ed., *Nation and Narration* (London, 1990)

Stefan Berger, Mark Donovan, Kevin Passmore, ed., *Writing National Histories* (London, 1999)

Stefan Berger, ed., *Writing the Nation: A Global Perspective* (Houndmills, 2007)

(十) 口述史、心态史、记忆史学

Jacques Le Goff, *History and Memory*, trans. Steven Rendall and Elizabeth Claman (New York, 1992)(中译本:雅克·勒高夫:《历史与记忆》,中国人民大学出版社,2010)

Dominick LaCapra, *History and Memory after Auschwitz* (Ithaca, 1998)

Robert Perks & Alistair Thomson, eds., *The Oral History Reader* (London, 1997)

Jan Assmann, *Religion and Cultural Memory: Ten Studies* (Stanford, 2006)

Geoffrey Cubitt, *History and Memory* (Manchester, 2007)

(十一) 世界史、全球史

Eckhardt Fuchs & Benedikt Stuchthey, eds., *Writing World History 1800—2000* (Oxford, 2003)

Eckhardt Fuchs & Benedikt Stuchthey, eds., *Across Cultural Borders: Historiography in Global Perspective* (Lanham, MD, 2002)

Patrick Manning, *Navigating World History: Historians Create a Global Past* (New York, 2003)

Dominic Sachsenmaier, *Global Perspectives on Global History: Theories* and *Approaches in a Connected World*（Cambridge，2011）

Jerry Bentley, ed. , *The Oxford History of World History*（Oxford，2011）

Lynn Hunt，*Writing History in the Global Era*（New York，2014）

柯娇燕,《什么是全球史》(北京,2009)

索 引

A

阿贝拉尔 143

阿卜·菲达 122

阿卜杜·希沙姆 107,108,110

阿布德拉的贺卡特乌 43

阿道夫斯·瓦德 243

《阿尔贝拉教会编年史》82

阿尔贝·索布尔 337

阿尔夫·吕德克 345－347

阿尔弗雷德·克劳斯比 416

《阿尔弗雷德传》100,142

阿尔萨斯的君特 117

阿加西 80

阿克顿 228,243,409,415

阿拉伯海-地中海世界 1,3,4,12,121

阿里·穆巴拉克 285,286

阿里-阿提尔 125

阿里安 43,65

阿伦·奥戈特 309

阿米安 76

阿尼尔·希尔 380

阿诺德·汤因比 286,411

阿诺尔多·莫米利亚诺 181,184

阿瑟·丹托 366

阿瑟王 138

埃德蒙·伯克 213

爱德华·弗里曼 242

爱德华·海德 177

爱德华·吉本 67,182,199,203－209,211,216,220,221,242

爱德华·卡尔 234,270,271,273,274,276,368,369

爱德华·赛义德 374－379,381,382

爱尔兰大主教厄谢尔 136

埃尔摩尔德 141

《埃及的故事》284,285

艾利希·马克斯 250

艾伦·麦道科斯 398

艾伦·蒙斯洛 370,390

埃马纽埃尔·勒华拉杜里 322,324－326,331－335,346,349,390

埃瑞克·霍布斯鲍姆 339,341,342,381

艾提艾涅·帕基耶 179

艾娃·多曼斯卡 390,392

爱因斯坦 269

安德里奥斯·阿尔沙莫尔 178

安德烈·比尔吉艾尔 313,325

安德烈·贡德·弗兰克 413

安德鲁·怀特 244

安东尼·培纳 417
安东尼奥·葛兰西 376,381
安东尼奥·皮内罗 306
安娜·格尔茨 395
安娜公主 114—116
《盎格鲁—撒克逊编年史》100,142
奥多里克·维塔利斯 132
奥格斯特斯·蒙西 300
奥古斯丁·梯叶里 214—216
奥古斯都·屋大维 68
奥古斯特·施留策尔 210,217,218
奥林匹亚多鲁 76
奥罗修(斯) 86,95,98,206
奥斯瓦尔德·斯宾格勒 264—267,271,272,276—278,410,411
奥托 132,142,156,409
奥瓦库姆 120

B

芭芭拉·罗森宛恩 397,398
《巴布尔回忆录》127,128
巴勃罗·毕加索 371
巴克尔 235,238,239,247,249,299
白鸟库吉 302
白南云 304
班达卡尔 292
班固 296
班克罗夫特 218,219,243,244,261,353
保罗·威德尔·德·拉·布拉歇 317
贝佛利·索斯盖特 370
贝洛索斯 43
本杰明·迪斯累利 376
本尼迪克特·安德森 383
比德 71,90,93—95,101,103,104,188
彼得·伯克 311—313,316,399,402
彼得拉克 144,148,152—156,165,172,196,197,220,233
彼得·斯特恩斯 394,396,398
毕攀·昌德拉 380
比图斯·瑞纳努斯 178
"边疆在美国历史上的重要性" 257,265
编年史(编年纪) 8—14,46,70—73,81,83—86,88,90,92,93,95,97—100,116—118,121,122,129—131,133,136,137,143,150,170—173,179,183,185,202,215,273,281,296—299,305
博古学家 148,152,166,176,181,182,184—187,204,208,220,245
博古运动 153,164,181—183,186
伯吉奥·布拉乔利尼 182
薄伽丘 144,148
柏拉图 30,31,36,41,50,200
《柏朗嘉宾蒙古行纪》145,146
博兰德协会 140,141
《波兰王公纪事》118
波利比乌斯 22,42,44,45,47,55,58,59,133
博洛尼斯 133,171
伯纳德·刘易斯 377
博塞多尼 47,49,52,58

索引

波舒哀主教 136
《搏土修道院史》131
布克哈特 217,240,265,362,363,400
布鲁尼 133,134,154

C

查尔斯·比尔德 244,260－263,274－276,278,357,365
查理·布隆代尔 315,316
《查理大帝传》97,103,144
查理曼 98－100,102
长时段 316,322,324,326,327,331,335
陈南金 303,304
陈寿 296
《崇高的历史经验》391
重野安绎 300－302
传述世系 283
崔南善 304

D

《大不列颠风土志》176
《大不列颠和爱尔兰中世纪编年史和文献》-《卷档系列》236,242
达布洛夫卡的约翰 119
达尔曼 237,238
《大祭司编年史》46
达朗贝尔 198
达尼埃尔·罗什 328－330
《大日本史》297,299

大卫·克里斯蒂安 417,418
大卫·休谟 209－211
《大越史记》297
《大越史记全书》297,298
丹尼尔·赫德里克 417
丹尼尔·丕皮布罗奇 188,189
但以理 70,174
德罗伊森 238,239,243,244,253,279
《德意志史》178,247,248
《德意志史料集成》218,236,237,241
狄德罗 198
狄尔泰 248－251,264
笛卡尔 191－193,272
地理志 88,129,146,155
第欧根尼·拉尔修 38,40,43,75
迪皮希·查克拉巴蒂 383,408
《地中海和菲利普二世时代的地中海世界》320－323
调查报告 25－27,30
东方学 214,285,374－378
都尔主教格雷戈里 73,90,99,101,102
《读史新论》302
杜铎 141
多萝西·魏尔灵 348
多米尼克·拉卡普拉 366

E

《鄂多立克东游录》145
恩斯特·伯因汉 245－247
恩斯特·拉布罗瑟 323,324,326

恩斯特·特洛尔奇 279

E. P. 汤普森 335—342,376,400,401

F

《法国革命史》215

《法国古代政治制度史》227

《法国历史方法年鉴学派的范式》311

《法国史》215,216

《法国史料集成》237

《法国史学革命:年鉴学派,1929—1989》311,316,402

法兰索瓦·保都因 190

《法兰西人的成就与渊源》178

法朗西斯科·瓦尔哈根 306

法朗索瓦·奥特曼 179

范晔 296

费迪南·索绪尔 372

费尔南·布罗代尔 318—324,326,329,334,346,403

菲丽蓓·麦顿 395,396

菲利普·阿里耶斯 330

菲利普·梅兰希顿 170,171,174,177,178

斐洛斯托吉乌 82

封圣 137

《风俗论》4,136,197,202,203

《佛罗伦萨人(民)史》133,155,156

《佛罗伦萨史》134,135,156—160,165

伏尔泰 4,136,197—203,208,210,213,215,400

富尔歇 146

福克斯 140

弗拉库斯 132

弗拉维奥·比昂多 148,164,165,182

弗兰克·安克斯密特 367—369,374,390—393,408

弗朗茨·法农 378,379,381

弗朗索瓦·多斯 328—330,349,399,407

弗朗索瓦·基佐 215,223,234,236,299,313

弗朗西斯·培根 185—187,192—194,219,373

弗勒里修道院的《大编年纪》130

弗雷德·斯皮尔 417,418

弗雷德里克·鲍威尔 242—245

弗雷德里克·特纳 254,256—258,260,262

弗里茨·费歇尔 344

《弗里德伽编年史》92

弗里德里希·梅尼克 279,280

弗里德里希·施莱格尔 229,230

弗洛鲁 71

弗农·帕林顿 263

弗提乌斯 82,84,115

福泽谕吉 298,299

G

盖娅崔丽·斯皮瓦克 384,404

《高丽史》297

格奥尔格·威茨 228,237,242,245

格奥尔格·伊格尔斯 230,238,268,269,311,312,331,337,366,367,392

哥伦布 146,416

格罗特 221,222

宫廷史学 114,115,120,122

《古代不列颠志书》176

《古代城市》227

古籍版本目录之学 140

《古兰经》105,106,108,283

古朗治 226,227,241,314,315

古奇 219,222

《古事记》296

《古文献学论》187—189

《关于人类历史哲学的观念》195

圭恰迪尼 135,160,161,165,177,217,223,224

《过去与现在》334,345

《国王神迹》316

H

哈雷 148

哈利卡尔纳索斯的狄奥尼修斯 44,45,55,57—59

哈罗德·珀金 341

海登·怀特 361—370,372,374,387—393,400

《海国图志》298

海因里希·卢登 218

汉斯·凯尔纳 366,368,390

汉斯·麦迪克 345—348

汉斯-乌尔里希·维勒 344—347

赫伯特·齐格勒 413

赫伯特·亚当斯 244,255,256

赫尔德 195—199,209,210,213,229

赫尔曼·保罗 390

赫尔摩尔德 147

赫拉克勒斯 59

荷塞·奥特加·加塞特 277

黑格尔 199,223,230—233,239,272,273,295,362,363,377

亨利·阿格里帕 163

亨利·贝尔 253,312,315,316

亨利·里沃尼亚 147

亨利·皮朗 268

《亨利七世在位时期的英史》186

亨利希·倍贝尔 178

亨利希·西贝尔 228,237,238,245,250,279

亨利·亚当斯 243,244

宏大叙事 232,295,382,405,407,408,424

后现代主义 276,310,366—374,384,387,390,392,403,404,415,420,424

后殖民主义 310,361,374,375,378,379,381,383—385,387,392,403,408,424

胡安·德·托格马达 305

胡塞·麦地那 307

回忆录 38,65,127—129,143

霍米·巴巴 384,385

J

吉奥杰奥·瓦萨里 145,148,167

纪年法 42,59,69,71—73,83,84,92,94,95,173
吉斯·詹金斯 368—370,390,392
吉斯·汤姆斯 336
集体记忆 315,405,406
纪尧姆·比戴 166,189
记忆的转向 406
记载与历史研究 134
加布里尔·莫诺 228,241,313
伽利略 219,333
贾瓦哈拉尔·尼赫鲁 294,295,379,380
伽希拉索·德·拉维嘉 305
剑桥学派 242,243,380
教皇大格雷戈里 93,101,139
《教皇列传》103
《教皇史》226
《教皇英诺森三世传》143
《教会编年史》133,171
教会史 70,72,74,75,81,82,83,90,92,94,95,98,114,129,130,132,133,137,140,142,143,148,168,169,171,364,423
教权与王权之争 130
杰弗里·埃尔顿 369
杰里·本特利 412—415
杰瑞德·戴蒙德 416
《进步史家》262
金富轼 297
精神科学 249,264
久米邦武 301,302
《君士坦丁堡志》88

君士坦丁大帝 3,68,74—76,79,81,154,166,170
君士坦丁七世 85,88,116
《君士坦丁赠与》154
君主之鉴 150,152,156,157,161,162,166,186,283,290

K

卡尔·贝克尔 262,263,271,272,274—276,365
卡尔·霍伊西 279
卡里斯特拉特 120
卡洛·金兹堡 374,400
卡洛斯·德·布斯达门特 307
卡西奥·戴奥 57,67,68
凯萝·斯特恩斯 394,396,398
恺撒 49,50,52,53,57,59,60,64—66,121,135,153,200
坎登 147,176,185
康德 196,197
康拉德·策尔蒂斯 178
考林·卢克斯 325
柯尔特·布雷西格 253
柯娇燕 417
克拉科夫主教文森特 119
克劳德·列维·施特劳斯 320
克利福德·吉尔茨 347,352,400,402
克里斯多菲·米尤 167
克里斯托弗·希尔 339
克罗齐 272—274,276,362—364

索 引

柯林伍德 274,276
《科隆王家编年史》117
克特西阿 44
柯西罗德钱德拉·瑞恰杜里 293
科学史学 2,212,219,222,224,225,
　　227—229,236,239,241,249,333,334
肯尼斯·戴克 309
孔德 232—234,236,253,313
孔多塞 210
孔米内 143

L

拉伯雷 316
《拉丁文铭刻集成》242
拉斐尔·萨缪尔 337,339,341,347
拉金德拉拉尔·米特拉 292
拉纳吉特·古哈 380—382,384
拉施特 125—127,283
《(拉文纳)大主教列传》103
莱曼·约翰森 417
莱诺·高斯曼 366
莱因哈特·科赛列克 345
兰普雷希特 247—254,268,279,280,289
《朗格多克的农民》324,325,331,332
朗洛瓦 245
老伽图 46—48,55
劳伦斯·丰丹 389
劳伦斯·斯通 334—336,339,347,349,
　　370,371
劳瑞尔·撒切尔·乌尔里希 353

朗瑟罗·拉·波佩利尼艾尔 187,190
勒兰 147
利奥波德·冯·兰克(兰克史学、兰克学
　　派) 135,222—226,228,229,230,231,
　　232,233,234,235,237,238,239,240,
　　241,242,243,244,245,246,247,248,
　　249,250,252,253,254,255,256,257,
　　258,261,262,263,264,265,270,271,
　　272,273,274,275,276,277,278,279,
　　280,281,287,295,301,312,313,315,
　　317,320,321,327,333,334,340,343,
　　344,345,360,362,363,365,387—
　　389,393,399,400,404,409
理查德·范恩 366
理查德·科布 337
理查德·罗蒂 369
《理查三世史》177
《理解历史的方法》136,173,174,187
李凯尔特 248,249,251,252,264,272,
　　276
《历史的构成》325—328
《历史的皮浪主义》197
《历史的用途与滥用》-《论历史之于人生
　　的利与弊》250,251
历史工作坊 337,339—341
《历史工作坊杂志》339—341
《历史和批判词典》191,198,204,208
《历史和政治杂志》237
《历史评论》228,241,313
历史文献学 166,167,171,173,189—
　　191,198,202,203,222,224,241,245

《历史学导论》245
《历史学的理论和历史》272—274
《历史学方法和历史哲学讲义》246,247
《历史学方法讲义》245
《历史学概论》238
《历史绪论》123,283
《历史与社会》345,347
《历史杂志》228,229,345
历史哲学 191,193—197,199,230—233,246,247,251,271,272,361,362,365,368,387,390,391
历史之艺 186,189,191,203
《历史综合评论》253
历史主义 199,213,229—231,240,246,247,249,252,253,263,270,278—280,383
《历史主义的兴起》280
李维 46,54—57,63,67,71,73,133,135,152,155—157,160,164,165,200,220
黎文休 297
理想类型 251,252
李延寿 296
林·亨特 311,312,342,400—402,415
林郁沁 396
六国史 296,299
柳特普兰德 116,117
《鲁布鲁克东行记》145,146
卢茨·尼特哈梅尔 348
路德维科·穆拉托里 217
路德维希·里斯 228
路易·勒克伦 179

路易·勒鲁瓦 163,164,166
路易六世 138
路易斯·明克 259,365,366
《路易十四时代》197,199—202,203
吕西安·费弗尔 312,313,314,315—320,321,322,324,326,329,393,402,405
《论李维》157,160,165
伦尼乌斯 142
《论天国》170
《论宇宙中各事物的差异和变迁》163,166
罗贝尔·盖甘 178
罗伯特·布利艾特 417
罗伯特·达恩顿 336,352,353,367
罗伯特·铎然 390
罗伯特·罗森斯通 370
罗伯特·马克斯 417
罗杰·夏蒂埃 313,328—330,402
罗兰·巴特 320,372
洛伦佐·瓦拉 154,166,170,187,189
罗马的兴起 52,55
罗马帝国的"权势转移" 143
罗马(帝国)衰亡(衰落) 53,54,63,76,164,203—211
《罗马帝国衰亡史》203—209,211,220
《罗马教皇列传》,133
《罗曼与日耳曼各族史》222—224,244
罗梅西·昌德尔·达特 293—295
罗米拉·沙帕尔 289
《罗摩衍那》294
罗莎·卢森堡 269

索 引

罗素 270

M

马比昂 187—189
马丁·布塞尔 170
《马丁·盖尔归来》349—352
马丁·路德 168—172,174,177,223,
　268,316
马尔库 77
《马格德堡世纪史》132,171
玛格丽特·雅各布 342
马基雅维里 134,135,156—162,165,
　169,177,220,223,224
《马可·波罗游记》146
马克·布洛赫 312—320,322,329,405
马克思(主义) 64,216,231,232,249,
　253,260,261,269,277,304,310,311,
　314,323,325,326,334,336—343,
　362,363,372,376,379—381
马克斯·兰茨 250
马克斯·韦伯 251,252,269,344
玛丽尔达 138
马姆斯伯里的威廉 130,132,142,143
马姆斯伯里修道院 130,143
玛尼·休斯-瓦林顿 390
马苏第 111,112
马提阿斯·弗拉奇乌斯 171
马修·帕里斯 130,142
麦考莱 216,217,221
迈克尔·奥克肖特 389

曼涅托 16,17,43
《美国历史评论》228,301,359,394,
　396,398
《美国文明的兴起》262
《美国宪法的经济观》261,262
梅里·威斯纳-汉克斯 415
门多萨 147
蒙默思的杰弗里 138
《蒙塔尤》325,331—334,349
米尔咱·海答儿 127,128
米斯刻韦 121
米歇尔·福柯 373,376,404
民族国家 148,212,214,217,218,221,
　222,225,228,231,232,236,237,240,
　247,248,255,258,263,264,267,269,
　270,280,286—288,290,292,296,
　305,307,308,312,321,327,335,340,
　381—383,386,387,399,412,414,
　415,421,424
《摩诃婆罗多》294
莫里斯·阿布瓦赫 315,316,317,405
穆罕默德 106—108,110,151,282,283,
　285
穆罕默德·阿里 286
穆罕默德·福阿德·柯普吕律 288
穆罕默德·里法特 286
穆罕默德·沙菲克·古尔巴 286
穆罕默德·易卜拉欣·萨布里:286
穆斯塔法·凯末尔 288,289

N

"那个高尚的梦想" 226,275
拿破仑（战争）213,214,217,255,263,284
娜塔莉·泽曼·戴维斯 336,346,349—354,358,367,390,400
奈波斯 50—52,66
《奶酪与虫子》332—335,349,374
尼布尔 219—222,224,241
尼采 250,251,253,264,265,362,363,371
尼尔玛尼·巴沙克 293
《尼康编年史》120
尼克托斯·科尼雅迪斯 115
妮可·尤斯特斯 397
尼萨布丽 125
年鉴学派 254,277,311—331,333,334,336,342,349,393,399,402—404
涅斯托 118
牛顿 219,232
牛津学派 242,243
诺贝尔特·埃利亚斯 394
诺让的吉贝尔 138,143

O

欧内斯特·拉维斯 268,327
《欧洲史学的新方向》311,337
《欧洲文明史》223,234,299

P

帕沙·查特杰 383
佩雷斯·扎格林 367
彭慕兰 413—415
皮埃尔·贝耶尔 191,198,204,208
皮埃尔·布（尔）迪厄 320
皮埃尔·诺拉 312,326,327
皮埃尔·维吉里奥 162
皮迪 144
皮浪（主义）183,186,191,196,197
朴殷植 302
迫害史 102
普里斯库 76
《普鲁士年鉴》237
普鲁士学派 237—241,243,244,248
普鲁塔克 26,47,48,64,66,67
普罗科比 77
普洛斯佩尔 72
普瑟卢斯 115,116
普世史 150,167,172,173,183,225,232,283,408,409
普通信众作为历史读者 140

Q

奇迹 20,87,88,91,96,97,100,101,104,131,133,137—140,143,146,150,388,393
气候史 325
契克·安塔·迪奥普 309,310

乔丹 90,98
乔丹·萨克逊尼 139
乔万尼·维兰尼 133
乔伊斯·艾坡比 342
乔治·贝特 144
乔治·策而菲 300
乔治·弗兰泽斯 119
乔治·勒费弗尔 337
乔治·鲁德 339
乔治·马考莱·屈威廉 341
乔治·森克罗斯 85
乔治·宰丹 287
《枪炮、细菌和钢铁》416
《切利尼自传》144
切萨尔·博洛尼斯 171
情感的转向 396,397
《钦定越史通鉴纲目》298,300
全体史 315,321,332

R

冉·博兰德 188
冉·拉·科勒尔克 189,191
让·鲍德里亚 373
让·博丹 136,173-175,178,185,187,190,192-194,199
让-弗朗索瓦·里欧塔 373,382
《让欧洲区域化:后殖民思想和历史的差异》383,408
饶勒斯 269
"人人都是他自己的历史学家" 274,275

人文主义 129,135,136,140,152-154,158-160,164-166,169,171-173,177-184,186,187,190,192,196,203,207,240,316
人种志(民族志) 43
《日本后纪》296
《日本开化小史》299
《日本三代实录》296
《日本书纪》296,297
《日本文德天皇实录》296
日常生活史 343,345-349
儒安维尔 143
儒勒·米什莱 215-216,217,313,362,363

S

萨尔瓦多·达利 371
萨哈维 108
《萨克森王朝时期日耳曼帝国的年纪》237
萨鲁斯特 52-54,57,63
《萨摩藩叛乱记》300
塞缪尔·亨廷顿 413
塞涅博 245
赛义德·洛克曼 120
《三国史记》297
《三国遗事》303
桑斯的圣皮埃尔修道院 130
色诺芬 37-41,45,50,65,76
僧一然 303
《社会经济史年鉴》312,313,317
申采浩 302-304

深度描写 395
绅士教育 148
圣阿尔班修道院 96,130,143
《圣阿尔班院长列传》143
圣波尔·修 117
圣德尼修道院的《大编年纪》130,142
圣德尼修道院院长苏热 138
圣骨迁移录 101
圣杰罗姆 69,72,73,75,95,103
《圣经》4,20,70,84,85,91,104,118,133,141,146,169,170,173,177,183,283,386
《圣玛丽传》87
(神)圣史 72,112,128,129,135—137,148,174,185,193
圣训 107—109,123,283
《圣乌尔夫拉姆遗骨发现记》137
《18世纪哲学家的天域》262
事大主义 302,303
《十九世纪的历史学和历史学家》219
《史海》299
世界末日 132
世界史 9,42,57—60,72,99,128,136,150,167,180,183,184,210,214,217,223,225,231,232,237,253,266,283,319,327,387,408—412,414—417
《世界史论述》180
史料 17,27—29,37—39,41,56,66,72,75,84—86,94,109,123,124,132—134,148,160,164,165,167,171,172,176,177,182,183,185,186,189—191,203—205,207—209,211,218—220,222,224,225,227,233—238,241,242,244,245,247,250,251,253—255,258,264,273,275,279,287,291,292,295,300,303,306,307,309,310,312,314,316,320,325,329,332,334,336,340,344,354,362,367—369,374,382,384,398,403—405,424
史诗 2,5,22,24,25,29,30,36,40,47,105,107,118,141,187,215,281,282,289,294
《事物全史》167
史学评论 38
《史学杂志》228,301
实证主义 232—236,239,247,249,251,253,306,313
十字军东征 117,143,146,147
书籍史 328,329,402
《双城史》142,156
四大帝国理论 93,142
斯蒂芬·巴恩 366
斯蒂芬·荷西 417
司马迁 1,296,390,408
斯塔夫里阿诺斯 412
斯托亚诺维奇 311
苏埃托尼乌斯 49
苏格拉底 30,31,35—39,50
苏格兰启蒙运动 209
俗人传记 102,138,141
俗史 72,83,93,99,112,128,129,135—

137,142,148

所见、所闻、所传闻 27,28

T

塔巴里 109,112,124,409

塔哈·侯赛因 286,287

塔闵维 284—286

塔西佗 62—65,71,76,155,162,165,178

陶维英 304

特赖奇克 238,240,250,253,268,279

提奥法尼 83,85,89,115

提尔华尔 221

《天方夜谭》109

田口卯吉 299

《条顿民族史》218

通古斯·庞培 59,60

涂尔干 253,254,268,288,313,314,317

《屠猫记:法国文化史钩沉》352,353

屠犹 374,405,406

托克维尔 218,362,363

托马斯·霍布斯 161

托马斯·卡莱尔 234,235

托马斯·曼 269

托马斯·莫尔 144,177

W

瓦罗 56,57,168,169,181

瓦萨里 144,148,167

王朝史 129,142,151,289,296,299,

302,303

《往年纪事》118

王仁 296

维多利亚·博内尔 400,401

威尔布兰德 147

威尔士的吉拉尔德 138

维吉尔 57,116,200

维科 193—197,199,215,233,280

维勒哈多温的杰弗里 117

威廉·坎姆登 147,176

威廉·罗伯逊 209,211

威廉·罗珀 144

威廉·麦克尼尔 409,411,412,418

威廉·米特福 221

威廉·普雷斯科特 219

威廉·琼斯爵士 292

威廉·瑞迪 397,398

威廉·斯隆 254,255

威廉·斯塔布斯 242,243

维特根斯坦 371

魏源 298

文德尔班 248,249,251,264,272

文化霸权 42,376,381

《文明论概略》298,299

文森特·萨尔瓦多 306

文艺复兴 84,97,102,103,117,121,128,
129,140,141,144,148—169,172,
183,184,186,187,190,192,196,200,
202,206—208,217,220,223,233,
237,240,244,266,278,286,287,335,
358,400

沃尔特·雷利爵士 179
沃夫冈·卡舒巴 348
伍德罗·威尔逊 254,257,268
吴士连 297
乌特·佛雷佛特 396
《乌托邦》177
《物质文明、经济和资本主义 15 至 18 世纪》322,323

X

西奥多·蒙森 240,241
《西方的没落》264—267,271,272,278,410,411
希腊悲剧 30
《希腊化时代的历史》239
希腊化时期 3,22,41—44
希腊喜剧 30,31,33
希罗丁 68
希罗多德 1—3,15,16,19,22—32,34,36,38,41—43,59,80,155,162,163,165,184,199,216,390,403,406,408,424
西皮阿圈子 47,48
西塞罗 2,27,35,38,42,46—50,52,53,152,156,200
希瓦·普拉萨德 293
西西里的狄奥多鲁 57—59
西西里的提麦乌 42,43,45,51
《西洋事情》298
《西印度毁灭记》147

《下层研究》380,382,383
夏多布里昂 215
《新教伦理与资本主义精神》252
新康德主义 248,272
《新科学》193—195,199,215
《新史学阐释现代历史观的论文》258
心态史 317,319,320,326,331,336,349—354,393,402,403,405
新文化史 329,330,386,387,399—403,405—407,424
辛西娅·布朗 417,418
修辞 34,35,39,46,48—50,55,56,62,63,65,71,73,82,88,90,91,98,114,115,119,134,162,163,166,176,184,186,187,191,203,208,241,295,363,365,369
修士狄奥尼修斯 71
修昔底德 2,29,31—38,40,41,51,55,86,155,156,160—165,167,184,186,197,390,406
《续日本后纪》296
《续日本纪》296
叙事 4,11—13,20,21,25,33,34,36,39,41,45,50,54,62,63,65,71—73,76,83,85,88,89,91,92,98,104,105,107,109,110,116,119,120,125,133,137,142,143,148,190,232,295,366,382,405,407,408,424
学术圈(文人圈) 211,217,221,228
《殉道者之书》175
《匈牙利纪事》118

Y

亚当·佛格森 209,211
雅克-奥古斯图·德·图 179,208
雅克-贝尼尼·博须埃 180
雅克·德里达 372,384
雅克·勒高夫 129,312,320,326—328,
　399,404,405
亚历山大大帝 41—43,55,59,60,65,
　104,200,239
亚历山大里亚的西摩卡塔 81
《亚历山大大帝传》239
亚里士多德 26,28,29,33,34,42,123,
　186,187,200,263
亚努斯·彼罗科奇 119
亚瑟·詹姆斯·贝尔福 377
言说 25,40
伊本·赫勒敦 123—124,283,308,409
伊本-卡里干 122
伊本·纳迪姆 106
伊本·伊斯哈格 107,108
《意大利史》135,160,165
《意大利文艺复兴时期的文化》217,
　240,400
以弗所主教约翰 82
《伊戈尔远征记》118
伊拉斯谟 169,170,177,206,207
《伊丽莎白一世编年史》176,185
《伊利修道院史》131
伊曼纽尔·沃勒斯坦 413
伊万·提莫菲耶夫 120

伊西多尔 90,92,93,104,129,206
伊彦·普兰普尔 396,397
《艺苑名人传》144,167
《印度的真相》294,295
《印度经济史》294
《印度史家笔下的印度史》291
《英国工人阶级的形成》336—339,376,400
《英国历史评论》228,229,243
《英国叛乱及内战史》177
《英国文明史》235,238,299
《英国宪政史》242
《英属印度史》291,382
尤纳比乌 75,76
尤特罗庇乌斯 64,71
优西比乌 70,72—76,81,82,84,85,95
《游戏的人:文化中游戏作用的探究》277
于尔根·科卡 344—347
约恩·吕森 345
约翰·麦克尼尔 412
约翰·伯杰斯 244
约翰·布雷 254
约翰·佛克斯 175,176
约翰·伽特勒尔 210,217,224
约翰·盖勒格尔 380
约翰·格林 242,337
约翰·赫伊津哈 277—279,394
约翰·莱伦德 176
约翰·莫特莱 243
约翰·施里 243
约翰·斯库里泽斯 115
约翰·斯莱顿 177—179
《越南史略》303,304

约瑟夫·基·泽尔博 309
约瑟夫斯 69,70
约瑟夫·斯盖里格尔 173
《元史学:19世纪欧洲的历史想象》361—366,372,374,387,400

Z

灾难史 86
摘录体史书 71
詹明信 367
詹姆士·弗劳德 242
詹姆斯·鲁滨逊(孙) 210,254,258—262,268,274,281,399
詹姆斯·穆勒 291,293,382
真实(性) 22,25,26,35—41,50,56,66,69,80,86,100,115,127,131,136,145,161,162,164,165,168,169,171,177,187,188,191,203,206,219,225,229,255,296,302,369,371,374,376,378,391,392,404
郑麟趾 86
志费尼 121,125,126
制度史 136,167,227,256,260,292
智者 32,35,67,75,111,184
《中世纪的秋天》278—280,394
主祭保罗 90,98,103
朱莉·利文斯顿 398
朱熹 297
专业化 41,56,113,134,148,228,236,243,244,287,301,313,333,340
《自然科学概念形成的界限》251
《资治通鉴纲目》297
自传 6,17,65,107,119,120,143—146,204,249
《宗教改革史》177,178
《宗教改革时期的德意志史》226
族群史 90,98,99,118,151,156,342
佐西莫斯 76